Teoria e Prática da SENTENÇA TRABALHISTA

CARLOS EDUARDO OLIVEIRA DIAS

Teoria e Prática da SENTENÇA TRABALHISTA

8ª edição revista e ampliada

MATRIOSKA EDITORA

Publisher – Editorial: Luciana Félix
Publisher – Comercial: Patrícia Melo
Revisão: Equipe Matrioska Editora
Editoração e capa: Leandro Guerra

Matrioska Editora

Atendimento e venda direta ao leitor:
www.matrioskaeditora.com.br
contato@matrioskaeditora.com.br
facebook.com/matrioskaeditora
instagram.com/matrioskaeditora

Dados Internacionais de Catalogação na Publicação (CIP)
(Câmara Brasileira do Livro, SP, Brasil)

Dias, Carlos Eduardo Oliveira
Teoria e prática da sentença trabalhista/Carlos Eduardo Oliveira Dias. – 8. ed. rev. e ampl. – São Paulo, SP: Matrioska Editora, 2022.

Bibliografia.
ISBN 978-65-86985-46-7

1. Direito processual do trabalho 2. Julgamentos I. Título.

21-95181 CDU-347.951.0:331

Índices para catálogo sistemático:

1. Sentenças : Direito processual do trabalho
347.951.0:331

Eliete Marques da Silva - Bibliotecária - CRB-8/9380

Ao Pedro, à Isabela, ao Felipe e à Clarinha,
constantes fontes de sabedoria.

"O juiz é um homem que se move dentro do direito como um prisioneiro dentro de seu cárcere. Tem liberdade para mover-se e nisso atua a sua vontade; o direito, entretanto, lhe fixa limites muito estreitos, que não podem ser ultrapassados. O importante, o grave, o verdadeiramente transcendental do direito não está no cárcere, isto é, nos limites, mas no próprio homem.

"O juiz é uma partícula de substância humana que vive e se move dentro do processo. E se essa partícula de substância humana tem dignidade e hierarquia espiritual, o direito terá dignidade e hierarquia espiritual. Mas se o juiz, como homem, cede ante suas debilidades, o direito cederá em sua última e definitiva revelação."

EDUARDO J. COUTURE

Sumário

Introdução

Mal havíamos assimilado a vigência de um novo Código de Processo Civil, fomos surpreendidos com uma irresponsável, açodada e mal-feita "reforma trabalhista", que efetivamente afeta as estruturas elementares do Direito e do Processo do Trabalho.

A esta altura, todos sabemos, sem nenhum constrangimento, que as elites brasileiras promoveram mais um golpe de Estado no Brasil. Em uma "*complexa articulação de interesses – sempre encobertos e nunca admitidos – que permitiu a ação concertada de diversos atores sociais que terminaram na derrubada, por um pretexto ridículo e descabido, de um governo eleito democraticamente*"[1], o que conflagrou o início de um processo inimaginável de retrocesso político e, sobretudo social. As tímidas conquistas históricas da sociedade brasileira, ainda distante de um Estado Social, foram sendo destruídas por um aparato midiático, que contou com a inestimável contribuição da estrutura jurídica-judicial.

Dentro desse conjunto, que alocou nas esferas de poder central figuras das mais conservadoras e retrógradas, operou-se uma criminosa modificação legislativa que pretendeu destruir o Direito do Trabalho, de forma que nem mesmo os governos liberais da década de 1990 ousaram fazer. Os inquilinos do Poder Executivo e do Poder Legislativo – devidamente acalentados por importantes agentes do Poder Judiciário – operaram uma profunda alteração normativa, com o fito de abalar as estruturas seculares da proteção laboral.

Devidamente patrocinada por entidades empresariais e seus "legítimos" representantes – inclusive dentro da Justiça do Trabalho – a "reforma trabalhista" foi apresentada como proposta de "modernização", mas se for aplicada da forma como pretendida, levará as relações de trabalho brasileiras a uma condição equiparável àquela existente na Idade Média.

Aos operadores verdadeiramente comprometidos com os Direitos Humanos e com a essência do Direito do Trabalho, resta buscar os caminhos da

1 Souza, Jessé. *A radiografia do golpe*. Rio de Janeiro : Leya, 2016, p. 14.

interpretação, de forma a aplicar as regras inseridas ou modificadas (a maior parte delas de maneira muito mal-formulada) de maneira a preservar o sentido próprio da proteção, sem cair na fácil – e falsa – tentação de usar argumentos rasos para justificar a necessidade de revisão normativa.

Assim, promovi a atualização desta obra, com um sentimento de revolta pelo nefasto quadro criado pelo Golpe de 2016 mas também com a sensação de que o único caminho que nos resta é o da Resistência. As modificações trazidas pela Lei 13.467/2017 pouco alteraram a temática central deste livro, mas não podemos perder oportunidades de apresentar nossas interpretações a respeito de temas que consideramos relevantes, sobretudo com o propósito de criar condições para aplicá-la de maneira apropriada.

Não podia deixar de considerar os efeitos da pandemia do novo coronavírus, elemento que mudou completamente o mundo a partir do início de 2020. As leis e demais atos normativos aprovados praticamente não alteraram o tema deste trabalho, mas os fatores pontualmente afetados foram considerados. Além disso, seria insensível ignorar este fato inusitado e inédito em nossa era, capaz de afetar a todos, inclusive no nosso modo de viver e de trabalhar.

Aproveito, assim, para prestar uma homenagem às centenas de vítimas dessa doença, inclusive aquelas cujas vidas poderiam ter sido poupadas se houvesse uma política decente de combate aos efeitos da pandemia, o que, infelizmente, não ocorreu no Brasil recheado de negacionistas que idolatram teorias absurdas e se esquecem de seus deveres institucionais elementares.

Campinas, outono de 2021.

Introdução à sexta edição

Ao começar os trabalhos de atualização deste livro me dei conta de que estão se completando vinte anos do lançamento da sua primeira edição. Nessas duas décadas, não foram poucas as mudanças. O mundo se tornou mais complexo e a vida cada vez mais misteriosa. O Brasil viveu momentos de tensão, de expectativa, de júbilo e, mas recentemente, de grande inquietação com os riscos oferecidos à normalidade democrática e aos direitos sociais.

Em mim também muita coisa mudou, embora ainda continue a exercer o magistério e a magistratura, além de me arriscar episodicamente na produção literária. Estou um pouco mais velho e um tanto quanto experiente e acho que também aprendi um pouco nesse percurso. Persistem, no entanto, os princípios que usei para a construção desse trabalho, que surgiu como um roteiro próprio de estudos, que depois usei para compartilhar com amigos, conhecidos e alunos, e que foi crescendo a ponto de se tornar este pequeno livro.

Esta nova edição coincide com o ano da vigência de um novo Código de Processo Civil, que exigiu um trabalho um pouco mais denso de atualização, em vista de alterações conceituais que afetaram de maneira relevante a temática aqui desenvolvida.

Procurei preservar o espírito presente desde a origem: não se trata de um "manual" de elaboração de sentenças trabalhistas, mas apenas um roteiro que compila o que considero conceitos e técnicas essenciais para esse tipo de pronunciamento judicial, que pode auxiliar estudantes, advogados, candidatos em concursos para a magistratura trabalhista e assessores de magistrados. Sigo firme na ideia de que o melhor método de aprendizagem é aquele que pressupõe a atual ativa do sujeito desse processo. Lembrando Paulo Freire, *"conhecer é tarefa de sujeitos, não de objetos. E é como sujeito e somente enquanto sujeito, que o homem pode realmente conhecer."*

Lanço, portanto, o desafio: seja um ponto de partida ou de chegada, que este modesto trabalho seja um instrumento para a construção de um sujeito de conhecimentos.

Campinas, outono de 2016.

Introdução à primeira edição

Não se pode negar que a sentença é o ponto culminante do processo, materializando a resposta do Judiciário àquilo que a sociedade veio buscar às suas portas: uma prestação, a jurisdicional, que visa a resolver um conflito de interesses. De outro lado, para o magistrado a sentença representa a expressão objetiva de sua concepção sobre o direito, pois sua realização encerra não só o estudo dos preceitos básicos que estão em discussão, mas também as regras de conduta existentes na ordem jurídica abstrata e hipotética, que são concretizadas no caso que lhe foi submetido à análise.

Outrossim, por ser o retorno imediato outorgado pelo Estado ao cidadão, o acuramento na sua elaboração passa a ser fundamental tanto para as partes que aguardam aquele provimento quanto ao seu próprio redator, que vê ali consolidado o fruto do seu trabalho.

No entanto, por ser uma atividade eminentemente prática, existe uma infeliz tendência a que seja priorizada a técnica, deixando de lado a inequívoca constatação de que o aprimoramento teórico do labor sentencial é fundamental para sua correção e clareza, evitando aquilo que de pior pode haver para um prolator: a decretação de nulidade de seu ato por vício de formalidade ou de conteúdo. Isso sem contar que alguns fatores externos, como o excesso de trabalho e o uso inadequado ou improdutivo da informática, acabam por criar um processo de industrialização das sentenças, de modo que nem mesmo seus aspectos técnicos são sempre observados.

Pensando nisso, e sentindo as dificuldades que muitos têm nessa fundamental atividade jurisdicional, compilamos aqui alguns tópicos doutrinários sobre a sentença, visando, eminentemente, a informar sobre elementos técnicos para os que atuam ou que pretendam atuar como magistrados trabalhistas, e ainda àqueles que lhes servem como seus assessores. Não desconsideramos, outrossim, os candidatos à magistratura do trabalho que, em uma das fases do laborioso concurso a que se submetem, precisam demonstrar seus conhecimentos em matéria sentencial, em prova essencialmente prática. E mesmo os estudantes de direito, na sua imanente ânsia de saber, não fugiram às nossas perspectivas na elaboração deste trabalho, pois acreditamos ser um valioso instrumento em seus estudos e mesmo no início de sua preparação para eventuais concursos públicos.

Nesses escritos não pretendemos, como dito, estabelecer parâmetros teóricos sobre o tema, o que deixamos a cargo dos eminentes professores e juristas que citamos na bibliografia deste trabalho, por certo muito mais apreciáveis do que poderíamos modestamente oferecer. Buscamos, antes de tudo, trazer algumas noções básicas a respeito, destinando-se, exclusivamente, a oferecer um roteiro didático de estudos, permitindo que seja investido um maior tempo em elaborações práticas.

Assim, na primeira parte, realizamos uma singela avaliação doutrinária da matéria, fundamental para que se restaure a concepção processual da sentença, seu significado, suas espécies e, fundamentalmente, a metodologia de sua produção. Além disso, destacaremos algumas peculiaridades da sentença trabalhista que, pela sua natureza, cada vez mais se distancia das decisões proferidas em outros Juízos. Na segunda parte, apresentaremos questões práticas envolvendo diversas matérias que podem ser objeto de apreciação na sentença trabalhista, como, p. ex., questões processuais, preliminares, prejudiciais e questões de mérito.

Não nos esquecemos, outrossim, de que um trabalho dessa natureza somente se desenvolve e se aprimora quando aqueles que desejam nele sucesso se debruçam sobre a mesa de trabalho e se coloca totalmente envolvidos com seu intento. O nosso objetivo, pois, é apenas com estes colaborar.

Campinas, outono de 1996.

1. Generalidades

1.1. A jurisdição e o juiz

É certo que a principal função formal do Direito é a de ordenar a convivência social e compor os eventuais conflitos entre os seres sociais, o que faz, primordialmente, pela edição de normas de conduta. Mas isso quase nunca é suficiente para que o Estado alcance os seus objetivos, surgindo regularmente a necessidade de se *individualizar, declarar e fazer* com que essas regras sejam observadas. Isso é feito pelo exercício da jurisdição, cuja função é a de garantir eficácia prática ao ordenamento jurídico, tanto na aplicação como na criação do direito.[1] A jurisdição funciona, assim, como uma importante via de suprimento das lacunas legislativas, o que tem transformado o sistema em um modelo híbrido, com nuances relevantes de realismo jurídico. Assim, ao lado das demais esferas do poder estatal, o poder jurisdicional é um atributo fundamental do Estado, usado mediante a imposição da sua vontade sobre a vontade das pessoas. Em sua literalidade, está relacionado ao atributo de se "dizer o direito", revelando a concepção daqueles a quem caberia solucionar os conflitos entre os cidadãos, expressando como a ordem jurídica deve se impor nas relações interpessoais, de forma a assegurar sua convivência e sobrevivência.

1 Essa é a principal característica dos modelos de *commom law,* mas é de se notar que, mesmo em sistemas que não seguem esse padrão científico, como o brasileiro, há uma tendência metodológica crescente de se admitir a possibilidade da criação jurisdicional de diretrizes não previstas em lei, naquilo que, genericamente, costuma ser qualificado como "ativismo judicial".

Ainda que fundado em diretrizes presentes desde o Direito Romano, somente no decorrer do Iluminismo, com a vertente criação da doutrina da tripartição dos poderes estatais, é que essa ideia foi aprimorada, voltando-se tal atributo exclusivamente – ou, nem sempre – a uma ramificação específica do Estado. A esse ramo chamou-se Poder Judiciário que, desde então, por intermédio dos seus agentes, passou a se qualificar como sendo o prolator nato de qualquer manifestação sobre os conflitos específicos, verificados entre os membros da sociedade. Como observa *Dinamarco*, a jurisdição se revela pela chamada função social do processo "que depende, sem dúvida, da efetividade deste. Já que o Estado, além de criar a ordem jurídica, assumiu também a sua manutenção, tem ele interesse em tornar realidade a disciplina das relações intersubjetivas previstas nas normas por ele mesmo editadas".[2] Dentro dessa sua lógica funcional, o Judiciário é o braço estatal que, por meio da jurisdição, interfere na vida da sociedade e nas relações entre seus membros, em nome da chamada paz social.

Contemporaneamente, os estudos sistêmicos do direito processual nos revelam que o poder jurisdicional não comporta apenas um determinado objetivo, mas sim uma conjugação de propósitos, tanto de ordem política, como social e também jurídica. De forma bastante sintética, podemos dizer que, sob o *enfoque jurídico*, o escopo da jurisdição é o de *manter intacta e íntegra a ordem jurídica*, tendo como objetivo fundamental o de *assegurar a vontade daquilo que estipula o direito material*. Já no *sentido político*, a atuação da jurisdição está relacionada com a *prevalência da autoridade do Estado* (poder), com a liberdade dos cidadãos, que têm no Judiciário a salvaguarda de seus direitos mais fundamentais e ainda com a possibilidade de participação do cidadão nos destinos da sociedade política. Sob o ponto de vista *social*, a função jurisdicional serve para que o Estado *possa alcançar aquele que é seu principal objetivo, ou seja, a promoção do bem comum, além de contribuir no processo educativo dos cidadãos*, a partir da função pedagógica das decisões.[3]

---

2 DINAMARCO, Cândido Rangel. *Nova era do processo civil.* São Paulo: Malheiros, 2003, p. 12.

3 Essa classificação é de DINAMARCO, que pontua: "Por isso é que, hoje, todo estudo teleológico da jurisdição e do sistema processual há de extrapolar os lindes do direito e da sua vida, projetando-se para fora. É preciso, além do objetivo puramente jurídico da jurisdição, encarar também as tarefas que lhe cabem perante a sociedade e perante o Estado como tal. O processualista contemporâneo tem a responsabilidade de conscientizar esses três planos, recusando-se a permanecer num só, sob pena de esterilidade nas suas construções, timidez ou endereçamento destoante das diretrizes do próprio Estado social," (DINAMARCO, Cândido Rangel. *A instrumentalidade do processo,* 8a., ed., São Paulo : Malheiros, 2000, p. 153).

A partir dessa dinâmica dos escopos da jurisdição, vemos que o processo tem uma importante função pacificadora. Partindo do pressuposto de que a vida social é própria para os conflitos de interesses, cabe ao Estado, legislando e exercendo a jurisdição, eliminar as insatisfações decorrentes dos conflitos sociais. Assim, é imprescindível que o conflito seja efetivamente resolvido por meios idôneos – ainda que remanesça a insatisfação da parte perdedora. Toda a lógica do sistema permite, além da esperança de reversão da decisão pelos graus recursais apropriados, a inexorabilidade das decisões já consumadas, cuja destruição é inconveniente para a sociedade. Mas essa missão pacificadora do processo somente vai ser alcançada se os conflitos forem eliminados mediante critérios justos e eficientes, pois este é o mais elevado escopo social do Estado. Daí por que a busca incessante por diretrizes normativas que possam assegurar a concessão desses meios de solução eficiente dos conflitos é a tônica contemporânea da ciência processual.

Daí se nota a relevância do papel do juiz na organização democrática da sociedade: a ele cabe cumprir a missão fundamental para convivência pacífica dos sujeitos sociais, impedindo que se processem iniciativas de uso arbitrário dos próprios direitos ou usurpação indevida de garantias legais ou contratuais. Modernamente, especialmente na sociedade brasileira, que vem amadurecendo sua perspectiva de consolidação do regime democrático, após longo período de repressão, a figura do magistrado passou a fazer parte do cotidiano das pessoas, desde o mais simples trabalhador até o mais rico empresário. Na mesma proporção em que aumentou sua importância para a sociedade, pode-se dizer que foi estendida também a sua responsabilidade. Afinal, a sociedade finalmente reconheceu que o juiz presta, em verdade, um serviço público, o que faz com que o "consumidor" desse serviço – o cidadão – passe a ter, naturalmente, uma postura de maior exigência.

Com isso, o bom desempenho do magistrado não pode mais ser visto – se é que chegou a ser, exclusivamente – como simples fator de sua satisfação pessoal, ou mesmo como critério de promoção funcional: há de ser tomado, sobretudo, como uma resposta eficaz àqueles que lhe vieram pedir guarida a um interesse ofendido, e que, em última análise, são os que pagam seus vencimentos. Por esses fatores, o juiz nunca pode deixar de lado seu aprimoramento intelectual, buscando sempre a renovação dos seus pensamentos jurídicos e também relativos a outras áreas do conhecimento, sempre fundamentais para a resolução dos problemas concretos que enfrenta.

Esses comentários se mostram oportunos porque é justamente na sentença que se costuma identificar o juiz efetivamente preocupado com as repercussões de seu trabalho, pois ali, mais que em qualquer outro ato que pratique, é que fica efetivada a aplicação das regras jurídicas ao caso enfocado. No entanto, o processo de elaboração de uma sentença, para quem a examina extrinsecamente, não revela exatamente o labor a que se submeteu seu redator. Com efeito, antes da transposição da sua perspectiva sobre o problema para a escrita é fundamental que ele tenha pleno conhecimento do caso e das repercussões que pode causar. Tornou-se tristemente comum um tipo de produção massificada na elaboração de sentenças, explicável, é bem verdade, pela também massificação dos litígios e sua repetição inacabável. Porém, há que se diferenciar a simples repetição de argumentos expressos em outro caso similar com o julgamento padronizado, sem atentar para certas peculiaridades de cada problema.

Nessa linha de conduta, e principalmente pela edição intensa de súmulas pelos tribunais superiores, tem havido uma prática de se julgar, apenas, com base em tais decisões. Por evidente, a manifestação consolidada dos tribunais, que têm a missão precípua de uniformizar a jurisprudência, é uma fundamental fonte subsidiária do direito, podendo-se até reconhecer como salutar que sejam seguidos os posicionamentos já assumidos pelos graus majoritários de jurisdição, em benefício do próprio jurisdicionado. No entanto, a conduta criticável é a redução da aplicação efetiva dos preceitos jurídicos a uma remissão infindável a súmulas e julgados, sem a devida conexão narrativa e sem ofertar a justificativa que fundamenta sua adoção pelo magistrado da tese ali esposada, em franco prejuízo da *liberdade de convicção do magistrado*, que representa uma importante garantia da sociedade.

Em tal contexto, não podemos deixar de registrar que o modelo normativo instalado pelo CPC-2015 acentua essa prática, ainda que tenha procurado encontrar caminhos para a sua modulação.[4] Essa construção – também assimilada pelo processo do trabalho na Lei 13.015/13 e pela Instrução Normativa 39, do Tribunal Superior do Trabalho – procura transpor, para o direito brasileiro, um modelo calcado na prevalência dos precedentes, que não lhe é característico e que, demais disso, nem ao menos tem os pressupostos adotados em outros países.[5] Como se sabe, o sistema jurídico brasileiro ainda tem

4 Referimo-nos, no caso, às disposições do artigo 489, do CPC, mais especificamente seu § 1°, que estipula um modelo de fundamentação que repele a mera transcrição de textos legais ou sumulares. Sobre esse dispositivo trataremos mais adiante.

5 Aqui, nossa crítica se funda no fato de que os modelos tradicionais de observância aos precedentes são baseados na construção estruturada de uma jurisprudência a partir do julgamento de uma multiplicidade de casos, em processo vertical ascendente de uniformização jurisprudencial. O CPC, ao lado dos mecanismos tradicionais destinados a esse fim – cuja eficácia é amplificada pela adoção de procedimento específico para julgamento de recursos

sua matriz no consagrado modelo romano-germânico, no qual a jurisprudência tem um relevante papel mas, sobretudo, como fonte auxiliar e interpretativa da norma. A compreensão da jurisprudência como fonte formal do direito, em modelos como o nosso, somente é assimilada em caráter excepcional, como ocorre com as súmulas vinculantes, previstas pela Constituição Federal.

De outra parte, a implantação de um sistema vinculante de jurisprudência no plano infraconstitucional, em nosso entender, afeta a liberdade de convicção dos magistrados e pode ter sua constitucionalidade material questionada, por afrontar os princípios e as estruturas eleitas pelo Constituinte. Há que se notar que a mudança de um padrão histórico de compreensão do Direito não pode ser feita com açodamento e sem uma completa reformulação de todos os pilares que sustentam a lógica utilizada pelo modelo em vigor. É curioso observar que, em momentos históricos remotos essa preocupação já era enunciada, como indicam as ponderações feitas pelo juiz português *Oliveira Guimarães*, em uma coletânea das suas sentenças do início do século passado

> "Acresce que para aplicar o direito ao facto, o meu principal trabalho consiste em interpretar, à custa exclusiva do meu exforço, a disposição legal que julgo adequada.
>
> Para esse fim, leio-a reflectidamente, comparo-a com outras disposições legais que com ela tem pontos de contacto, e vejo se consigo conhecer a vontade do legislador.
>
> Se não consigo ou se me embaraçam dúvidas, vou ver se nos estudos que precederam a confecçao da lei, na legislaçao anterior ou na legislação estranha, encontro elementos para formar minha convicção jurídica.
>
> Só depois, quando me julgo suficientemente conhecedor da matéria, e, assim, liberto da sugestão de personalidades, é que leio os arestos dos tribunais e as opiniões dos jurisconsultos.
>
> Então sei bem que são as razões as únicas causas que podem sugestionar, ou confirmando o meu modo de ver, ou fazendo-me adoptar outro, e que os nomes que subscreveram esses arestos ou opiniões em nada influiram no meu espírito, por maior que seja a reputação de valor scientífico que a eles ande ligada.

repetitivos – também traz institutos que possibilitam a construção de teses hegemônicas e de aplicação vinculante sem a correspondente reiteração de julgamento pelas instâncias ordinárias, mas mediante atuação direta dos tribunais. É o caso do Incidente de Assunção de Competência e do Incidente de Resolução de Demandas Repetitivas (respectivamente, artigos 947 e 976, do CPC) que, sem a característica necessária do amadurecimento dialógico das teses, podem produzir o mesmo efeito vinculante.

> O julgador só cumpre o seu dever e só fica satisfeito com a sua consciência quando profére a sua decisão, convencido de que atingiu a verdade, e para chegar a esse convencimento não pode substituir o exforço próprio pelo exforço alheio.
>
> Limitar-se a adoptar a doutrina dua acordão ou duma duzia deles, a seguir a opinião de um ou de muitos jurisconsultos, sem ter formado primeiro a sua convicção jurídica, é falsa a sua missão."[6]

As ásperas palavras por ele utilizadas não podem, é claro, ser tomadas como uma injunção absoluta. Mas sua citação ensina, fundamentalmente, que é primordial na elaboração de uma sentença a visão própria que o juiz tem da matéria. Evidente a crítica do ilustre magistrado à postura mecânica de certos juízes que, à guisa de facilitar seu trabalho, se limitam a citar decisões já proferidas em situações similares, ou mesmo já sumuladas. Deixa de considerar, quem assim age, a própria criação da ciência jurídica, nativamente polêmica e ensejadora das mais célebres divergências da humanidade. E, para sua própria tristeza, perde a parte mais romântica do direito: a possibilidade de se polemizar.

Por isso, na esteira da citação anteriormente feita, a primeira recomendação que nos permitimos é no sentido de que o processo elaborativo de uma sentença compreende, antes de tudo, um suficiente conhecimento jurídico, sobre o total alcance da matéria a ser decidida. Como a ninguém é possível sobre tudo conhecer, o procedimento mais adequado quando se depara com uma questão nova ou que tenha desdobramentos desconhecidos até então, é estudá-la, pesquisando – na jurisprudência, na doutrina ou em qualquer outra fonte subsidiária – exaustivamente o tema, a fim de permitir que o redator do julgado possa livremente transitar sobre todas as arguições a que será submetido na sua decisão.

Demais disso, é imprescindível que o juiz contemporâneo esteja efetivamente conectado com o momento processual em que vive, de franca revisitação dos institutos clássicos e de intensa deformalização do processo. Na atual fase do Direito Processual, o processo não mais é marcado pela ampla autonomia em face do direito material – como revela o escopo jurídico que antes descrevemos. Do contrário, cada vez mais ele se mostra dependente e subordinado aos interesses preservados pela legislação material, sem a qual o

6 Na introdução de sua curiosa obra *Sentenças e crítica jurídica* (Coimbra : F. França Amado, Editor, 1914, sem numeração dessas páginas), em que o autor narra diversas decisões que proferiu enquanto magistrado de primeira instância, comentando-as, inclusive, e referindo-se à existência ou não de recurso, e, eventualmente, reforma. A versão aqui reproduzida respeitou a grafia da época em Portugal, daí porque com diversas variantes incomuns.

processo não teria qualquer sentido ou utilidade. Não por outro motivo, nossa era tem permitido a ocorrência de diversas reformas na legislação processual, descaracterizando aquele modelo eminentemente autonomista trazido pelo Código Processual de 1973, não somente com a reestruturação de diretrizes tradicionais como pela inserção de novas disposições, mais consonantes com as necessidades de nossa época, culminando na elaboração e aprovação do novo Código de Processo Civil, vigente a partir de 18 de março de 2015.[7]

No entanto, a simples modificação legislativa cumpre apenas parte desse mister, no sentido de oferecer instrumentos mais eficientes para consecução dos atos processuais. De nada adianta termos uma legislação que dote o juiz de vários instrumentos voltados à consagração da efetividade processual, como medida de satisfação dos fins do processo, se o operador desses instrumentos não tiver um compromisso ético com as funções institucionais que exerce. Esse compromisso exige, além de outros atributos, que o magistrado moderno redimensione e reveja a atuação processual tradicionalmente consagrada pela formação histórica conferida pelas faculdades de direito e pela dinâmica de subsistência das estruturas do Poder Judiciário, que seleciona magistrados a partir de critérios fundamentalmente dogmáticos, sem atentar para sua formação humanista ou para a sua capacitação deontológica. É fundamental que o juiz que maneja o processo, em sua dimensão contemporânea, decrete o rompimento com essa vertente tradicional, e enxergue nas regras e princípios processuais um infinito caminho para produzir resultados úteis para a sociedade, como medida de revalorização de sua atividade.

Faz parte dessa postura compreender que o processo não representa apenas um conflito abstrato, movido por entidades despersonalizadas e destituídas de sentimentos. Afinal, *"todo processo guarda uma carga de emoções e de angústias que apenas os seus partícipes conseguem avaliar. O processo não é um caderno burocrático, senão repositório de sofrimentos."*[8] Cabe ao juiz, atento a essa necessidade de revalorização de sua função, enxergar o cidadão por trás daquele alfarrábio de documentos. Nesse sentido, vemos que a Justiça do Trabalho se situa entre os órgãos do Poder Judiciário em que essa humanização do processo não só é possível, mas decorre de seu próprio procedimento – a necessária realização de audiência em todos os processos faz com que o juiz

7 Por absoluta honestidade intelectual, temos de ponderar que nosso juízo a respeito do CPC-2015 é bastante crítico, visto que, embora enunciasse a consagração do instrumentalismo processual, na linha do que produziram as reformas do CPC-1973 dos anos 1990-2000, o resultado final acabou promovendo alguns graves retrocessos..

8 NALINI, José Renato. *O juiz e o acesso à justiça*, 2a. ed., rev., atualiz., ampl., São Paulo : RT, 2000, p. 119.

tenha uma imprescindível aproximação dos litigantes, que é um passo fundamental para que possa compreender as dimensões humanas do conflito.[9]

Não por outros motivos que essa visão "humanizada" do conflito é que deve motivar o magistrado a fazer do processo a instrumentalização do que é justo, dado que *"o ser humano que optou por julgar precisa imbuir-se de que isso é vocação, é missão, pois Magistratura – como emprego – é tarefa das mais sofríveis."*[10] Nesse sentido, *"o processo é a ferramenta de solução dos problemas, de harmonização da sociedade, de pacificação comunitária"*.[11] Sendo assim, o juiz atual não pode abster-se totalmente de envolvimento no litígio, sob o falso argumento da necessária imparcialidade que, na realidade, se traveste de indiferença, fundada em uma pretensa neutralidade. Todavia, não existe neutralidade em nenhuma atividade humana, sobretudo as que derivam da atitude intelectual, e por isso também não poderia haver na tarefa jurisdicional, que tem caráter fundamentalmente axiológico. Os cânones da Filosofia do Direito já nos ensinaram que este resulta da relação entre três elementos: o Fato, o Valor e a Norma, sendo esta última resultante da simbiose dos anteriores. A operacionalização da norma positivada exige do cientista jurídico a sua avaliação segundo os ditames valorativos vigentes no momento de sua aplicação – logo, é impossível ao magistrado assumir uma postura de neutralidade, se seu próprio mister lhe exige tomar uma atitude propositiva, em direção aos valores que resguarda em seu âmago subjetivo.

Entendemos que, ao tratarmos do manejo dos institutos processuais, não se pode admitir prática diversa, pois a atual fase do processo o considera um instrumento para satisfação do direito material, e não mais como instituto absolutamente autônomo e independente daquele. Por conseguinte, admitir-se que um juiz pretenda ser neutro na administração de um processo significa apenas que ele é um juiz conformado em realizar um papel burocrático, de administrador de conflitos privados, e não um agente estatal responsável pela pacificação desses mesmos conflitos, como medida de regulação da vida em sociedade. Em que pese esse perfil tenha predominado no Poder Judiciário brasileiro praticamente desde a criação do Estado nacional, é hoje uma modalidade absolutamente descompassada com as exigências sociais vigentes.

---

9 É curioso notarmos que essa característica típica do processo do trabalho hoje é assimilada pelo processo comum, com a determinação do novo código de que, em regra, deva ser designada audiência para tentativa de autocomposição do conflito (art. 334).

10 NALINI, José Renato. *O juiz e o acesso à justiça*, 2a. ed., rev., atualiz., ampl., São Paulo : RT, 2000, p. 119)

11 *Idem*, p. 139.

É conveniente lembrar que a sociedade tem no magistrado aquele membro encarregado de fazer com que atuem nos processos os resultados da vivência entre seus integrantes. *"O erro consiste em esquecer que o juiz é membro da sociedade em que vive e participa do seu acervo cultural e dos problemas que a envolvem, advindo daí as escolhas que, através dele, a própria sociedade vem fazer no processo."*[12] Com esse pensamento, não nos eximimos de concluir que a vontade do juiz, no processo, deve repercutir as percepções da sociedade da qual ele participa. Compete-lhe ter a dignidade de exercer esse mister dentro dessas expectativas, sem o que não pode ser magistrado. Isso não significa, no entanto, que o juiz deva submeter suas convicções à sanção popular, nem tampouco produzir decisões que simplesmente agradem a opinião pública. Do contrário: um bom juiz, no mais das vezes, tende a ser contramajoritário, pois as dimensões de seu raciocínio jurídico normalmente se afastam do clamor popular que profere seu juízo (no mais das vezes injusto) sobre questões concretas. O que afirmamos é que a decisão judicial, embora produzida de forma independente e, muitas vezes, contra o senso comum, deve estar conectada com as expectativas abstratas da sociedade, de produção de um resultado justo segundo os ditames axiológicos vigentes por ocasião da decisão.

Imbuído dessa consciência é o que o magistrado passa a ter o compromisso, em sua atuação, com a busca de uma solução eficaz e eficiente, e que possa alcançar os já reiteradamente lembrados fins sociais da jurisdição. Para fazê-lo, cumpre-lhe utilizar no processo todos os meios que a ciência processual disponibiliza, sem se preocupar excessivamente com filigranas processuais. Ou seja, como assinala *Barbosa Moreira*, *"quando porventura nos pareça que a solução técnica de um problema elimina ou reduz a efetividade do processo, desconfiemos, primeiramente, de nós mesmos. É bem possível que estejamos confundindo com os limites da técnica os da nossa própria incapacidade de dominá-la e de explorar-lhe a fundo as virtualidades."*[13]

1.2. Os poderes do juiz e o CPC-2015

O CPC-2015 disciplinou, a exemplo de seu antecessor, aquilo que nomina de **poderes, deveres e responsabilidade do magistrado,** o que está tratado no capítulo inicial do Título IV do Livro III do CPC, no plano do tratamento aos **Sujeitos do Processo** (o qual por seu turno, regula o *Juiz e os Auxiliares da Justiça)*. Vale registrar que o tratamento normativo do CPC é

12 DINAMARCO, *A instrumentalidade do processo...*, p. 36.

13 *Efetividade do processo e técnica processual, in* RePro, 77/175, *apud* MAIOR, Jorge Luiz Souto, *Temas de processo do trabalho*, São Paulo : LTr, 2000, p. 12.

dirigido, precipuamente, para a disciplina da atividade jurisdicional na condução do processo, não tratando, obviamente, dos deveres genéricos imputados aos magistrados. Estes estão relacionados na Constituição Federal[14], na Lei Orgânica da Magistratura[15] e no Código de Ética da Magistratura Nacional.[16] Conquanto essas diretrizes não se destinem somente ao ato sentencial, entendemos oportunas algumas considerações a respeito do tema, mormente pelos tradicionais equívocos com que são tratados.

É certo que os deveres processuais do magistrado e a respectiva responsabilidade também decorrem dos preceitos estruturais antes citados. Afinal, as condutas do juiz na direção do processo devem ser norteadas, além dos dispositivos processuais específicos, pela observância dos demais atributos do exercício da judicatura, aos quais estão ajustados sistematicamente. No entanto, repita-se, a preocupação do código é, fundamentalmente, disciplinar os atributos do exercício jurisdicional no âmbito da direção do processo, sem definir condutas que podem resultar em sua responsabilização administrativa, o que é reservado à já citada Lei Orgânica e ao Código de Ética. Parece natural que, havendo prática processual que possa implicar, além dos efeitos cominados no código, o cometimento de infração disciplinar, essa deverá ser devidamente apurada pelo órgão competente. [17]

Dito isto, identificamos que o capítulo em comento destina-se a disciplinar três aspectos da atividade do magistrado: seus *poderes*, seus *deveres* e a sua *responsabilidade*. Temos, aqui, uma oportunidade singular de enfrentar um pequeno desvio interpretativo muito recorrente: quais seriam as diferenças nas determinações legais que estipulam, ora que o juiz "poderá" agir de determinada forma e outras que fixam que ele "deverá" assim proceder? A nosso juízo, essa aparente dicotomia inexiste, ainda que o legislador faça sua escolha por um ou por outro vocábulo. Na realidade, os chamados *deveres* dos magistrados estão sempre associados às obrigações relacionadas à sua conduta, descritas, como dito, na Constituição e nos instrumentos normativos que lhe

---

14 A qual, na realidade, estabelece as vedações ao magistrado, em seu artigo 95, parágrafo único.

15 Artigos 35 a 39 da Lei Complementar 35/79.

16 Código aprovado na 68a. Sessão Ordinária do Conselho Nacional de Justiça, e que contempla diversos deveres dos magistrados. Nos termos do seu art. 40, *"Os preceitos do presente Código complementam os deveres funcionais dos juízes que emanam da Constituição Federal, do Estatuto da Magistratura e das demais disposições legais."*

17 O exercício do poder correicional sobre a atividade do magistrado é exercida pelas Corregedorias de Justiça de cada tribunal ou, de forma concorrente e subsidiária, pela Corregedoria Nacional de Justiça, do Conselho Nacional de Justiça (CNJ).

são complementares. No âmbito do processo, o magistrado não tem nenhum "dever" autônomo: ele sempre tem poderes atribuídos pela ordem jurídica, competindo-lhe o *dever de exercê-los*, nos limites da Constituição e das leis vigentes. Em outras palavras, *os deveres processuais do magistrado se encerram na obrigatoriedade do exercício pleno dos poderes que lhe são conferidos pelo ordenamento, voltados ao cumprimento dos fins do processo.*

Daí porque temos críticas severas à assertiva que associa a expressão "o juiz poderá" a uma simples "faculdade" do magistrado. Em nosso modesto entender, como agente político do Estado, o juiz não tem faculdades, mas sim *poderes associados à função que exerce*. É a mesma opinião de Cândido DINAMARCO, para quem *"a ordem jurídico-processual não outorga faculdades nem ônus ao juiz. Aquelas têm por premissa a disponibilidade de bens ou de situações jurídicas e, daí, serem conceituadas como liberdade de conduta: cada qual age ou omite-se segundo sua vontade e sua própria escolha, tendo em vista o resultado que mais lhe agrade. Mas o juiz não está no processo para a gestão de seus próprios interesses, senão para regular os de outrem, ou seja, das partes. (...) Todos os poderes que a lei lhe outorga são acompanhados do dever de exercê-los."*[18]

Dessa maneira, sempre que a legislação processual estabelece que "o juiz poderá" agir de uma ou de outra forma, isso não significa que ele tenha uma "escolha" a fazer. Representa, na realidade, o comando de que ele tem *poderes para agir*, dentro daquela hipótese configurada na lei, e sob os seus próprios limites. Corolário disso é que, quando a parte preenche os requisitos para exercício de determinado direito, não cabe ao juiz "escolher" ou não o deferimento: compete-lhe analisar os pressupostos do pleito e apreciá-lo, dentro dos poderes que lhe são confiados.[19]

Da mesma forma, quando a lei processual afirma que "o juiz deverá", isso não implica qualquer "obrigação" do juiz: os deveres inerentes à magistratura não estão contemplados na lei adjetiva, mas sim nos instrumentos normativos relacionados à atuação institucional do magistrado, sendo relacionados à suas obrigações funcionais. Essa expressão, usada no CPC e outras normas processuais, implica somente na indicação de um dos poderes-deveres do

18 DINAMARCO, Cândido Rangel. *Instituições de Direito Processual Civil,* vol. II, São Paulo : Malheiros, 1999, p. 208

19 Um exemplo que citamos nesse sentido é o da concessão dos benefícios da gratuidade da Justiça, uma vez preenchidos os requisitos para tanto. Nesse sentido, vide SILVA, José Antonio Ribeiro de Oliveira (coord.). *Comentários ao novo CPC e sua aplicação ao processo do trabalho,* vol. I, São Paulo : LTr, 2016, p. 148, mais especificamente no comentário que fizemos ao artigo 98, do CPC.

magistrado, já assinalados anteriormente, e nunca em condutas passíveis de sanção disciplinar.[20]

Sintetizando esse pensamento, temos segurança em afirmar que os comandos vazados nos artigos 139 a 143 do CPC não estipulam qualquer *dever funcional* do magistrado nem tampouco apresentam quaisquer faculdades a ele atribuídas: na realidade, enunciam, dentre as incumbências[21] do juiz na direção do processo, algumas de caráter mais genérico, invariavelmente ligadas a fatores principiológicos disciplinados pelo próprio código.[22] De outra parte, os poderes do juiz não estão encarcerados nesses dispositivos, que se destinam apenas a apontar diretrizes gerais de atuação, sem prejuízo de comandos específicos que a ele outorgam tantos outros diversos e variados poderes.[23]

Feita esta nota, devemos nos deter, inicialmente, nos ditames do artigo 139: ali está expresso que *ao juiz compete dirigir o processo*, conforme disposições do código, tendo, dentre outras, as incumbências relacionadas nos seus incisos. Essa é uma regra nuclear do processo, voltada exatamente à sua característica publicista já defendida, e que está em consonância com o momento metodológico da ciência processual e com o tratamento que a Constituição confere aos institutos do direito adjetivo. Na realidade, o código não inova, nesse particular, salvo por uma simples substituição vocabular.[24] Reforça, com isso, o conceito já assentado doutrinariamente de que o processo é dirigido sempre pelo magistrado, como representante do Estado apontado como responsável pela solução dos conflitos de interesses. Por isso, *"todo o direito*

20 Tomemos como exemplo o constante no artigo 357, do CPC. Ao falar do saneamento do processo, o dispositivo afirma que "deverá o juiz" adotar as medidas constantes dos seus incisos. Ali, no entanto, não está descrito nenhum dever funcional do magistrado, mas apenas as potencialidades que seu ato pode alcançar para os fins pretendidos. Seria absolutamente impróprio imaginar-se que, ao deixar de cumprir um desses "deveres" pudesse o juiz ser responsabilizado civil ou administrativamente.

21 A propósito, aliás, o próprio *caput* do artigo 139 usa a expressão "incumbindo-lhe", ao se referir ao magistrado.

22 É o caso dos inciso I a V, p.ex., todos eles voltados à indicação da conduta do juiz relação a princípios processuais, respectivamente, o da isonomia, o da efetividade (II, III, IV) e o da conciliação (V).

23 Um desses poderes está enunciado, p.ex., no artigo 138: ali consagra-se ao magistrado o poder de solicitar ou admitir a participação de pessoal natural ou jurídica, órgão ou entidade especializada, na condição de *amicus curiae.*

24 Na parte final do *caput,* trocou-se a expressão "competindo-lhe", constante do revogado artigo 125, por "incumbindo-lhe", ajustando tecnicamente o conceito, a fim de que não se confundisse essa temática com a competência jurisdicional.

processual regula esse movimento dos indivíduos e dos grupos para que o Estado, não o adversário, lhe dê certo ato seu."[25]

Esse poder de direção se desdobra em duas frentes: uma formal, na qual *"o juiz tem por fito a ordenação e a normalidade do processo, em sua marcha externa"* e outra material, *"que é a atuação do juiz no intuito de conseguir que o material do processo de articule de modo que melhor se colha a verdade, se esclareçam as argumentações das partes, se tenha visão de conjunto."*[26] O artigo 139, a exemplo do que lhe antecedeu, caminha no sentido da direção material do processo, denotando as atribuições do magistrado para que se possa alcançar a sua finalidade precípua.

Todavia, não se pode falar nesse tema sem que se revolva outro instituto, que foi trazido como inovação pelo CPC-2015. Trata-se do princípio da cooperação, instalado no artigo 6o. do código. Com efeito, embora já houvesse registros na legislação anterior a respeito do chamado "dever de cooperação" das partes no processo, o tratamento ora dado é mais amplo e tem traços principiológicos. Em uma leitura conceitual, como *"princípio da cooperação, deve-se entender o dever de colaboração para a descoberta da verdade"*[27], inclusive para que se possa concretizar o princípio da efetividade.[28] No entanto, há quem amplifique o sentido desse preceito ao afirmar que o novo CPC também contempla situações nas quais o poder judicial de direção é mitigado em favor das partes, no sentido de se buscar soluções procedimentais cooperativas. Os maiores exemplos nesse sentido seriam os artigos 190 e 357, par. 3o., do CPC.

Não temos dúvidas de que esses dispositivos emprestam um protagonismo maior às partes no processo, mas isso não pode ser interpretado como uma subversão às regras relativas à sua direção. A permissividade da interferência dos "sujeitos parciais"[29] no processo não encontra, ao nosso ver, ressonância no sistema processual constitucional, que consagra, como já sobredito, um modelo publicista. Por certo que a tendência metodológica contemporânea demanda uma participação mais efetiva e democrática do juiz na condução do

25 MIRANDA, Pontes de. *Comentários ao Código de Processo Civil.* Tomo II – arts. 46 a 153. Rio de Janeiro : Forense, 1996, p. 365.

26 *Idem,* p. 367.

27 Cf. FELICIANO, Guilherme Guimarães, *in* SILVA, José Antonio Ribeiro de Oliveira (coord.). *Comentários ao novo CPC e sua aplicação ao processo do trabalho,* vol. I, São Paulo : LTr, 2016, p. 26, nos comentários ao artigo 6o.

28 Dado que o "dever de cooperar" se destina à obtenção, em tempo razoável, de decisão de mérito justa e efetiva.

29 A referência ora feita é dirigida aos litigantes, que têm interesses jurídicos e materiais em disputa no processo. O juiz, assim como seus auxiliares, é sujeito não-parcial, por definição.

processo, mas isso não pode ser simplesmente transferido às partes, dado que são elas totalmente interessadas em um desfecho favorável.

Preferimos fazer, nesse caso, uma interpretação desses dispositivos em conformidade com o sistema processual constitucional: ainda que permitida a chamada "negociação processual" (artigo 190) ela não pode suplantar diretrizes e garantias constitucionais do processo nem causar desequilíbrio nas relações, devendo seu uso ser absolutamente excepcional e restrito. Embora a lei processual já a admita, de maneira típica, em algumas situações[30], sua assimilação de forma genérica deve ser sempre adotada com a máxima cautela, a fim de não subverter a lógica do modelo constitucional de processo. Quanto ao saneamento com a participação das partes (artigo 357, par. 3o., do CPC), deve ser entendido muito mais como uma diretriz programática, no sentido de incentivar, quando possível, que o juiz obtenha a concordância nas partes na fixação dos pontos de controvérsia, não com o intento de dividir com eles a direção do processo, mas apenas visando reduzir as possibilidades de incidentes recursais.[31]

Ainda, temos inequívoco que o CPC deve ser compreendido com a mesma lógica que fora estabelecido no contexto da legislação anterior, no que diz respeito à direção do processo: ela pertence exclusivamente ao magistrado, que deve exercê-la visando, sempre, a consecução dos escopos fundamentais do processo. De outra parte, o código afirma expressos e específicos poderes ao juiz de "*determinar todas as medidas indutivas, coercitivas, mandamentais ou sub-rogatórias necessárias para assegurar o cumprimento de ordem judicial, inclusive nas ações que tenham por objeto prestação pecuniária*" (inc. IV). Esse atributo não estava previsto no texto revogado, senão somente em disposição constante

30 Como é o caso do adiamento da audiência por convenção das partes, nos termos do art. 362, I, do CPC-2015

31 Da mesma forma, entendemos que deva ser interpretado com a devida ponderação o disposto no artigo 456, parágrafo único do CPC-2015. Com efeito, o *caput* desse dispositivo preconiza a ordem de oitiva das testemunhas (primeiro as do autor, depois as do réu), mas o parágrafo em comento permite que o juiz altere essa ordem "se as partes concordarem". Essa condicionante é um verdadeiro despropósito, que afronta, a um só tempo, a diretriz já pontuada – de que a direção do processo é exclusiva do magistrado – como também a regra hermenêutica que aponta que a prova dos autos é destinada ao juiz, a quem compete administrar o encargo probatório, inclusive na sua vertente dinâmica (art. 373, § 1°., do CPC). Nesse sentido, aliás, o código revela latente contradição, visto que confere ao juiz, de forma exclusiva, a deliberação sobre a fixação do ônus da prova de maneira diversa da prevista em lei. Sendo assim, não parece conveniente nem oportuno que, uma vez assim procedendo, tenha que pedir "autorização" às partes para modificar a ordem de inquirição das testemunhas, se isso vier a ser necessário exatamente para dar cumprimento ao comando judicial.

de outra tabulação (artigo 461, do CPC-1973), mas reitera o pretenso comprometimento do código com medidas tendentes à efetividade. Outrossim, também são conferidos poderes específicos de "*dilatar os prazos processuais e alterar a ordem de produção dos meios de prova, adequando-os às necessidades do conflito de modo a conferir maior efetividade à tutela do direito*" (inc. VI)[32] e de "*determinar o suprimento de pressupostos processuais e o saneamento de outros vícios processuais*" (inc. IX). Todas essas medidas, ora delineadas em termos mais precisos, já se inseriam nos poderes gerais de direção do magistrado, consistindo apenas inovação dogmática, sem afetar de modo significativo as incumbências do magistrado.

Feitas tais considerações, cumpre assinalar algumas breves ponderações sobre o uso desses dispositivos no processo do trabalho, dado que esta obra se destina a tratar da sentença trabalhista, de maneira particular. Nesse sentido, temos que a disciplina da CLT a respeito dos Juízes do Trabalho está lavrada nos artigos 654 a 659, mas eles estão muito mais voltados à sua investidura. Os deveres dos Juízes do Trabalho estão inseridos no artigo 658 da CLT e sua competência se encontra no artigo 659, mas ambos não apresentam colidência com as disposições consagradas pelo CPC. Por isso, temos que, a rigor, os dispositivos são aplicáveis ao processo laboral, com apenas duas ressalvas, que não se encontram sob o prisma da compatibilidade. O primeiro deles é o disposto no **artigo 139, V**, que remete ao uso de conciliadores e mediadores judiciais, dado que, no processo laboral, esse papel é primordialmente realizado pelo juiz (artigo 764, da CLT).[33] Além disso, o § único do artigo 42 da lei 13.140/2015 assinala que a mediação nas relações de trabalho será regulada por lei própria, denotando claramente a inaplicabilidade não apenas da referida norma como também do próprio CPC, neste particular.

O outro dispositivo inaplicável ao processo do trabalho será o **parágrafo único do artigo 140**, do CPC, que restringe o cabimento da decisão judicial por equidade aos casos previstos em lei. Com efeito, o artigo 8o., parágrafo único da CLT permite ao magistrado do trabalho que, diante da ausência de norma a respeito de determinado tema, sempre recorra ao uso da equidade,

---

32 A respeito do inciso VI são necessários dois comentários que temos como relevantes. Por primeiro, a dilação dos prazos somente pode ser determinada antes do seu encerramento (artigo 139, § único) e, naturalmente, atinge somente os prazos dilatórios, não envolvendo os peremptórios. Por outro lado, a inversão na ordem de produção probatória encontra ressonância também no disposto no artigo 373 e seus parágrafos, que disciplinam a observância da carga dinâmica da prova.

33 Nessa linha, o artigo 3°, III, da IN 39/2016, do TST, que afasta especificamente esse dispositivo do processo do trabalho.

que tem, portanto, no Direito do Trabalho, um relevante papel no suprimento das lacunas. As demais disposições, em nosso entender, são totalmente assimiláveis ao processo do trabalho e, portanto, lhe podem ser aplicadas.

1.3. A efetividade processual e a jurisdição

O processo civil tem vivido um momento que se tem identificado como sendo sua **terceira fase**, decorrente de um complexo evolutivo em que se destaca o papel deontológico do sistema processual, com clara caracterização do que pode ser chamado de **missão social do processo**. Trata-se da vertente que estabelece o caráter instrumental do processo, e que tem motivado uma série de mini reformas legislativas com vistas ao asseguramento da **efetividade dos meios processuais**, a partir da qual "o processo deve ser apto a cumprir integralmente toda a sua função sociopolítico-jurídica, atingindo em toda a plenitude todos os seus escopos institucionais".[34]

Essa assertiva vem a propósito da nítida mudança de enfoque pela qual a ciência processual vem passando a partir dessa indicada terceira fase, que resulta da própria superação do modelo de gestão estatal muito presente até os anos 80, e que, no Brasil, influenciou sobremaneira o Código de 1973. A intensificação das preocupações com as garantias e direitos fundamentais do cidadão tem sido responsável pela crescente rejeição ao modelo liberal de Estado, paulatinamente substituído por um modelo de cunho social, em que a abstinência antes presente dá lugar a um intervencionismo limitado, que não tolhe a liberdade de agir, mas é suficiente para assegurar direitos básicos à população.

Com isso, as instituições estatais vêm sendo modificadas em sua concepção e gestão, pois muito do que restou da configuração anterior tem-se mostrado anacrônico nos tempos atuais. A sociedade brasileira nos oferece evidências muito curiosas que amparam essa mudança de perspectiva. Práticas históricas adotadas por agentes estatais hoje não são toleradas pela maioria da população, que usa dos instrumentos sociais de que dispõe para exigir do agente público que adote postura distinta da que sempre utilizou, em nome desse novo papel que o Estado assumiu.

Esses fenômenos sociopolíticos têm afetado diretamente a prestação jurisdicional e, por decorrência, exigem que a ciência processual tenha outra dinâmica, igualmente distanciada daquela que predominou enquanto vigente a sua tendência autonomista. Naquela ocasião, o processo atuava de forma

34 DINAMARCO, Cândido Rangel. *A instrumentalidade do processo...*, p. 270.

absolutamente independente do direito material, surgindo dessa vertente a segura afirmação da existência de uma relação jurídica processual distinta daquela do direito privado, na qual era evidente a lógica da supremacia do processo em face do próprio direito substantivo. Predominava, com isso, a ideia privatista do processo, na qual se destacam as escolas alemã e latina, que consideravam a ação como sendo o pórtico de todo o sistema processual, este, por sua vez, reconhecido como instrumento posto a serviço do autor e dos direitos.[35] O privatismo então presente no processo civil é efeito da relação histórica com o direito privado, mas que vem sendo superado por uma dinâmica conceitual em sentido diametralmente oposto: *"Presencia-se, pois, uma ciência processual construída mediante afirmações e pressupostos publicistas, mas revelando surpreendentes posicionamentos sobrevivos ao sincretismo privatista já superado"*.[36]

A fase instrumentalista da ciência processual é resultado direto dessa nova vertente da posição do Estado, tendo surgido a partir da crítica doutrinária a respeito do excessivo caráter privatista das concepções anteriores. Essa nova fase, atendendo a uma universal tendência publicista, deve muito à descoberta dos princípios e garantias constitucionais do processo, mas a sensibilidade para os graves problemas sociais e econômicos que com ele se envolvem têm permitido enquadrar a ciência processual num plano político suficientemente expressivo para destacar a grande gama de interesses públicos perseguidos por meio dele. Nesse contexto, o processo contemporâneo deve ser encarado a partir da premissa de que todos os princípios e garantias foram concebidos para atuar de forma coordenada, com a finalidade de um processo justo que seja capaz de produzir resultados justos.

Dentro dessa vertente contemporânea do processo, temos que o modelo processual infraconstitucional tem de oferecer instrumentos para permitir uma amplitude da tutela aos direitos reconhecidos. O modelo constitucional garante a todos os cidadãos, como direito fundamental, uma "razoável duração do processo e os meios que garantam a celeridade de sua tramitação" (artigo 5o., LXXVIII, da Constituição) Como explicita *Araken de Assis*, essa conduta meramente declarou um princípio já implícito na Constituição, em decorrência da adesão brasileira à Convenção Americana sobre Direitos Humanos (art. 8º, 1, do Pacto de San Jose da Costa Rica).[37] Conquanto haja profunda abstração nesses conceitos, a estipulação constitucional explícita exige no

35 DINAMARCO, Cândido Rangel. *Nova era do processo civil*, p. 13.

36 *Idem*, p. 46.

37 Duração razoável do processo e a reforma da lei processual civil. In: Processo e Constituição – Estudos em homenagem ao Professor José Carlos Barbosa Moreira. FUX, Luiz *et alii* (coord.). São Paulo: Revista dos Tribunais, 2006.

mínimo um comprometimento eficiente dos agentes políticos do estado brasileiro, no sentido de dar o máximo de eficácia a esses preceitos. Bem por isso que, em 15.12.2004, logo depois da Emenda referida, os Chefes dos Poderes Executivo, Legislativo e Judiciário firmaram o *"Pacto de Estado em favor de um Judiciário mais rápido e republicano"*, no qual foram descritas as intenções de serem implementadas as alterações legislativas necessárias para minimizar ou eliminar as situações que resultam na morosidade da prestação jurisdicional.[38]

O resultado mais direto e imediato desse Pacto republicano foi a edição das Leis ns. 11.187/05, 11.276/06, 11.277/06 e 11.280/06, todas elas conduzidas a partir da Secretaria de Reforma do Judiciário do Ministério da Justiça, cuja missão seria a de promover os estudos necessários à efetivação da Reforma, seja no âmbito constitucional, seja no plano infraconstitucional. Já as Leis ns. 11.232/05 e 11.382/06, também reformadoras do processo, foram resultantes de estudos elaborados pelo Instituto Brasileiro de Direito Processual[39], mas que vieram ao encontro dessa importante iniciativa adotada pelos Chefes dos Três Poderes da República, consolidando aquilo que podemos dizer de terceira fase da reforma processual, iniciada no princípio dos anos 90. Esse processo tenderia a se completar com a elaboração de um Novo Código de Processo Civil, que se anuncia desde 2009, com a nomeação de uma comissão de notáveis com vistas à elaboração de um anteprojeto.

Nesse sentido, temos que as última década do século XX e a primeira do século XXI foram marcadas pela plena interferência da chamada fase instrumentalista do processo no âmbito legislativo, de maneira que tivemos uma sucessão de intervenções na legislação processual, amplamente voltada para a consagração de meios mais eficientes de solução dos conflitos, inclusive resultando na deformalização de alguns institutos tradicionais e na vigência de um Novo Código de Processo Civil. Como diz *Dinamarco* (quando se refere ao Código de 1973, original), "o Código Buzaid foi uma obra de seu tempo e do estado da doutrina brasileira de quando foi editado. Nossos olhos não estavam ainda suficientemente abertos, nem nossos sentidos atentos à verdadeira

---

38 Esse pacto foi publicado em 16.12.2004, e encontra-se disponível em <www.mj.gov.br/reforma./pdf/pacto>.

39 As propostas do Instituto Brasileiro de Direito Processual foram debatidas por uma Comissão de Juristas nomeada pelo Ministério da Justiça. Dessa comissão participaram, entre outros, Cândido Rangel Dinamarco, Carlos Alberto Álvaro de Oliveira, Humberto Theodoro Jr., José Carlos Barbosa Moreira, José Inácio Botelho de Mesquita e Ovídio Araújo Baptista da Silva, além de Athos Gusmão Carneiro, tido como o principal artífice do anteprojeto. *Apud*, MITIDIERO, Daniel, in *A nova execução. Comentários à Lei n. 11.232, de 22 de dezembro de 2005*. Rio de Janeiro: Forense, 2006.

revolução cultural em prol da bandeira da efetividade do processo, então brotando nas plagas europeias (...)".[40]

Assim, entre os anos finais do Séc. XX e primeiros anos do Séc. XXI assistimos as reformas da lei processual comum, como resultante de um processo complexo, envolvendo tanto a evolução da doutrina nacional, ao cabo da internacional, como, sobretudo, a necessidade de efetivação dos valores superiores, inclusive traçados pelo espírito constitucional de tutela dos interesses coletivos, culminando na elaboração de um novo Código de Processo Civil. Vemos, desde os primórdios desse processo de transformação normativa, uma concentração de esforços no sentido de se assegurar uma tutela jurisdicional que seja efetiva, tempestiva e justa, restaurando a necessidade de observância daquela função institucional do processo.

É de se notar que todo o contexto de elaboração do novo código foi cercado de uma perspectiva de afastar o Judiciário do senso comum de que se trata de um poder que presta um serviço público *"lento, caro e difícil de utilizar"*.[41] No entanto, temos dúvidas se a construção de um novo Código processual neste momento seria mais eficiente do que a intensificação do aperfeiçoamento dos institutos já existentes, o que se tem praticado nos últimos vinte anos. Afinal, o novo texto simplesmente repete boa parte dos dispositivos do código revogado, apenas com alterações cosméticas e ajustes conceituais. Há, sem dúvidas, algumas inovações com relativa relevância, mas outras com graves retrocessos, além de normas de eficácia questionável e outras de nítido populismo normativo, tendentes a não cumprir resultado prático algum.[42] Porém, o problema mais grave que se apresenta é o fato de que a expectativa de que ele consagraria definitivamente a vertente instrumentalista, o que não se consumou, pois a visão principiológica estabelecida pelo CPC-2015 não expressa integralmente a visão constitucional e em alguns aspectos até mesma a exacerba, de forma a desequilibrar a arquitetura constitucional.

---

40 *A reforma da reforma*. 2. ed. São Paulo: Malheiros, 2002. p. 23.

41 Fundação Getulio Vargas. *Relatório ICJ Brasil*. 2o. e 3o. trimestres/2014, p. 13. Disponível em www.bibliotecadigital.fgv.br. Acesso em 10/03/2015.

42 Citamos, como exemplo o disposto no artigo 12 do texto original do CPC-2015, que determinava a observância cronológica da ordem de conclusão para julgamento das lides. Além de se tratar de uma medida que tolhe a capacidade de gestão processual do magistrado, é dispositivo que tende a se tornar inócuo, seja pela falta de mecanismos hábeis de controle, seja por ser medida de difícil aplicação prática. Afinal, sendo os processos distintos em seu conteúdo e em sua natureza, não faz nenhum sentido que norma exija, em postulado objetivo, que seu julgamento seja feito apenas observando o critério cronológico da conclusão. Em boa hora – antes mesmo da vigência do CPC – o texto foi alterado pela Lei 13.256/2016, tornando a cronologia meramente um critério preferencial.

Assim, as expectativas de que o novo código pudesse assimilar por completo toda a lógica do instrumentalismo processual, o que transparecia da análise preliminar do Anteprojeto, não se confirmou, produzindo um resultado que coloca em risco, a nosso juízo, o enunciado propósito de racionalização da prestação jurisdicional.

Um exemplo manifesto se verifica no desmesurado acento que confere às regras de efetivação do princípio do contraditório e ampla defesa. Não se nega a relevância desse princípio, que consiste em uma das mais importantes garantias constitucionais, como visto no primeiro capítulo deste livro. No entanto, sua inscrição na Constituição, com as características vetoriais próprias dos princípios, não exige regras procedimentais complementares tendentes à sua reafirmação. Algumas, é verdade, decorrem da própria configuração da dialética processual – como é o caso da regulação específica do procedimento de resposta do réu, das contrarrazões recursais, dentre outras. Outras diretrizes, de caráter geral, são totalmente dispensáveis e, além disso, são capazes de causar grandes dificuldades operacionais na gestão do processo.[43]

Ao lado disso, é inconteste que o novo CPC assimila uma visão nitidamente privatista do processo, que se mostra pouco simpática à atuação do Estado-Juiz, transferindo para as mãos das partes uma significativa carga de incumbências, e oferecendo um franco desprestígio à figura e ao papel do magistrado. Um exemplo disso se colhe na admissibilidade da já citada "negociação processual", a qual permite às partes a definição de práticas e procedimentos de forma distinta daquela que está prevista na lei adjetiva. Ora, não parece compatível com a diretriz publicista do processo contemporâneo que sejam delegadas funções de gestão às partes, que permitem que elas possam decidir sobre tema afeto exclusivamente ao magistrado. Mais do que isso, a depender de como se compreende esse instituto, ela até mesmo configura uma redução da importância do juiz, pois pode admitir que as partes estabeleçam, por conta própria, diretrizes que nem o magistrado poderia fazer.[44]

Portanto, a expectativa de que o CPC-2015 pudesse se postar a favor da efetiva construção de um modelo instrumentalista de processo aparece

43 É o caso das disposições dos artigos 9o. e 10 do CPC, que assegurariam que não pode ser proferida qualquer decisão contra qualquer das partes sem que ela seja previamente ouvida e que impediriam que o juiz decidisse com base em fundamento sobre o qual as partes não se manifestaram.

44 Pode-se citar, como exemplo, uma imprópria negociação processual que amplia prazos peremptórios. Como é sabido, a principal característica desse tipo de prazo é o fato de que nem o juiz pode alterá-lo, mas o instituto em questão, se lido de maneira expansiva, admite que as partes o façam.

plenamente em seu texto final, ante o lamentável afastamento latente de preceitos publicistas que lhe seriam essenciais. Vale notar que DINAMARCO pontua que a publicização do Direito processual é que indica *"uma firme tendência central no sentido de entender e tratar o processo como instrumento a serviço dos valores que são objeto de atenções da ordem jurídico-substancial."*[45] Ao se afastar do caráter publicista próprio do instrumentalismo, o CPC retrocedeu significativamente, aproximando-se de forma perigosa das fases anteriores do processo, que estavam há muito superadas.[46]

Embora isso pareça óbvio e redundante, nunca é demais lembrarmos que o processo precisa servir para dar a quem tem um determinado direito tudo e precisamente aquilo a que se tem direito, na extrema medida da sua possibilidade. Dentro do papel deontológico do sistema processual, o objetivo de cada operador deve ser o de alcançar a chamada missão social do processo, e um dos instrumentos para tanto é pelo reconhecimento da *efetividade como princípio estrutural do processo*. A efetividade é a verdadeira garantia de acesso à justiça, porquanto só se consuma a satisfação do cidadão com medida judicial proposta se ela for capaz de restaurar-lhe concretamente a pretensão tida como lesionada ou como meio atestador da ausência de sua responsabilidade. Isso corresponde, na prática, à prolação de uma decisão que seja mais próxima possível do justo, e que permita efetivamente a entrega do direito reclamado ao seu dono.

Tem sido fundamental, para tanto, o desenvolvimento da chamada *teoria geral do processo*, que funciona como fator de superação dos resíduos privatistas – comparando-se a equivalência entre o processo civil e a relação jurídica substancial a que se vincula, com a mesma correspondência do processo penal, observamos que, no primeiro, a prevalência do caráter dispositivo é absolutamente compreensível, enquanto no segundo não se justificaria. Quando a doutrina se propôs a encontrar denominadores comuns identificados por meio dos princípios e garantias constitucionais, formando a teoria geral do

45 *Instituições de Direito Processual Civil*, v. II (...), p. 57.

46 Devemos reconhecer, no entanto, que uma das principais evoluções do CPC-2015 é a sua adequação sistemática. Diferentemente de seu antecessor, o novo código é bem mais apurado do ponto de vista estrutural, separando, de forma bastante apropriada, os temas de acordo com a sua pertinência temática. Dessa forma, a Parte Geral é composta de seis Livros, que vão desde as Normas Processuais Civis (Livro I), passando pela disciplina da Função Jurisdicional (Livro II), pelos Sujeitos do Processo (Livro III), até chegar aos Atos Processuais (Livro IV), à Tutela Provisória (Livro V) e às diretrizes de Formação, Suspensão e Extinção do Processo (Livro VI). Nota-se uma preocupação sistemática de extrema relevância, de maneira coerente com a lógica de qualquer codificação, que procura segmentar os institutos, metodologicamente, favorecendo a sua compreensão.

processo, revelaram-se os aspectos publicistas de ambos os processos, tornando-se inviável qualquer tratamento muito distinto.

A visão instrumentalista e contemporânea do processo não penal favorece a *prevalência do interesse público* no exercício adequado da jurisdição, em face dos meros interesses individuais em conflito. A natureza instrumental do processo faz com que todo o sistema funcione como um "instrumento do Estado para a realização de objetivos por ele traçados; com o aspecto ético do processo não se compadece o seu abandono à sorte que as partes lhe derem (...), *pois isso desvirtuaria os resultados do exercício de uma atividade puramente estatal e pública, que é a jurisdição.*"[47] Com isso, a publicização do direito processual é uma forte tendência metodológica contemporânea, fomentada pelo constitucionalismo que foi incutido nos processualistas modernos, e que tende a entender e tratar o processo como instrumento a serviço dos valores que são objeto das atenções da ordem jurídico-substancial. Assim, é de extrema relevância lembrarmos a interpretação das regras do Novo Código de Processo Civil deve ser realizada em conformidade com o sistema processual constitucional: ainda que às partes tenha sido concedida maior autonomia, não é possível suplantar diretrizes e garantias constitucionais do processo, nem causar desequilíbrio nas relações, na esteira do que determina o artigo 1o. do CPC. Retomando, é daí que surge a importância do conceito antes exposto, de que o elemento fundamental a se perseguir no curso da ciência processual é a *efetividade*, sobre a qual se deve estruturar todo o processo civil atual, também como consagrado no texto constitucional, a fim de permitir a satisfação dos fins últimos do processo:

> *"A força das tendências metodológicas do direito processual civil na atualidade dirige-se com grande intensidade para a efetividade do processo, a qual constitui expressão resumida da ideia de que o processo deve ser apto a cumprir integralmente toda a sua função sociopolítico-jurídica, atingindo em toda a plenitude todos os seus escopos institucionais."*[48]

Com isso, tem-se claro que o exercício da cidadania pelo pleno exercício do direito de ação somente pode ser considerado se se consagrar ao cidadão uma decisão que realmente possa atender aos interesses que ele buscou na sua demanda judicial, e que permita concretamente a entrega da coisa ou do direito reclamado ao seu dono. Ou seja, como já ponderamos, *uma decisão que possa produzir efeitos no mundo real.* Cabe ao magistrado buscar dentro do direito os meios mais adequados para garantir uma verdadeira satisfação dos interesses

47 *Ibidem*, p. 55.

48 DINAMARCO, Cândido R.. *A instrumentalidade do processo...*, p. 270.

materiais das partes, não fazendo prevalecer nenhuma filigrana processual em face de direitos materiais dos interessados.

Nesse contexto, a função do juiz não se resume a ser um mero aplicador automático da lei, cabendo-lhe conferir uma decisão que possa satisfazer o efetivo interesse jurídico dos litigantes. Ainda que deva respeitar e exigir o respeito às formalidades processuais vigentes, o juiz não pode fazer disso uma condicionante ao direito efetivamente litigado, criando um conflito de cunho meramente processual que acaba obscurecendo o interesse substancial.

Com esse vetor, temos que a efetividade do processo – atingindo os seus verdadeiros fins – depende da consciência judicial de que o magistrado deve ter uma postura ativa no processo, garantindo a verdadeira solução do conflito. Afinal, como dizem *Cintra et alii*, "é indispensável a consciência de que o processo não é mero instrumento técnico a serviço da ordem jurídica, mas, acima disso, um poderoso instrumento ético destinado a servir à sociedade e ao Estado".[49]

1.4. O Código de Processo Civil de 2015 e seus reflexos na conformação do processo

Como dissemos anteriormente, o código de 2015 preservou, em boa medida, as disposições do seu antecessor, mormente a partir das modificações realizadas na metade da década anterior. A bem da verdade, o rol de novidades é bastante modesto, pois muitas das alterações substanciais e significativas já haviam sido processadas no contexto das reformas mais recentes do CPC-1973. Nesse sentido, o novo código segue o modelo até então atípico de efetivação das obrigações constantes de sentenças judiciais, desvinculando-o do processo de execução autônomo, aplicável somente às execuções de títulos extrajudiciais.[50] Para efetivação das decisões que contém obrigação de pagar, o novo código mantém a configuração do procedimento de *cumprimento da sentença*, seja na modalidade espontânea, seja forçada. Da mesma maneira, preservou a mudança estrutural realizada no chamado processo cognitivo e a alteração significativa processada na *sentença*, que é propriamente o que mais nos interessa no desenvolver deste trabalho.

Seguindo a clássica divisão entre as espécies de processo admitidas pela doutrina, O Código de Processo Civil de 1973 disciplinava o *processo cautelar*, em que se buscavam providências assecuratórias da eficiência e eficácia de

49 *Teoria geral do processo*. 14. ed. São Paulo: Malheiros, 1998. p. 35.

50 Nesse sentido, seguiu o modelo sincrético adotado a partir da Lei 11.232/2005.

outra modalidade processual; o *processo de conhecimento*, destinado a se "descobrir e formular a regra jurídica concreta que deve regular o caso"[51] e o *processo de execução*, voltado à realização de "operações práticas necessárias para efetivar o conteúdo daquela regra, para modificar os fatos da realidade de modo a que se realize a coincidência entre as regras e os fatos".[52] Seguindo esse paradigma, a norma adjetiva revogada assegurava autonomia do processo executivo com relação ao processo de conhecimento, não permitindo, com algumas exceções pontuais, discussão sobre temas relativos à ação originária, em sede executiva.[53] A própria dimensão formal do processo executivo civil deixava clara essa autonomia ao exigir a iniciativa do credor para o seu início, separando-o totalmente do feito originário que resultou no título. Nesse contexto, apontava *Humberto Theodoro Jr.*:

> "Processo de conhecimento e processo de execução, em seu conjunto, formam a estrutura global do processo civil. Ambos integram a chamada 'jurisdição contenciosa', mas 'não formam uma unidade: o primeiro tem por finalidade a solução; o segundo a realização das pretensões'. E, por isso mesmo, 'a execução forçada não é uma parte integrante do processo em sentido estrito, nem sequer uma consequência necessária dele'".[54]

E mais:

> "Ainda quando apoiada em sentença condenatória, a execução só se realiza por meio de nova relação processual, autônoma frente ao processo de conhecimento, tendo como sujeitos principais o exequente (credor), o executado (devedor) e o juiz (órgão jurisdicional)."[55]

---

51 Cf. LIEBMANN. Processo de execução, *apud* THEODORO JR., Humberto. *Processo de execução*. 20. ed. São Paulo: Leud, 2000. p. 43.

52 *Idem*, p. 43/44. No âmbito desse último é que se tem a plena satisfação de um provimento condenatório obtido pela via da ação de conhecimento, obviamente se tratando, nesse caso, de um processo executivo originário de um título judicial, sendo viável, ainda, o mesmo tipo de procedimento como decorrência de obrigações extrajudiciais às quais a lei confere a condição de títulos executivos. Segundo Pontes de Miranda, no contexto desse processo é que se tem a força executiva, a qual "retira o valor que está no patrimônio do demandado, ou dos demandados, e põe-no no patrimônio do demandante" (*Tratado das ações*. Tomo I. 7. ed. Campinas: Bookseller, 1999, par. 38, p. 272).

53 À guisa de exemplo de tema próprio da ação de conhecimento que pode ser debatida em sede de execução, estava o constante no art. 741, I, do CPC, em sua redação original, ou seja, a falta de citação inicial naquele feito.

54 *Op. cit.*, p. 46. As citações do autor são de Leo Rosenberg, *Tratado de derecho procesal civil.*

55 *Idem.*

A doutrina mais tradicional defende a propriedade dessa distinção, atacando, inclusive, aqueles que sustentavam a ideia de que a execução poderia ser uma fase complementar da ação. Mas, do exame da divisão sistemática que havia no Código de Processo Civil de 1939, verifica-se que ele apontava a possibilidade de existência de uma *ação executiva*, para casos de execução de título extrajudicial, e a *mera execução*, em se tratando de título judicial. No caso da ação executiva, tinha-se praticamente uma nova ação de conhecimento, diferentemente do que ocorria na execução, que era representada pela *sequência dos atos processuais próprios da ação originária*.

Com a mudança processada em 1973, houve a fusão desses institutos em uma única modalidade, nominada de *execução forçada*, como se nota da própria exposição de motivos do Código.[56] Além disso, o art. 463 do CPC-73 consolidava o exaurimento da atividade jurisdicional do magistrado com a prolação da sentença de mérito, também definindo no seu art. 269 que a formulação de decisão meritória, ainda que pelo acolhimento do pedido (inc. I), implicaria a extinção do processo. Não bastasse isso, ainda tratava de forma separada, inclusive em Livros diferentes, os processos cautelar, cognitivo e de execução, pontuando, sistematicamente, a sua distinção e a autonomia.

Temos aqui outra comprovação do matiz liberal que inspirou o Código em 1973, pugnando pelo nítido caráter privatista então predominante, como já expusemos anteriormente. Afinal, partindo-se da presunção de que o direito processual era absolutamente autônomo em face do direito material, mas ainda preservava suas características próprias do direito privado, não haveria sentido que um conjunto de procedimentos específicos pudesse ser conduzido pelo Estado sem a provocação própria da parte interessada. Lembramos o quanto já descrito, no sentido de que a influência do Estado Liberal no processo propugnava o afastamento quase que absoluto do Estado das relações privadas, de modo que, se assim considerado também o processo, seria impertinente admitir-se que houvesse a iniciativa executória sem que o interessado viesse a provocá-la.[57]

---

56 Diz a referida exposição de motivos: "A ação executiva nada mais é do que uma espécie de execução geral, e assim parece aconselhável reunir os títulos executivos individuais e extrajudiciais. Sob o aspecto prático são evidentes as vantagens que resultam dessa unificação, pois que suprimem a ação executiva e o executivo fiscal como ações autônomas".

57 Na doutrina que justifica essa posição, encontramos argumentos lógico-científicos para fundamentá-la, como é o caso do já citado Leo Rosenberg, referido por Humberto Theodoro Jr., mas, a nosso ver, essas assertivas são meros eufemismos utilizados para referendar aquilo que estava na essência ideológica do Código.

Felizmente, os ventos reformadores da ciência processual atingiram de forma precisa essa distinção que, a nosso ver, é absolutamente injustificável. Por certo que a legislação de cada país é resultado, entre outros fatores, de influências ideológicas daqueles que a propuseram. Como não poderia deixar de ser, a fase instrumentalista do processo – que tem procurado meios de privilegiar a efetividade processual, ainda que em prejuízo da segurança jurídica e que tem influenciado os principais cultores do processo moderno – constatou a total incompatibilidade desse sectário sistema com aquilo que é o fim mesmo da prestação jurisdicional: a solução dos conflitos com justiça, de modo a produzir resultados efetivos ao cidadão.

Logo, fundado nessa ideia central, não nos parece nem um pouco lógico pensarmos que a segmentação destacada poderia subsistir. Afinal, quando o cidadão procura o Poder Judiciário para ver reparada uma violação de direitos, a ele não basta o abstrato pronunciamento judicial reconhecendo-lhe a razão. Só estará entregue a prestação jurisdicional reclamada pelo cidadão quando, uma vez reconhecida a lesão ao seu direito, a ele se entrega o que a doutrina clássica nomina de "bem da vida".[58] Transpondo-se esse pensamento para uma linguagem coloquial, ao cidadão não interessa ter uma sentença, que para ele não passa de um pedaço de papel; quer mesmo ter o resultado do julgamento em dimensões concretas, ou, como se costuma dizer nos foros, quer "o dinheiro em seu bolso".

Assim, o papel jurisdicional do Estado não se esgota com a prolação da sentença, como equivocadamente apontava o art. 463, do CPC, mas só se consuma quando o objeto da postulação da parte lhe é efetivamente entregue, seja mediante o pagamento da quantia devida ou a transmissão da coisa determinada; seja por meio do cumprimento de obrigações de fazer ou não fazer. Enquanto isso não se concretiza, o cidadão não tem a realização da justiça que ele procurou quando do ajuizamento da ação, que é um de seus direitos fundamentais.[59]

Esse é o pressuposto que nos leva a afirmar, categoricamente, que a chamada execução é de interesse não só do credor, mas também do Estado-juiz, pois, enquanto não se concretiza o comando jurisdicional, sua decisão é inócua. Isso é um dano irreparável ao Estado Democrático de Direito, pois pode

58 Ou seja, tudo aquilo que, independentemente de sua natureza, proporciona satisfação ao homem.

59 Desse pensamento compartilha Souto Maior, para quem "a atividade jurisdicional não pode se limitar a declarar o direito; deve, igualmente, fornecer meios para que o direito declarado seja, efetivamente, respeitado". Teoria geral da execução forçada, in *Execução trabalhista:* visão atual. Coord. Roberto Norris. Rio de Janeiro: Forense, 2001. p. 32.

representar a consagração da impunidade e consequente descrença no Poder Judiciário. Não nos parece despropositado fazermos, aqui, uma pequena analogia com o processo penal. Afinal, o desenvolvimento de uma Teoria Geral do Processo, em curso a partir da fase instrumental da Ciência Processual, tem procurado aproximar os seus diversos ramos, minimizando as diferenças antes existentes. A publicização do processo civil, de forma similar à que sempre caracterizou o penal, é a marca mais evidente dessa aproximação. Dito isso, sabemos que as sentenças penais condenatórias só produzem os efeitos desejados à medida do cumprimento do que fora estabelecido, e o próprio Estado tem a iniciativa dessa concretização, indubitavelmente. Dessa forma, não vemos qualquer justificativa para que, ainda que tratemos de interesses patrimoniais – muito distintos, obviamente, daqueles preservados pelo direito penal –, o Estado não busque concretizar o comando judicial por ele próprio emanado.

Exsurge, do exame do contexto dessas alterações, que o seu principal objetivo foi o de tornar mais ágil e efetiva a execução que, em suma, significa abreviar a entrega real da prestação jurisdicional, minimizando a eternização do conflito que a estrutura anteriormente vigente favorecia. A ideia de execução como processo autônomo foi mantida, mas apenas para títulos executivos extrajudiciais, o que se demonstra muito apropriado, pois nele se situam os procedimentos de um conflito que está sendo examinado pela primeira vez pelo Poder Judiciário. Dessa forma, em que pese haver uma profunda distinção entre o objetivo jurisdicional em um processo de execução e em um no qual se busca a cognição, vemos de maneira absolutamente pertinente que a sistemática autônoma somente se aplique aos títulos extrajudiciais. Relegou-se para a configuração autônoma do processo executivo aquelas figuras até então estranhas ao controle jurisdicional, para as quais, apesar da natureza do processo e de seus já pontuados objetivos, ainda devem preservar pressupostos garantidores do devido processo legal, do contraditório e da ampla defesa.[60] Já a efetivação da obrigação decorrente de sentença judicial dispensa o processo autônomo, porque ofende os preceitos de celeridade e de economia processual a exigência de se invocar nova prestação jurisdicional para algo que é complementar ao que já fora proposto. Como já afirmamos aqui, a entrega da jurisdição, na perspectiva do cidadão, só se dá com a satisfação do objeto de sua postulação.

60 Embora sejamos defensores da ideia de que a ampla defesa é um princípio mitigado em execução, isso não se aplica, com a mesma dimensão, para títulos extrajudiciais, justamente pelos fundamentos que ora apontamos.

Com isso, dizemos que o conceito incorporado pelo código é o de reconhecer que os atos que levam à efetivação da tutela são inerentes ao processo já formado, sendo desnecessária a formação de nova relação processual. Por óbvio que remanescem as distinções entre execução e cognição, mas isso passa a ser, na perspectiva das sentenças condenatórias, uma *mera divisão do processo em fases distintas e interdependentes*. É oportuno notar-se, a propósito, que a execução forçada continua a existir, mesmo em se tratando de títulos judiciais: após a prolação da sentença, inicia-se uma fase de *cumprimento da sentença*, que, por sua vez, subdivide-se em outras duas. A fase inicial de *cumprimento espontâneo*, permite ao devedor que simplesmente efetive a satisfação do comando judicial, com a "vantagem" de pagar apenas o valor da dívida, sem o acréscimo da multa do art. 523, parágrafo 1º., do CPC. Caso o devedor não realize esse cumprimento voluntário, iniciam-se os atos de execução forçada – embora o legislador tenha evitado essa expressão – ou de *cumprimento forçado da sentença*, em que se praticam atos típicos de execução, como a penhora e a alienação de bens do devedor, caracteristicamente dotados de coercitividade. Assim, se o devedor não cumpre aquilo que a sentença lhe impôs, o Estado-juiz deve adotar medidas visando à transferência patrimonial dele em favor do credor, a fim de ver implementado o comando judicial.

De outra parte, o código de 2015 promoveu outra alteração significativa na concepção estrutural do processo. No Livro V, de sua Parte Geral, disciplinou as tutelas provisórias, eliminando, integralmente, o regime antecedente que tratava da ação cautelar. Em outras palavras, as ações cautelares foram extintas do ordenamento jurídico, sendo substituídas por um instituto mais abrangente, com trato procedimental assemelhado ao conferido às tutelas antecipadas. Assim, no âmbito do já citado Livro V, da parte geral, são regradas as *tutelas provisórias*, que podem ser *de urgência ou evidência*. As tutelas provisórias de urgência, por seu turno, serão *antecipadas* ou *cautelares*, de acordo com o provimento demandado, e podem ser requeridas de forma antecedente ou incidental.

Sob o aspecto prático, essa nova conformação possibilita que a tutela de urgência, em qualquer das suas modalidades, possa ser requerida em qualquer momento do processo, seja na Fase de Conhecimento e do Cumprimento da Sentença (Parte Especial, Livro I), seja no Processo de Execução (Livro II, Parte Especial), seja na fase recursal e nos processos nos tribunais (Livro III, da Parte Especial). Ao lado disso, o requerimento de providência de natureza cautelar, antecedente ou incidental, não demanda o ajuizamento de ação própria, senão somente um requerimento perante o juízo competente para a sua apreciação. O que resultou disso, portanto, foi a definitiva positivação do sincretismo conceitual, assegurando-se a unidade do processo, cuja expiração somente ocorrerá após a satisfação da obrigação dele resultante, se houver sentença condenatória.[61] Dessa forma, as diversas providências decorrentes da manifestação judicial, que antes se realizavam de forma estanque e independente, hoje são tratadas como fases sequenciais e interdependentes de um mesmo processo.[62]

A relevância dessas considerações em uma obra cuja finalidade é enfocar a sentença trabalhista reside no fato de que a nova estruturação do processo estabelece algumas mudanças conceituais que devem ser levadas em conta não só no estudo teórico das sentenças, mas também na sua formulação prática. Nesse sentido, o novo CPC preservou a adoção do *processo sincrético* para satisfação do título judicial, quando se tratar de obrigação de pagar quantia, de fazer, não fazer e entregar coisa, definido apenas em fases, com objetivos determinados. No mesmo contexto, também manteve a fase nominada de "cumprimento da sentença", que abarca um momento de cumprimento espontâneo pelo devedor, seguido de outro momento de cumprimento forçado. A partir desse panorama, também reconheceu *a liquidação da sentença* como um incidente processual, complementar à própria sentença. Por fim, também eliminou a demanda cautelar autônoma, igualmente tratando-a como simples intervenções da parte no processo, de forma antecedente ou incidente, o que igualmente repercute na construção da decisão judicial: a tutela cautelar, quando pedida, deve ser objeto de apreciação por ocasião do julgamento definitivo da lide.

Não temos dúvidas que essa nova conformação comporta instrumentos indispensáveis à efetividade do processo, na esteira do que assinalamos na seção anterior. A deformalização procedimental, ao menos na teoria, é um passo importante para a consecução de um processo mais simplificado e voltado a produzir resultados úteis com uma duração mais razoável, de forma a buscar atender ao comando constitucional, devidamente reprisado pelo CPC-2015, em mais de uma oportunidade.

---

61 Daí por que, de forma a adequá-los à nova realidade, a Lei n. 11.232/05 modificou as redações dos arts. 269 e 463, antes mencionados como justificadores da dicotomia anteriormente vigente.

62 Cassio Scarpinela Bueno sintetiza a repercussão dessa modificação na própria atividade jurisdicional: "O que releva para compreender adequadamente as transformações trazidas pela Lei n. 11.232/05 ao Código de Processo Civil é assumir que pouco importa qual o tipo de atividade, qual o tipo de ato que o Estado-juiz pratica; ele o faz sempre mediante processo. O atuar do Estado é sempre – e por definição – processualizado. Enquanto o Estado-juiz precisar atuar, ele atuará processualmente." (*A nova etapa da reforma do Código de Processo Civil*. v. 1, São Paulo: Saraiva, 2006. p. 5/6)

1.5. Os pronunciamentos do juiz e o conceito de sentença contemporâneo

A constituição e o desenvolvimento de um processo têm como pressuposto a existência dos sujeitos, autor e réu, que estabelecem uma relação angular cujo vértice é o juiz, representante estatal no âmbito judicial. Cada personagem do processo, quando efetivamente atua em seu curso, pratica aqueles que são qualificados como *atos processuais*, que é a designação que se dá aos atos praticados no âmbito do processo, e mesmo aqueles que, ainda que fora dele, tenham repercussão procedimental.

Dentre as diversas modalidades de atos, existem distinções ontológicas, devendo ser diferenciados os atos processuais das partes, dos pronunciamentos do juiz e dos auxiliares do juízo. Aqui destaca-se, por oportuno, que o CPC-2015 acentuou essa distinção ao definir que o juiz pratica *pronunciamentos* no processo, e não simples atos processuais, como fazem os demais sujeitos. Esse diferencial conceitual denota uma inevitável qualificação do ato judicial, evidenciando sua característica singular dentro do processo.

Adentrando-se ao que mais propriamente nos interessa, temos que os pronunciamentos *do juiz* são divididos, fundamentalmente, *em ordinatórios* e *decisórios:* enquanto a primeira espécie se configura pela adoção de qualquer conduta judicial que dê seguimento ao feito, apenas para dar-lhe impulso, a segunda tem como característica a resolução efetiva de questões propostas ao juiz, sejam elas meramente processuais, sejam elas de fundo. Sua denominação, evidentemente, advém do fato de que constituem efetiva decisão no curso processual.[63]

---

63 Em uma classificação que aparenta ser descontextualizada para os dias atuais, *Liebman*, dividia os atos judiciais em quatro grupos: a) ordenatórios ou despachos de expediente, destinados somente a movimentar o processo (v. g., determinação de juntada de documentos, dação de vista às partes); b) despachos interlocutórios, mais apropriadamente se forem tratados como decisões interlocutórias, em que se resolve alguma questão incidente no processo, apenas a fim de lhe dar curso regular, sem que isso implique no seu encerramento (como a rejeição de qualquer invocação de irregularidades processuais, como falta de representação ou legitimidade); c) decisões terminativas, que são as que ensejam o encerramento da atividade jurisdicional, também pela apreciação de questão incidente, sem relação direta com o problema de fundo, mas que tenha uma maior consequência no curso processual (por exemplo, a que acolhe arguições de ilegitimidade de parte ou de falta de representação, extinguindo o feito, sem exame do mérito); d) sentenças definitivas, compreendendo as decisões que, efetivamente, resolvem o mérito da causa, total ou parcialmente, acolhendo ou rejeitando a pretensão do autor. Essa classificação consta das anotações que Liebman fez à tradução das Instituições de direito processual civil, de Chiovenda (Trad. J. Guimarães Menegale, anot. por Enrico Tullio Liebman. São Paulo: Saraiva, 1965), em seu v. III, p. 30/31.

Seguindo essa classificação, o Código de Processo Civil, em seu art. 203, pontifica que *"os pronunciamentos do juiz consistirão em sentenças, decisões interlocutórias e despachos"*, sendo certo que sentença "é o pronunciamento por meio do qual o juiz, com fundamento nos arts. 485 e 487, põe fim à fase cognitiva do procedimento comum, bem como extingue a execução" (§1º.). Já a decisão interlocutória *"é todo pronunciamento judicial de natureza decisória que não se enquadre no § 1º. (§ 2º) e despachos "todos os demais pronunciamentos do juiz praticados no processo, de ofício ou a requerimento da parte."* (§ 3º). Cumpre destacar que o objetivo do nosso trabalho está obviamente relacionado apenas com a sentença, em face do que deixaremos, por ora, de lado os demais pronunciamentos, direcionando nossos esforços apenas àquele que, como já salientado, representa o apocalipse do provimento jurisdicional.

Para tanto, vale uma breve remissão histórica: tal qual grande parte das expressões usadas no direito brasileiro, o vocábulo *sentença* tem origem na forma latina *sententia*, derivada da conjugação do verbo *sentire*, cujo significado está, realmente, relacionado com o *sentimento*. Esse era o tratamento conferido, a fim de explicitar que, no entender dos romanos, a sentença expressava a impressão subjetiva, o sentimento do julgador a respeito dos fatos e do direito sustentado pelos litigantes. Mas em Roma havia grande distinção entre a *sententia* e a *interlocutio*, nas quais, respectivamente, se decidia o mérito da causa e se "resolvia, no curso do processo, as diversas locuções apresentadas pelos demandantes".[64] No entanto, o direito germânico tratou de influenciar a evolução do tema, fazendo com que, ao longo do tempo, a expressão *sentença* servisse para designar também as decisões praticadas no curso do processo. Isso, segundo a melhor doutrina, serviu para obscurecer o conceito regular de sentença, confundindo decisões tipicamente terminativas com a prolação definitiva do manifesto jurisdicional, utilizando, indistintamente, a expressão que seria mais adequada para exprimir somente esta última.[65]

Do ponto de vista doutrinário, já se afirmou ser a sentença "a apresentação da prestação jurisdicional"[66]; a "resolução judicial mais importante"; o "ato

64 Manoel Antonio Teixeira Filho, *A sentença no processo do trabalho.* São Paulo: LTr, 1994. p. 196.

65 A partir da legislação alemã, Adolf Schönke apresenta uma classificação que divide as sentenças em *definitivas* (as que encerram o processo, com apreciação meritória ou apenas processuais) e *incidentais* (que são proferidas no curso do processo e dizem respeito apenas a temas de ordem processual. (*Derecho procesal civil.* Barcelona: Bosch, 1950. p. 256). Apesar da diferenciação quanto ao seu conteúdo, ambas as figuras têm idêntica nominação, o que gera o tratamento indistinto para ambas.

66 COSTA, Coqueijo. *Direito processual do trabalho.* Rio de Janeiro: Forense, 1996. p. 378.

de vontade do juiz"; o "ato que põe fim ao litígio"; o "ato do órgão jurisdicional em que este emite um juízo sobre a conformidade ou desconformidade da pretensão da parte com o direito objetivo e, em consequência, atua ou se nega a atuar dita pretensão, satisfazendo-a, em todo caso"; e "a concreção do poder-dever, que atribui ao juiz a jurisdição como situação jurídica", dentre outras conotações.[67]

No Direito Português, o art. 152 do Código de Processo Civil[68] afirma que *"Diz-se 'sentença' o ato pelo qual o juiz decide a causa principal ou algum incidente que apresente a estrutura de uma causa"*, em sentido similar ao que apontava o artigo 156 do código de 1961.[69] Comentando o texto revogado, Helder Martins Leitão afirma que "nesta perspectiva, a sentença sempre o será, absorvendo todo o *iter processualis*, seja num conhecimento do mérito da causa, seja na abstenção daquele"[70], indicando a mesma concepção vigente no direito brasileiro.

Um enfoque mais singelo que os anteriormente indicados, porém mais eficaz, segundo nossa visão, é o usado por *Carlos Silveira Noronha*, quando diz: "A ideia que temos da sentença, em perspectiva moderna, é a de que é o ato judicial através do qual se opera o comando abstrato da lei às situações concretas, que se realiza mediante uma atividade cognitiva, intelectiva e lógica do juiz, como agente da jurisdição".[71]

O novo CPC adotou um conceito aberto, remissivo a outros dois dispositivos, sem atestar precisamente o significado conceitual da sentença, exatamente como fazia seu antecessor, após a reforma de 2005. No entanto, a ele acrescentou também, com a mesma qualidade, a decisão que promove a extinção da execução, o que não era contemplado no regime anterior, o que se mostra apropriado em razão do sincretismo processual já enunciado. Como vimos, a nova redação estabelece que sentença é o pronunciamento por meio do qual o juiz, com fundamento nos arts. 485 e 487, põe fim à fase cognitiva do procedimento comum, bem como extingue a execução. Estes, por sua vez, afirmam que "o juiz não resolverá o mérito" (nas hipóteses do art. 485) e "haverá resolução de mérito" (nos casos do art. 486).

---

67 Todos esses conceitos são citados por Coqueijo Costa, na obra referida (p. 378), e são, respectivamente, de Jaime Greif (os dois primeiros), Carnelutti e Guasp.

68 Lei n.º 41/2013, de 26 de Junho de 2013.

69 O texto revogado assim pontuava: *"Cabe a designação de sentença ao acto pelo qual o juiz decide a causa principal ou algum incidente que apresente, segundo a lei, a figura de uma causa"*.

70 *Dos actos processuais* – o tempo, o modo, a forma. Porto: ELCLA, 1994. p. 74

71 *Sentença civil* – perfil histórico dogmático. São Paulo: RT, 1995. p. 279.

Conjugando os três preceitos legais, em razão da remissão feita pelo art. 203, a conclusão a que chegamos é a de que, para o Código, o significado atual de *sentença* abrange: a) *qualquer decisão no processo que o extingue, sem resolver-lhe o mérito* (envolvendo somente questões de ordem processual); b) *qualquer decisão em que há efetiva resolução meritória, concedendo-se ou não ao autor a pretensão que foi deduzida em Juízo*; e c) *o pronunciamento que extingue a execução*. Em linhas gerais, o que isso nos revela é que além de permanecer a distinção entre sentença e decisão interlocutória (que não foi abrangida por aquela), também remanesceu a integração, na mesma concepção, das decisões de cunho material ou meritório e as de cunho instrumental ou processual, inclusive, em sede de execução, o que equivale a dizer que o novo CPC *preservou a inserção de ambas as modalidades no conceito de sentença*.

Como já dissemos anteriormente, a lógica CPC-2015 é consonante com a ideia de *sincretismo processual* já que, quando a sentença estipula uma condenação, ela não mais configura o encerramento da prestação jurisdicional, senão somente o ponto de passagem para outra fase do mesmo processo, chamada de fase de cumprimento espontâneo, esta seguida da fase de cumprimento forçado. Assim, o texto legal *conceitua a sentença a partir de seu conteúdo*, consoante os comandos derivados dos arts. 485 e 486, do CPC, os quais descrevem as hipóteses respectivas de apreciação ou não de mérito. Mesmo assim, isso não basta para compreensão plena do alcance da expressão *sentença*, visto que, se ele tiver determinado comando apenas com relação a parte do pedido ou envolvendo somente um litisconsorte, ela poderá resultar em soluções diferentes, inclusive sem caráter sentencial.[72]

O atual conceito de sentença nos leva à compreensão de que sempre será o ato que encerra a prestação jurisdicional quando a decisão tiver cunho terminativo (art. 485, do CPC), já que não resultará qualquer outra providência naquele feito – ressalvada eventual cobrança de despesas processuais. Por outro lado, também terá a mesma finalidade quando se tratar de decisão meritória que determine a improcedência do pedido, eis que não haverá comando a ser cumprido. Da mesma sorte, também extingue efetivamente o processo a decisão de procedência que tiver caráter meramente declaratório ou exclusivamente constitutivo, porquanto também em tais casos o ato sentencial é autoaplicável, exaurindo a atividade da jurisdição.

---

72 DIDIER Jr. (*A terceira etapa da reforma processual civil* – obra escrita com Flávio Cheim Jorge e Marcelo Abelha Rodrigues. São Paulo: Saraiva, 2006. p. 70/71) é que dá vários exemplos nesse sentido, como as situações em que o juiz indefere parcialmente a petição inicial ou que reconhece a decadência de um dos pedidos, ou ainda que exclui um dos litisconsortes por ilegitimidade.

Outro ponto de destaque na nova lei processual é o constante no seu **artigo 356**, o qual permite a prolação de *sentença parcial de mérito*, que poderá ser proferida quando *um ou mais dos pedidos formulados ou parcela deles mostrar-se incontroverso* ou *estiver em condições de imediato julgamento*. Não se trata, aqui, de tutela provisória, mas sim da tutela definitiva, apta inclusive a ser executada de imediato, e de forma completa.[73]

Apesar de incorporar o quanto afirmado pelo artigo 273, § 6° do CPC-1973, temos que o tratamento sistemático ora conferido é muito mais pertinente que o anterior, justamente porque, nesse caso, não há a provisoriedade que é típica das demais tutelas descritas neste Livro. O grande diferencial é a possibilidade de o juiz *julgar antecipadamente o mérito, de maneira parcial*, ou seja, solucionando apenas uma parte da lide, o que não era permitido anteriormente, ante à necessidade de observância da unidade sentencial. Assim procedendo, segundo os pressupostos previstos no código, a parte julgada pode ser liquidada ou executada, também permitindo que o interessado dela recorra[74]; ao lado disso, a parcela da demanda não julgada terá o seu curso normal e regular.

Sintetizando essa percepção, e considerando-se que, dentre as hipóteses expostas nos arts. 485 e 486, do CPC, há situações que efetivamente implicam a extinção do processo e outras não, ousamos conceituar sentença como sendo um *pronunciamento processual do juiz que conclui a fase cognitiva do processo, podendo extinguir ou não o procedimento em primeiro grau de jurisdição, de acordo com seu conteúdo e também o pronunciamento judicial de extinção da execução.*

1.6. As sentenças trabalhistas e a competência ampliada da Justiça do Trabalho

Na organização judiciária brasileira, o poder jurisdicional possui uma divisão estrutural que também define a divisão de atribuições entre os órgãos do Poder Judiciário. Por essa divisão, temos a jurisdição comum e a jurisdição especializada, qualificando-se, esta última, como sendo a que é exercida por órgãos do Poder Judiciário que têm atribuições específicas definidas na Constituição. O que não está inserido neste conceito de jurisdição especializada faz parte da jurisdição comum. Paralelamente a essa classificação, o Judiciário

73 Artigo 356, § 2°, do CPC.

74 Artigo 356, § 5°, do CPC, que diz que decisão proferida com base neste artigo é impugnável por agravo de instrumento. Vale o registro de que, nos termos do § 2° deste artigo, esse recurso não impede a execução imediata, que se processará independentemente de caução.

também é organizado segundo duas espécies de entes federativos, a União e os Estados, não havendo, portanto, órgãos jurisdicionais municipais. O Poder Judiciário da União é composto pelos Tribunais e Juízes Federais, Tribunais e Juízes do Trabalho, Tribunais e Juízes Eleitorais, e Tribunais e Juízes Militares. Nos Estados, cada qual se organiza com seus Tribunais de Justiça e os Juízes de Direito, existindo, também, organismos da Justiça Militar Estadual. Além deles, há também o Supremo Tribunal Federal, com atribuições de Corte Constitucional, o Superior Tribunal de Justiça, que aprecia tanto questões relacionadas ao Poder Judiciário da União como dos Estados.[75] O Tribunal Superior do Trabalho, conquanto esteja igualmente qualificado como tribunal superior[76], preserva a competência especializada.

Como se nota dessa divisão, há três ramos especializados de prestação jurisdicional, a que se chamam Justiça Especializada: a Eleitoral, a Militar e a do Trabalho, cujas atribuições envolvem temas específicos definidos pela própria Carta. Já a jurisdição Comum, consoante a divisão federativa do país, divide-se em estadual e federal, de acordo com o organismo da federação que a organiza, sendo certo que à Justiça Federal compete, primordialmente, julgar as causas em que a União, entidade autárquica ou empresa pública federal forem interessadas na condição de autoras, rés, assistentes ou oponentes; as causas entre Estado estrangeiro ou organismo internacional e Município ou pessoa domiciliada ou residente no País; as causas fundadas em tratado ou contrato da União com Estado estrangeiro ou organismo internacional; e os crimes políticos e as infrações penais praticadas em detrimento de bens, serviços ou interesse da União ou de suas entidades autárquicas ou empresas públicas, sempre ressalvada a competência especial das demais esferas especializadas da jurisdição.[77]

75 A competência do STJ está definida no art. 105, da Constituição. A redação atual do art. 92 da Carta também insere entre os órgãos do Poder Judiciário o Conselho Nacional de Justiça (inc. I-A), que, na realidade, não tem atribuições jurisdicionais, mas sim as de exercício do controle da atuação administrativa e financeira do Poder Judiciário e do cumprimento dos deveres funcionais dos juízes, sendo responsável pelas atribuições descritas nos incisos do § 4º do art. 103-A, da Constituição.

76 Nesse sentido, a Emenda Constitucional no. 92 corrigiu um equívoco histórico do texto original, finalmente relacionando o TST dentre os órgãos do Poder Judiciário, mediante a inclusão do inciso II-A no texto. O mesmo não ocorre com o Superior Tribunal Militar e com o Tribunal Superior Eleitoral, que não estão ali relacionados.

77 A competência da Justiça Federal ainda envolve outras questões correlatas, como a de julgar os crimes comuns e de responsabilidade de todos os juízes federais, por exemplo. Isso está disposto em seus arts. 108 e 109, da CF.

A Justiça do Trabalho foi criada em 1932, nos anos que antecederam a implantação do Estado Novo, mas que já tiveram sua gestão caracterizada por uma política trabalhista instaurada por Getúlio Vargas, no plano do Governo Revolucionário. Cabe pontuar, em primeiro plano, que a instituição de um órgão destinado exclusivamente à solução dos conflitos entre trabalhadores e empregadores conferia relevância aos interesses relacionados a esses conflitos, pouco importando que ele fosse, na realidade, um apêndice do Poder Executivo. Assim, de um lado, esse era um fato passível de ampla exploração institucional, por denotar uma suposta centralidade do trabalho na concepção de Estado que estava sendo construído após a Revolução de 1930 e, ao mesmo tempo, permitia que o Poder Executivo Federal tivesse meios hábeis de contornar a conflitividade das relações produtivas que tantos danos causava aos estados liberais e que comprometia sensivelmente as pretensões de desenvolvimento econômico do país.

Dessa maneira, ainda na fase do Governo Revolucionário, foram criadas as Comissões Mistas de Conciliação (Decreto nº 21.396/32), com finalidades exclusivamente conciliatórias e as Juntas de Conciliação e Julgamento (Decreto nº 22.132/32) que, como indica sua denominação, eram órgãos conciliadores, mas que também poderiam impor soluções para os conflitos, embora não tivessem autonomia para execução e concretização dessas solução. Com isso, além de passíveis de questionamento na Justiça Comum, as decisões das Juntas sujeitavam-se à revisão administrativa por ato avocatório do Ministro do Trabalho, visto que eram órgãos de caráter administrativo. Essa estrutura foi parcialmente mantida na Constituição de 1934 e se consolidou com a implantação do Estado Novo, em 1937, cujo texto constitucional não conferia aos integrantes da Justiça do Trabalho as prerrogativas e os atributos dos integrantes da Justiça Comum (art. 139)[78].

Nesse contexto, o Decreto-lei 1.237, de 01/05/1939, instituiu e estruturou a Justiça do Trabalho, assimilando as Juntas de Conciliação e Julgamento e delineando, de modo mais preciso, as suas atribuições, além de criar outros dois níveis de deliberação: os Conselhos Regionais do Trabalho (CRTs) e o Conselho Nacional do Trabalho (CNT)[79]. Nessa mesma ocasião, a Justiça

---

78 Art. 139 da Constituição de 1937 – *"Para dirimir os conflitos oriundos das relações entre empregadores e empregados, reguladas na legislação social, é instituída a Justiça do Trabalho, que será regulada em lei e à qual não se aplicam as disposições desta Constituição relativas à competência, ao recrutamento e às prerrogativas da Justiça comum."*

79 O CNT tinha sede no Rio de Janeiro, então capital da República, e foram criados inicialmente oito CRTs, com sede nas capitais de cada estado matriz escolhido para sediá-los, de acordo com a distribuição geográfica adotada na ocasião. Foram essas as primeiras regiões da

do Trabalho foi incumbida do poder de executar suas próprias decisões, mas ainda permanecia à margem do Poder Judiciário.[80]

A Constituição Federal de 1946 e o Decreto-lei n. 9.797, do mesmo ano, atribuíram o reconhecimento à Justiça do Trabalho como órgão jurisdicional. Com isso, passaram a ser designados como Tribunais Regionais do Trabalho os antigos Conselhos Regionais e de Tribunal Superior do Trabalho o Conselho Nacional do Trabalho que o antecedia.

Essa estrutura se sustentou após a Constituição de 1988, sendo reforçada pela ampliação da composição do TST e do número de Tribunais Regionais, mas também preservou a representação classista que, de resto, foi até mesmo reforçada com a mudança da nomenclatura dos representantes de 1º Grau – antes chamados Vogais, passaram a ser designados Juízes Classistas. Em 1999, com a EC n. 24, a representação classista foi definitivamente extinta na Justiça do Trabalho[81], reconfigurando o TST – que teve seu número de integrantes reduzido de vinte e sete para dezessete Ministros – e extinguindo as Juntas de Conciliação e Julgamento, ao determinar que os órgãos de primeiro grau da Justiça do Trabalho seriam os Juízes do Trabalho (art. 111, da CF).

Após tramitar por mais de doze anos, em 08.12.2004 o Congresso Nacional aprovou parcialmente a chamada Reforma do Judiciário, demanda historicamente presente em diversas reivindicações dos mais diversos segmentos sociais, colocando-a em vigor pela Emenda Constitucional n. 45. Com ela, vieram algumas mudanças estruturais na Justiça do Trabalho, como a restauração da composição do TST, para vinte e sete Ministros, e a criação da Escola Nacional de Formação e Aperfeiçoamento de Magistrados do Trabalho (Enamat) e do Conselho Superior da Justiça do Trabalho (CSJT)[82]. No entanto, o que mais afetou a jurisdição trabalhista foi a ampliação de sua competência,

---

Justiça do Trabalho, cuja numeração ordinal ainda é preservada, para os Tribunais Regionais do Trabalho. (DELGADO, Maurício Godinho; DELGADO, Gabriela Neves. Justiça do Trabalho no Brasil. In AVRITZER, Leonardo *et alii* (orgs.). *Dimensões políticas da justiça*. Rio de Janeiro: Civilização Brasileira, 2013. p. 305).

80 A Constituição de 1937 não conferia aos integrantes da Justiça do Trabalho as prerrogativas e os atributos dos integrantes da Justiça Comum (art. 139), mas o Supremo Tribunal Federal veio a reconhecer o caráter jurisdicional da Justiça do Trabalho ao admitir recurso extraordinário contra decisão do Conselho Nacional do Trabalho (STF-RE 6310, DJU 30.09.43).

81 Na realidade a extinção completa só se deu três anos depois da Emenda, pois foram preservados os classistas cujo mandato estava em curso quando da sua publicação.

82 O art. 111-A da Constituição, inserido pela Emenda em substituição ao art. 111 do texto original, é que dispõe sobre o TST e também instituiu a ENAMAT e o CSJT, como órgãos de funcionamento junto a ele.

assinalada a partir da reelaboração do art. 114 da Carta, do que trataremos a seguir.

Desde sua origem, a Justiça do Trabalho tinha como função primordial a apreciação de conflitos entre trabalhadores e seus empregadores. Essa era a essência das atribuições resultantes dos Decretos ns. 21.396/32 e 22.132/32, respectivamente instituidores das Comissões Mistas de Conciliação e das Juntas de Conciliação e Julgamento, já mencionadas. Tanto na Constituição de 1934 como na de 1937, que ainda não reconheciam o caráter jurisdicional da Justiça do Trabalho, a descrição de suas atribuições voltava-se especificamente para a apreciação dos conflitos individuais e coletivos oriundos *das relações entre empregados e seus empregadores, reguladas na legislação social.*[83]

O mesmo perfil foi preservado sob a Constituição Federal, de 1946, mas o texto de seu art. 123 abriu a possibilidade de que outras controvérsias fossem inseridas nessa competência: antecipando o que seria novamente debatido seis décadas depois, admitiu a competência trabalhista para apreciação de outras "controvérsias oriundas das relações do trabalho regidas por legislação especial".[84] Nesse contexto, há que se considerar o disposto no art. 652, "a", III, da CLT, que entrou em vigor em maio de 1943 e que trouxe para a apreciação da Justiça do Trabalho uma relação que não era propriamente trabalhista: o conflito do pequeno empreiteiro com o tomador de seus serviços, quando se tratasse de cobrança do saldo de empreita.

Na Constituição outorgada pelo regime militar, em 1967, o mesmo norte foi mantido, no art. 134, com leve alteração redacional[85], assim como a Emenda n. 01/69 – que, na realidade, mudou significativamente o texto constitucional, sendo praticamente uma nova Constituição –, em seu art. 142.[86]

---

83 O art. 122 da Constituição de 1934 afirmava: *"Para dirimir questões entre empregadores e empregados, reguladas pela legislação social, fica instituída a Justiça do Trabalho, à qual não se aplica o disposto no Capítulo IV do Título I." Já o art. 139 da Constituição de 1937 dizia: "Para dirimir os conflitos oriundos das relações entre empregadores e empregados, reguladas na legislação social, é instituída a Justiça do Trabalho, que será regulada em lei e à qual não se aplicam as disposições desta Constituição relativas à competência, ao recrutamento e às prerrogativas da Justiça Comum".*

84 O texto completo do art. 123 assinalava: *"Compete à Justiça do Trabalho conciliar e julgar os dissídios individuais e coletivos entre empregados e empregadores, e as demais controvérsias oriundas das relações do trabalho regidas por legislação especial."*

85 Art. 134 da Constituição de 1967: *"Compete à Justiça do Trabalho conciliar e julgar os dissídios individuais e coletivos entre empregados e empregadores e as demais controvérsias oriundas das relações de trabalho regidas por lei especial".*

86 Art. 142/EC n. 01/69 – *"Compete à Justiça do Trabalho conciliar e julgar os dissídios individuais e coletivos entre empregados e empregadores e, mediante lei, outras controvérsias oriundas das relações de trabalho."*

A novidade, no caso desta última, é que o dispositivo expressamente remetia à regulação legal a definição das hipóteses de competência trabalhista para outras relações de trabalho.[87]

Na Constituição de 1988 as linhas gerais foram mantidas, mas acrescentou-se a possibilidade de apreciação pela Justiça do Trabalho, negada pelas Constituições anteriores, de todos conflitos trabalhistas envolvendo pessoas jurídicas de direito público, interno e externo. Com isso, o art. 114 original atribuía ao Judiciário Trabalhista a apreciação dos "*conflitos individuais e coletivos entre trabalhadores e empregadores, inclusive entes de direito público interno e externo, e outros decorrentes da relação de trabalho, inclusive aqueles oriundos do cumprimento das próprias decisões*".[88]

De início, o texto constitucional permitia, inclusive, uma interpretação mais extensiva: entendia-se, em algumas searas, que a Justiça do Trabalho também seria competente para decidir conflitos de servidores públicos estatutários. Nesse contexto, a Lei n. 8.112/90, que instituiu o Regime Jurídico Único de índole estatutária, para os servidores da União, previa expressamente que, à Justiça do Trabalho, competia a apreciação dos conflitos derivados da sua aplicação. No entanto, após uma pequena polêmica, consolidou-se o entendimento de que essas questões seriam da alçada de jurisdição da Justiça Federal.[89]

Restou, porém, ao judiciário trabalhista, o que podemos chamar de competência residual, porquanto muitos trabalhadores federais, vinculados especialmente a autarquias, tinham suas relações regidas pela CLT, o que foi modificado pelo citado RJU. Assim, eventuais litígios relacionados com o período contratual desses trabalhadores continuaram sob competência material

87 Apesar de sutil, a diferença entre as redações é bastante relevante, e tem sido usada por diversos intérpretes para analisar o atual inciso I do art. 114 da CF/88.

88 Nas Constituições anteriores, as reclamações trabalhistas dos servidores contratados em regime trabalhista pela União eram atribuídas à Justiça Federal, o que desnaturava completamente a competência material naturalmente definida pela própria Carta. Outrossim, não havia previsão quanto ao exercício da jurisdição contra entes de direito público externo, o que dava ensejo a alegações de sua imunidade jurisdicional. Somente as ações de servidores contratados em regime trabalhista por Estados e Municípios eram apreciadas pela Justiça do Trabalho.

89 Originariamente, o art. 240 da Lei n. 8.112/90 lançava à Justiça do Trabalho a competência em matéria individual e coletiva para dirimir controvérsias sobre o RJU. Mas o então Presidente da República vetou as disposições pertinentes, tendo o Legislativo derrubado o veto presidencial. Todavia, a questão foi decidida, de modo definitivo, pelo STF, por meio da ADI n. 492-1, que, por maioria, declarou as alíneas *d* e *e* do tal artigo inconstitucionais, a partir do que se firmou a competência somente da Justiça Federal para os conflitos fundados nessa norma (*julgamento do mérito em 12.11.92, publ. DJ 12.3.93, Rel. Min. Carlos Velloso*).

trabalhista, segundo o que estatui a Súmula n. 97 do STJ.[90] De outra parte, em se tratando de empregados públicos, ou seja, trabalhadores vinculados a entidades paraestatais, como empresas públicas e sociedades de economia mista, que têm de contratar sob regime trabalhista (art. 173, § 1º, da CF), é inquestionável a competência material da Justiça do Trabalho para solucionar os conflitos advindos dessas relações.

Em sua essência, o texto constitucional de 1988 consagrou a competência trabalhista para o julgamento de *todo e qualquer conflito envolvendo trabalhadores e seus empregadores*, desde que fundado na relação empregatícia, mesmo que se tratasse de entes de direito público. Outrossim, deixou aberta a possibilidade de apreciação de outros conflitos decorrentes de relações de trabalho, desde que assim fosse autorizado por lei ordinária. Além disso, o texto constitucional também considerava a Justiça do Trabalho competente para julgar litígios derivados do cumprimento das suas próprias decisões, caso típico das ações que objetivam a observância de sentenças normativas, ainda que o litígio não envolvesse diretamente empregados e empregadores.[91] Mas, afora essas hipóteses, a interpretação mais corrente relacionava a competência da Justiça do Trabalho a um fator de ordem subjetiva: não se admitia que fosse de competência trabalhista qualquer conflito que não envolvesse diretamente trabalhadores e empregadores, ainda que derivado de um contrato de emprego. A existência desse tipo de vinculação, portanto, era a marca essencial da definição do alcance da jurisdição especializada.[92] Nesse sentido, também exprime, com propriedade, *José Eduardo de Resende Chaves Jr.*:

---

90 Súmula n. 97/STJ – *"Compete à Justiça do Trabalho processar e julgar reclamação de servidor público relativamente a vantagens trabalhistas anteriores à instituição do Regime Jurídico Único."*

91 Situação muito comum, e típica, nesses casos, era a de sindicatos de empregados reclamando contra empregadores recolhimentos assistenciais fundados em sentença normativa. O mesmo poderia dizer-se, até, de sindicatos de empregadores, reclamando esses recolhimentos dos membros de sua categoria, já que, como dito, a fonte formal desse direito seria a sentença normativa.

92 Por essa razão é que, a princípio, não se admitia a competência da Justiça do Trabalho para decidir litígios que envolvessem sindicatos e empregadores, por matéria derivada de acordo ou convenção coletiva (Súmula n. 334/TST e 57/STJ). No entanto, essa interpretação gerava uma anacrônica situação: se houvesse duas cláusulas idênticas, uma em sentença normativa, outra em convenção coletiva de trabalho, sendo litigantes o sindicato de empregados e o empregador, haveria juízos materialmente distintos como competentes para apreciar a questão. Mas a Lei n. 8.984/95 estabeleceu que também os conflitos existentes entre sindicatos e empresas, desde que atinentes a cumprimento de acordos ou convenções coletivas, são igualmente de competência da Justiça do Trabalho, pondo fim à polêmica até então existente.

> *"A anterior ordem constitucional firmava a competência trabalhista em relação aos litígios decorrentes do contrato de trabalho, em função da pessoa – trabalhador e empregador – não em razão da natureza da matéria. Não é demais ressaltar que, a esse critério, deve-se aditar, naturalmente, o requisito de que a controvérsia decorresse da relação de emprego.*
>
> *Em outras palavras, a competência da Justiça do Trabalho não decorria apenas de um litígio que tivesse origem na relação de trabalho subordinado, mas que, além disso, fosse qualificado pela condição jurídica das pessoas envolvidas: empregador e trabalhador. Nesse sentido, a competência material da Justiça do Trabalho – ou seja, aquela que decorresse da relação de emprego sem envolver necessariamente o trabalhador e o empregador – somente se aperfeiçoava mediante lei específica."*[93]

A EC n. 45/04 efetivamente inovou ao mudar substancialmente o critério de atribuição de competência trabalhista. Abandonando o critério subjetivo historicamente vigente, passou a enfocar essa excepcional competência sob o prisma *objetivo*, ou seja, focado na natureza das ações em exame. *"Com a elisão dos vocábulos empregador e trabalhador do art. 114 da Constituição, a competência da Justiça do Trabalho deixou de se guiar pelo aspecto subjetivo (sujeitos ou pessoas envolvidas na relação de emprego), para se orientar pelo aspecto meramente objetivo, qual seja, ações oriundas da relação de trabalho, sem qualquer referência à condição jurídica das pessoas envolvidas no litígio."*[94] Dessa forma, a significativa alteração processada no art. 114, da Constituição, causou uma profunda modificação no perfil da jurisdição trabalhista, pois o foco das lides na Justiça do Trabalho deixou de ser apenas a relação típica entre empregado e empregador, passando a abranger outros tantos temas, antes afeitos a outras searas jurisdicionais.

De outra parte, a Emenda promoveu alterações profundas na lógica da jurisdição trabalhista não somente ao mudar o critério geral antes fundado na condição subjetiva dos partícipes de um contrato de trabalho, mas trazendo para o plano de sua atuação temas sensíveis e de grande relevância social. Ratifica-se, com isso, a valorização da especialidade, como já acentuava Mauricio Godinho Delgado em análise feita a partir do texto constitucional original, mas que se ajusta perfeitamente ao quadro atual:

---

93 A Emenda Constitucional n. 45/04 e a competência penal da Justiça do Trabalho, in *Nova competência da Justiça do Trabalho*. Coord. Grijalbo Fernandes Coutinho e Marcos Neves Fava. São Paulo: LTr, 2005. p. 221.

94 *Ibidem*, p. 222.

> *No contexto desse debate, é indubitável que a existência de um Poder Judiciário específico ao ramo justrabalhista (ainda que com competência mais ampla que a proposta pela Carta de 1988) é instrumento inerente ao inevitável processo de especialização que caracteriza todo o conhecimento sistematizado construído pelo homem (...). Nessa linha, uma Justiça Trabalhista, como segmento jurisdicional do Estado dirigido ao exame e à retificação de lesões de direitos na área juslaboral, é básica e funcional a qualquer sistema jurídico-político complexo, existindo, inclusive, nesses termos, em distintas experiências democráticas consolidadas*[95].

No plano dessas mudanças superlativas se encontra a inserção da apreciação de conflitos que, antes da Emenda 45, estavam antes sob a jurisdição da Justiça Comum, de forma residual, ante os rígidos paradigmas que ditavam a competência trabalhista. É o caso, p.ex., das ações de indenização por acidentes de trabalho, das ações relacionadas à atuação da fiscalização do trabalho e as ações envolvendo conflitos de representação sindical.

Do ponto de vista organizacional, o art. 114, da Constituição, distribuiu as atribuições da Justiça do Trabalho em nove incisos, descrevendo as modalidades de ações que estariam relacionadas com a jurisdição laboral. Por certo que, desde a vigência do novo texto, inúmeras foram as discussões travadas a respeito do seu alcance, visto que alguns dos dispositivos admitem interpretações mais ampliativas e outras mais restritivas. Mas, em linhas gerais, e a despeito das controvérsias, não se pode negar que as alterações foram por demais positivas, pois corporificaram de maneira mais densa a Justiça do Trabalho, cuja extinção chegou a ser cogitada em diversos momentos durante a tramitação da Reforma do Judiciário.

Sistematicamente, o novo texto constitucional pode ser classificado da seguinte maneira: a) situações que não afetaram em nada a competência preexistente, representando simplesmente a manutenção da diretriz anterior; b) hipóteses que consolidaram o entendimento jurisprudencial em vigor, dirimindo algumas controvérsias pendentes; c) situações que efetivamente representaram ampliação da competência trabalhista. Dentre as situações que não representaram qualquer modificação estão aquelas hipóteses dos incisos

---

95 DELGADO, Maurício Godinho. *Democracia e justiça.* São Paulo: LTr, 1993. p. 101. A vertente do texto, que é de 1993, é a da defesa da permanência da Justiça do Trabalho, a despeito de sua origem corporativa, com a afirmação adicional de que sua competência deveria receber uma ampliação maior do que a praticada pela Constituição de 1988, o que se consumou com a EC 45. No mesmo sentido, Dalazen revela esta tendência desde o texto constitucional original (DALAZEN João Oreste. A reforma do judiciário e os novos marcos da competência material da Justiça do Trabalho no Brasil. In COUTINHO, Grijalbo Fernandes; FAVA, Marcos Neves (orgs.) *Nova competência da Justiça do Trabalho.* São Paulo: LTr, 2005. p. 160).

V, VIII e IX do art. 114, respectivamente indicativos das ações que envolvam os *conflitos de competência* entre órgãos de sua jurisdição; a *execução de contribuições previdenciárias;* e, por fim, o inc. IX que representa literalmente a parte final do *caput* do art. 114 em sua redação anterior.[96] Todas essas hipóteses já se encontravam plenamente assimiladas ao cotidiano trabalhista, como é o caso do inciso V, previsto na legislação infraconstitucional (art. 808, da CLT), e do inciso VIII, presente na Constituição desde a EC n.20/98 (antes figurando no § 3º, do art. 114, mas com a mesma redação). De outra parte, o inciso IX mantém a autorização presente na ordem constitucional desde a Emenda n. 01/69, preservando-se o permissivo de que, por lei ordinária, seja atribuída a competência trabalhista para qualquer outra lide decorrente de *relações de trabalho*, sem qualquer mácula de inconstitucionalidade.

Em outra classificação arrolamos aquelas figuras que estiveram na seara da interpretação jurisprudencial durante largo tempo, não sem serem alimentadas por substanciosas controvérsias que, inclusive, perduraram para além da própria promulgação da Emenda n. 45. Aqui situamos o inciso II do art. 114, quanto à competência da Justiça do Trabalho sobre as lides que envolviam os efeitos civis da greve, ainda que nenhuma dúvida existisse sobre os seus efeitos trabalhistas e sobre o dissídio coletivo para sua solução. Situamos também o inciso IV do art. 114, que se refere aos *mandados de segurança,* habeas corpus *e* habeas data, *quando o ato questionado envolver matéria sujeita à sua jurisdição,* e o inciso VI, que afirma a competência da Justiça do Trabalho para *"as ações de indenização por dano moral ou patrimonial, decorrentes da relação de trabalho"*.

No que diz respeito ao inciso II (*ações decorrentes do exercício do direito de greve*), ainda que isso não estivesse expresso em nenhuma norma constitucional ou infraconstitucional, de maneira específica, sempre entendemos pela

---

96 A respeito desse inciso, o STF editou a Súmula Vinculante no. 53, que assim estabelece: "*A competência da Justiça do Trabalho prevista no art. 114, VIII, da Constituição Federal alcança a execução de ofício das contribuições previdenciárias relativas ao objeto da condenação constante das sentenças que proferir e acordos por ela homologados.*" De outra parte, o TST já havia interpretado que essa competência também abarca a contribuição social referente ao seguro de acidente de trabalho (SAT), conforme Súmula 454: "*COMPETÊNCIA DA JUSTIÇA DO TRABALHO. EXECUÇÃO DE OFÍCIO. CONTRIBUIÇÃO SOCIAL REFERENTE AO SEGURO DE ACIDENTE DE TRABALHO (SAT). ARTS. 114, VIII, E 195, I, "A", DA CONSTITUIÇÃO DA REPÚBLICA. (conversão da Orientação Jurisprudencial nº 414 da SBDI-1) – Res. 194/2014, DEJT divulgado em 21, 22 e 23.05.2014 . Compete à Justiça do Trabalho a execução, de ofício, da contribuição referente ao Seguro de Acidente de Trabalho (SAT), que tem natureza de contribuição para a seguridade social (arts. 114, VIII, e 195, I, "a", da CF), pois se destina ao financiamento de benefícios relativos à incapacidade do empregado decorrente de infortúnio no trabalho (arts. 11 e 22 da Lei nº 8.212/1991).*"

competência da Justiça do Trabalho para as lides decorrentes do exercício do direito de greve. Contudo, a jurisprudência até então dominante, afastava da competência trabalhista o julgamento dos efeitos civis de uma greve, como, p. ex., o uso e ocupação de propriedade por ocasião da greve e as ações possessórias cabíveis no caso. Desta forma, a inclusão de forma expressa do inciso II ao art. 114 da Constituição, espancou qualquer dúvida que pudesse pairar sobre o tema, fixando que a Justiça do Trabalho é competente para decidir a greve, em si, nos chamados *dissídios coletivos*, e também o é para julgar os efeitos trabalhistas e civis de uma greve, como, p. ex., eventual falta praticada pelo empregado no curso de uma greve; práticas antissindicais realizadas pelos empregadores durante o movimento; uso e ocupação da propriedade por ocasião das greves.[97]

Observamos, contudo, ainda sobre o tema, que o Tribunal Superior do Trabalho não tem reconhecido a competência da Justiça do Trabalho para a análise de pedidos de natureza econômica em dissídios coletivos contra entidades de caráter público. Nestes termos, a Orientação Jurisprudencial da SDC/TST no. 05, mencionada na decisão proferida no processo ReeNec e RO – 6086-57.2014.5.15.0000, Relator Ministro Mauricio Godinho Delgado, Seção Especializada em Dissídios Coletivos, **DEJT** 25/09/2015, in verbis:

> "Isso porque as pessoas jurídicas de direito público integrantes da administração indireta sujeitam-se às regras constitucionais referentes aos servidores públicos, notadamente a exigência de lei específica para alteração da remuneração (art. 37, X, CF/88), devendo ser observados, ainda, os limites dos arts. 39 e 169 da Carta Magna. Tal entendimento independe de o regime adotado pela entidade para seus servidores ser celetista ou estatutário. Ressalte-se que essa restrição é válida apenas para as cláusulas de conteúdo econômico, em razão da expressa vedação constitucional, sendo possível a

97 Especificamente neste último exemplo, temos situações muito frequentes, de ajuizamento de interditos proibitórios ou outras ações possessórias por parte de empregadores que pretendem obter decisões judiciais visando à restrição ao uso e acesso da sua propriedade (empreendimento) quando da realização de greves. Embora se trate de ação possessória típica (art. 567, do CPC), não temos dúvidas de que a competência para sua apreciação já era da Justiça do Trabalho, mesmo antes da EC n. 45/04, dada a natureza da demanda e sua estrita correlação com o exercício do direito de greve. Apesar disso, era muito comum que elas fossem ajuizadas na Justiça Estadual, na qual a apreciação se desenvolvia de maneira absolutamente imprópria, focada exclusivamente no direito de propriedade, sem avaliação contextual que o caso merece e enseja. O assunto foi pacificado pelo Supremo Tribunal Federal com a edição da Súmula Vinculante no. 23: *"A Justiça do Trabalho é competente para processar e julgar ação possessória ajuizada em decorrência do exercício do direito de greve pelos trabalhadores da iniciativa privada."*

> análise das cláusulas sociais. Nesse sentido, a OJ nº 5 da SDC/TST: "Em face de pessoa jurídica de direito público que mantenha empregados, cabe dissídio coletivo exclusivamente para apreciação de cláusulas de natureza social. Inteligência da Convenção nº 151 da Organização Internacional do Trabalho, ratificada pelo Decreto Legislativo nº 206/2010."

Em relação ao mandado de segurança e *habeas data*, ainda que nao houvesse expressa admissibilidade legal, a jurisprudência desde muito autorizava seu uso na Justiça do Trabalho, havendo certa pacificação sobre o tema. No entanto, aqui também a nova dimensão da competência trabalhista produz repercussões bastante relevantes. Com efeito, no regime anterior da Constituição – e de acordo com o critério subjetivo levado a efeito por ele –, a pertinência do mandado de segurança ficava adstrita a situações de ofensa a direito líquido e certo oriunda de atos jurisdicionais.

Com a mudança no perfil da competência material trabalhista, o instituto também foi afetado; afinal, sendo suprimida a conformação *pessoal* da competência da Justiça do Trabalho, abriu-se a possibilidade de existirem outros atos oriundos de autoridade pública que se sujeitam ao mandado de segurança em seara trabalhista. Um dos exemplos que emergem dessa nova concepção é o que resulta da conjugação do preceito em análise com a situação elencada no inciso VII do mesmo art. 114. Com o reconhecimento da competência trabalhista para apreciação dos atos da fiscalização do trabalho, eventuais mandados de segurança contra eles impetrados passaram a ser apreciados pela Justiça do Trabalho, e não mais pela Justiça Federal. Além do sentido conceitual, isso traz também uma mudança prática: na versão anterior, por ser admitido apenas em face de atos jurisdicionais, a competência originária do mandado de segurança trabalhista era dos Tribunais Regionais do Trabalho ou do TST, dependendo da condição da autoridade coatora. Contemporaneamente, a partir dessa modificação, também o juiz de primeiro grau passa a ser competente para a apreciação de mandados de segurança, como, p. ex., aqueles impetrados contra atos de auditores fiscais do trabalho.[98]

Ressaltamos, contudo, que permanece o entendimento corrente e dominante de que os atos praticados pela autoridade pública na gestão dos contratos de emprego não poderiam ser considerados como "atos administrativos típicos", por que não configurarem atos de império, mas sim, atos de gestão, o que afasta o cabimento da ação mandamental, que não pode substituir a

98 Em razão disso, a própria sentença trabalhista, que constitui o objeto deste trabalho, também passa a merecer considerações específicas, pois hoje é possível que haja necessidade de decisão em mandado de segurança, proferido por juiz de 1º Grau.

reclamação trabalhista. Assim, se houver, p. ex., a demissão sumária de servidor público municipal, contratado pelo regime da CLT, não poderá ele impetrar mandado de segurança contra o ato do Prefeito, devendo postular as eventuais reparações em reclamação trabalhista.

Já no que diz respeito ao *habeas corpus*, o seu cabimento em sede trabalhista não era dos temas mais pacíficos. Os Tribunais Regionais admitiam fartamente seu uso – consoante as normas constantes de seus regimentos internos – sempre que houvesse iminência ou concretização de ato de restrição de liberdade praticado por juiz do trabalho. No entanto, a jurisprudência dominante do STF entendia que, sendo o habeas corpus uma ação tipicamente penal e por ter a Justiça Trabalhista apenas competência não penal, as medidas dessa natureza deveriam ser impetradas perante o Tribunal Regional Federal correspondente.[99]

Com o novo texto essa questão ficou definitivamente superada, tendo em vista a manifesta expressão constitucional a respeito da competência da Justiça do Trabalho para esse tipo de ação. Apesar disso, o STF ainda não reconheceu que esse dispositivo seria suficiente para outorgar competência penal genérica à Justiça do Trabalho, como se nota da decisão proferida na ADI 3.684-MC:

> "Competência criminal. Justiça do Trabalho. Ações penais. Processo e julgamento. Jurisdição penal genérica. Inexistência. Interpretação conforme dada ao art. 114, I, IV e IX, da CF, acrescidos pela EC

99 "*Habeas corpus* contra decreto de prisão civil de Juiz do Trabalho: coação atribuída ao Tribunal Regional do Trabalho: coexistência de acórdãos diversos para o mesmo caso, emanados de tribunais de idêntica hierarquia (STJ e TST): validade do acórdão do STJ, no caso, dado que as impetrações foram julgadas antes da EC n. 45/04. Até a edição da EC n. 45/04, firme a jurisprudência do Tribunal em que, sendo o *habeas corpus* uma ação de natureza penal, a competência para o seu julgamento 'será sempre de juízo criminal, ainda que a questão material subjacente seja de natureza civil, como no caso de infidelidade de depositário, em execução de sentença'; e, por isso, quando se imputa coação a Juiz do Trabalho de 1º Grau, compete ao Tribunal Regional Federal o seu julgamento, dado que a Justiça do Trabalho não possui competência criminal (*v. g.*, CC 6.979, 15.8.91, Rel. Min. Carlos Velloso, *RTJ* 111/794; HC 68.687, 2ª T., 20.8.91, Rel. Min. Carlos Velloso, *DJ* de 4.10.91). (HC 85.096, Rel. Min. Sepúlveda Pertence, julgamento em 28.6.05, *DJ* de 14.10.05)." Esse quadro gerava uma grave distorção. Com efeito, reconhecia-se o poder dos juízes do trabalho para ordenar a prisão civil, normalmente em decorrência do não cumprimento do compromisso de depositário fiel, mas para obter-se a revogação da ordem de prisão o paciente deveria se socorrer da Justiça Federal. Essa contradição levava, inclusive, a posturas pouco recomendáveis: não era raro ocorrer de, após uma tentativa frustrada de livramento por um *habeas corpus* impetrado na Justiça do Trabalho, o interessado usava a jurisprudência do STF e procurava o TRF respectivo, muitas vezes obtendo o êxito que não fora antes alcançado.

> n. 45/2004. Ação direta de inconstitucionalidade. Liminar deferida, com efeito, *ex tunc*.O disposto no art. 114, I, IV e IX, da Constituição da República, acrescidos pela Emenda Constitucional n. 45, não atribui à Justiça do Trabalho competência para processar e julgar ações penais." (ADI 3.684-MC, Rel. Min. Cezar Peluso, julgamento em 1º.2.07, DJE de 3-8-07).[100]

O inciso VI do art. 114, aparentemente, não traria qualquer novidade ao afirmar que à Justiça do Trabalho compete julgar "as ações de indenização por dano moral ou patrimonial, decorrentes da relação de trabalho". Afinal, o art. 652, "a", inciso II, da CLT, já estipulava a competência trabalhista para ações relativas a *indenizações por motivo de rescisão de contrato*, o que era reprisado no art. 483, da CLT.[101] No mesmo sentido, o inciso IV do próprio art. 652, "a", da CLT, também consagrava a competência trabalhista para apreciação dos "demais dissídios concernentes ao contrato individual de trabalho". No entanto, é deveras conhecida a polêmica existente em torno do tema "dano moral trabalhista", questão que só foi pacificada pelo STF pouco antes da Emenda n. 45. Por isso, o texto constitucional, não obstante a aparente redundância, guarda grande importância, visto que consolida o entendimento cristalizado na jurisprudência.

De outro lado, a segunda parte desse inciso – referência à reparação de danos patrimoniais – também sempre esteve na competência trabalhista, pois qualquer ação visando a reparar danos causados no contrato de trabalho somente poderia ser ajuizada na Justiça do Trabalho: é o caso da própria ação que reivindica o pagamento de verbas rescisórias, que tem cunho reparatório patrimonial. A dúvida, aqui, instaurou-se por outros motivos: em primeira análise, entendia-se que o inciso VI traria à competência trabalhista, sem qualquer resquício de dúvidas, as *ações de reparação por acidentes de trabalho* – o

100 Há, todavia, relevante doutrina sendo desenvolvida nesse sentido, como, *p. ex.*, a de Guilherme Guimarães Feliciano (Da competência penal na Justiça do Trabalho. In: *Revista de Direito do Trabalho*. São Paulo: Revista dos Tribunais. v. 32, n. 122, abr./jun. 2006) e José Eduardo de Resende Chaves Jr. (A Emenda Constitucional n. 45/2004 e a competência penal da Justiça do Trabalho, in *Nova competência da Justiça do Trabalho*. Coord. Grijalbo Fernandes Coutinho e Marcos Neves Fava. São Paulo: LTr, 2005. p. 220/235). Porém, a Câmara dos Deputados também sepultou recente iniciativa nesse sentido ao rejeitar, em sua Comissão de Trabalho, de Administração e de Serviço Público, o Projeto de Lei n. 2.636/2007, do Deputado Eduardo Valverde, que dispunha sobre a competência penal da Justiça do Trabalho para o processo e o julgamento dos "crimes oriundos da relação de trabalho", nos termos do art. 114, IX, da Constituição.

101 Art. 483/ CLT – "O empregado poderá considerar rescindido o contrato e pleitear a devida indenização quando: (...)"

que seria por demais conveniente e consonante com a especialidade trabalhista. No entanto, no dia 09.03.05, o Supremo Tribunal Federal, ao julgar o Recurso Extraordinário n. 438.639, decidiu, por oito votos a dois, que a competência para apreciação de tais ações, inclusive as que postulassem reparação de dano moral, remanescia com a Justiça Comum dos Estados, com fundamento no disposto no art. 109, I, da CF.

Esse entendimento ceifou o que seria um dos maiores avanços em matéria de competência trabalhista, preservando uma distorção que poderia ter sido resolvida desde 1988. Afinal, ao contrário das que a antecederam, a Constituição não estabeleceu qualquer exceção que impedisse de se entender que a Justiça do Trabalho fosse competente para apreciar as ações de indenização por acidentes de trabalho movidas contra seus empregadores, podendo essa interpretação ser simplesmente derivada do texto original do art. 114.[102] No entanto, o STF fez coro a uma exegese restritiva, já assentada pelo Superior Tribunal de Justiça, e decidiu com fundamento em regra absolutamente impertinente para o caso. Na realidade, o STF assimilou, na ocasião, um entendimento equivocado, que não diferenciava as duas situações jurídico-processuais que podem resultar de um acidente de trabalho. Além da possibilidade reparatória e indenizatória derivada da ilicitude do ato, o acometimento de infortúnio laboral pelo empregado permite-lhe demandar por benefícios previdenciários decorrentes do mesmo fato, caso não obtenha isso de forma administrativa. Com isso, a situação apontada no art. 109, I, da Constituição só pode ser destinada a essas últimas ações que, realmente, refogem ao âmbito de apreciação trabalhista. Mas nunca poderia ser dirigido à pretensão indenizatória que resulta do acidente, como também opina *Nelson Nery Jr.*:

> "As disposições da CF 109, I e § 3º, que induzem à conclusão de que a Justiça Comum Estadual é competente para o julgamento das ações de acidente de trabalho, só podem ter sentido quando o fundamento da ação acidentária for o *seguro-acidente*, que é celebrado perante o INSS, pois não faria sentido norma que trata da competência *tout court* da Justiça Federal disciplinar matéria, também *tout court*, de competência da Justiça Estadual".[103]

---

102 Três das Constituições anteriores expressamente excepcionaram da competência da Justiça do Trabalho as ações de acidente de trabalho. A de 1946 trazia essa regra no seu art. 123, parágrafo único; a de 1967 dizia o mesmo no art. 135, § 2º e a EC n. 01/69 continha a mesma disposição no § 2º do seu art. 142.

103 Alguns aspectos da competência da Justiça do Trabalho: CF 114, I e VI (EC n. 45/2004), in Reforma do judiciário – primeiras reflexões sobre a EC n. 45/2004. Coordenação Teresa Arruda Alvim Wambier *et alii.* São Paulo: RT, 2005. p. 515-524.

Felizmente, o mesmo STF revisou sua interpretação, ao julgar o Conflito de Competência 7.204, em maio de 2005. Nessa ocasião, revendo a interpretação anteriormente conferida, o Plenário do Tribunal expressamente acolheu a competência da Justiça do Trabalho para ações de indenização acidentária sob o fundamento de que o "art. 114, já em sua redação originária, assim deixava transparecer" e ainda "porque aquela primeira interpretação do mencionado inciso I do art. 109 estava, em boa verdade, influenciada pela jurisprudência que se firmou na Corte sob a égide das Constituições anteriores". Com isso, referendou-se o entendimento, já presente em portentosas manifestações doutrinárias, de que as ações em questão devem ser levadas à jurisdição trabalhista.[104] O assunto foi consolidado a partir de dezembro de 2009, quando o STF aprovou sua Súmula Vinculante no. 22:

> "A Justiça do Trabalho é competente para processar e julgar as ações de indenização por danos morais e patrimoniais decorrentes de acidente de trabalho propostas por empregado contra empregador, inclusive aquelas que ainda não possuíam sentença de mérito em primeiro grau quando da promulgação da Emenda Constitucional 45/2004."

Todavia, ainda remanesceu algum dissenso jurisprudencial a respeito da competência para julgar ações de indenização por acidente de trabalho quando proposta por cônjuge e filhos de trabalhador

104 A despeito dos fundamentos do Relator, por razões de política judiciária (o significativo número de ações que já tramitaram e ainda tramitam nas instâncias ordinárias e o relevante interesse social em causa) , o STF modulou a decisão, deliberando que o marco temporal da competência trabalhista para acidentes de trabalho seria o advento da Emenda Constitucional n. 45/04, preservando, com isso, na Justiça Comum, as ações por ela já julgadas. "Numa primeira interpretação do inciso I do art. 109 da Carta de Outubro, o Supremo Tribunal Federal entendeu que as ações de indenização por danos morais e patrimoniais decorrentes de acidente do trabalho, ainda que movidas pelo empregado contra seu (ex-)empregador, eram da competência da Justiça comum dos Estados-Membros. Revisando a matéria, porém, o Plenário concluiu que a Lei Republicana de 1988 conferiu tal competência à Justiça do Trabalho. Seja porque o art. 114, já em sua redação originária, assim deixava transparecer, seja porque aquela primeira interpretação do mencionado inciso I do art. 109 estava, em boa verdade, influenciada pela jurisprudência que se firmou na Corte sob a égide das Constituições anteriores. Nada obstante, como imperativo de política judiciária – haja vista o significativo número de ações que já tramitaram e ainda tramitam nas instâncias ordinárias, bem como o relevante interesse social em causa –, o Plenário decidiu, por maioria, que o marco temporal da competência da Justiça trabalhista é o advento da EC n. 45/04." (CC 7.204, Rel. Min. Carlos Britto, julgamento em 29.6.05, *DJ* de 9.12.05). No mesmo sentido: AI 663.722-AgR, Rel. Min. Ricardo Lewandowski, julgamento em 2.9.08, *DJE* de 17- 10-08; RE 461.925-AgR, Rel. Min. Celso de Mello, julgamento em 4.4.06, *DJ* de 8.9.06.

falecido. Com efeito, em novembro de 2008, o Superior Tribunal de Justiça editou a Súmula n. 366, afirmando que "compete à Justiça estadual processar e julgar ação indenizatória proposta por viúva e filhos de empregado falecido em acidente de trabalho", reservando, assim, uma parcela dessa matéria à Justiça Comum. Essa era uma interpretação totalmente contrária à lógica da definição material de competência, eis que, como já foi dito, a titularidade do direito não tem qualquer relevância diante do critério objetivo hoje adotado pela Constituição. Não por outro motivo, o STF resolveu conflito de competência suscitado pelo TST em face do Juízo de Direito da 4ª Vara Cível da Comarca de Joinville e declarou a competência da Justiça do Trabalho para julgar "ação de reparação de danos morais decorrentes de acidente de trabalho, com resultado morte, proposta pela companheira e pelos genitores do trabalhador morto".

O voto condutor, do Min. Eros Grau, reiterou que a orientação da Corte, após a Emenda n. 45/04, se teria firmado no sentido da competência da Justiça do Trabalho para o julgamento de acidentes de trabalho, ressalvando que o ajuizamento da ação de indenização pelos sucessores não modificaria a competência da justiça especializada, haja vista ser irrelevante a transferência do direito patrimonial em razão do óbito do empregado.[105] Em razão dessa decisão, ao julgar o Conflito de Competência 101.977-SP, na sessão de 16/09/2009, o STJ deliberou pelo cancelamento da Súmula no. 366, prevalecendo, naturalmente, a interpretação do STF.

Em um último grupo classificatório, tem-se aquelas situações que representaram efetivamente um acréscimo na competência da Justiça do Trabalho: referimo-nos às hipóteses descritas nos incisos III e VII, do art. 114, da Constituição, que nunca estiveram arroladas dentro da jurisdição trabalhista e que passaram a nela figurar. No caso do inciso III, têm-se dispostas *as ações sobre representação sindical, entre sindicatos, entre sindicatos e trabalhadores, e entre sindicatos e empregadores,* o que só foi possível a partir da modificação conceitual trazida com a Emenda n. 45 – a superação do foco subjetivo e a afirmação do foco objetivo na definição da abrangência de competência trabalhista.

Esse aspecto revela outro ponto de substancial ganho na qualidade da prestação jurisdicional, tanto quanto no que se refere aos acidentes de trabalho, já comentados. As restrições do sistema anterior, que não permitiam que ações dessa natureza estivessem sob a jurisdição da Justiça do Trabalho,

105 CC 7545/SC, julgamento em 3.6.2009. Precedentes citados: RE 509352 AgR/SP (DJE de 1º.8.2008); RE 509353 ED/SP (DJU de 17.8.2007); RE 482797 ED/SP (DJE de 27.6.2008); RE 541755 ED/SP (DJE de 7.3.2008); CC 7204/MG (DJU de 9.12.2005).

representavam um grande contrassenso à lógica da especificidade que justifica a existência de órgãos especializados dentro do Poder Judiciário. Afinal, as relações intersindicais e intrassindicais constituem tema próprio e específico do Direito do Trabalho, mais particularmente são matérias integrantes do Direito Coletivo do Trabalho, cujo estudo específico é tema mais do que apropriado para magistrados trabalhistas do que para juízes da Justiça Comum (Federal ou dos Estados). Dessa forma, nada justificava que os conflitos sobre representação sindical, inclusive entre sindicatos, ficassem sob a jurisdição comum, ocasionando inúmeras distorções interpretativas, ao serem colocados aspectos próprios da organização sindical – de dimensão absolutamente peculiar – no mesmo plano das relações travadas em entidades associativas de outra natureza.

Com a nova disposição, resta patente que os conflitos de representação entre entidades sindicais – sindicatos, federações, confederações e até mesmo as centrais sindicais, que tiveram recentemente reconhecida sua personalidade sindical – são de competência da Justiça do Trabalho.[106] Da mesma maneira, permite-se compreender que os conflitos decorrentes dessa temática, e que envolvem sindicatos e empregados ou sindicatos e empregadores, também são de jurisdição trabalhista.[107] Por fim, nesse mesmo contexto, é legítimo considerarmos também inseridos em tal modalidade de competência trabalhista os conflitos intrassindicais, ou seja, disputas internas das entidades sindicais, como eleições, impugnações a candidaturas, prestações de contas da diretoria, ou qualquer outro ato interventivo na organização interna da entidade.[108] Nesse sentido, apesar de não existir expressa referência no texto constitucional, a conclusão que se permite é consonante com os fundamentos da Reforma do Judiciário levada a efeito, e ainda se conduz de acordo com as diretrizes da chamada *unidade de convicção*, parâmetro que o próprio STF tem utilizado

106 Aqui podemos arrolar situações como as disputas por bases territoriais ou representação de determinadas categorias conexas entre duas ou mais entidades sindicais, de qualquer grau.

107 Como situações em que o empregador, por exemplo, tem dúvidas sobre qual das entidades sindicais que se diz representante da categoria profissional teria legitimidade para recebimento de contribuições sindicais ou assistenciais. Ou, ainda, conflitos envolvendo membros da categoria supostamente representada e a entidade supostamente representante, em que aqueles pretendem o reconhecimento da sua não representação por determinado sindicato, p. ex.

108 É oportuno ressaltar que, quando se fala em ato interventivo nos sindicatos, isso não implica a renúncia aos preceitos de autonomia sindical, consagrados na Constituição Federal (art. 8º, I) e nas Convenções 98 (art. 2º) e 87 (arts. 3º e 4º). Isso porque tais restrições vedam que se tenha atitude interventiva de âmbito administrativo, mas os sindicatos, a exemplo de toda e qualquer associação, está sujeita à intervenção e à dissolução judiciais, por ato motivado e fundamentado, em que se assegurem os preceitos constitucionais do processo.

na solução de questões dessa natureza. Não por outras razões, o Superior Tribunal de Justiça também tem assim decidido:

> "CONFLITO DE COMPETÊNCIA - AÇÃO DE IMPROBIDADE ADMINISTRATIVA - AFASTAMENTO DA DIRETORIA - REFLEXO NA *REPRESENTAÇÃO SINDICAL* - COMPETÊNCIA DA JUSTIÇA DO TRABALHO. 1. Após a edição da EC n. 45/2004, as questões relacionadas ao processo eleitoral *sindical*, ainda que esbarrem na esfera do direito civil, estão afetas à competência da Justiça do Trabalho, pois se trata de matéria que tem reflexo na *representação sindical*. Precedentes. 2. Entendimento que se estende *à* hipótese de ação de improbidade administrativa, em que se pretende afastar a diretoria de sindicato, implicando em reflexo na *representação sindical*. 3. Conflito de competência provido para declarar competente o Juízo da 6ª Vara do Trabalho de São Luís - MA. (CC 59549 / MA 2006/0048965-6. *Rel.*Min. ELIANA CALMON - 1ª Seção - 23.08.2006)."
>
> "CONFLITO DE COMPETÊNCIA - REPRESENTAÇÃO SINDICAL - IMPUGNAÇÃO DE PROCESSO ELEITORAL - COMPETÊNCIA DA JUSTIÇA DO TRABALHO. 1. Após a edição da EC n. 45/2004, as questões relacionadas ao processo eleitoral sindical, ainda que esbarrem na esfera do direito civil, estão afetas à competência da Justiça do Trabalho, pois se trata de matéria que tem reflexo na representação sindical. Precedentes. 2. Conflito de competência conhecido para declarar competente o Juízo da 2ª Vara do Trabalho de Santo André-SP, o suscitante. (CC 62736 / SP 2006/0080986-7. *Rel.*Min. ELIANA CALMON - 1ª Seção - 14.02.2007)."

Da mesma maneira, o inciso VII traz definitivamente para a competência trabalhista a apreciação das *ações decorrentes da atuação da fiscalização do trabalho*. Também aqui temos uma inovação das mais relevantes, visto que essa atuação decorre exatamente da aplicação de regras constantes da CLT sobre segurança e medicina do trabalho. Logo, a matéria sempre foi de natureza trabalhista, e igualmente não se via justificativa ontológica para que o exame de tais atos ficasse alheio à jurisdição trabalhista. Afinal, já era do juiz do trabalho a competência para a apreciação de temas relativos à saúde e segurança, como, p. ex., a apreciação de pedidos de pagamento de adicionais de insalubridade e de periculosidade e de garantia de emprego fundados no art. 118 da Lei n. 8.213/91. Com isso, o sistema antes vigente estabelecia uma injustificável dissensão jurisdicional, colocando as ações resultantes da fiscalização trabalhistas sob a apreciação da Justiça Comum Federal, em descompasso com a lógica da unidade de convicção, já antes explorada. Com o novo formato, e associando-se a interpretação do STF sobre as ações indenizatórias oriundas de acidentes de trabalho, temos que a Justiça do Trabalho passou a ter um papel relevante na percepção e na aplicação das diretrizes relacionadas ao Meio Ambiente de Trabalho, desta feita apreciada uniformemente pela mesma esfera jurisdicional, o que possibilita maiores chances de implantação de medidas de sua efetivação e de preservação da segurança jurídica.[109]

O dispositivo mais polêmico está fora dessa classificação que apontamos. Afinal, se seu texto em si não traz muitas novidades, o inciso I do art. 114 da Constituição é o que permite maior amplitude interpretativa, capaz de gerar soluções contraditórias e diametralmente opostas. Para alguns analistas, tal dispositivo ampliou sobremaneira a competência trabalhista, trazendo não somente as relações de emprego típicas, já mencionadas e presentes desde a origem da Justiça do Trabalho, mas também toda e qualquer *relação de trabalho* – ou seja, relações jurídicas cujo objeto seja a prestação de trabalho, o que abrangeria uma infinidade de situações, inclusive aquelas que, conceitualmente, configuram tipicamente *relações de consumo*. Assim, nessa visão ampliativa extremada do art. 114, I, da CF, encontraríamos na competência trabalhista, por exemplo, ações de reparação de danos causados em decorrência de contratos de prestação de serviços de profissionais liberais, contratos de transporte, relações entre cooperativas lícitas e seus cooperados, entre outras.

Essa forma de interpretação está diretamente associada ao conceito de *relação de trabalho* próprio de direito material, o que encontra ampla justificativa doutrinária.[110]No entanto, contrariaria a lógica redacional do texto constitucional, visto que, do ponto de vista gramatical, não houve nenhuma alteração redacional nesse dispositivo, pois, como visto, os textos anteriores também faziam referência às *relações de trabalho*, e não às *relações de emprego*. Por certo que a supressão do binômio trabalhadores-empregadores da redação original do art. 114, da CF, poderia levar a uma interpretação diferente, mas isso não pode ser resolvido, sinteticamente, a partir do critério gramatical.

---

109 Em razão desse dispositivo, são de competência da Justiça do Trabalho, p. ex., ações anulatórias de autos de infração da fiscalização do trabalho; mandados de segurança contra atos dessa mesma fiscalização (como lacração de máquina ou estabelecimento, etc.) e ainda as execuções fiscais das multas impostas contras os empregadores pelo descumprimento das regras trabalhistas de proteção ao Meio Ambiente de Trabalho.

110 Dentre os que assinalam a competência trabalhista extremamente ampliada está, p. ex., Hugo Cavalcanti Melo Filho (Nova competência da Justiça do Trabalho: contra a interpretação reacionária da Emenda n. 45/2004, in *Justiça do Trabalho:* competência ampliada. São Paulo: LTr, 2005. p. 170-186).

Demais disso, apesar de defendermos um fortalecimento da Justiça do Trabalho, com ampliação de seus horizontes, não concordamos com essas interpretações, pois consideramos que elas desqualificam seu principal atributo, que é o da especialização da atividade jurisdicional. A prevalecer a lógica desses analistas, a Justiça do Trabalho deixa de ser especializada, para abranger uma competência genérica, o que representa uma contradição intrínseca ao seu conceito e à sua função de Justiça Especializada. Por isso, em nosso entender, a dimensão dada pelo inciso I do art. 114, da CF, deve ser compreendida segundo a diretriz histórica da Justiça do Trabalho, de maneira que somente seriam apreciados no Judiciário Trabalhista os conflitos decorrentes de relações de trabalho quando estas envolvem uma pessoa natural como prestador de serviços e quando haja uma destinação de cunho econômico no resultado desse trabalho, ou seja, quando o trabalho é prestado *por conta alheia*, e não por conta própria.[111]

De qualquer forma, as possibilidades de interpretação estão abertas, pois o assunto está longe de pacificação. Há sinais, vindos das Cortes Superiores, indicando que tende a prevalecer a posição mais restritiva, como se nota, p. ex., na decisão proferida na ADI 3.395/DF, em que o STF estabeleceu que o inciso I do art. 114, da CF, não abrange os servidores públicos estatutários.[112] Na mesma linha restritiva a decisão proferida nos REs 586453 e 583050, com repercussão geral reconhecida, atribuindo à Justiça Comum a competência para julgar casos de previdência complementar privada.[113] Por fim, a jurisprudência

111 Em sentido similar, com outros – e mais valorosos fundamentos – encontramos autores de nomeada, como Mauricio Godinho Delgado (As duas faces da nova competência da Justiça do Trabalho) e Jorge Luiz Souto Maior (Justiça do Trabalho: A justiça do trabalhador?), ambos os textos em *Nova competência da Justiça do Trabalho, op. cit.*, p. 292-305 e 179-190, respectivamente. *Vide*, ainda, de Jorge Luiz Souto Maior sobre o mesmo tema, *Relação de emprego & direito do trabalho*, São Paulo: LTr, 2007.

112 Competência. Justiça do Trabalho. Incompetência reconhecida. Causas entre o Poder Público e seus servidores estatutários. Ações que não se reputam oriundas de relação de trabalho. Conceito estrito desta relação. Feitos da competência da Justiça Comum. Interpretação do art. 114, inc. I, da CF, introduzido pela EC n. 45/2004. Precedentes. Liminar deferida para excluir outra interpretação. (...) O disposto no art. 114, I, da Constituição da República, não abrange as causas instauradas entre o Poder Público e servidor que lhe seja vinculado por relação jurídico-estatutária." (ADI 3.395-MC, Rel. Min. Cezar Peluso, julgamento em 5-4-06, DJ de 10-11-06). Essa decisão referendou liminar que fora concedida monocraticamente pelo Min. Nelson Jobim.

113 O STF modulou os efeitos da decisão para determinar que permanecerão na Justiça do Trabalho os processos que já tiverem sentença de mérito até a data do julgamento (20/02/2013), os demais processos que tramitam na JT, mas que ainda não tenham sentença de mérito, a partir da decisão deverão ser remetidos à Justiça Comum.

consolidada do TST, na esteira do que vem decidindo o Supremo Tribunal Federal, tem reconhecido a imunidade de jurisdição dos organismos e organizações internacionais, embora o texto constitucional faça referência aos "entes de direito público externo", no já citado inciso I do artigo 114.[114]

Também o Superior Tribunal de Justiça tem decidido de forma restritiva, entendendo que é da competência da Justiça Estadual a apreciação de ação de cobrança ajuizada por profissionais liberais em face de seus clientes[115] e também a apreciação de causas que envolvam contratos de representação comercial.[116]

A despeito dessa e de outras polêmicas que o assunto enseja – cujo desenvolvimento não cabe neste trabalho –, o certo é que a nova competência trabalhista, trazida pela EC n. 45/04, deu uma feição diferente à atividade jurisdicional trabalhista. Isso repercutiu de forma direta e substancial no ato de sentenciar, sobretudo pelo incremento de situações que antes não estavam presentes no processo do trabalho, e não é por outro motivo que sua compreensão plena é instrumento fundamental para o correto e pleno exercício da atividade de julgar.

1.7. A "reforma trabalhista" e o processo do trabalho

A lei 13.467, de 13/07/2017, realizou substanciais alterações na Consolidação das Leis do Trabalho. Publicada para vigorar a partir de novembro do mesmo ano, dias depois de sua vigência foi alterada, em pontos nevrálgicos,

---

114 416. IMUNIDADE DE JURISDIÇÃO. ORGANIZAÇÃO OU ORGANISMO INTERNACIONAL. (DEJT divulgado em 14, 15 e 16.02.2012) (mantida conforme julgamento do processo TST-E-RR-61600-41.2003.5.23.0005 pelo Tribunal Pleno em 23.05.2016) *As organizações ou organismos internacionais gozam de imunidade absoluta de jurisdição quando amparados por norma internacional incorporada ao ordenamento jurídico brasileiro, não se lhes aplicando a regra do Direito Consuetudinário relativa à natureza dos atos praticados. Excepcionalmente, prevalecerá a jurisdição brasileira na hipótese de renúncia expressa à cláusula de imunidade jurisdicional.* O STF assim também pronunciou no julgamento dos Recursos Extraordinários 578.543 e 597.368.

115 Súmula n. 363/STJ – "Compete à Justiça estadual processar e julgar a ação de cobrança ajuizada por profissional liberal contra cliente" (Corte Especial, em 15.10.2008).

116 "COMPETÊNCIA. CONTRATO. REPRESENTAÇÃO COMERCIAL. A Seção reiterou o seu entendimento e afirmou ser competente a Justiça comum estadual para processar e julgar as causas que envolvam contratos de representação comercial, mesmo após o início da vigência da EC n. 45/2004. Isso ocorre em razão de, na representação comercial, não haver subordinação, que é um dos elementos da relação de emprego." Precedente citado: CC 60.814-MG, DJ 13/10/2006. CC 96.851-SC, Rel. Min. Carlos Fernando Mathias, julgado em 11.2.2009.

pela Medida Provisória 808 que, no entanto, perdeu a vigência antes de ser aprovada pelo Congresso Nacional. A "reforma trabalhista", como ficou conhecida, calcou-se em dois argumentos de base: o oferecimento de maior segurança jurídica aos jurisdicionados e a contribuição para a redução do desemprego, mediante maior deformalização ao mercado de trabalho. No entanto, nenhum dos dois objetivos restou alcançado. A profusão de alterações, muitas delas assistemáticas e fora de contexto, tende a gerar mais e mais conflitos interpretativos, resultando em maior insegurança do que já havia. A própria existência de alterações feitas por Medida Provisória que não foi convertida em lei revela igualmente um cenário caótico para os operadores.

Por outra parte, como já se imaginava, a mudança parcial do padrão regulatório não foi suficiente para melhorar o desempenho do mercado de trabalho, retraído por outras razões, de ordem macroeconômica, que não foram nem de perto atacadas pelo Governo Federal. O que restou foi um cenário desolador, que projeta efeitos nefastos para a economia, mediante o achatamento da renda da classe trabalhadora, que tende a comprometer o consumo e a produção.

A par das impropriedades trazidas pela "reforma" no plano do direito material, a lei também promoveu alterações no processo do trabalho, o que sequer estava previsto na proposição original, oriunda do Poder Executivo. Da mesma forma que nos demais temas, essas mudanças foram elaboradas de maneira açodada e, bem por isso, trouxeram mais problemas do que soluções. É certo que as normas processuais da CLT são bastante singelas, demandando frequentemente a aplicação supletiva e subsidiária do processo comum, como autorizam os artigos 765, da CLT e 15, do CPC. No entanto, nada justifica a aplicação de "remendos" legislativos que atacaram apenas elementos pontuais, sem eliminar inconsistências residuais decorrentes das alterações históricas na estrutura da Justiça do Trabalho.

O viés da parte processual da "reforma" não dissentiu daquele usado nas regras de direito material. O sentido precarizante fez com que fossem criadas regras nitidamente voltadas à restrição ao direito de ação dos trabalhadores, usando o falso argumento da existência de um suposto "excesso de demanda", não comprovado pelos números, quando lidos de forma correta. A criação de entraves ao direito constitucional de ação, e a inserção de um conceito próprio de "gratuidade judiciária" (sem a integral isenção de custos da demanda, como exige a Constituição) somam-se a outras diretrizes que procuraram inverter o pólo das diretrizes processuais, relativizando as regras para o empregador e endurecendo-as para os empregados.

As alterações que, de alguma forma, afetam os pontos abordados neste trabalho foram devidamente circunstanciadas, e com o necessário comentário crítico, para despertar reflexões e debates.

2. Fundamentos Teóricos das Sentenças

2.1. Classificações das sentenças

Os diversos institutos jurídicos costumam merecer da doutrina classificações que permitem o melhor dimensionamento dos estudos a seu respeito, fator que acaba tendo um efeito pedagógico muito importante. Como vimos, ao classificar os atos judiciais em geral, *Liebman* estabeleceu e classificou as espécies que encontrou nas sentenças. Como aquela, tantas outras classificações já foram feitas, dos mais variados matizes, e partindo dos mais diversos pressupostos. Para cumprir a finalidade de nosso trabalho, nos limitaremos a reproduzir aquelas que reputamos mais relevantes, em razão dos aspectos de ordem prática e processual que carregam. Dessa forma, trataremos, em primeiro lugar, da classificação da sentença quanto à sua *eficácia* ou quanto aos seus *efeitos* e, num segundo momento, quanto à *sua abrangência* ou seu *alcance*.

2.1.1. *Classificação quanto aos efeitos ou eficácia da sentença*

Ao falar da eficácia das sentenças, *Pontes de Miranda* afirma se tratar da *propriedade da sentença de ter força ou efeitos*, representando a *energia automática da resolução judicial*. Sob esse enfoque, afirma que a eficácia "compreende, portanto, a força (*e. g.*, a eficácia consistente na força de coisa julgada material da sentença declarativa) e o efeito (*e. g.*, eficácia consistente no efeito de execução da sentença condenatória, efeito que as sentenças declarativas de ordinário não têm)".[1]

Por isso, uma das classificações mais relevantes para a compreensão das sentenças fundamenta-se exatamente nesse critério de eficácia ou de efeitos da sentença, muito bem sistematizado pelo nobre jurista. A rigor, a doutrina tradicional deita-se preponderantemente sobre a *classificação das ações*, emprestando relevância à modalidade de prestação jurisdicional postulada pela parte que busca a manifestação do Poder Judiciário. Bem por isso, também historicamente se assimilava uma visão equivocada e restritiva da eficácia das ações, como se cada uma delas só tivesse uma única eficácia. Foi *Pontes de Miranda* o primeiro a consolidar uma fundamentação crítica às formulações binárias ou ternárias, presentes nos estudos advindos de juristas europeus, sustentando um modelo em que essa classificação seria feita a partir dos critérios de *preponderância da eficácia*.[2] Até então, tendia a prevalecer a caracterização da ação conforme seus aspectos exógenos, sendo comum a classificação das ações como sendo declaratórias, constitutivas ou condenatórias.

A análise proposta por *Pontes de Miranda* propunha uma avaliação endógena dos institutos processuais, passando pelo reconhecimento de que nem sempre a ação ou a sentença podem carregar exclusivamente um determinado comando de eficácia. Assim, diz ele, "nenhuma (ação), que se conheça, é sempre pura, isto é, com um só elemento. O mesmo acontece com as sentenças. Certas sentenças declarativas apresentam elemento constitutivo; certas sentenças constitutivas são também declarativas, ou condenatórias".[3] Bem por isso, sua diretriz é a de que essa qualificação se faça a partir da preponderância de um certo comando de eficácia da sentença, ou seja, considerando aquele efeito que mais tem relevância no conjunto da decisão: "A sentença de condenação condena mais do que qualquer outra, é declaratória mais condenatória; porque é declarativa, tem ela o efeito de coisa julgada; porque é condenatória, tem o efeito executivo que a declarativa não tem."[4]

Desta sorte, com esse fundamento científico, sua proposição é a de que as ações sejam classificadas em cinco categorias distintas, sempre a partir do critério da *preponderância* de seu comando. São elas as declaratórias, as constitutivas, as condenatórias, as mandamentais e as executivas. Conquanto se trate de uma *classificação das ações*, o critério enunciado – de acordo com a

1 *Tratado das ações*, tomo 1..., p. 173.

2 *Op cit.*, p. 131

3 *Ibidem*, p. 174.

4 *Idem*.

eficácia da sentença – não nos permite analisá-la sem considerar que, a bem da verdade, essa é também a mais apropriada classificação para as próprias sentenças. Afinal, *em regra*, temos que o tipo de sentença a ser proferida em cada ação depende da natureza da própria ação e, sobretudo, dos efeitos que dela se pretende obter.

No entanto, essa associação imediata entre a pretensão e a tutela nem sempre é direta. Há ações com função eminentemente constitutiva, mas que podem resultar sentenças de natureza condenatória.[5] Além disso, no processo trabalhista, no qual a regra é a da *cumulação de ações*, é frequente a ocorrência de simultaneidade de postulações do reclamante, em um mesmo feito, ainda que as ações sejam de natureza distinta.[6] Por isso, consideramos que a compreensão e o conhecimento conceitual das diversas modalidades de sentenças estão, por regra, associados aos efeitos que ela produz, o que, por sua vez, é o parâmetro fundamental para classificação das ações. Nesse contexto, não se pode deixar de citar – embora se trate de tema lateral aos objetivos deste trabalho – a objeção feita por *Dinamarco* a respeito das "classificações das ações". Apesar de concordar com a tipificação, de cunho processual, que assim se faz, ele pondera que, no processo contemporâneo, seria mais apropriado falar-se em *classificação das demandas* e não das *ações*. Justifica-se, dizendo que "ação é o poder de exigir a realização do processo destinado a produzir um provimento jurisdicional – sentença de mérito, no processo de conhecimento. Ela é exercida mediante um ato de iniciativa do processo, que é a demanda, e por toda uma complexa série de atos de participação ao longo do procedimento".[7]

Vejamos, portanto, com detalhamento, cada qual dessas espécies classificatórias, não sem antes formular uma explicação necessária. Nas duas primeiras edições deste livro, decidimos deixar de lado as sentenças *mandamentais e executivas*. Afinal, elaboradas antes da EC n. 45/04, não se vislumbrava

5 No processo do trabalho há, p. ex., a situação do Inquérito para apuração de falta grave, do que iremos tratar mais adiante: trata-se de ação cuja única finalidade é a de romper uma relação jurídica em vigor. No entanto, em caso de improcedência, a sentença assume as vestes de comando condenatório.

6 Também retornaremos oportunamente a esse tema, mas apenas para registro, citamos um exemplo singelo: o pedido de declaração de existência de vínculo empregatício traz um comando meramente declaratório, mas em regra se vê acompanhado de pretensões condenatórias, como anotação na CTPS, recolhimentos previdenciários e do FGTS.

7 *Instituições de direito processual civil...*, v. III, p. 205. O autor ainda explica que essa subsistência, em se afirmar a classificação das "ações", representa um resíduo de uma herança cultural presente na fase autonomista do processo, em que a ação era o pórtico de todo o sistema processual. Por isso, e dentro da visão contemporânea que tem do processo, defende que melhor seria qualificar as demandas como sendo produtoras do comando sentencial que se pretende.

relevância no seu tratamento em razão dos objetivos desta obra. Na ocasião, como já explicamos, as medidas mandamentais admissíveis no processo do trabalho estavam adstritas aos órgãos de maior instância da Justiça do Trabalho, não estando sob a jurisdição dos Juízes de 1º Grau. Como a forma de cognição dessas ações, feita no âmbito dos tribunais, é totalmente distinta da apreciação sentencial, decidimos que o assunto não tinha relevância para o livro.

Quanto às sentenças executivas, apesar de existirem regularmente no processo do trabalho bem antes da Reforma, sua natureza sempre foi peculiar e distinta da qualificação dada pelo processo civil tradicional. O sincretismo processual assimilado pela lei processual comum já se fazia presente no processo do trabalho, de maneira que a sentença proferida no processo de execução tinha uma função específica, destoada daquilo que elegemos como substrato do trabalho proposto. Nem mesmo a admissibilidade da execução extrajudicial na Justiça do Trabalho, trazida com a Lei n. 9.958/00, foi capaz de mudar substancialmente esse panorama, já que a quantidade de execuções dessa natureza sempre foi diminuta.

Com a Emenda n. 45, abriu-se uma possibilidade maior de existência de execuções extrajudiciais, algumas de forma expressa – como os casos da execução previdenciária, já presente anteriormente, e da execução fiscal de multas trabalhistas – e outras como decorrência da mudança de perfil na competência material trabalhista. Por esses motivos, decidimos inserir também nesta edição alguns comentários específicos sobre as sentenças executivas.

a) Sentenças declaratórias

Diz-se *sentença declaratória ou declarativa* aquela que proclama a *existência, a inexistência ou o modo de ser de uma relação jurídica ou ainda a autenticidade ou da falsidade de documento*, ainda que já tenha havido a lesão efetiva ao direito, porquanto assim admite o art. 20 do CPC. Essa espécie de sentença pode ser, por definição, positiva ou negativa, conforme os efeitos que declarar (ou seja, respectivamente, a existência ou inexistência da relação jurídica). Nos dizeres de *Pontes de Miranda*, é a modalidade de comando sentencial que diz respeito ao *ser ou não ser* de uma relação jurídica; a partir dela reconhece-se que algo é ou não é, para o mundo jurídico. Consoante o critério que adotamos, essa identificação é feita a partir da *preponderância do comando declarativo*, mas uma sentença meramente declaratória é particularmente marcada pela sua "pureza": no enunciado que se postula (a pretensão) "não se pede condenação, nem constituição, nem mandamento, nem execução. Só se pede que se torne claro (de-clare), que se ilumine o recanto do mundo jurídico para se ver se é, ou se não é, a relação jurídica de que se trata".[8]

A rigor, toda sentença tem um componente essencialmente declaratório, muito embora possa ser condenatória ou mandamental, p. ex. Por essa razão, alguns autores classificam como *declaratórias simples* as sentenças que visam exclusivamente à declaração de existência ou inexistência de uma relação jurídica.[9] No processo do trabalho, é pouco comum existirem ações meramente declaratórias, sendo certo que, em regra, quando um trabalhador promove uma reclamação reivindicando o reconhecimento e declaração de existência de seu vínculo de emprego, normalmente também postula outros direitos daí decorrentes, como recolhimentos do FGTS, décimo terceiro ou férias ou a própria anotação do contrato de trabalho em sua CTPS. Por isso é que uma sentença não tem de ser exclusivamente declaratória ou condenatória, de modo que, em uma ação na qual se postula a declaração de existência de um vínculo de emprego, na parte que proferiu essa declaração, a sentença é declaratória, e naquela em que determinar o pagamento de certas parcelas daí consequentes, é condenatória.[10]

As sentenças declaratórias, em regra, têm efeito retroativo (*ex tunc*), pois voltam ao tempo da situação que lhes foi submetida, dando-lhe, a partir daí, a eficácia pretendida. Do ponto de vista prático, é importante saber que, quando na petição inicial houver um pedido de declaração, a sentença que o acolher deve, expressamente, consignar essa circunstância, afirmando, *v. g.*, "ISTO POSTO, julgo procedente, em parte, o pedido, declarando que ...".

Mesma providência há que ser adotada quando houver necessidade de declaração expressa sobre determinada questão prejudicial, ainda que a ação não tenha caráter declaratório. Na vigência do regime anterior, o instituto era nominado de *ação declaratória incidental* ou *pedido de declaração incidente* (artigos 5o. e 325, do CPC-1973), e a construção normativa induzia à ideia de que essa providência seria possível se houvesse pedido expresso da parte, o juiz fosse competente em razão da matéria para decidí-la e a questão prejudicial constituísse pressuposto necessário para o julgamento da lide.[11] Nesses casos, exigia-se do magistrado um pronunciamento específico e a expedição

8 MIRANDA, Pontes de. *Op. cit.*, p. 132.

9 Esse é o caso de RODRIGUES PINTO, José Augusto. *Processo trabalhista de conhecimento*. São Paulo: LTr, 2000. p. 396.

10 Cf. TEIXEIRA FILHO, Manoel Antonio. *Op. cit.*, p. 224/225.

11 Artigo 470, do CPC-1973: "Faz, todavia, coisa julgada a resolução da questão prejudicial, se a parte o requerer (arts. 5º e 325), o juiz for competente em razão da matéria e constituir pressuposto necessário para o julgamento da lide."

comando próprio no sentido declarativo, que possuía o *status* de coisa julgada, por força do dispositivo citado.

No atual sistema, a questão adquiriu outros contornos, como se se infere do disposto no art. 503, *verbis*:

> "Art. 503. A decisão que julgar total ou parcialmente o mérito tem força de lei nos limites da questão principal expressamente decidida.
>
> § 1o O disposto no *caput* aplica-se à resolução de questão prejudicial, decidida expressa e incidentemente no processo, se:
>
> I – dessa resolução depender o julgamento do mérito;
>
> II – a seu respeito tiver havido contraditório prévio e efetivo, não se aplicando no caso de revelia;
>
> III – o juízo tiver competência em razão da matéria e da pessoa para resolvê-la como questão principal."

O que identificamos desse dispositivo, em primeiro lugar, é que toda questão principal ou prejudicial, que vier a ser decidida de forma expressa ou incidental no processo tem capacidade de produzir coisa julgada, como explicita o *caput* do artigo 503, c/c seu § 1°.[12] Para tanto, deve apenas respeitar os requisitos constantes dos incisos desse mesmo parágrafo, que não diferem do antecessor, senão apenas por dois aspectos: a) a necessidade de se respeitar o contraditório prévio e b) a desnecessidade de pedido da parte. No primeiro caso, trata-se de uma medida coerente, embora já se pudesse entendê-la implícita na sistemática antes vigente, pela aplicação do preceito constitucional. Não se concebe que o juiz pudesse enfrentar e decidir uma questão prejudicial ao mérito da demanda, capaz de produzir coisa julgada, sem que as partes tivessem oportunidade de exercer o contraditório. Já o segundo pressuposto é mais significativo: a simples comparação entre o texto atual e o revogado já induz à ideia de que a adoção desse procedimento dispensa requerimento da parte, não apenas permitindo mas efetivamente exigindo do magistrado um pronunciamento expresso sobre questão prejudicial.

Essa compreensão justifica a não-reprodução das regras dos artigos 5o. e 325, do CPC-1973, já que elas direcionavam as possibilidades da prolação de decisão de tal natureza à existência de postulação expressa da parte, como, aliás, preconizava o artigo 470, já citado. Por isso, aliás, o tratamento de

12 Isso justifica, inclusive, a não-repetição do inciso III do art. 469/CPC-1973 no código de 2015. O texto atual aponta que não fazem coisa julgada apenas os motivos, ainda que importantes para determinar o alcance da parte dispositiva da sentença e verdade dos fatos, estabelecida como fundamento da sentença (artigo 504, I e II).

"ação declaratória incidental" ou "pedido de declaração incidente", denotando a natureza dispositiva desses atos processuais. Por certo que, a despeito da inexistência de dispositivos como os anteriores, a parte pode formular pedido para que o juiz se pronuncie, nos termos do constante do artigo 503, § 1°, do CPC. No entanto, nem sempre isso ocorre, mesmo quando a relação jurídica imanente é controvertida. Por vezes, a parte simplesmente questiona determinada relaçao jurídica, o que torna obrigatória a manifestação jurisdicional a seu respeito, mas isso se faz meramente como *fator de prejudicialidade* em relação ao pedido principal, não expressando pedido de enfrentamento direto e expresso do tema. Sendo um tema cuja apreciação lógica é essencial para o deslinde completo do processo, deve ser objeto de comando jurisdicional próprio, expresso e específico, ampliando os contornos da coisa julgada. Em síntese, na vigência do novo modelo *o juiz sempre deverá proferir decisão expressa e incidental sobre questão prejudicial, da qual dependa o julgamento de mérito e para a qual tenha competência,* o que terá autoridade de coisa julgada.

b) Sentenças constitutivas

Assim se diz daquelas sentenças que *criam, modificam ou extinguem uma relação jurídica*, mais uma vez de acordo com a preponderância do comando sentencial respectivo: em regra, as sentenças constitutivas têm grande conteúdo declaratório, prevalecendo a distinção, somente, em razão da predominância do caráter de constitutividade.[13]

A despeito de sua designação, a rigor, essas sentenças não criam propriamente um direito, mas apenas reconhecem que estão presentes os pressupostos para sua verificação. Daí por que se diz que "a tutela jurisdicional constitutiva consiste em dar efetividade ao direito do autor à alteração de uma situação jurídico-material que ele não deseja e pretende eliminar".[14] Na realidade, ela permite a alteração de determinada situação jurídica em prol daquele que tiver direito a ela, de maneira que a sentença constitutiva seria a "decisão judiciária de mérito que reconhece o direito do autor à alteração do pedido e realiza ela própria a alteração".[15] Não por outra razão, a doutrina estabelece que, para que se possa proferir uma sentença constitutiva, devem estar presentes os seguintes requisitos: a) a existência de um fato que constitua, em princípio, uma relação jurídica de caráter privado; b) a existência de

---

13 Dinamarco, de maneira mais completa, assinala que os benefícios advindos de uma sentença constitutiva seriam a constituição, a reconstituição, a modificação ou extinção de uma relação jurídico--substancial. *Instituições*, p. 251.

14 DINAMARCO, Cândido. *Instituições...*, p. 249.

15 *Idem.*

um fundamento capaz de produzir sua constituição; c) que essa constituição somente possa ser obtida por meio de sentença.[16]

As sentenças constitutivas podem ser *positivas* ou *negativas*, conforme constituam ou desconstituam uma relação jurídica; há, também, a possibilidade de serem *modificativas*, quando alteram o estado original da relação. Essa classificação se faz levando-se em conta os tipos de alterações que essa modalidade de sentença pode promover no mundo jurídico. No processo do trabalho, a mais típica sentença *constitutiva positiva* é a sentença normativa, proferida em sede de dissídio coletivo, na qual o Tribunal prolator estabelecerá direitos e garantias à categoria que lhe deu ensejo. Por outro lado, no campo individual, é desconstitutiva, ou *constitutiva negativa* a sentença proferida no Inquérito para apuração de falta grave, previsto no art. 853, da CLT, cuja finalidade é resolver um contrato de trabalho de um empregado estável por motivo de falta grave. A sentença, nesse caso, é o próprio ato desconstitutivo do contrato, e por isso tem a natureza colimada. Ao contrário das sentenças declaratórias, as constitutivas, em regra, produzem efeitos *ex nunc*, ou seja, a partir de seu trânsito em julgado. Nada impede, no entanto, que a própria lei lhes atribua efeitos *ex tunc,* como ocorre, por exemplo, no caso do próprio Inquérito, já citado: na hipótese de não acolhimento da pretensão do empregador, restaura-se o contrato de trabalho, até então suspenso, e o empregado tem direito aos salários desde seu afastamento (art. 495, da CLT). Nessa situação, uma ação tipicamente constitutiva negativa pode produzir uma sentença condenatória.

O principal mérito das sentenças constitutivas é a capacidade de produzir efeitos independentemente da vontade de quem quer que seja. Ela tem eficácia própria, conferindo ao beneficiário do comando jurisdicional a alteração substancial que ele pretende, sem que tenha necessidade de manifestação volitiva das outras pessoas envolvidas nessa relação jurídica. Verdadeiramente, essas sentenças permitem a alteração de um *status* jurídico em substituição à vontade do devedor.[17]

---

16 TEIXEIRA FILHO, Manoel Antonio. *Op. cit.*, p. 227.

17 Outro exemplo de tutela desconstitutiva se vê na ação do trabalhador que postula o reconhecimento da rescisão indireta do contrato de trabalho. Com efeito, o ato em si, de imputação de falta grave ao empregador, não depende de manifestação jurisdicional. No entanto, como essa circunstância resulta em repercussões de ordem econômico-financeira, sem um reconhecimento institucional o ato não tem relevância prática para o empregado, cujo interesse é o de receber as parcelas derivadas da rescisão contratual (art. 483, da CLT). Por isso, a ação postulando o reconhecimento da rescisão indireta busca o comando desconstitutivo, nada obstante, nesse caso, a principal pretensão do trabalhador seja efetivamente a condenatória.

c) Sentenças condenatórias

Conforme já foi anteriormente declinado, as sentenças condenatórias têm grande conotação declaratória, visto que, em regra, certas situações jurídicas são primeiramente declaradas para que depois haja a condenação naquelas providências que lhes são decorrentes. Assim ocorre com o exemplo já citado, do pedido de reconhecimento do vínculo de emprego e pagamento de FGTS, décimo terceiro e férias. Isso porque sua principal característica, como o próprio nome faz deduzir, é a qualidade de impor a alguém uma obrigação de satisfazer determinado direito. Particulariza-se, por isso, a sentença condenatória, por *criar um novo direito ao autor*: o de *executar o seu crédito*, pelos meios pertinentes, visando ao efetivo recebimento da obrigação que lhe foi atribuída no julgado. Por isso, o tipo de tutela que elas concedem afirma imperativamente a existência de um direito do autor e aplica-lhe a sanção executiva.

Esse tipo de sentença é a mais comum no processo do trabalho, muito mais que as outras citadas, fator evidenciado porque as obrigações trabalhistas, em geral, são expressas monetariamente, e sua inobservância acarreta o recurso ao Judiciário visando a que seja o empregador compelido a cumpri-las. Seus efeitos são *ex tunc*, ou seja, as providências determinadas recuam até o momento em que o devedor deixou de implementar sua obrigação. Essa eficácia se justifica porque a sentença condenatória apenas se destina a reparar um dano praticado em um dado momento histórico, não criando qualquer direito a partir da prolação da sentença. A decisão judicial reconhece a situação fática ensejadora da lesão trazida à sua apreciação e determina a devida reconstituição ao estado original. Como ensina *Pontes de Miranda*, esse tipo de ação "supõe que aquele ou aqueles, a quem ela se dirige, tenham obrado contra direito, que tenham causado dano e mereçam, por isso, ser condenados *(com-damnare)*".[18] Essa a principal motivação para que exista a imposição da *correção monetária*, a ser computada desde o vencimento da obrigação – ou seja, desde quando a obrigação deveria ter sido satisfeita e não foi –, pois é nesse momento em que ocorre e se consuma o dano a ser reparado. Da mesma sorte, é o fundamento para se computar os *juros de mora* desde o ajuizamento da ação (art. 883, da CLT), fato que assinala o intento do credor em ver reparado o dano, configurando o início do estado moratório do devedor.[19]

18 *Tratado das ações...*, p. 135.

19 Como afirma Dinamarco, citando Chiovenda, a demora para obter a satisfação de um direito por meio do processo não deve reverter em dano a quem precisou dele se valer para obter tal satisfação; por isso a possibilidade de se reconhecer *efeitos retardados* à sentença, com "capacidade de colher situações pretéritas ainda quando proferida e torna eficaz algum ou muito tempo depois". *Instituições...*, p. 232.

Como já anotado anteriormente, a eficácia da sentença se subordina ao comando instaurado pela própria ação, e não raro ocorre de a própria ação ser mista: conter pedidos declaratórios e condenatórios ou mesmo outras combinações. Quando isso ocorre, detemo-nos na preponderância do comando condenatório para assim qualificá-las. A sentença condenatória, portanto, é naturalmente portadora de uma declaração, mas distingue-se das outras modalidades pelo seu *segundo momento lógico*: a "criação de condições para que a execução passe a ser admissível no caso, isto é, para que ela venha a ser a via adequada para o titular do direito buscar sua satisfação".[20]

d) Sentenças mandamentais

São chamadas mandamentais as sentenças que derivam de ações cuja finalidade é a obtenção de ordem judicial para que alguém pratique determinado ato ou dele se abstenha de praticar. Em uma concepção genérica, não se distingue da sentença condenatória, que também pode compreender esse conteúdo. Mas a diferença fundamental entre os dois tipos de comando está no fato de terem as sentenças mandamentais efeitos imediatos, ao passo que, nas condenatórias, ele é mediato: como já explicamos, para que o comando da condenação possa surtir seus efeitos, ela deve ser submetida a um procedimento próprio que leve ao seu cumprimento – espontâneo ou forçado, a teor das regras inseridas no CPC. Quando o comando emitido é mandamental,*"o juiz não constitui:'manda'"*[21], pois o objeto precípuo da ação que lhe deu origem é a expressão de uma ordem judiciária a ser imediatamente implementada, sem lapso temporal entre sua emissão e a sua exigibilidade.

Sob o ponto de vista lógico-substancial, portanto, as sentenças mandamentais não se distinguem das sentenças condenatórias: em ambos os casos, há uma conjugação de dois momentos peculiares, sendo o primeiro de cunho *declaratório*, em que se faz o reconhecimento do direito do autor, e o segundo de caráter *sancionador*, que impõe uma dada obrigação a ser cumprida pelo destinatário da sentença. Logo, a decisão mandamental também contempla um comando condenatório, igualmente sujeito à execução forçada. A diferença está "no conteúdo da sanção imposta em seu segundo momento, na qual se exacerba o fator comando, ou mandamento".[22]

Dentro dessa classificação podem ser inseridas aquelas ações que, no plano do direito constitucional, são tratadas como *remédios constitucionais de garantia*, com o sentido de serem "meios postos à disposição dos indivíduos e

20 DINAMARCO. *Instituições...*, p. 229.

21 MIRANDA, Pontes de. *Tratado das ações...*, p. 224.

22 DINAMARCO. *Instituições ...*, p. 242.

cidadãos para provocar a intervenção das autoridades competentes, visando sanar, corrigir, ilegalidade e abuso de poder em prejuízo de direitos e interesses individuais".[23] Essas ações são o mandado de segurança – individual e coletivo – , o mandado de injunção, o *habeas corpus* e o *habeas data*, todos disciplinados como garantias fundamentais no art. 5º da Constituição. Em todas elas, o elemento preponderante é o *comando mandamental* buscado quando o autor leva ao conhecimento do Poder Judiciário qualquer tipo de lesão a direitos individuais (ou mesmo coletivos, como admite o texto constitucional) amparado por uma dessas espécies. Uma vez provida a pretensão, o juiz emite mandamento de cumprimento imediato, voltado à prática do ato ilegitimamente sonegado ao cidadão ou determinando a abstenção daquele ilegalmente cometido. Não há, portanto, necessidade de *execução*, ao menos nos moldes clássicos de utilização dessa expressão, visto que o comando mandamental tem substância suficiente para sua implementação, capaz inclusive de gerar consequências administrativas e penais para aqueles que opuserem resistência.

Dinamarco, no entanto, arrola entre as sentenças mandamentais aquelas que cominam obrigações de fazer ou não fazer, como as descritas nos arts. 84 do CDC e 497 do CPC. Justifica-se, dizendo que a intensidade do comando presente nessas sentenças permite-lhes a implementação imediata, "ainda no processo de conhecimento e sem necessidade de propositura ou instalação do executivo", inclusive mediante a imposição de medidas sancionatórias visando ao efetivo cumprimento.[24]

No processo do trabalho já se admitia o cabimento do mandado de segurança, como narramos no item 6, mas as restrições subjetivas da competência trabalhista limitavam seu uso para o ataque a atos jurisdicionais tidos como lesivos a direito líquido e certo. A EC n. 45, além de reconhecer explicitamente a competência trabalhista para apreciação do *habeas corpus* e do *habeas data*, relativamente a questões inseridas na sua jurisdição, amplificou as hipóteses de mandado de segurança trabalhista com a eliminação das restrições que o critério subjetivo de competência trazia consigo. Com isso, além das hipóteses clássicas de admissibilidade, hoje também temos presentes na Justiça do Trabalho situações de mandados de segurança contra atos praticados pela

23 SILVA, José Afonso da. *Direito constitucional positivo*. 19. ed. São Paulo: Malheiros, 2001. p. 444.

24 *Instituições*... p. 243. Essa perspectiva foi sedimentada antes da modificação feita pela Lei n. 11.232/05 que, como dissemos, universalizou a prática da execução das sentenças condenatórias dentro do mesmo contexto processual. A nosso ver, essa nova classificação tende a modificar a perspectiva a respeito da inclusão, nas sentenças mandamentais, das classes indicadas por Dinamarco. O modelo foi mantido pelo CPC-2015, o que reforça essa nossa opinião.

fiscalização do trabalho e de outras autoridades sujeitas à jurisdição do Judiciário Trabalhista.[25] Via de consequência, a partir da EC n. 45/04, notamos uma recorrência na existência de sentenças mandamentais trabalhistas, como antes não ocorria, razão pela qual esse tema passou a ter grande relevância em qualquer estudo que se faça sobre o processo do trabalho.

e) Sentenças executivas

A tradição romano-germânica das organizações normativas processuais trouxe como característica a dualidade de processos que, complementando-se, outorgavam a prestação jurisdicional efetiva nas situações em que se postulava a reparação de danos ou restituição de coisas ou valores. Daí a clássica distinção entre processo de conhecimento e processo de execução, cada qual com sua função peculiar, que só produziam efeitos reais quando exercidos de maneira complementar. A par disso, há pretensões que adquirem o *status* autônomo de execução, sem necessidade de processo de conhecimento (*rectius*, de fase de conhecimento, segundo a diretriz atual), por serem fundadas em instrumentos aos quais a lei concede a prerrogativa de autossuficiência, permitindo seu titular o manejo do poder jurisdicional diretamente para implementar o seu cumprimento. São os chamados títulos executivos extrajudiciais, qualificados no ordenamento como aptos a produzir diretamente uma ação executiva.

Como já observamos anteriormente, o novo código não eliminou a *ação executiva* do mundo jurídico; seus efeitos se operam, precipuamente, na mudança da natureza dos atos de consumação dos comandos condenatórios judiciais. Para estes, de fato, não se cogita da necessidade do processo executivo autônomo, pois há uma necessária fusão nos momentos processuais, criando o chamado *processo sincrético*, sobre o qual já nos pronunciamos, e que tem como pressuposto o fato de que as decisões judiciais de caráter condenatório estarão sujeitas ao procedimento de *Cumprimento de Sentença*, disciplinado no artigo 513 e seguintes do CPC.[26]

25 Exemplos muito comuns de mandado de segurança trabalhista têm sido aqueles casos em que empresas que foram alvo de autuação do Ministério do Trabalho pretendem recorrer administrativamente, mas buscam a tutela jurisdicional para assegurar que esse recurso possa ser processado sem realização do depósito prévio da multa, previsto no § 1º do art. 636, da CLT.

26 O CPC-2015 aperfeiçoou o sistema criado pela lei 11.232, na reforma do CPC-1973, tornando a regulação do tema mais completa. Assim, o Título II, do Livro I da Parte Especial é dedicado ao "Cumprimento da Sentença", sendo o primeiro capítulo destinado a disciplinar as "Disposições Gerais" (artigos 513/519); o segundo ao "Cumprimento Provisório da Sentença que Reconhece a Exigibilidade de Obrigação de Pagar Coisa Certa" (artigos 520/522); o terceiro ao "Cumprimento Definitivo da Sentença que Reconhece a Exigibilidade de Obrigação

Todavia, a execução autônoma continua a existir, com suas características principais, para os chamados títulos extrajudiciais. Assim, sentenças executivas são aquelas proferidas nas ações executivas em sentido estrito, em que o portador de um título executivo extrajudicial demanda a efetivação da obrigação dele constante. O efeito dessas sentenças é o de restituir determinado patrimônio ao demandante (*sentenças executivas restitutivas*) ou extrair valor do demandado para satisfazer a obrigação ao postulante (*sentenças executivas extrativas de valor*) ou, ainda, reconhecer a inexigibilidade da dívida.

Assim como todo o processo de execução extrajudicial, a sentença nele proferida tem características bem peculiares. A rigor, ela sempre decorrerá da oposição de meios de resistência típicos do devedor, qualificados genericamente como *embargos* (art. 914, CPC). É certo que, com a separação da execução dos títulos judiciais – nos quais o âmbito das discussões é absolutamente restrito –, os embargos assumiram postura de verdadeira defesa do executado, papel que era anteriormente mitigado. Afinal, diferentemente do que ocorre nas outras execuções, as que se fundam em títulos extrajudiciais são baseadas em instrumento cuja validade ou eficácia é passível de discussão. Por certo que não há, no caso, a mesma dimensão de contraditório presente nos processos cognitivos, mas ainda assim é permitido razoável embate processual com o manejo dos embargos (art. 917, do CPC), e são justamente essas circunstâncias que ensejam a prolação de uma sentença executiva.

Nesse sentido, tem-se que a *sentença executiva* confirma ou infirma a validade de uma execução extrajudicial, dando-lhe condições de pleno prosseguimento até a efetiva satisfação das obrigações constantes do título (artigo 920, III) ou, ainda, extingue a execução, na forma do artigo 924, do Código. É relevante notarmos, também como característica peculiar da sentença executiva, a natural pluralidade de decisões no mesmo processo executivo. É certo que o novo código preconiza a possibilidade de prolação de sentença parcial do mérito (artigo 356), o que não era admitido no modelo processual anterior o que elimina a ideia nuclear de que a sentença deve ser, necessariamente, unitária. No entanto, o processo executivo sempre permitiu uma multiplicidade de decisões com as mesmas características, já ele comporta uma sucessão de

de Pagar Quantia Certa" (artigos 523/527); o quarto ao "Cumprimento De Sentença que Reconheça a Exigibilidade de Obrigação de Prestar Alimentos" (artigos 528/533); o quinto ao Cumprimento de Sentença que Reconheça a Exigibilidade de Obrigação de Pagar Quantia Certa pela Fazenda Pública" (artigos 534/535) e, finalmente, o sexto, que trata do Cumprimento de Sentença que Reconheça a Exigibilidade de Obrigação de Fazer, de Não Fazer ou de Entregar Coisa" (artigos 536/538).

atos, igualmente passíveis de julgamento com caráter sentencial.[27] Com efeito, ocorrendo multiplicidade de penhoras, em tese, cada uma delas permite a oposição de embargos do devedor, a fim de atacar os atos relativos à própria penhora.[28] Dessa forma, mesmo opostos os embargos originais e decididos pelo Juízo, nada impede que ocorram outros embargos sucessivos, versando sobre novos fatos ocorridos no curso executivo, e desde que abranjam temas supervenientes à penhora. Além disso, como já destacamos, a apresentação dos embargos, quando processados, gera a necessidade da prolação de uma sentença, na forma do artigo 920, III, do CPC, e se houver prosseguimento da execução, outra sentença é exigida para a extinção da execução, ainda que ela tenha sido satisfeita (artigo 924), já que somente por esse ato pode haver tal efeito (artigo 925).

Observamos, ainda, que o novo CPC não admite a interposição de embargos em face de atos de expropriação, como a adjudicação, a alienação ou a arrematação, determinando que a invalidação da arrematação poderá ser pleiteada por ação autônoma.[29] Por outro lado, é relevante consignarmos que a sistemática da execução de títulos judiciais adotada pelo CPC-2015 confere uma natureza distinta às decisões ali proferidas, conforme já explicitado Essa modalidade executiva não admite embargos, senão somente impugnação (art. 525, do CPC), que possui natureza jurídica de mero incidente processual e que tende a produzir uma decisão interlocutória, como se nota das matérias constantes do dispositivo que assinala as hipóteses de seu cabimento[30] Assim, nem sempre se poder falar na ocorrência de uma *sentença executiva*, em que pese ela possa apresentar suas características, sobretudo quando consideramos a matéria passível de ser alegada em impugnação.[31]

Não é distinta a situação vista no processo do trabalho. Apesar de ser um *processo sincrético*, desde sua origem, nem todas as modificações ocorridas

---

27 *Pontes de Miranda* afirmava que "a continuidade e a eventual pluralidade do ato refletem-se nas execuções, em contraposição à instantaneidade unitária das outras sentenças". *Tratado das ações... cit.*, , p. 225. Como dito, em razão da mudança promovida pelo CPC-2015, as sentenças, de um modo geral, deixaram de ter característica unitária, podendo haver mais de uma sentença em um único processo.

28 Como, p. ex., discussão sobre a impenhorabilidade de um bem.

29 Art. 903, parágrafo 4º. do CPC-2015

30 Artigo 1.015, parágrafo único, CPC-2015

31 A rigor, o problema aqui não é exatamente a desqualificação do ato como sendo de natureza executiva, mas sim a característica da decisão: só será sentencial a que vier a extinguir o procedimento de cumprimento de sentença, como, p.ex., nas hipóteses dos incisos III ou VII, p.ex.

no processo comum foram assimiladas – em razão dos critérios do art. 769, da CLT, e da interpretação sobre sua aplicação –, preservando-se no texto consolidado a figura dos embargos para execuções judiciais. No entanto, com a admissibilidade de execuções de títulos extrajudiciais trabalhistas, trazida pela Lei n. 9.958/00, também será nesses casos em que veremos com maior intensidade a configuração de sentenças de caráter executivo. Além das hipóteses consagradas no art. 876, da CLT, devemos também considerar que, com a competência trabalhista trabalhista conferida pela Emenda Constituição 45, outras situações são passíveis de ensejar execuções extrajudiciais, como as *contribuições previdenciárias oriundas das sentenças que proferir* e ainda as *multas aplicadas pela fiscalização do trabalho*. Da mesma sorte, segundo entendimento do Tribunal Superior do Trabalho, constituem títulos executivos extrajudiciais passíveis de execução na Justiça do Trabalho o cheque e a nota promissória emitidos em reconhecimento de dívida inequivocamente de natureza trabalhista.[32]

2.1.2. Classificação quanto à abrangência ou alcance da sentença

Como já foi anteriormente citado, a atual sistemática do Processo Civil não distingue a decisão proferida com ou sem apreciação do mérito, relegando a ambos os casos a mesma nomenclatura, ou seja, pura e simplesmente *sentença*. Porém, na vigência do Código de 1939, era relevante saber se a sentença teria ou não ingressado no mérito da causa, pois no primeiro caso tratava-se-lhe por sentença *definitiva* e, na outra hipótese, como *terminativa*, fato que também determinava a modalidade recursal então cabível (respectivamente, apelação e agravo de instrumento). Muito embora essa distinção, ainda presente, não mais interfira no recurso pertinente – já que a prolação de sentença, em qualquer hipótese, admite a apelação –, para fins didáticos e conceituais, ainda prevalece essa distinção, inclusive porque existem situações nas quais a diferenciação tem alguma relevância, como verificaremos a seguir.[33]

---

32 Art. 13, da IN 39, do TST. "Por aplicação supletiva do art. 784, I (art. 15 do CPC), o cheque e a nota promissória emitidos em reconhecimento de dívida inequivocamente de natureza trabalhista também são títulos extrajudiciais para efeito de execução perante a Justiça do Trabalho, na forma do art. 876 e segs. da CLT."

33 Segundo os critérios adotados por Dinamarco, haveria, na realidade, quatro espécies de sentença no processo civil brasileiro, ou seja, as *autênticas sentenças de mérito* (art. 490, do CPC); as que se *pronunciam sobre a decadência*, que foi colocada como tema de mérito; as que se *limitam a homologar* manifestações das partes (incisos II e III do art. 487, do CPC); e as terminativas, que extinguem o processo sem apreciar-lhe o mérito (art. 485, do CPC). No entanto, seguiremos, aqui, a classificação dada pelo Código, que agrupa as três primeiras hipóteses em uma só categoria.

a) Sentenças terminativas

São assim tratadas aquelas sentenças que são proferidas sem que se tenha apreciação do mérito da causa, tendo em vista algum evento que possa ter ocorrido no processo e que impeça a análise meritória por parte do juiz. As situações que ensejam essa espécie de sentença estão sistematizadas no art. 485, do CPC, e revelam verdadeiramente situações nas quais *a sentença produz a extinção do processo*, embora esse efeito não seja natural em todas as espécies de sentença. É que todas as hipóteses tratadas nesse dispositivo têm caráter processual, ou seja, constituem *objeções de natureza processual* que impedem que o direito material seja avaliado. Por isso, o seu acatamento, e a consequente prolação de sentença fundamentada em um dos incisos ali descritos, sempre representará a extinção do processo, eis que não haverá comando condenatório a permitir o início da fase de cumprimento da sentença.

Alguns aspectos relevantes permeiam este tipo de sentença. Em primeiro lugar, trata-se de uma situação em que o juiz pode decidir diversamente do pedido, já que há hipóteses em que a cognição da causa de extinção pode ser feita de ofício (art. 485, § 3º do CPC). Todavia, esse poder conferido ao juiz não deve torná-lo um implacável "caçador de defeitos processuais" nas demandas, de modo a encontrar meios para proferir sentença de extinção sem análise meritória. Como diz *Dinamarco*, a extinção do processo nessas condições acarreta verdadeira "crise" do processo, pois, enquanto a "extinção com julgamento do mérito é uma realização, a extinção sem julgá-lo é um fracasso – daí a crise". E completa: "Como crises são estados patológicos, ou de doença, o modo mais grave como uma enfermidade pode atingir o processo é aquele consistente em impor-lhe a extinção, que é morte."[34]

A justificativa dessa crítica é evidente. Tendo o processo contemporâneo uma inegável missão social, de pacificação com justiça, a decisão sem análise de mérito, fundada exclusivamente em defeitos processuais, é uma medida nitidamente contrária aos preceitos de efetividade que são tão caros à ciência processual de hoje. Logo, decisões dessa espécie apenas resolvem o feito, mas não resolvem o conflito, comprometendo a realização da principal função institucional do processo. Ademais, essas sentenças evidentemente não fazem coisa julgada, porque nelas não há aferição da pertinência da pretensão do autor, de modo que ele pode propô-la novamente corrigindo, é claro, a deficiência apontada. Essa regra, contudo, não se aplica às situações de reconhecimento de coisa julgada e perempção, descritas no inciso V, do art. 485 do

34 *Instituições...*, p. 181.

CPC[35], consoante determinado pelo próprio art. 486, parágrafo 1º. do Novo Código, em vista da expressa incompatibilidade destas com a nova postulação.

É certo que existem situações nas quais a extinção é quase obrigatória, até mesmo para a preservação de institutos processuais relevantes, como o já citado dispositivo que se refere à coisa julgada. O que se afirma é que esse mecanismo deve ser usado de forma moderada, especialmente quando se tratar de questão que não foi arguida pela parte interessada, pois a atuação jurisdicional é muito mais proveitosa e apropriada quando o magistrado consegue superar eventuais irregularidades processuais e profere decisão meritória, concedendo efetivamente a tutela jurisdicional que lhe foi demandada.

Vale o registro, nesse contexto, de que um dos mais importantes princípios constitucionais do processo é o princípio da efetividade, lavrado no inciso LXXVIII do artigo 5o. da Constituição, segundo o qual *o processo judicial deve ser verdadeiramente prático, objetivo e eficiente, em todos os seus termos, ou seja, deflagrado mediante amplo acesso à população, cumprido em tempo, etapas e ritos proporcionais e razoáveis, além de dever ser concluído com a entrega de resultados reais, adequados e justos.* Esse princípio ganhou relevante reforço no tratamento normativo infraconstitucional com a inscrição dos artigos 4o., e 6o., do CPC-2015, que referem, de forma explícita, à necessidade de se promover uma solução integral de mérito justa e efetiva, em prazo razoável denotando a relevância que se deve dar à satisfatividade no processo, ainda que em detrimento ao simples formalismo processual.[36]

Por outro lado, esse tipo de decisão, por sua natureza, pode ser proferida a qualquer tempo, pois o controle do cumprimento dos requisitos processuais deve ser feito pelo juiz desde sua apresentação em Juízo até o momento da prolação da sentença. Ao contrário do que uma açodada leitura pode fazer acreditar, o art. 354 do CPC não estabelece uma oportunidade exclusiva para se proferir uma sentença terminativa. De fato, ali está fixada a possibilidade de se realizar o julgamento conforme o estado em que se encontra o processo, mas isso apenas designa um momento determinado em que se decide sem sequer esperar o curso instrutório do processo. No entanto, a sistemática do Código não apresenta rigidez alguma no sentido de vedar que isso seja feito já no despacho inicial, antes mesmo da citação do réu, de maneira que se tem

35 Art. 485, inciso V – "reconhecer a existência de perempção, de litispendência ou de coisa julgada."

36 Art. 4º, CPC-2015 – "As partes têm o direito de obter em prazo razoável a solução integral do mérito, incluída a atividade satisfativa."

Art. 6º , CPC-2015 – "Todos os sujeitos do processo devem cooperar entre si para que se obtenha, em tempo razoável, decisão de mérito justa e efetiva."

admitido tal prática em qualquer momento do fluxo processual. No mais, por se tratar de decisão terminativa, não comporta ação rescisória.

No processo trabalhista, pode-se dizer que tais regras devem ser aplicadas; no entanto, é sempre oportuno observar que, no rito trabalhista, não há lugar para o despacho inicial, tampouco para o saneador, que normalmente permitiriam o julgamento antecipado da lide. A rigor, o juiz só tem conhecimento efetivo dos termos da reclamação em audiência, quando já notificado o reclamado, porque desnecessário, ante os termos do art. 841, da CLT, que a notificação seja precedida de ordem específica do magistrado. Todavia, nada impede que o juiz, dentro dos poderes que lhe confere o art. 765, da CLT, realize a extinção do processo, de plano, quando verificar alguma das hipóteses que tal providência autoriza.

b) Sentenças definitivas

As sentenças definitivas são aquelas proferidas com a apreciação do mérito da causa, e constituem "momento culminante do processo de conhecimento, dito também processo de sentença justamente porque tem a finalidade específica de produzir a tutela jurisdicional mediante o julgamento de pretensões".[37] Quando profere uma decisão meritória, o juiz estabelece um preceito concreto, com força de lei[38], regendo as relações entre os litigantes e o bem da vida que constitui o objeto do conflito. A principal distinção das sentenças definitivas (ou de mérito) para as terminativas está no fato de que aquelas têm a eficácia de definir o litígio, não se limitando meramente a resolver o processo. Ao fixar os parâmetros de relacionamento entre as partes em conflito em relação ao objeto dele, o juiz cria preceitos de titularidade que efetivamente atenuam os efeitos da divergência nas relações interpessoais, cumprindo o já citado fim institucional do processo.

Há duas espécies de solução meritória: ou pela procedência/improcedência da pretensão ou pela extinção do processo, com resolução do mérito (art. 487, do CPC). No primeiro caso, tem-se, efetivamente, a análise judicial de cada postulação do autor, e o comando sentencial será formulado de acordo com o seu acolhimento ou não. Daí, tem-se que, se for acatado integralmente todo o pedido do autor, a solução deverá ser PROCEDENTE; se, porém, alguma pretensão for indeferida, o pedido será PARCIALMENTE PROCEDENTE (ou, como preferem outros, PROCEDENTE, EM PARTE), e, enfim, se nada do que reivindicou for admitido, sua pretensão será IMPROCEDENTE. Cumpre notar que a melhor técnica indica que se utilize

37 DINAMARCO. *Instituições...*, p. 194.

38 Art. 504, do CPC.

a expressão "PROCEDÊNCIA/IMPROCEDÊNCIA DO PEDIDO" e não "da ação"[39]

De outro lado, as situações dos incisos II e III do art. 487 do CPC, ensejam igualmente a *extinção do processo*, mas *com resolução do mérito*, porque nessas hipóteses, apesar de não haver necessidade de apreciar o cerne do litígio, propriamente dito, o juiz profere sentença de cunho definitivo, o que tem importância, sobretudo, porque a sentença assim formulada produz coisa julgada. São essas as chamadas "falsas sentenças de mérito" que, a bem da verdade, representam pressupostos negativos que extinguem o feito sem que haja necessidade de apreciação específica do direito em litígio. No entanto, o tratamento legal conferido pelo CPC, deu a essas situações o mesmo *status* de decisões de mérito, equiparando-as às *verdadeiras* inclusive para fins de caracterização de coisa julgada.

Por isso, em que pese encontremos arroladas hipóteses de objeções de direito material, o seu acatamento, mesmo sem envolver o mérito propriamente dito, equivale a uma decisão meritória, por força de lei. Dessa forma, nos casos de acolhimento da decadência ou da prescrição, trata-se de falsa sentença de mérito porque o juiz não aprecia concretamente o direito demandado, mas abstratamente se existe ou não ação exercitável no momento em que foi exercida. Da mesma forma, são falsas sentenças de mérito os atos meramente homologatórios de manifestações uni ou bilaterais que representam medidas de autocomposição, e que estão descritas no inciso III do art. 487 – nesses casos, não há *julgamento* advindo da participação do magistrado, pois ele se limita a homologar a manifestação de vontade da parte, verificando, somente, a presente dos requisitos formais de validade de cada qual desses atos.

2.2. A estrutura das sentenças

As sentenças devem respeitar uma estrutura lógica capaz de exprimir, pela mais singela leitura que se lhes faça, a manifestação levada a efeito pelo julgador na análise do litígio aos seus cuidados. Por isso costuma-se afirmar que a sentença equivaleria à figura do silogismo, por meio do qual se busca uma conclusão dedutiva para um dado caso concreto afeito ao apreço jurisdicional. No entanto, essa afirmação tem caráter meramente superficial, não subsistindo a uma análise mais aprofundada. Com efeito, um silogismo é

39 Há autores que preferem consignar outra classificação, usando, p. ex., as expressões "demanda" ou "pretensão". É o caso de Dinamarco (*Instituições* ..., v. II, cap. XXXIV), que inclusive assinala que "demanda" pode ser sinônimo de "pedido". Mas ressalva, de qualquer sorte, a inadequação do uso da expressão "ação" para certos fins, como o caso ora citado.

caracterizado pela conjugação de duas proposições, chamadas *premissas*, que representam um fato ou um princípio que serve de base à conclusão de um raciocínio. Dessa conjunção brota, dedutivamente, uma conclusão.[40]

Todavia, a conformação estrutural de uma sentença não respeita exatamente essa forma, sendo algo muito mais complexo – não obstante o método dedutivo, inclusive com o uso de silogismos, possa ser amplamente utilizado no decorrer da fundamentação. *Dinamarco* chega a afirmar, com bastante propriedade e adequação, que o método judicial de construção de uma decisão começa pela intuição do julgador a respeito de qual resultado irá adotar, formulando mentalmente sua hipótese de julgamento, para somente depois racionalizar essas intuições, buscando confirmações nos elementos fáticos e conceitos jurídicos.[41]

Em verdade, a estrutura formal da sentença reproduz outro processo lógico formulado por *Aristóteles*, no Quinto Capítulo do *Organon* (Tópicos): ali se iniciou a corrente filosófica que buscava a comprovação racional das proposições mediante a *argumentação ou persuasão*, procedimento intelectual retomado séculos depois e consolidado sob a classificação de *Nova Retórica*.[42] Enquanto o raciocínio baseado no *silogismo analítico* parte de proposições evidentes (ou seja, que garantem, por si mesmas, a própria certeza) capazes de produzir uma *conclusão verdadeira* pelo uso da *lógica formal*, o chamado

40 Cada uma das proposições lógicas de um silogismo representa um *termo*, chamados termo maior e termo menor. As premissas correspondentes também são assim nominadas: dessa forma, *premissa maior* é a que encerra o termo maior, e representa o *predicado* da conclusão. Já a *premissa menor* encerra o termo menor, vale dizer, indica o *sujeito* da conclusão. O desenvolvimento dessa forma de raciocínio foi inaugurado por Aristóteles, em sua teoria das proposições, em que ele estabelece que "toda proposição seria o enunciado de um juízo através do qual um predicado é atribuído a um determinado sujeito". (PESSANHA, José Américo Motta. *Aristóteles* – vida e obra. Introdução ao Volume I do Livro sobre Aristóteles da Coleção Os Pensadores. São Paulo: Nova Cultural, 1987. p. XV).

41 Apesar dessa observação, e de dizer que a perspectiva da *sentença como silogismo* tenha caído em desuso, o autor declara que, em seu ponto de vista, *após redigida*, a sentença realmente se apresenta como silogismo, afirmando que, como tal, "deve guardar coerência lógica entre seus elementos constitutivos, sendo imperfeita quando a decisão da causa não corresponder aos fundamentos adotados na motivação; como em todo silogismo, a conclusão não será legítima se não tiver apoio nas premissas assumidas como corretas". (DINAMARCO, *Instituições de direito processual civil* ..., v. III, p. 655/656).

42 O maior expoente dessa linha de pensamento, que reestruturou a perspectiva de argumentação aristotélica foi Chaïn Perelman, que publicou em 1947, juntamente com Lucie Olbrecths-Tyteca, o conhecido *Tratado da Argumentação – A Nova Retórica*, editado no Brasil pela Ed. Martins Fontes. Nesse trabalho, os autores ampliaram as técnicas de uso do discurso argumentativo e disseminaram sua utilização como método científico de aplicação do direito.

silogismo dialético parte de *premissas meramente prováveis*, admitindo *conclusões somente verossímeis*, obtidas por meio de processo argumentativo fundado naquelas possibilidades precariamente assimiladas. Com isso, na primeira forma de raciocínio, há a necessidade primária de serem fixadas premissas evidentes, porque o fulcro desse processo é a obtenção de uma única conclusão. Já na segunda, partindo-se das probabilidades, obtém-se, igualmente, uma conclusão possível, cujo resultado pode ser diverso conforme o agente desse processo. Neste último caso, o relevante é o conjunto argumentativo utilizado, representativo da *opinião* daquele que raciocina sobre determinado fenômeno do pensamento, o que pode obviamente ser diferente para um e para outro.

Esses elementos nos indicam, portanto, que a sentença não é simplesmente um silogismo derivado da lógica formal; em regra, o julgador sempre parte de circunstâncias meramente prováveis que lhe são apresentadas pelas partes em suas postulações. Afinal, cada um dos litigantes oferece a sua *versão* dos fatos ensejadores do conflito, e no julgamento o magistrado "seleciona" aquela que lhe parece mais confiável do cotejo dos fatores probatórios existentes nos autos. Como veremos mais adiante, ao proferir um julgamento, o juiz "assume" uma determinada "verdade dos fatos" com base na prova colhida, o que nem sempre corresponderá ao que efetivamente ocorreu no mundo fático propriamente dito. Será essa, no entanto, uma das premissas das quais ele partirá em seu processo argumentativo, que conjugará com os instrumentos de direito (regras, princípios ou outros instrumentos de consagração de direitos subjetivos) para formar o resultado de seu julgamento. Obviamente que o manejo desses instrumentos também representa premissas *prováveis*, eis que nenhuma diretriz objetiva, nem mesmo a norma estatal, está indene de receber interpretações diferentes oriundas de operadores distintos.

Note-se que a cronologia desse processo intelectual não é necessariamente observada, pois, como bem registrou *Dinamarco*, anteriormente citado, no mais das vezes o julgador intui previamente o resultado e depois constrói a argumentação destinada a demonstrar o *iter* seguido em seu julgamento. Essa argumentação desvela, em verdade, a fundamentação da decisão, que hoje é requisito constitucional de sua validade e tem matriz principiológica.[43]

Por outro lado, é importante assinalar que a validade de um processo argumentativo está condicionada a uma característica dialógica que ele traz imanente à sua existência. Afinal, de nada adianta o seu desenvolvimento se ele não servir para o *convencimento* de outra pessoa, não se bastando, enquanto

43 Referimo-nos, obviamente, ao *princípio da fundamentação das decisões judiciais*, objetivado no art. 93, IX, da CF e reprisado no artigo 11 do CPC-2015.

instrumento intelectual, para uso do seu próprio operador. A justificativa da argumentação é a existência de interlocução entre aquele que produz o raciocínio dialético e outras pessoas, destinatárias dessa produção. Por isso é que um processo argumentativo é composto de três elementos fundamentais: a *introdução*, que representa a apresentação do problema a ser analisado; o *desenvolvimento*, em que são descritas e justificadas as premissas prováveis e a sua concatenação; e, por fim, a *conclusão*, em que oferece aos interlocutores o resultado desse processo.

Aqui é que vemos a plena identidade entre essa estrutura e aquela que é tratada como sendo os requisitos essenciais de uma sentença traçados pelo art. 489 do CPC[44]: o *relatório* é o *resumo das postulações de cada parte, dos fatos que por elas foram narrados e dos principais eventos havidos no processo,* sendo, portanto, a introdução. O *desenvolvimento* corresponde à fundamentação, pois esta é o *conjunto das motivações e razões de decidir do julgador, e* o *dispositivo* representa a conclusão, pois é o *comando da decisão, em que o órgão jurisdicional apresenta sua conclusão, obtida após o cotejo dos fatos e os fundamentos jurídicos.*[45]

Não é por outra razão que essa estrutura, fundamentalmente, é a mesma em todos os lugares do mundo que adotam sistema judicial similar ao nosso: na Alemanha, na Itália e na França, por exemplo, o procedimento é praticamente o mesmo, com pequenas variações. Também similares são as exigências legais constantes do Direito Português[46], o que demonstra que se trata de uma

---

44 Art. 489, CPC-2015: *São elementos essenciais da sentença: I – o relatório, que conterá os nomes das partes, a identificação do caso, com a suma do pedido e da contestação, e o registro das principais ocorrências havidas no andamento do processo; II – os fundamentos, em que o juiz analisará as questões de fato e de direito; III – o dispositivo, em que o juiz resolverá as questões principais que as partes lhe submeterem.*

45 Essa perspectiva não contradiz a análise feita por Dinamarco, visto que ele afirma, como já citamos, que a sentença representa um silogismo *após ter sido redigida.* Isso equivale a dizer, em outras palavras, que o processo elaborativo da sentença não é um silogismo analítico, embora tenha essa aparência que, no entanto, só surgirá depois de elaborada.

46 O atual Código de Processo Civil de Portugal contém dispositivo mais completo que o brasileiro, mas a estrutura sentencial é, substanciamente, a mesma, conforme destacado no texto a seguir: "Artigo 607 – Sentença: 1 – Encerrada a audiência final, o processo é concluso ao juiz, para ser proferida sentença no prazo de 30 dias; se não se julgar suficientemente esclarecido, o juiz pode ordenar a reabertura da audiência, ouvindo as pessoas que entender e ordenando as demais diligências necessárias. 2 – ***A sentença começa por identificar as partes e o objeto do litígio, enunciando, de seguida, as questões que ao tribunal cumpre solucionar. 3 – Seguem-se os fundamentos, devendo o juiz discriminar os factos que considera provados e indicar, interpretar e aplicar as normas jurídicas correspondentes, concluindo pela decisão final.*** 4 – Na fundamentação da sentença, o juiz declara quais os factos que julga provados e quais os que julga não provados, analisando criticamente as provas, indicando as ilações tiradas dos factos instrumentais e

estrutura praticamente universal, tratando-se, é claro, de direito com matiz romano-germânica.

Na CLT, o tema vem tratado no seu art. 832, que determina: "Da decisão deverão constar o nome das partes, o resumo do pedido e da defesa, a apreciação das provas, os fundamentos da decisão e a respectiva conclusão". Apenas utilizando palavras distintas, tem-se que as regras consolidadas expressam o mesmo sentido proposto pelo Código de Processo Civil, este evidentemente com maior apuro técnico, já que aquela não surgiu com a finalidade de ser um Estatuto Processual.

A Lei n. 9.957/00, que instituiu o procedimento sumaríssimo na Justiça do Trabalho, acrescentou na CLT nove artigos sob a numeração de 852-A a 852-I, e embora isso não tenha trazido significativas modificações em relação ao procedimento que já se adotava no processo do trabalho, explicitou alguns fatores diferentes, que merecem reflexão particular. Nesse sentido, destacamos nas demandas sujeitas ao rito sumaríssimo a *desnecessidade de relatório*, declarada no art. 852-I, e também a determinação para que a *sentença seja justa e equânime*, regra consagrada no § 1º do mesmo dispositivo, temas dos quais mencionaremos mais adiante.

É por tais motivações que, do ponto de vista didático, é mais simples estudar a estrutura da sentença pela ótica do processo civil, abordando-se, em sequência, as especificidades e particularidades da sentença trabalhista. Feitas tais considerações, cumpre evidenciar que a validade formal de uma sentença está relacionada, em primeiro plano, à presença desses três requisitos, de modo que sua ausência pode acarretar a nulidade do ato processual.[47] São requisitos próprios do ato sentencial que não estão, necessariamente, presentes nos demais atos judiciais, o que se justifica pela relevância que a sentença possui no processo, como representação objetiva da resposta institucional do Poder

especificando os demais fundamentos que foram decisivos para a sua convicção; o juiz toma ainda em consideração os factos que estão admitidos por acordo, provados por documentos ou por confissão reduzida a escrito, compatibilizando toda a matéria de facto adquirida e extraindo dos factos apurados as presunções impostas pela lei ou por regras de experiência. 5 – O juiz aprecia livremente as provas segundo a sua prudente convicção acerca de cada facto; a livre apreciação não abrange os factos para cuja prova a lei exija formalidade especial, nem aqueles que só possam ser provados por documentos ou que estejam plenamente provados, quer por documentos, quer por acordo ou confissão das partes. 6 – No final da sentença, deve o juiz condenar os responsáveis pelas custas processuais, indicando a proporção da respetiva responsabilidade."

47 Ver, a respeito, o capítulo seguinte ("Limites e nulidades da sentença").

Judiciário à provocação feita pelo cidadão. Daí a fundamental importância de ser analisado cada um desses pressupostos de validade de uma sentença.[48]

2.2.1. Relatório

O relatório, como registrado, é meramente um resumo de tudo o quanto decorreu no processo desde a propositura da ação até aquele momento, o da prolação da sentença. Entendemos que sua função é meramente *informativa*, e cumpre um escopo mais metodológico do que técnico: para o leitor de uma sentença, é mais simples sua interpretação se precedida a decisão de uma breve narrativa sobre a controvérsia, a partir do que ele pode ter uma dimensão dos principais fatos e argumentos que estão em debate. É, como dissemos, a introdução ao que virá a ser debatido no julgamento efetivo do conflito.

Por isso, o relatório deve começar, evidentemente, pela petição inicial, da qual se extraem os nomes das partes e um breve relato das alegações feitas pelo autor, além de seu pedido, que deve ser sinteticamente reproduzido, além do atribuído para a causa. É oportuna, também, a menção à citação – ou notificação – do réu, e a apresentação da sua resposta, da qual também são extraídos, sumariamente, os fatos por ele narrados e suas postulações.

Em seguida, a narrativa deve relatar as *principais ocorrências havidas no curso do processo*, assim considerando as que tenham algum tipo de relevância na solução do processo. Nem tudo, portanto, precisa constar do relatório, senão somente eventos principais, como as *provas realizadas* (devendo-se, portanto, especificar quais as provas cada parte produziu – como, *v. g.*, juntada de documentos, produção de provas orais ou periciais), as *tentativas obrigatórias de conciliação e outros incidentes arguidos*, tenham sido ou não decididos. Isso, porém, varia a cada processo, sendo possível inserir eventos como apensamento de processos, arquivamento de reclamação de um dos autores, desistência de algum pedido, entre outras coisas do gênero. Essa variação também acompanhará a diversidade entre processos de natureza distinta. Ações de menor complexidade tendem a produzir relatórios mais sucintos, enquanto outras, recheadas de postulações e incidentes, tendem a resultar em relatórios maiores.

---

48 Diz Dinamarco: "A regularidade formal da sentença é intimamente ligada à garantia do devido processo legal, que exige do juiz a fiel observância da lei para que o processo seja justo e équo, sendo indispensável que o relatório, a motivação e o decisório se harmonizem de modo a demonstrar a quem os lê uma coerência interna do próprio ato e, por esse modo, indicar sua fidelidade substancial ao direito." (*Instituições...*, p. 654/655)

É evidente que, apesar de se tratar de requisito obrigatório da sentença, o juiz não deve estender-se no relato do processo, devendo apenas fazer menção aos fatos principais da lide, sem adentrar profundamente em cada particularidade que os permeia. Tampouco é conveniente que ele faça o relatório com antecipação do conteúdo do julgamento, formulando juízos de valor a respeito das alegações: nesta fase da sentença, o julgador limita-se a narrar as alegações e fatos ocorridos. *Moniz de Aragão* chega a argumentar que "o relatório deve expor o conflito de interesses com tal fidelidade e imparcialidade que dele decorra naturalmente o julgamento da lide. (...). Se o juiz elaborá-lo em conformidade com a conclusão que está idealizada em sua mente, bem poderá revelar-se parcial e infiel, pois salientará somente aquilo que contribui para justificar uma determinada solução, já concebida (não se sabe quando nem por quê)".[49] Não divergimos da constatação de que o relatório deve conter neutralidade suficiente para representar a simples narrativa das alegações e das principais ocorrências do processo, mas vemos manifestações dessa natureza como sendo resultantes de uma visão um tanto quanto formal do processo, ainda fundado na sua perspectiva autonomista. Como vimos, normalmente o magistrado intui previamente a solução do conflito e só depois constrói o caminho para a sua justificativa. Entendemos que a neutralidade do relatório tem a ver com sua função meramente *descritiva*, o que resulta na total desnecessidade e inadequação de formulação de juízo de conteúdo, sob pena de se produzir uma decisão repetitiva e redundante.

É conveniente, portanto, uma simples menção sintética das assertivas e das postulações de cada uma das partes, inclusive respeitando a forma como elas próprias suscitaram as questões[50], e preferencialmente acompanhadas das indicações das folhas dos autos em que ocorreram os fatos ou elementos narrados, pois nunca é demasiado lembrar que muitos argumentam que o fundamento da necessidade do relatório do processo na sentença é a garantia de que este foi devidamente examinado pelo julgador – tese da qual divergimos, mas registramos porque pode ser substancial para outros.

Do ponto de vista estritamente formal, não é adequado que o relatório utilize expressões genéricas, como "FULANO E OUTROS TRÊS", quando se refere aos autores, ou "FULANA E OUTRAS", referindo-se ao réu, pois a boa técnica recomenda que todos os integrantes de cada polo da ação estejam devidamente nominados e identificados. Por isso, o ideal é a descrição de

49 ARAGÃO, Egas Moniz de. *Sentença e coisa julgada.* Rio de Janeiro: Aide, 1992. p. 99.

50 Por exemplo: é comum a existência de preliminares impróprias, como iremos tratar adiante. Nesse caso, mesmo sendo inadequada a formulação feita pela reclamada, o relatório deve conter a preliminar, da forma como apresentada pela reclamada.

todos os integrantes de cada uma das faces do processo, ainda que eles estejam relacionados em lista anexa à sentença.[51]

Embora seja uma prática usual, a doutrina tradicionalmente não recomenda o chamado relatório *per relationem*, qual seja, aquele que se limita à remissão a relatório elaborado em sentença anteriormente proferida no mesmo feito.[52] No entanto, também é claramente compreendido que essa modalidade não é necessariamente causadora de nulidade da sentença.[53]

A despeito de se tratar de um requisito formal da sentença, a relevância do relatório vem sendo paulatinamente mitigada, na inversa proporção em que se privilegia a instrumentalidade do processo e a vertente principiológica da efetividade se torna mais relevante na ciência processual. É certo que não há nenhum sentido anular-se uma decisão apenas por defeitos em seu relatório, embora isso seja formalmente possível. Nessa linha, a CLT mais uma vez estabelece uma tendência inovadora, ao dispensar o relatório em determinadas ações. Como já narrado, o art. 852-I, da CLT, tornou desnecessária a elaboração do relatório para ações de rito sumaríssimo, ou seja, aquelas cujo valor da causa não supere a importância equivalente a 40 salários mínimos na época do ajuizamento. Essa iniciativa se relaciona com a necessária simplicidade adotada no processo do trabalho e que se espera prevalecer, em especial, nas ações de rito sumaríssimo, por sua presumível menor complexidade, e que pede solução mais célere. Efetivamente, em nossa opinião, a função do relatório é absolutamente, secundária, e atenta muito mais a aspectos cosméticos do que propriamente a requisitos técnicos. A Lei n. 9.957 – que inseriu esse

51 DINAMARCO. *Instituições...*, p. 656.

52 Isso ocorre, p. ex., em situações de sentenças anuladas, em que se profere nova decisão, aproveitando-se o relatório da anterior. Mais frequentemente acontece nas decisões de segundo grau que, em sede revisional, aproveitam o relatório da decisão originária.

53 Nesse sentido, p. ex., Dinamarco (*Instituições...*, p. 657) e Nelton Agnaldo Moraes dos Santos (*A técnica de elaboração da sentença civil.* São Paulo: Saraiva, 1996. p.65). Suscitou-se, há algum tempo, uma pequena polêmica doutrinária, diante de artigo escrito pelo magistrado GERALDO MAGELA E SILVA MENEZES, no Suplemento LTr de n. 021/95, sobre tema de acórdão de outro juiz, CACIQUE DE NEW-YORK, sobre a nulidade da sentença que não contém nome das partes. Este último, respondendo em artigo publicado no mesmo veículo, no n. 076/95, sustenta a invalidade total da sentença sem a nominação específica de cada envolvido, suportando-se, especialmente, na melhor doutrina e em inúmeros arestos. O primeiro, criticando essa posição, assevera que esse defeito poderia ser sanado com uma conversão do julgamento em diligência para que constassem, em listagem apartada, os nomes dos componentes da lide, assim como se costuma fazer em casos de falta de assinatura. No entanto, o articulista citado sustenta que isso esbarraria na impossibilidade de alteração do julgado após o encerramento do ofício jurisdicional e pelo fato de que um apêndice à sentença retirar-lhe-ia a literalidade, exigível como condição de ser um título executivo.

dispositivo no texto consolidado – preconiza uma situação que, esperamos, seja estendida a todos os processos, pois vemos, por vezes, uma maior preocupação na elaboração de um lauto relatório do que propriamente no conteúdo fundamental de uma sentença.[54]

Para os iniciantes na redação de sentenças, a elaboração do relatório é por vezes mais difícil do que a elaboração da motivação de uma sentença, pois não deixa de ser rara a capacidade de síntese entre os profissionais de direito e a obtenção da justa medida custa um pouco a ser alcançada. No entanto, somente com a prática é que se pode estabelecer um ponto de equilíbrio de cada um, sendo esse o primeiro desafio do juiz e, principalmente, dos candidatos em concursos públicos: o de bem mensurar seu relatório da sentença. No caso destes últimos, é recomendável que não abusem da generalidade, evitando relatórios que simplesmente indicam os nomes das partes e fazem remissão às próprias peças para indicar o quanto foi debatido no feito.[55]

2.2.2. Fundamentação

Segundo *Greco Filho*, "a fundamentação revela a argumentação seguida pelo juiz, servindo de compreensão do dispositivo e também de instrumento para a aferição da persuasão racional e a lógica da decisão".[56]Indiscutivelmente, a *fundamentação ou motivação*[57] é a principal parte da sentença, porque é nela exatamente que o magistrado vai expressar seu convencimento sobre os elementos constantes nos autos e explicitar o seu conhecimento jurídico sobre o assunto, propondo ao litígio a solução que lhe parece mais razoável e justa, configurando o enunciado sobre o qual a decisão da causa se apoiará. Nunca é demais lembrar que a fundamentação da sentença merece inclusive determinação constitucional, acarretando sua inexistência a própria nulidade do ato (art. 93, IX, da CF).

Na fundamentação, portanto, cumpre ao juiz analisar as questões de fato e de direito, assim considerados todos os pontos controvertidos a respeito da

54 Mais adiante trataremos das nulidades do processo, inclusive as que, eventualmente, podem ocorrer em função do relatório.

55 No Capítulo "Metodologia de redação da sentença", apresentaremos algumas técnicas apropriadas para a elaboração de um relatório correto e conciso.

56 *Direito processual civil brasileiro.* 12. ed. São Paulo: Saraiva, 1993. p. 233.

57 Embora existam autores que distingam os conceitos de motivação e de fundamentação, para os fins deste trabalho preferimos não adentrar a este debate. A propósito, ver GUNTHER, Luiz Eduardo, *A fundamentação das decisões judiciais trabalhistas e o CPC de 2015, in* Novo CPC e o Processo do Trabalho, DALLEGRAVE NETO, José Affonso e GOULART, Rodrigo Fortunato. São Paulo : LTr, 2016, pp. 152-164.

narrativa fática de ambas as partes e ainda as teses jurídicas por elas expostas, e que, exatamente por isso, merecem a decisão judicial. Deve, assim, analisar todos os pontos relevantes para a solução da causa, nos termos vazados pelo art. 489, II, do CPC, e também aquelas questões que deve conhecer de ofício.

É nesse momento, também, que se apreciam as preliminares e prejudiciais que antecedem o mérito, assim como aquelas objeções de caráter meritório. Para isso, deve o magistrado fazer uma criteriosa análise de cada alegação formulada no processo, abstraindo-as e confrontando-as com o contexto probatório nos autos. Deve, outrossim, solucionar uma a uma das questões que lhe foram cometidas, lembrando sempre que a omissão de alguma delas pode gerar a nulidade de seu ato e, em se tratando de concurso público, pode fazer o candidato perder preciosos pontos.

Nesse particular, é oportuno tecermos alguns comentários sobre a abrangência do dever judicial de fundamentação. A rigor, compete ao juiz, na prolação de uma sentença, enfrentar todos os pontos de fato e de direito apresentados pelas partes em suas postulações. Esses pontos são comumente tratados como *questões*, que recebem uma classificação genérica de acordo com sua natureza.[58] Mas, dentro de cada um desses enquadramentos, as questões também se sucedem em uma ordem lógica, cuja ultrapassagem é propriamente o mister judicial. Todavia, uma questão não corresponde, necessariamente, *a um pedido*, podendo haver situações em que uma única pretensão desdobra-se em diversas questões. Essa distinção é relevante porque, no enfrentamento de uma única postulação, o juiz pode ver-se obrigado a superar mais de uma questão, seja de fato, seja de direito.[59]

Todavia, o dever de enfrentar cada questão posta no processo não representa, necessariamente, o de apreciar cada *argumento* lançado pela parte. Como já vimos, o raciocínio silogístico dialético é consubstanciado em um processo retórico de argumentação, pelo qual o agente apresenta algumas proposições prováveis e tenta justificar uma conclusão a partir delas. Isso é eminentemente um processo argumentativo, e faz parte do trabalho do advogado das partes em um processo judicial, na tentativa de convencimento do magistrado da justeza de suas postulações. Mas pela própria essência da técnica argumentativa, o juiz não precisa, necessariamente, seguir os mesmos passos intelectivos das partes, podendo tanto partir de premissas diferentes

58 Como veremos mais adiante, essa classificação divide as questões em a) Questões processuais; b) Objeções indiretas de processo; c) Objeções indiretas de mérito; d) Objeções diretas de mérito.

59 Esse assunto será retomado com maior ênfase quando falarmos da metodologia da redação da fundamentação.

(porque todas são apenas prováveis, como dissemos) como seguir caminhos interpretativos distintos.[60]

Portanto, o que cabe ao juiz decidir na fundamentação são as questões tratadas pelas partes, e não seus argumentos. Assim, se um reclamante postula horas extras, sustentando, p. ex., a incompatibilidade entre a regra do art. 62, I, da CLT, com a Constituição Federal, as questões a serem enfrentadas podem ser: a) a existência de labor em sobrejornada; b) a existência de possibilidade de controle pelo empregador; e c) a validade ou não da norma consolidada que elimina o direito a horas extras. Na sua apreciação, os fundamentos usados pelo reclamante podem ser irrelevantes para o juiz, se ele caminhar para uma análise distinta, como, por exemplo, se entender que o reclamante não se enquadra na previsão do artigo celetista. Nesse caso, ao adotar essa linha, conclui-se que é desnecessário decidir sobre a constitucionalidade ou não do dispositivo legal. O relevante, no caso, é que ele aprecie efetivamente as questões postas pelas partes, como pressuposto para o acolhimento ou rejeição de cada postulação.

De outra parte, é relevante considerarmos que as deliberações constantes da motivação da decisão compõem as *razões de decidir*, cuja validade é fundamentalmente instrumental, sem que se possa, a rigor, transpô-las para além do processo. Por isso é que há o costume de se dizer que somente o dispositivo é que transita em julgado, o que entendemos ser uma simplificação equivocada da equação.[61] Na realidade, embora as razões de decidir e a verdade dos fatos estabelecidas no processo não transitem em julgado, elas é que direcionam o sentido do dispositivo, de modo que este sempre deverá ser interpretado de forma consonante com a fundamentação. Todavia, é realmente correto entender-se que o conteúdo assinalado na motivação da decisão não opera os efeitos de coisa julgada, "sendo absolutamente lícito rediscutir as mesmas de fato ou de direito sempre que eventual nova demanda posta em juízo não coincida com aquela que já haja sido julgada por sentença passada em julgado".[62]

A extensão da motivação de uma sentença irá variar de acordo com o tipo de ação em julgamento e também conforme o tipo de sentença a ser proferida. Ações com multiplicidade de pedidos, em regra, exigem motivação mais complexa, sobretudo em razão do necessário encadeamento de temas,

---

60 Devemos reconhecer que esse tema tende a render maiores polêmicas, mormente quando consideramos o disposto no § 1° do artigo 489, como mencionaremos a seguir. De qualquer sorte, isso será retomado no capítulo seguinte.

61 Voltaremos a esse assunto ainda neste capítulo, em tópico seguinte.

62 DINAMARCO. *Instituições...*, p. 658.

a fim de evitar omissões e contradições. De outra parte, sentenças de mérito são, naturalmente, mais completas do que sentenças terminativas, tanto pela natural restrição de temas que estas últimas abrangem como pelo fato de que podem ser fundamentadas de maneira concisa. No entanto, cabe lembrar que *fundamentar de maneira concisa* não significa *deixar de fundamentar*; apenas significa que, dada a restrição natural que o quadro processual revela, não se tem necessidade de aprofundamento maior, sobretudo porque se trata de mera aplicação técnica de preceitos processuais.[63]

O CPC-2015 trouxe uma nova dimensão para a questão da fundamentação da sentença, ao inserir os parágrafos 1o. e 2o. ao artigo 489, que não tinha similares na legislação revogada. O segundo é mais simples, e está relacionado à necessidade de explicitação dos parâmetros usados para a solução dos chamados *conflitos de normas*.[64] Com efeito, a atividade jurisdicional típica é a de aplicação da norma abstrata ao caso concreto. Mas ocorrem situações nas quais o juiz se depara com a existência de duas (ou mais) normas conflitantes, de modo a não permitir que se conclua, em primeira análise, qual seria aplicada ao caso singular sob seu exame, já que a adoção de solução baseada em uma delas pode acarretar situação logicamente incompatível com a obtida caso a outra fosse utilizada.[65] Por isso, a antinomia só ocorrerá se houver, cumulativamente, a presença dos seus três elementos de configuração:

---

63 Nesse sentido, a parte final do art. 459 do CPC-1973, expressamente ressalvava a possibilidade de fundamentação concisa nas decisões terminativas. O CPC-2015 não reproduziu essa regra mas, ao contrário do que uma açodada leitura pode insinuar, não nos parece que pretendeu, aqui, eliminar essa possibilidade. Por certo que o contexto da fundamentação no novo código tem nova dimensão – como iremos tratar a seguir – mas nada justifica que uma análise de simples extinção não possa ser concisa, ainda que, repita-se, devidamente fundamentada.

64 O CPC-2015 fala em "colisão de normas", mas trata-se de expressão que também pode ser designada como "conflito de normas" ou "antinomia jurídica". Nos dizeres de Maria Helena DINIZ, *"antinomia é o conflito entre duas normas, dois princípios, ou de uma norma e um princípio geral de direito em sua aplicação prática a um caso particular."* (*Compêndio de Introdução à Ciência do Direito,* 5a. ed., São Paulo : Saraiva, 1993, p. 430). Como se nota, a autora adota o adequado critério de considerar que tanto as regras como os princípios jurídicos devem ser considerados *normas*, inclusive para fins de identificação de conflitos.

65 Cabe destacar que a atividade jurisdicional demanda, inclusive, que o magistrado identifique a existência de uma *antinomia real* no caso sob exame, e não apenas um conflito aparente. Nos dizeres de Tércio Sampaio FERRAZ JR., isso só ocorrerá quando *"a oposição que ocorre entre duas normas contraditórias (total ou parcialmente), emanadas de autoridades competentes num mesmo âmbito normativo, que colocam o sujeito numa posição insustentável pela ausência ou inconsistência de critérios aptos a permitir-lhe uma saída nos quadros de um ordenamento dado."* (Enciclopédia Saraiva do Direito, coord. R. Limongi França, verbete Antinomia, v. 7, São Paulo : Saraiva, 1978, p. 9).

a incompatibilidade entre as normas, a necessidade de que o tema seja decidido e a indecidibilidade, ou seja, a impossibilidade de se proferir uma única decisão.[66] Demais disso, as normas passíveis de conflito devem ser igualmente válidas e vigentes, caso contrário inexiste antinomia.

É certo que a doutrina há muito já definiu os critérios para a solução de antinomias no direito interno[67], consubstanciadas em três classes: a) *critério hierárquico*, segundo o qual a norma hierarquicamente superior deve prevalecer sobre aquela que lhe for inferior, em razão da superioridade de uma fonte de produção jurídica sobre outra; b) o *critério cronológico*, que demanda que a norma com vigência mais recente prepondere sobre a mais antiga, desde que estejam no mesmo plano de hierarquia; e c) o critério da especialidade, também incidente em normas da mesma hierarquia, que faz com que as normas ditadas para tratamento específico sobre um determinado tema prevaleçam sobre as de cunho genérico. No entanto, por mais objetivos que possam ser esses critérios – mormente os dois primeiros – tem-se que há um amplo grau de aleatoriedade na análise de preponderância a partir da especialização, o que parece justificar, ao menos em um juízo prévio, a disciplina conferida pelo CPC-2015. Ao lado disso, quando consideramos que os princípios também devem ser levados em conta nesse processo de análise e solução de antinomias, temos reforçada a ideia da pertinência de o texto legal exigir do juiz um pronunciamento específico e justificado sobre os parâmetros da sua ponderação, como forma de atender ao comando constitucional da fundamentação.

Assim, o texto aponta que, na solução de hipótese de conflito de normas, "*o juiz deve justificar o objeto e os critérios gerais da ponderação efetuada, enunciando as razões que autorizam a interferência na norma afastada e as premissas fáticas que fundamentam a conclusão.*" Dito de outro modo, na ponderação sobre a aplicação de duas normas (regras ou princípios) deve estar explícita na decisão judicial as razões jurídicas que levaram ao afastamento de uma e a adoção da outra, já que, como dito, em tese, ambas poderiam ser indistintamente aplicadas. Em uma análise mais acurada talvez essa determinação fosse desnecessária, ante o conteúdo próprio do chamado "dever de fundamentação". No entanto, ao que parece, o legislador quis acentuar a necessidade dessa explicitação a fim de permitir um conhecimento mais objetivo e direto por parte dos jurisdicionados sobre os percursos exegéticos adotados pelo magistrado.

66 DINIZ, Maria Helena. *Op. cit.*, p. 430.

67 Para as situações de conflitos entre normas de direito internacional, os critérios são distintos, como explica Maria Helena DINIZ, na obra citada (página 434).

De nossa parte, não vemos grandes problemas na adoção desse dispositivo, que não parece trazer qualquer embaraço ou constrangimento à atividade jurisdicional. Todavia, vemo-nos compelidos a fazer duas advertências substanciais quanto ao tema. Em primeiro lugar, é fundamental compreendermos que recentes mutações constitucionais deram nova dimensão à eficácia das normas internacionais ratificadas pelo Brasil. De um lado, o disposto no § 3° do artigo 5°, da Constituição, o qual estabelece que *"os tratados e convenções internacionais sobre direitos humanos que forem aprovados, em cada Casa do Congresso Nacional, em dois turnos, por três quintos dos votos dos respectivos membros, serão equivalentes às emendas constitucionais."*[68] De outro, o Supremo Tribunal Federal passou a considerar que as normas internacionais de direitos humanos, ainda que ratificadas sem os requisitos indicados no referido dispositivo constitucional, adquirem *status* de supralegalidade, situando-se em um plano superior ao das normas em geral [69].

Objetivamente, a posição assumida pelo STF desde então foi no sentido de afirmar que as normas internacionais em matéria de direitos humanos e o sistema de proteção dos direitos básicos da pessoa humana possuem caráter subordinante, de maneira que, uma vez ratificadas internamente, assumem a condição de hierarquia constitucional, como evidencia a decisão adotada no julgamento do HC 91.361, relatado pelo Ministro Celso de Mello, e que se tornou um paradigma no tribunal. No entanto, a Corte não chegou a assinalar, precisamente, a possibilidade de se considerar que essa espécie de norma internacional pudesse invalidar dispositivo constitucional, em observância do princípio *lex posterior derogat legi priori.* Todavia, a análise desse precedente desvela um fato de extrema relevância. Por primeiro, nota-se a adoção de vertente completamente antagônica à antes assumida, inclusive conforme

68 Parágrafo incluído pela Emenda Constitucional nº 45, de 2004.

69 A decisão foi adotada no enfrentamento da previsão constitucional da prisão civil do depositário infiel, e seu confronto com o art. 7º. da Convenção Americana de Direitos Humanos (Pacto de São José da Costa Rica). Na ocasião, o STF entendeu que a subscrição deste instrumento pelo Brasil implicou a derrogação das normas estritamente legais referentes à prisão do depositário infiel (HC 87.585, Relator Ministro Marco Aurélio, julgamento em 3-12-2008, Plenário). Dessa forma, embora tangenciasse o embate sobre a possibilidade ou não de a norma internacional ratificada vir a modificar a Constituição, acabou por afirmar que "o caráter especial desses diplomas internacionais sobre direitos humanos lhes reserva lugar específico no ordenamento jurídico, estando abaixo da Constituição, porém acima da legislação interna". Nessa esteira, apesar de haver reconhecido o "*status* normativo supralegal dos tratados internacionais de direitos humanos subscritos pelo Brasil", considerou somente a inaplicabilidade da "legislação infraconstitucional com ele conflitante, seja ela anterior ou posterior ao ato de adesão" (RE 466.343, Relator Ministro Cezar Peluso, voto do Ministro Gilmar Mendes, Julgamento em 3-12-2008, Plenário).

posição do mesmo Ministro, que assinalava: os tratados e convenções internacionais não podem "transgredir a normatividade subordinante da CR e nem dispõem de força normativa para restringir a eficácia jurídica das cláusulas constitucionais e dos preceitos inscritos no texto da Lei Fundamental"[70]. A mudança de paradigma é justificada pelo fato de haver a inclusão do par. 3º. ao art. 5º., da Constituição; no entanto, a ratificação do referido Pacto se deu em 1992 – muito tempo antes, portanto, da EC 45. Este fato referenda a ideia de o enfrentamento dessa questão vem sofrendo notável evolução no STF com repercussões naturais em todo o direito brasileiro, dando evidências de que a questão não pode ser analisada exclusivamente sob o prisma formal-normativo. É o que se nota, inclusive, no citado julgamento do HC 91.361, no qual o tribunal reconheceu a supremacia da norma mais favorável ao reconhecimento da dignidade humana, mesmo em se tratando de conflitos entre normas internacionais e a Constituição.

Dessa sorte, ainda que não se possa afirmar que o STF tenha adotado a tendência de afirmar a supremacia das normas internacionais face à Constituição, os julgamentos mais recentes daquela Corte têm sinalizado que, havendo situações de conflito entre normas internacionais e normas de direito interno, pode ser adotada interpretação que confira primazia à norma que se revele mais favorável à pessoa humana, a fim de dispensar-lhe a mais ampla proteção jurídica. Esses paradigmas, portanto, devem influenciar diretamente a análise de eventual conflito com normas dessa natureza.

De outra parte, em se tratando de sentença trabalhista, há que se considerar que o critério hierárquico nem sempre tem a imperatividade própria que lhe é conferida pela Teoria Geral do Direito. Com efeito, no Direito do Trabalho aplica-se o *princípio da norma mais favorável*, cujo conteúdo indica

70 "A possibilidade jurídica de o Congresso Nacional instituir a prisão civil também no caso de infidelidade depositária encontra fundamento na própria CF (art. 5º, LXVII). A autoridade hierárquico-normativa da Lei Fundamental do Estado, considerada a supremacia absoluta de que se reveste o estatuto político brasileiro, não se expõe, no plano de sua eficácia e aplicabilidade, a restrições ou a mecanismos de limitação fixados em sede de tratados internacionais, como o Pacto de São José da Costa Rica (Convenção Americana sobre Direitos Humanos). A ordem constitucional vigente no Brasil – que confere ao Poder Legislativo explícita autorização para disciplinar e instituir a prisão civil relativamente ao depositário infiel (art. 5º, LXVII) – não pode sofrer interpretação que conduza ao reconhecimento de que o Estado brasileiro, mediante tratado ou convenção internacional, ter-se-ia interditado a prerrogativa de exercer, no plano interno, a competência institucional que lhe foi outorgada, expressamente, pela própria CR. Os tratados e convenções internacionais não podem transgredir a normatividade subordinante da CR e nem dispõem de força normativa para restringir a eficácia jurídica das cláusulas constitucionais e dos preceitos inscritos no texto da Lei Fundamental". (AI 403.828-AgR, Relator Ministro Celso de Mello, julgamento em 5-8-2003, Segunda Turma).

a incidência daquele dispositivo que seja mais interessante ao trabalhador, independentemente da sua hierarquia. Dessa maneira, um eventual conflito de normas trabalhistas não pode ser resolvido pura e simplesmente pelo critério da preponderância a partir da fonte produtora da norma, dado que uma regra estritamente particular (como um acordo coletivo) pode prevalecer sobre o texto da Constituição, desde que seja mais favorável ao trabalhador. Além disso, há situações que demandam um exercício exegético ainda mais denso, como a compatibilização entre normas coletivas de trabalho (convenções e acordos coletivos) e a adoção de teorias como a do conglobamento e da acumulação.

Essas peculiaridades – que, repetimos, devem ser estritamente observadas pelos juízes do trabalho – justificam a determinação do § 2º do artigo 489, do CPC ao processo laboral, sobretudo para permitir aos jurisdicionados que tenham melhor compreensão sobre as razões e fundamentos da decisão judicial. Não por outra razão a Instrução Normativa 39 do TST assinalou essa aplicabilidade, em seu artigo 3º, IX.

Um tanto quanto distinta – e muito mais complexa – é a questão relacionada ao § 1º. ao artigo 489, do CPC, que consagra aquilo que tem sido chamado de "fundamentação exauriente". Também sem qualquer similitude com o texto revogado, o dispositivo estabelece um conteúdo negativo para a fundamentação, denotando que o não cumprimento das disposições ali descritas equivaleria à prolação de uma decisão não-fundamentada. Dessa maneira, e segundo o citado parágrafo, considera-se não fundamentada, qualquer decisão que:

> "I – se limitar à indicação, à reprodução ou à paráfrase de ato normativo, sem explicar sua relação com a causa ou a questão decidida;
>
> II – empregar conceitos jurídicos indeterminados, sem explicar o motivo concreto de sua incidência no caso;
>
> III – invocar motivos que se prestariam a justificar qualquer outra decisão;
>
> IV – não enfrentar todos os argumentos deduzidos no processo capazes de, em tese, infirmar a conclusão adotada pelo julgador;
>
> V – se limitar a invocar precedente ou enunciado de súmula, sem identificar seus fundamentos determinantes nem demonstrar que o caso sob julgamento se ajusta àqueles fundamentos;
>
> VI – deixar de seguir enunciado de súmula, jurisprudência ou precedente invocado pela parte, sem demonstrar a existência de distinção no caso em julgamento ou a superação do entendimento."

O texto não chegou sem causar muitas polêmicas. Festejado por alguns, mas severamente criticado por outros, chegou a ser objeto de um pedido de veto, feito pelas associações de magistrados[71], que não foi atendido pela Presidenta da República, de modo que encontra-se em pleno vigor desde março de 2016. A tarefa doutrinária e jurisprudencial tem sido a de interpretar o alcance de tais requisitos negativos, a fim de dimensionar, de maneira mais precisa, em que condições uma sentença pode ser proferida sem macular o disposto no referido parágrafo.[72]

Um aspecto a ser considerado é o fato de que o dispositivo, como mencionado, fale em "qualquer decisão judicial, seja ela interlocutória, sentença ou acórdão". No entanto, considerando-se os objetivos deste trabalho, trataremos do assunto de forma específica com relação às sentenças. Nesse sentido, há que se fazer duas espécies de juízo crítico, sendo um de forma e outro de conteúdo. No aspecto formal, não nos agrada a existência desse tipo de fixação paradigmática realizada pelo código, que tende – e para tanto o conteúdo do dispositivo também presta grande contribuição, como iremos tratar a seguir – para uma espécie de "padronização" das decisões judiciais. Além de afetar gravemente a liberdade de convicção dos magistrados, prejudica os próprios jurisdicionados, que têm o direito de ter uma jurisdição personalizada e não uma decisão previamente "gabaritada" segundo um modelo legal previamente preparado.

O principal fundamento, no entanto, para a defesa desse dispositivo, é o fato de que ele permitiria, em tese, que os juízes se escudassem no argumento do "livre convencimento motivado" para proferir decisões genéricas e sem fundamentação suficiente. Na realidade, protegeria os cidadãos do verdadeiro arbítrio judicial, nos dizeres dos defensores desse dispositivo.[73] Em nossa

71 Em breve matéria, o portal Consultor Jurídico expôs a síntese da controvérsia sobre o tema, noticiando precisamente a existência do ofício enviado pela Anamatra (Associação Nacional dos Magistrados da Justiça do Trabalho), pela AMB (Associaçao dos Magistrados Brasileiros) e pela AJUFE (Associação dos Juízes Federais) à Presidência da República. O texto foi publicado em 11/03/2015, dias antes da sanção presidencial ao código, e teve como título "Advogados e juízes disputam vetos de Dilma em novo CPC". Disponível em http://www.conjur.com.br/2015-mar-11/advogados-juizes-disputam-vetos-dilma-cpc. Acesso em 20/06/2016.

72 Como ainda não foi possível a construção jurisprudencial consistente a respeito da interpretação do assunto, por ora o tema vem sendo debatido em Fóruns destinados à discussão dos institutos do processo civil, como o Fórum Permanente de Processo Civil ou o Fórum Nacional de Direito Processual do Trabalho, cujos enunciados são citados nesta obra e referenciados na bibliografia.

73 Um dos mais efusivos defensores do parágrafo em comento é Lênio Streck, cujo pensamento está sintetizado no texto *Dilema de dois juízes diante do fim do Livre Convencimento do*

visão, isso não deixa de ser verdadeiro, em certa medida. Muitos juízes, acomodados pela autoridade da função exercida ou pressionados pela necessidade de solução de conflitos, não se dedicam adequadamente às técnicas de argumentação, que se mostram imprescindíveis para que o cidadão tenha pleno conhecimento sobre quais foram os pressupostos que levaram o magistrado a se convencer em determinado julgamento. No entanto, temos dúvidas se a estipulação de um "gabarito sentencial" tem a capacidade de mudar esse quadro. Na realidade, o uso de recursos retóricos podem continuar a ser usados, inclusive para desviar de eventual descumprimento dos requisitos lavrados no § 1°, sem que o magistrado efetivamente cumpra aquilo que seria seu objetivo. Por outro lado, os advogados das partes sucumbentes sempre poderão usar as mesmas técnicas retóricas para tentar demonstrar esse descumprimento, provocando um turbilhão de alegações de nulidade sentencial.

O fato concreto é que esse embate, fundado apenas na existência formal de um dispositivo legal de necessidade discutível tende a ser mais um capítulo na desconstrução da efetividade, o que tem sido produzido em grande medida pelo CPC-2015 – a despeito de proclamar o contrário. A proliferação de incidentes dessa natureza é uma tendência natural a partir de dispositivos como esse que, a nosso sentir, não atacam propriamente as causas do problema, mas sim os seus efeitos.[74] A par disso, o aspecto mais lamentável desse tratamento normativo é o fato de que ele não tem qualquer comutatividade: o legislador, em um arroubo populista, cria rigores para a decisão judicial mas não estabelece os mesmos tipos de requisitos para as postulações feitas pelas partes. Não se pode olvidar que a jurisdição não atual sem provocação, de modo que grande parte da responsabilidade por lides temerárias ou desfundamentadas é, efetivamente, daqueles que postulam em juízo sem as devidas cautelas. Para ser justo, o legislador haveria que ter o mesmo rigor com petições iniciais, contestações ou recursos, o que não promoveu.[75]

NCPC, Consultor Jurídico *on-line,* 19/03/2015, em http://www.conjur.com.br/2015-mar-19/senso-incomum-dilema-dois-juizes-diante-fim-livre-convencimento-ncpc. Acesso em 20/06/2016).

74 Em nosso entender, uma das raízes do problema é a má formação profissional nas faculdades de Direito, que priorizam o ensino dogmático e meramente reprodutor de conhecimentos que, por sua vez, situam-se em um processo crescente de desqualificação. A sociedade contemporânea tem exigido "produtos" de consumo imediato, afastando os estudantes do conhecimento autêntico e dos grandes doutrinadores. Alia-se a esse fato um modelo de concurso público para carreiras jurídicas que segue a mesma toada, não valorizando a formação do candidato em outros segmentos do conhecimento humano.

75 Destaque-se que, apesar de haver endurecido as regras para qualificação da litigância de má-fé, muitas das práticas não foram vedadas pela lei processual.

Quanto ao conteúdo, nossa crítica não é totalmente refratária ao parágrafo em comento embora – reiteramos – entendemos que isso devesse constituir uma técnica de produção da decisão judicial, e nunca uma exigência legal que permita considerá-la nula, em casos de inobservância. Com efeito, pelas razões já declinadas, muitos magistrados proferem decisões sem observar minimamente as técnicas apropriadas da argumentação jurídica, atuando simplesmente como reprodutores automáticos de formulações prévias, como se fossem verdadeiros "mantras". Por isso, vemos com simpatia a menção feita nos incisos I e V do artigo 489. Neles, considera-se não fundamentada a decisão que *"se limitar à indicação, à reprodução ou à paráfrase de ato normativo, sem explicar sua relação com a causa ou a questão decidida"* e aquela que *"se limitar a invocar precedente ou enunciado de súmula, sem identificar seus fundamentos determinantes nem demonstrar que o caso sob julgamento se ajusta àqueles fundamentos."*

Não há dúvidas de que esses dois tipos de "defeitos" são comuns em decisões judiciais, mormente nas sentenças, e isso já foi objeto de nossa crítica, inclusive em edições anteriores deste livro. Muitos magistrados decidem simplesmente "nos termos do artigo tal" ou, pior ainda, deferem ou indeferem pedidos "conforme súmula tal". Ainda que o tema esteja explícito no texto legal ou que tenha sido objeto de sumulação por parte dos tribunais superiores ou regionais, é fundamental que o julgador explicite ao jurisdicionado as razões de seu convencimento, mormente porque a lei pode ser interpretada e as súmulas podem ou não se ajustar ao caso concreto.[76] É sempre mais razoável que o magistrado articule seus fundamentos e faça a menção da incidência concreta, ao caso sob exame, do dispositivo legal ou sumular, se aplicável.

Da mesma sorte, vemos com simpatia o registro do inciso II, que também não considera fundamentada a decisão que *"empregar conceitos jurídicos indeterminados, sem explicar o motivo concreto de sua incidência no caso."* Esse é outro defeito comum nas decisões, especialmente as sentenciais: o julgador lança, como razão de decidir, um conceito jurídico genérico, sem relacioná-lo devidamente com o caso sob exame. Um exemplo disso se faz, corriqueiramente, com o "princípio da dignidade humana", inscrito na Constituição. Não há dúvidas da relevância desse preceito, nem tampouco da nobreza e da amplitude de seu conteúdo. É indubitável a importância do reconhecimento da dignidade como elemento central no sistema contemporâneo da proteção aos direitos humanos e não há qualquer questionamento no fato de que isso

76 Sem contar que, como trataremos a seguir, entendemos que o modelo normativo brasileiro não admite o caráter vinculante das súmulas, exceto aquelas assim definidas pela Constituição.

fundamenta grande parte dos direitos consagrados positivamente. Todavia, ao mesmo tempo que serve de fundamento genérico para essa gama de garantias, a simples menção à dignidade humana não pode servir de fundamento suficiente para o reconhecimento de um ou outro direito, sem a devida conexão com outras razões normativas ou conceituais mais específicas.[77] Portanto, correta a interpretação de que a decisão não pode ser fundamentada apenas em conceitos jurídicos indeterminados.

De outra parte, não concordamos, em absoluto, com as exigências dos incisos III, IV e VI. Os dois primeiros (invocação de motivos que se prestariam a justificar qualquer outra decisão e não enfrentamento de todos os argumentos deduzidos no processo capazes de, em tese, infirmar a conclusão adotada pelo julgador) são pressupostos que beiram à irracionalidade. Como já explicitamos, as técnicas de argumentação são usadas para demonstrar o percurso intelectual adotado por aquele que exprime seu entendimento. Portanto, não parece razoável que o julgador tenha que enfrentar, de modo específico, cada um dos argumentos que a parte utilizou, pois aquilo faz parte do seu modo de compreender o problema – que, naturalmente, pode não ser o mesmo do magistrado. O embate entre os dois pontos de vista deve ser travado em eventual instância recursal. Aqui, tem-se claramente uma situação que tende a produzir a disseminação de alegações de nulidade sentencial, o que será configurado sempre que a parte não se sentir "contemplada" com os fundamentos apresentados pelo magistrado. Isso sem contar que, a depender da extensão das alegações das partes, exigirá do juiz um aprofundamento extremamente denso e complexo sobre temas que podem não ter qualquer relevância para o deslinde do processo. Ou seja, nos dois casos, há latente prejuízo à jurisdição.

A exigência do inciso III é, igualmente, despropositada, mormente porque se sabe, em análise de técnicas retóricas, que os mesmos fatos podem levar a conclusões distintas, apenas se forem alterados os pressupostos metodológicos do intérprete.[78] Portanto, é impossível exigir-se do magistrado que apresente juízos analíticos que levem, necessariamente, à conclusão que ele chegou. A impropriedade desse dispositivo remete ao pensamento positivista, em decadência desde meados do século XX, e que tinha como pressuposto exatamente a instituição de uma metodologia de aplicação e interpretação do Direito que levasse sempre a conclusões objetivas e lógicas. A superação

77 Para se fazer justiça, deve ser considerado que essa prática também é adotada por muitos advogados, que apresentam seus pedidos fundamentados apenas em conceitos jurídicos indeterminados.

78 Nesse sentido, recomenda-se a leitura da clássica obra *Introdução ao Pensamento Jurídico*, de Karl Engisch, publicada em português pela Fundação Calouste Gulbenkian.

desse modelo é mais do que suficiente para demonstrar a irracionalidade da exigência.

Por fim, e para deleite dos defensores da eufemística *disciplina judiciária*, o inciso VI exige que a decisão siga enunciado de súmula, jurisprudência ou precedente invocado pela parte, salvo se demonstrar a existência de distinção no caso em julgamento ou a superação do entendimento. Há muito se busca instituir no modelo jurídico brasileiro essa cultura dos precedentes, inclusive com a utilização de instrumentos de coercitividade.[79] No entanto, os fundamentos usados em favor dessa tese não nos convencem, mormente porque o modelo constitucional brasileiro só reconhece a obrigatoriedade de acompanhamento às Súmulas Vinculantes, cuja adoção deve ser comedida e restrita. Isso se justifica porque o modelo adotado no Brasil tem matriz romano-germânica, e a jurisprudência, em regra, tem apenas função de fonte auxiliar do direito.

O que se nota é que se tem procurado adaptar o modelo brasileiro a um padrão misto, porque a forma como instituída no Brasil não tem as características dos países que adotam paradigmas fundados na cultura dos precedentes. Aqui, a construção da jurisprudência tende a valorizar sobremaneira a atuação dos tribunais superiores, em detrimento do juiz de primeiro grau, que é aquele que tem contato mais próximo com a realidade dos jurisdicionados e a quem chegam os litígios em primeiro lugar.[80] Há claramente uma intenção de reduzir o volume de recursos nos tribunais – o que, de fato é exagerado – mas com claro sacrifício à liberdade de convicção dos magistrados. Mais uma vez, o grande prejuízo é do jurisdicionado que, definitivamente, perderá o direito a uma jurisdição individualizada ao seu caso concreto. A par disso, consideramos que essa exigência padece de inconstitucionalidade material, eis que, como dito, não existe amparo na Constituição para a instituição dessa obrigatoriedade sumular.

É oportuno o registro de que o Tribunal Superior do Trabalho, em sua Instrução Normativa nº 39, não apenas acolheu a aplicação do artigo 489 ao processo do trabalho, pelo já citado artigo 3º, IX, como também estabeleceu as condições para a incidência do §1º, o que foi disciplinado pelo artigo 15 da citada instrução:

79 Daí porque o uso do epíteto "disciplina judiciária", que além de inadequada, procura evidenciar um certo caráter sancionatório a quem não cumprir essa diretriz, o que é, igualmente, absurdo.

80 Dois exemplos dessa valorização das decisões superiores estão no Incidente de Resolução de Demandas Repetitivas e no Incidente de Assunção de Competência, criados pelo CPC-2015, e que dispensam a reiteração de julgamento demandas para formação dos precedentes.

"**Art. 15.** O atendimento à exigência legal de fundamentação das decisões judiciais (CPC, art. 489, § 1o) no Processo do Trabalho observará o seguinte:

I – por força dos arts. 332 e 927 do CPC, adaptados ao Processo do Trabalho, para efeito dos incisos V e VI do § 1o do art. 489 considera-se "precedente" apenas:

acórdão proferido pelo Supremo Tribunal Federal ou pelo Tribunal Superior do Trabalho em julgamento de recursos repetitivos (CLT, art. 896-B; CPC, art. 1046, § 4o);

entendimento firmado em incidente de resolução de demandas repetitivas ou de assunção de competência;

decisão do Supremo Tribunal Federal em controle concentrado de constitucionalidade;

tese jurídica prevalecente em Tribunal Regional do Trabalho e não conflitante com súmula ou orientação jurisprudencial do Tribunal Superior do Trabalho (CLT, art. 896, § 6o);

decisão do plenário, do órgão especial ou de seção especializada competente para uniformizar a jurisprudência do tribunal a que o juiz estiver vinculado ou do Tribunal Superior do Trabalho.

II – para os fins do art. 489, § 1o, incisos V e VI do CPC, considerar-se-ão unicamente os precedentes referidos no item anterior, súmulas do Supremo Tribunal Federal, orientação jurisprudencial e súmula do Tribunal Superior do Trabalho, súmula de Tribunal Regional do Trabalho não conflitante com súmula ou orientação jurisprudencial do TST, que contenham explícita referência aos fundamentos determinantes da decisão (*ratio decidendi*).

III – não ofende o art. 489, § 1o, inciso IV do CPC a decisão que deixar de apreciar questões cujo exame haja ficado prejudicado em razão da análise anterior de questão subordinante.

IV – o art. 489, § 1o, IV, do CPC não obriga o juiz ou o Tribunal a enfrentar os fundamentos jurídicos invocados pela parte, quando já tenham sido examinados na formação dos precedentes obrigatórios ou nos fundamentos determinantes de enunciado de súmula.

V – decisão que aplica a tese jurídica firmada em precedente, nos termos do item I, não precisa enfrentar os fundamentos já analisados na decisão paradigma, sendo suficiente, para fins de atendimento das exigências constantes no art. 489, § 1o, do CPC, a correlação fática e jurídica entre o caso concreto e aquele apreciado no incidente de solução concentrada.

VI – é ônus da parte, para os fins do disposto no art. 489, § 1o, V e VI, do CPC, identificar os fundamentos determinantes ou demonstrar a existência de distinção no caso em julgamento ou a superação do entendimento, sempre que invocar precedente ou enunciado de súmula."

Como se nota, embora assimilando todos os dispositivos, o TST limitou consideravelmente alguns dispositivos polêmicos, como o inciso IV, além de definir, de modo mais preciso, o que seria considerado "precedente" para os fins dos incisos V e VI. Com isso, ressalvadas as críticas já formuladas, entendemos que a jurisprudência pode ser conduzida no sentido de realizar a devida concertação na aplicação do dispositivo, de modo a minimizar os prejuízos antevistos.

2.2.3. Dispositivo

"Dispositivo é o preceito concreto e imperativo ditado pelo juiz em relação à causa."[81] É, portanto, a efetiva resposta do Poder Judiciário a uma pretensão que lhe foi apresentada, pois é no dispositivo que o magistrado expressa sua conclusão sobre o que foi apreciado no decorrer da fundamentação. Nele estará o comando sentencial propriamente dito, em que o juiz acolhe ou rejeita a pretensão do autor, provendo-lhe a pretensão conforme postulada (total ou parcialmente) ou impondo-lhe um provimento adverso. Poderá também negar direito ao provimento de mérito, proferindo uma decisão de extinção de natureza terminativa. Se na fundamentação o juiz assinala seus "considerandos", o dispositivo (também chamado de *decisum*, em linguagem mais formal) contém proposições que especificam a espécie e a extensão da prestação jurisdicional ali entregue.[82] Por essas mesmas razões, havendo reconvenção ou quaisquer outros pedidos de expressa declaração, também é no

81 DINAMARCO. *Instituições...*, p. 661.

82 PONTES DE MIRANDA (*Comentários ao Código de Processo Civil. Tomo V* – arts. 444 a 475. 3. ed. rev. e aumentada. Rio de Janeiro: Forense, 1997. p. 67). O tratamento legal dado pelo CPC ao dispositivo é impróprio, pois, como já vimos, o art. 458, III, estabelece que no dispositivo o juiz "resolverá" as questões que lhe foram submetidas. No entanto, essa função é exercida na motivação, sendo a parte conclusiva da sentença destinada meramente à estipulação do comando sentencial. Nesse mesmo sentido se manifesta Dinamarco (*Instituições...*, p. 663).

dispositivo que o juiz deve expressar a solução para cada uma, podendo-se dizer que, nesse caso, se trata de um dispositivo complexo.[83]

Como já ponderamos, há um juízo recorrente dentre alguns operadores do direito que consagra que *somente o dispositivo é que transita em julgado em uma sentença*. Por isso, em certas situações, imprecisões lançadas na conclusão da decisão judicial seriam capazes de prejudicar a sua interpretação. Por certo que a clareza e a precisão são elementos fundamentais de uma boa sentença, a fim de que possa resultar não somente em um documento jurídico, mas propriamente em um título capaz de ser adequadamente liquidado, se for o caso, e executado.

A par disso, a questão não deve ser encarada de forma tão simplista. O que transita em julgado é o comando sentencial, com todo seu conteúdo, e não somente a literalidade do dispositivo. Não se pode utilizar as situações que a norma processual expressamente ressalva da formação da coisa julgada e, com isso, concluir que somente o que está literalmente na conclusão está sujeito ao trânsito em julgado. Afinal, quando o art. 504 do CPC estipula as situações que não se inserem na coisa julgada, está exprimindo aquelas circunstâncias que não correspondem efetivamente ao conjunto do conflito, conquanto sejam incidentes ou pressupostos lógicos que devem ser analisados antes da aferição específica do direito litigado. Isso, no entanto, não exclui o conteúdo da fundamentação como integrante da coisa julgada, o que ocorrerá desde que ele tenha relação substancial com o próprio objeto da causa e a interpretação do comando do julgado dependa de sua análise. Por isso reiteramos o que já dissemos antes: o trânsito em julgado repousa sobre o comando sentencial, em regra apresentado no dispositivo, mas a aplicação dele depende dos parâmetros fixados na fundamentação.

Não é por outro motivo que o CPC-2015 traz um dispositivo sem similar no código anterior, e que referenda esse pensamento, o qual defendemos há muito tempo. Estamos nos referindo ao parágrafo terceiro do artigo 489, do CPC, que pontifica: *"a decisão judicial deve ser interpretada a partir da conjugação de todos os seus elementos e em conformidade com o princípio da boa-fé."* Em que pese a obviedade do registro normativo, temos que ele é de extrema relevância. Afinal, como dito, contribui para afastar completamente qualquer juízo equivocado que pretenda considerar a sentença como sendo

83 Dentro da nova sistemática processual, que dispensa o pedido de declaração incidental, como já declinamos, mesmo as que forem realizadas de ofício devem constar, igualmente, do dispositivo.

um mosaico de disposições desconexas, a ponto de somente produzir efeitos parciais, quando destacadas uma da outra.

A existência desse parágrafo, a nosso sentir, elimina de vez qualquer percepção equivocada que leve à compreensão de que somente o dispositivo da sentença transita em julgado, ou que ele deve ser compreendido de forma isolada. O comando legal é explícito ao afirmar a unidade da decisão, cuja interpretação, além da indispensável boa-fé, deve ser exercitada mediante a conjugação de todos os elementos que a compõe, sendo ilegítimo qualquer tipo de segmentação que possa sofrer.

Não há técnica especial para a elaboração de um dispositivo, sendo fundamental que expresse o acolhimento ou a rejeição de cada preliminar arguida, a procedência – parcial ou total – ou improcedência dos pedidos formulados e a soluçao para incidentes como os antes declarados.[84] Além disso, no dispositivo é que se lançam as providências complementares que o Juízo determina – como anotação de CTPS, ofícios a órgaos públicos, por exemplo –, e ainda certos pontos próprios da sentença trabalhista, como a estipulação do valor da condenação e das custas e fixação de responsabilidade previdenciária das partes.[85]

É oportuno destacar que o dispositivo tem de conter, especificada, cada parcela a que foi condenado o empregador, em caso, evidentemente, de procedência do pedido, não sendo suficiente a genérica menção "...ficando o empregador condenado nos pedidos deferidos na fundamentação...", porque, além de ser instrumento de pouca técnica, pode dificultar a execução do julgado. Por outro lado, até desnecessário dizer que o dispositivo tem de ser coerente com a fundamentação, mesmo porque dela decorre, sob pena de ser nula a sentença, quando não sujeita aos embargos de declaração.

2.3. Limites e nulidades da sentença

2.3.1. *Generalidades*

Em regra, o limite objetivo de qualquer sentença é o pedido do autor, por ser este o próprio objeto do processo; por esse motivo, cabe ao julgador ater-se à postulação feita pelo integrante do polo passivo do processo, já que uma sentença não pode ter natureza diversa daquela demandada nem condenar o réu em quantidade superior ou objeto diverso do pretendido por ele

84 Trataremos disso com mais detalhes no Capítulo "Metodologia de redação da Sentença".

85 Ver Capítulo "Peculiaridades da Sentença Trabalhista".

(art. 492, CPC). Trata-se de uma diretriz fundada no que alguns nominam de *princípio da vinculação do juiz ao pedido*, uma derivação do *princípio da ação ou da demanda*.[86] A rigor, esse mesmo parâmetro prevalece no processo do trabalho, embora encontremos fundamentos doutrinários para o reconhecimento da possibilidade de aplicação do *princípio da ultrapetição de sentenças*, do que trataremos mais adiante.

No entanto, vale um registro: em nosso entender, essa limitação não afeta, necessariamente o montante do pedido do autor, especialmente quando ele é estipulado por simples estimativa. A referência à "quantidade superior" designa apenas a impossibilidade de se condenar o réu em uma obrigação maior do que aquela postulada, de maneira delimitada pelo pedido inicial. Dito de outro modo: se o reclamante postula, p.ex., quatro horas extras diárias, a sentença não pode condenar o reclamado em quantidade maior de horas, ainda que elas restem caracterizadas. Isso não significa, no entanto que a limitação se aplique ao valor estimado para a pretensão. Explica-se: é que, a rigor, pela aplicação do artigo 292, I, do CPC, a cobrança de dívidas deve explicitar o montante cobrado, inclusive com juros e correção monetária.[87] No entanto, há parcelas postuladas em ações trabalhistas que são calculadas com mera estimativa, dado que o reclamante não tem como aferir, de plano, o montante exato daquilo que pretende. É o caso típico das horas extras: ainda que postule o quantitativo de quatro horas diárias, o valor apontado para a causa nem sempre será ser exato, por não contemplar, necessariamente, a evolução salarial do reclamante ou as horas já pagas, p.ex.[88]

Logo, temos a convicção de afirmar que, nessas situações, o dispositivo legal limita o quantitativo de horas, mas não limita o valor da remuneração que vier a ser apurada para as horas extras deferidas. Com o devido respeito, entendemos equivocados os comandos sentenciais que proclamam esse tipo de limitação, fundando-se em montante que, como dito, em regra é meramente estimativo.[89]

---

86 A esse respeito, v. BEBBER, Julio Cesar. *Princípios do processo do trabalho*. São Paulo: LTr, 1997, p. 297.

87 Nesse contexto, há que se considerar que a CLT é omissa quanto aos critérios que devem ser observados para a fixação do valor da causa, embora exija essa informação, ao menos para a definição do rito processual a ser seguido.

88 Em sentido contrário, exigir-se tal nível de detalhamento na petição inicial trabalhista ofende clamorosamente os princípios da simplicidade e da efetividade processual.

89 Isso será ainda mais relevante em se tratando de ações de rito sumaríssimo, sobre o que trataremos no item seguinte.

O mesmo não se pode afirmar quanto às indenizações, inclusive de dano moral. O código anterior não tratava desse tema de forma específica, mas o inciso V, do citado artigo 292, determina o apontamento do valor pretendido na ação indenizatória, inclusive a fundada em dano moral. Com isso, temos de reconhecer que o apontamento do montante pretendido pelo autor na ação que versa sobre essas pretensões deve limitar o deferimento por parte do magistrado. É certo que isso não muda os paradigmas doutrinários e jurisprudenciais sobre a fixação da indenização do dano moral – que, portanto, continuam a ser definidos pelo magistrado segundo os critérios regulares de adequação e extensão do dano e capacidade econômica do ofensor. Mas, de qualquer sorte, o pedido limita o montante da indenização, por força da aplicação do já citado artigo 492, do CPC.[90] É conveniente destacarmos que o TST entendeu que o inciso V do artigo 292, do CPC-2015 é aplicável ao processo do trabalho, nos termos do artigo 3o., IV, da IN 39.

Tratando se das irregularidades sentenciais, temos que a sentença que julga além do pedido (*v. g.*, condena em quatro horas extras por dia, quando o pedido era de duas) é chamada *ultra petita*; a que decide fora do pedido (*v. g.* condena em férias, sem que isso tivesse sido postulado) é tida como *extra petita*. Mas, do mesmo modo, não pode o julgador deixar de apreciar um dado pedido, reputando-se, a sentença assim proferida, como sendo *citra petita*. A rigor, apenas esta última poderia implicar nulidade, dado o julgamento fora ou além do pedido pode ser corrigido com a simples adequação do julgamento, mediante a supressão das parcelas que não constavam do pleito. Não se trata, portanto, de decreto de nulidade mas de simples reforma da decisão.

No entanto, o novo trato normativo do tema traz a necessidade de outras reflexões. O artigo 1.013, § 3°, do CPC-2015, ao disciplinar os efeitos da apelação, estabelece as situações nas quais não há necessidade de devolução do processo ao juízo de origem para complementação da sentença, dispondo que, "*se o processo estiver em condições de imediato julgamento, o tribunal deve decidir desde logo o mérito*", nos casos ali elencados. Vale lembrar que, embora o texto seja dirigido a essa modalidade específica de recurso, a amplitude de seu efeito devolutivo é uma referência conceitual para a análise dos atributos da decisão judicial, justamente por se tratar do recurso mais comum nos processos

90 Por certo que a inserção desse dispositivo no CPC-2015 decorria do fato de ser comum a indicação de um valor simbólico para a indenização, a fim de minimizar os efeitos de eventual sucumbência e o pagamento das custas processuais prévias, sem caráter vinculativo com a decisão a ser proferida. Assim, diante da nova realidade normativa, temos que essa deve ser a melhor compreensão para o tema.

disciplinados pelo CPC.[91] Em homenagem à efetividade e à presteza jurisdicional, o CPC-2015 ampliou as hipóteses constantes do texto anterior, e que já vinham em estágio crescente, desde a primeira fase da Reforma processual. Assim, em adição às situações antes descritas, foram incluídas nessa possibilidade tanto a decisão que *"decretar a nulidade da sentença por não ser ela congruente com os limites do pedido ou da causa de pedir"* como a que *"constatar a omissão no exame de um dos pedidos, hipótese em que poderá julgá-lo"*.[92]

Embora possamos divergir do enquadramento conceitual conferido pelo código – eis que, como dito, entendemos que as decisões *ultra* e *extra petita* não configuram nulidades sentenciais -, o certo é que ambos os dispositivos eliminam qualquer dúvida de caráter procedimental. Havendo julgamento fora ou além do pedido, o código considera parcialmente nula a decisão mas não exige que o feito seja devolvido ao juízo originário para prolação de nova sentença. Permite, ao contrário, que a deficiência seja corrigida no julgamento recursal, com a devida adequação da decisão aos limites do postulado, exatamente como já admitia a jurisprudência na vigência do código anterior.[93] De outra parte – e aqui reside uma efetiva inovação, o novo regramento também permite que o mesmo se processo nos casos de decisão *citra petita,* ou seja, em situações nas quais o juízo de origem teria omitido a apreciação de determinado pedido. No regime anterior, a fim de não haver supressão de instância, o processo teria de ser restituído para prolação de nova decisão; no sistema hoje vigente o tribunal pode suprir a omissão e julgar desde logo o pedido, se houver condições para tanto.

São igualmente nulas aquelas sentenças contraditórias, ou seja, que não guardam correspondência entre o que foi afirmado na fundamentação e o decidido no dispositivo. Com o mesmo sentido, as sentenças que não contêm o dispositivo são reputadas *inexistentes*, e essa mesma alcunha é dada àquelas proferidas por um não juiz (*e. g.*, um juiz já aposentado) e ainda as sentenças

91 É conveniente lembrar que a jurisprudência há muito concluiu pela aplicação dessas disposições (que estavam no artigo 515 do CPC revogado) ao Recurso Ordinário, equivalente trabalhista à Apelação.

92 Respectivamente, incisos II e III do § 3°, do artigo 1.013, do CPC-2015.

93 Cabe destacar que o código também menciona eventual incongruência com a causa de pedir, o que também, sob esse prisma, poderia ser ajustado, ainda que o resultado na análise dos pedidos pode ser o mesmo.

não assinadas pelo juiz[94], as ilegíveis, as sentenças não publicadas e também aquelas não escritas.[95]

Há quem ainda sustente a nulidade da sentença que não contém especificadamente o nome das partes. Como já afirmamos, a boa técnica processual determina que haja identificação precisa das pessoas envolvidas no conflito, sobretudo para definição mais adequada dos limites subjetivos da coisa julgada que irá se formar. Por essa razão, é sempre recomendável que a sentença identifique cada um dos reclamantes e dos reclamados, ainda que sejam muitos, tanto na qualificação inicial (relatório) como, principalmente, no dispositivo.

Além disso, muito embora exista a limitação de atuação do juiz ao petitório das partes, o art.493, do CPC, determina que, "se, depois da propositura da ação, algum fato constitutivo, modificativo ou extintivo do direito influir no julgamento do mérito, caberá ao juiz tomá-lo em consideração, de ofício ou a requerimento da parte, no momento de proferir a decisão".Com base nisso, qualquer circunstância superveniente à *litiscontestatio* pode ser considerada pelo juiz, desde que, evidentemente, seja relevante ao deslinde do feito. *Greco Filho* assim exemplifica a aplicação dessa disposição normativa:

> "Como exemplo de fato que pode ser considerado, de ofício ou a requerimento da parte, pode ser citada a morte de uma das partes, o pai, numa demanda em que litigam pai e filho, sendo esse sucessor parcial; há confusão parcial, que será levada em consideração pelo juiz ao proferir a sentença".[96]

Na seara trabalhista, há algumas situações passíveis de serem enquadradas nas disposições desse artigo, como por exemplo, uma hipotética situação em que um empregado, com o contrato ainda em vigor, reclama prestações

---

94 A questão tem hoje uma nova dimensão, tendo em vista as inflexões dos procedimentos eletrônicos no processo judicial. Amparado pela Lei n. 11.419/06, que alterou o art. 164, parágrafo único, do CPC-1973, passou a ser admitida a assinatura eletrônica de atos processuais, dentre os quais as sentenças. Embora não seja ainda comum, na medida em que os tribunais instituírem sistemas de gestão de documentos judiciais, o magistrado poderá simplesmente validar a sentença mediante aposição de assinatura eletrônica, o que conferirá plena autenticidade ao documento. No CPC-2015, a prática eletrônica de atos processuais mereceu uma seção específica (artigo 193 e seguintes), totalmente voltada a legitimar o uso da tecnologia no processo, na esteira do que vem fazendo o Conselho Nacional de Justiça. O dispositivo que trata especificamente da sentença é o artigo 205, § 2º.

95 Quem faz essa referência é Teresa Arruda Alvim Pinto (*Nulidades da sentença*. 3. ed. São Paulo: RT, 1993. p. 267/268), que cita, ainda, Luiz A. Rodrigues (*Nulidades procesales*), Ada Pellegrini Grinover (*Nulidades no processo penal*) e Coqueijo Costa (*Ação rescisória*).

96 GRECO FILHO, VICENTE *Op. cit.* p. 234.

periódicas de adicional de insalubridade desde o início de seu trabalho até a efetiva inserção na folha de pagamento, mas, antes da sentença final, vem a exercer outra função na empresa, em condições salubres de trabalho; nesse caso, o comando sentencial deve limitar a condenação até a data da alteração da situação de fato.

No entanto, a circunstância mais comum ensejadora dessa possibilidade decorre do fenômeno sucessório trabalhista ocorrido no decorrer do processo. Os arts. 10 e 448 da CLT rezam que a alteração na titularidade ou estrutura jurídica do empregador não afeta os contratos de trabalho nem os direitos dos trabalhadores. Se essa sucessão ocorre durante o contrato de trabalho, tem-se tipicamente uma alteração subjetiva desse contrato, que, a rigor, não é ilícita, desde que preservadas as condições pretéritas de labor.

Porém, podem ocorrer inúmeros casos de *sucessão atípica* no Direito do Trabalho, e o que interessa, nesse particular, é a manutenção da responsabilidade trabalhista por aquele que passou a deter os meios de produção. É o que ocorre, p. ex., quando o empregado se desliga de seu empregador e contra ele move uma ação reivindicando diversos direitos, mas, no curso do processo, outra pessoa (natural ou jurídica) assume a atividade empresarial do ex-empregador, por qualquer modalidade de trespasse de seus atributos. Na leitura interpretativa dos dispositivos legais citados e dos princípios do Direito do Trabalho, esse novo empregador é responsável pelos créditos trabalhistas do obreiro, ainda que tenha ele trabalhado somente para o sucedido.[97] Sendo assim, a ocorrência de alguma modalidade sucessória no curso do processo deve ser considerada pelo juiz e poderá influir diretamente no julgado: a partir de tais elementos, o magistrado pode proferir sentença condenatória do sucessor da atividade empresarial, ainda que ele não tenha figurado originariamente na relação processual, legitimado que está pela diretriz normativa que assinala a

97 Algumas situações de modificação estrutural na atividade empresarial geraram tantas discussões que acabaram resultando na edição de precedentes jurisprudenciais consolidados por parte do Tribunal Superior do Trabalho. Um deles diz respeito a casos de *contratos de concessão de serviço público* (OJ n. 225, da SDI-1/TST). Nesse caso, o TST atribui uma responsabilidade dividida entre o concedente (pelos contratos extintos antes da concessão e, de forma subsidiária, pelos débitos trabalhistas contraídos até a concessão) e o concessionário (pelos contratos extintos após a concessão, inclusive relativamente a débitos anteriores a ela). O outro caso célebre é o da *sucessão nas instituições bancárias* (OJ n. 261, da SDI-1/TST), que considera que "as obrigações trabalhistas, inclusive as contraídas à época em que os empregados trabalhavam para o banco sucedido, são de responsabilidade do sucessor, uma vez que a este foram transferidos os ativos, as agências, os direitos e deveres contratuais, caracterizando típica sucessão trabalhista".

sua responsabilidade. Está no art. 493, do CPC, o fundamento legal para essa possibilidade, que não representa uma decisão fora dos limites do pedido.

Ainda, uma sentença nunca pode ser condicional, devendo sempre ser certa e determinada (ou ao menos determinável), ainda que resolva relação jurídica condicional (parágrafo único, do art. 492 CPC). De outra forma, na ação relativa à obrigação de pagar quantia, ainda que formulado pedido genérico, a decisão definirá desde logo a extensão da obrigação, o índice de correção monetária, a taxa de juros, o termo inicial de ambos e a periodicidade da capitalização de juros, se for o caso. Um vício lastimável muito encontrado em sede de jurisdição trabalhista é a remessa indiscriminada de questões para a liquidação que, por sua natureza, haveriam de ser resolvidas na própria sentença. Isso porque o juiz tem de se preocupar também com a liquidação, com certeza uma das fases mais espinhosas do processo do trabalho, não raro em virtude de uma sentença mal formulada ou inespecífica.

Por tal razão, achamos conveniente que o prolator de uma sentença sempre a faça já vislumbrando como ela seria liquidada, se possível, até evidenciando ali mesmo os critérios para tanto. É claro que certas questões somente podem advir na liquidação: por exemplo, verificando o juiz que um cartão de ponto juntado possui horas extras não pagas, com certeza pode condenar o empregador a satisfazer horas extras, a serem apuradas no momento oportuno, pelo exame e verificação desses documentos. Aqui, o elemento principal, a cognição do direito e seu reconhecimento, está presente; apenas as especificações da condenação é que não serão nesse momento outorgadas, por razões naturais. De qualquer forma, o critério de apuração já restou definido, existindo determinação específica para que as horas extras sejam apuradas a partir dos apontamentos em cartões de ponto.

No entanto, isso não significa que o redator da sentença deva deixar tudo para ser resolvido na liquidação, sob pena de entregar uma prestação jurisdicional incompleta, podendo até mesmo gerar uma "execução negativa" – determinar o pagamento de algo que já foi pago, ou que sequer existe (no mesmo exemplo, caso não se encontre, posteriormente, nenhuma hora extra nos cartões). Relatando um acórdão no Tribunal Regional da 2ª Região, Francisco Antonio de Oliveira em seu voto declarou:

> "É que o procedimento imposto para o julgamento não está atrelado ao menor ou ao maior volume de serviços imposto ao juiz. As regras procedimentais são impositivas e o julgador, o guardião da sua correta aplicabilidade. É bem de ver que é em sede de 'cognitio' que o Estado-Juiz 'jurisdictio' entrega ou não o bem de vida. Defere

> ou não o direito pleiteado e obstado pela parte adversa. É nessa fase que se constroem os alicerces do 'an debeatur', que deverá ser sempre certo e determinado. O juiz ao entregar a prestação jurisdicional deverá, sempre, dar a certeza, de forma fundamentada, daquilo que condena e que se enuncia no comando abstrato da sentença."

E mais:

> "Isto porque, na fase de acertamentos ou de liquidação de sentença, não se constitui nenhum direito, mas apenas se aclara e torna realidade aquilo que restou condenado em abstrato em âmbito de 'cognitio'. Se nada conseguiu provar, o direcionamento será a improcedência. Mas, se a matéria exige perícia, como bem disse a r. sentença, que se faça a perícia na sua fase normal, que é a da instrução do processo. A remessa da perícia para fase de acertamentos, sem que se tenha certeza alguma do 'an debeatur', não tem amparo legal ou jurídico. E correr-se-ia o risco de a perícia desaguar no nada, com perda de tempo e afronta ao princípio da economia processual".[98]

Isso ratifica o que expressamos anteriormente, ou seja, ainda que não prolate sentença líquida, o que é impossível na maioria dos casos, o magistrado tem de julgar formulando sua convicção com máximo de certeza possível, de preferência até dimensionando todo o alcance que terá sua condenação. A falta disso, como no caso em questão, acarreta a invalidade do julgado.[99]

---

98 Proferido no RO 02930039226-SP, em 07.06.94, conforme publicado no Boletim AASP 1938, de 14 a 20.02.96, p. 50.

99 Foi também o sentido de decisão de nossa lavra, junto ao Tribunal Regional do Trabalho da 15ª Região, em que relatamos um processo no qual efetivamente houve negativa de prestação jurisdicional, conduzida pela prática da remissão da solução do processo à liquidação. "SENTENÇA IRRESOLUTA – OFENSA AO DEVIDO PROCESSO LEGAL. Ofende ao devido processo legal sentença que defere ao autor horas extras sem ter feito a verificação da existência de diferenças em pelo menos um mês do contrato. Ainda que seja lícito ao magistrado deixar para a fase de acertamento a especificação da condenação ou o seu alcance, isso deve sempre pressupor a constatação, na sentença de conhecimento, da efetiva existência do direito perseguido. A falta de análise precisa dos documentos e a remessa à liquidação para verificação da própria existência ou não do direito pode resultar em uma aberração jurídica regularmente chamada de 'execução negativa', expressão que traz consigo uma contradição intrínseca, pois se a execução busca o efetivo cumprimento do comando sentencial, a verificação de que ela é negativa mostra que a própria decisão foi equivocada, pois o autor sequer teria o direito buscado. Mesmo a remessa à liquidação por artigos depende de constatação, na fase cognitiva, da existência do direito, que somente será quantificado ou especificado na fase liquidatória".: Ac. 17445/2002, Proc. TRT/15 020111-2001-5, 4ª VT de Ribeirão Preto. Informação disponível no website do Tribunal (<www.trt15.gov.br>).

Como exposto, embora o juiz possa deixar para a fase de liquidação certos ajustes do comando sentencial, não pode deixá-lo "em branco", a ser preenchido em outro momento processual. Em nosso entendimento, a chamada "execução negativa" é uma absoluta impropriedade, pois, se do comando da sentença não resultou qualquer crédito ao exequente, isso significa que ele não deveria ter tido um resultado positivo no julgado. Assim, temos que o juiz deve ter mínimos elementos de segurança ao proferir sua sentença, e se tiver de conceder ao autor algum direito, isso deve estar escudado em fatores de certeza, pois admitir o contrário representaria a consagração da insegurança jurídica.

Por fim, e do mesmo modo, é nula a sentença que não contém fundamentação, consoante, inclusive, o disposto no inciso IX do art. 93, da CF. Aqui, temos de retomar o já mencionado no item anterior, a respeito do disposto no § 1° do art. 489, do CPC. Com efeito, o texto assinala as situações nas quais as decisões judiciais – inclusive as sentenças – são tidas como não fundamentadas, e o TST entendeu que esse dispositivo é aplicável, com ressalvas, ao processo do trabalho. Portanto, cabe ao redator da sentença observar os elementos ali pontuados, a fim de evitar que o ato sentencial padeça dessa nulidade.[100]

De outra parte, a clareza é outro fator de fundamental importância na redação da sentença, ainda que não se possa dizer que a sentença obscura enseje sua nulidade: em regra, apenas é de difícil compreensão, o que, igualmente, dificulta o momento da liquidação, para não falar no prejuízo ao contraditório, por dificultar o recurso das partes. "Logo, a quem ambiciona respeito e notabilidade no exercício da Magistratura, o primeiro cuidado com a sentença é saber escrevê-la, fazendo da simplicidade e do poder de síntese verdadeiros ímãs de atração do leitor. A precisão revela-se consequência da clareza, acrescentando-lhe um significado de disciplina intelectual do juiz. Associa-se à ideia da abrangência da matéria a ser decidida, sem desdobramentos nem omissões."[101]

100 Apenas para registro, tem-se que, apesar da nulidade, o CPC estabelece que o tribunal poderá julgar desde logo o mérito da causa, se o processo estiver apto para tanto (artigo 1.013, IV, do CPC).

101 RODRIGUES PINTO, José Augusto (Anatomia da sentença trabalhista. in: *Noções atuais de direito do trabalho* – Estudos em homenagem a Elson Gottschalk. São Paulo: LTr, 1994. p. 406). O autor menciona, ainda, que "é cuidado primário do juiz habilitar-se a aparelhar sua sentença com a conjugação desses três requisitos formais. Em decerto, o conhecimento do vernáculo, o domínio da lógica e a familiaridade com o direito são o receptáculo de onde irá retirá-los".

Visando maior clareza, a linguagem usada nas sentenças há de ser, antes de tudo, simples, sem abuso de expressões arcaicas ou mesmo citações descontextualizadas em língua estrangeira, inclusive em latim, ainda porque o destinatário final, em regra, desconhece o vocabulário próprio dos advogados e juristas em geral. Tem-se, assim, que o magistrado que pretende bem redigir suas sentenças, adquirindo respeitabilidade e fazendo-se entender, deve sempre procurar aprimorar seus conhecimentos de gramática e de formulação de ideias, evitando-se o que se tem chamado de "psitacismo", ou seja, a arte de se construir frases ocas à maneira do papagaio. O abuso do jargão jurídico em nada contribui para a efetividade da jurisdição, ao contrário, apenas afasta a decisão judicial daquilo que representa sua finalidade, porquanto o destinatário da sentença é o cidadão, e ele tem de entender o conteúdo da decisão que a ele interessa. Com isso, certamente terá melhores condições de bem exercer sua atividade profissional, além de ter um menor número de embargos declaratórios para julgar.

Nesse mesmo sentido, é cada vez mais presente a necessidade de respeitarmos os preceitos da simplicidade, objetividade e da concisão nos atos processuais, inclusive na sentença. Assim nos exige tanto a dinâmica da vida social contemporânea como a própria necessidade de transparência de qualquer atividade pública. A velocidade no tráfego de informações transforma quaisquer elementos em produtos de fácil e rápido consumo, tornando desinteressante qualquer ato processual demasiadamente extenso. De outro lado, essa mesma disseminação deve ser instrumento de democratização do acesso à Justiça, em seu sentido mais amplo – deve-se permitir ao cidadão não apenas levar ao Judiciário as suas demandas mas também obter dele uma resposta eficaz, eficiente, célere e compreensível. Mesmo em tempos de tecnologia, a virtude está na capacidade de se comunicar com clareza e simplicidade, conquistando o maior número possível de interlocutores. A linguagem não deve ser um instrumento autoritário de poder, que afaste do debate quem não tenha a chave de acesso a um vocabulário desnecessariamente difícil.

Essa é uma verdade incontestável, e bem fariam os juristas se firmassem um pacto em prol da objetividade e concisão. Para isso é necessário que os advogados passem a redigir petições menos densas e longas[102] e que,

102 O autor propõe que as petições devam ter um limite máximo de páginas, de modo que "pelo menos as ideias centrais e o pedido têm que caber em algo assim como 20 laudas. Se houver mais a ser dito, deve ser junto como anexo, e não no corpo principal da peça". E, lembrando que Einstein elaborou a Teoria da Relatividade em uma página, pontifica, com sabedoria: "Aliás, postulação que não possa ser formulada nesse número de páginas dificilmente será portadora de bom direito." (*op. cit.*)

naturalmente, os juízes também condensem suas decisões, pois é absolutamente desnecessário que um julgado, por vezes singelo, ocupe incontáveis laudas ou, no caso das decisões colegiadas dos Tribunais, consumam horas infindáveis em sua leitura. Com isso também concorda *José Eduardo de Resende Chaves Jr.*, para quem "*o excesso de linguagem é tão autoritário quanto o silêncio, que, ao contrário, na maioria das vezes é mais eloquente. A pichação só tem eficácia no muro em branco. No muro livre, saturado de pichações, nenhuma nova inscrição causa efeito algum. Liberdade saturada de expressão no processo é ruído e, não, mensagem*".[103]

Se essa é uma diretriz muito bem-vinda no processo em geral, com mais razão deve ser aplicada no processo do trabalho, em que vigoram os princípios da oralidade e da simplicidade. Não é casual o fato de que os principais atos processuais trabalhistas são praticados em audiência e, preferencialmente, pela forma verbal. A defesa e a sentença são atos propriamente qualificados pela oralidade e praticados em audiência, e somente por razões de ordem prática têm sido realizados de forma escrita, o que acaba por conduzi-los na contracorrente das tendências metodológicas do processo do trabalho e das necessidades contemporâneas ora defendidas. Ainda assim, mesmo que esses atos continuem a ser produzidos de forma escrita, entendemos que devem sempre primar pela clareza, pela objetividade e pela concisão, pois, subscrevendo o que diz *Chaves Jr.*, também entendemos que, "na contemporaneidade, o processo justo é o processo sucinto, organizado e célere. Nenhum direito é absoluto e sem medida. E a medida da moderação linguística nos autos não é tão subjetiva. O bom senso é uma medida eminentemente coletiva. O critério de adequação das atitudes é uma nota distintiva do próprio ser humano".[104]

2.3.2. Petição inicial e rito sumaríssimo no processo do trabalho

Quando da instituição do procedimento sumaríssimo na Justiça do Trabalho, houve quem defendesse a aplicação do § 3º, do art. 3º e art. 39 da Lei n. 9.099/95, que trata dos Juizados Especiais de Pequenas Causas[105], com o que qualquer ação trabalhista sujeita a esse rito automaticamente limitaria a condenação ao montante máximo de admissibilidade previsto na Lei n. 9.957/00.

---

103 CHAVES JR., José Eduardo de Resende. O mínimo é o máximo! – a concisão como novo princípio do processo judicial. *Jornal Estado de Minas*. 08 de janeiro de 2009, v. Caderno Direito & Justiça, p. 01.

104 *Idem*

105 Art. 3º, § 3º – "A opção pelo procedimento previsto nesta Lei importará em renúncia ao crédito excedente ao limite estabelecido neste artigo, excetuada a hipótese de conciliação". Art. 39 – "É ineficaz a sentença condenatória na parte que exceder a alçada estabelecida nesta lei".

Com isso, indicando o rito sumaríssimo, naturalmente o autor limitaria a condenação ao montante de 40 salários mínimos da época do ajuizamento, ainda que se apurasse, posteriormente, resultado superior.[106]

Não conjugamos com esse entendimento, no entanto. A despeito dos fatores genéticos apontados, os princípios que regem o processo trabalhista são muito peculiares e não podem perder de foco os preceitos do direito material que o sustenta. Assim, se levarmos em conta o princípio da irrenunciabilidade, próprio do Direito do Trabalho, observamos que, por regra, o trabalhador não pode abdicar de direitos trabalhistas que possui, sendo considerados nulos seus atos nesse sentido.[107] Dessa maneira, não se pode admitir como compatível com o processo do trabalho a regra em comento, pois ofenderia um dos princípios fundamentais do direito laboral. Ao lado disso, não se pode olvidar que o processo trabalhista já possui, há décadas, um procedimento especial destinado a causas de menor valor: trata-se do rito por muitos chamado "sumário", e que está previsto na Lei n. 5.584/70. São os ditos *processos de alçada*, ou seja, aqueles cujos valores não excedem de 2 salários mínimos, e que possuem dados de simplificação que visam a maior celeridade em sua solução. Pois bem. Usando-se a mesma lógica disciplinada na Lei n. 9.099/95 nos processos trabalhistas, o mesmo efeito poderia se dizer aplicável a ações de até dois salários mínimos, o que não se cogita, ainda que se considere ser a regra que a instituiu muito anterior à lei dos Juizados Especiais, porque essa interpretação poderia ser legitimada a partir da vigência desta última.

Com isso, concluímos que não tem cabimento a incidência da regra em questão dentro do processo laboral. Essa assertiva nos permite evoluir para outra conclusão. Com o advento do rito sumaríssimo, em face do contido no art. 852-B, I, da CLT, muitos advogados passaram a liquidar todas as suas petições iniciais, mesmo as sujeitas ao rito ordinário, pois não são poucos os magistrados que assim exigem. Isso evoca outro questionamento: fixando a parte um valor para seu pedido, está a ele o juiz vinculado, devendo limitar a condenação à expressão monetária nominal reivindicada, ainda que inferior ao limite legal?

---

106 Um dos defensores dessa tese é José Antônio Ribeiro de Oliveira Silva, sustenta o qual o principal fundamento para esse entendimento reside no fato de que a fonte de inspiração da Lei n. 9.957 foi, "sem qualquer sombra de dúvida, a Lei n. 9.099, de 26 de setembro de 1995", de modo que seria natural a aplicação supletiva desses dispositivos ao processo trabalhista. Acrescenta, ainda, os que assim interpretam, que a condenação em valor superior ofenderia o devido processo legal. (*Questões relevantes do procedimento sumaríssimo* – 100 perguntas e respostas. São Paulo: LTr, 2000. p 28-32).

107 Arts. 9º e 468, da CLT.

O problema foi potencializado pela modificação do parágrafo 1o. do artigo 840, da CLT, que passou a estabelecer, como requisito geral para a petição inicial trabalhista, a indicação do valor do pedido. Com isso, o debate que antes se referia apenas às ações de rito sumaríssimo, agora afeta a todas as demandas trabalhistas, ao menos as ajuizadas após 11 de novembro de 2017.[108]

Consideramos que o acolhimento dessa teoria representa um excessivo e desnecessário formalismo processual. A exigência legal de indicação do pedido – que não se confunde com liquidação – tem como escopo, além da definição do rito, permitir maior alcance na cognição da pretensão e, invariavelmente, facilitar o papel conciliador do magistrado. Não se deve, no entanto, entender que isso limita o próprio pedido, mesmo porque contas de liquidação estão sempre sujeitas a equívocos, e até aquelas feitas pelo juiz, em sua sentença, são passíveis de correção (art. 494, I, do CPC).

Demais disso, não se pode desconsiderar que a limitação contida na Lei n. 9.099/95 tem uma função lógico-funcional: os Juizados Especiais somente têm competência para ações de até 40 salários mínimos, de sorte que não teria nenhum sentido que se admitisse o processamento de ações que tivessem valores superiores, porque isso desvirtuaria os fundamentos da regra. Por conta disso, parece razoável o entendimento legal de que, optando o interessado por aquele Juízo específico, ele estaria abdicando do excesso do limite de cognição desse Juízo. Isso não ocorre na Justiça do Trabalho. Em que pese a existência do rito sumaríssimo, o Juízo que dele conhece é o mesmo que conhece do rito ordinário, existindo apenas algumas distinções procedimentais entre ambos. Assim, não existe qualquer disfunção procedimental se for apurado, em ação de rito sumaríssimo, que o crédito do reclamante era superior ao limite para tal caracterização, na fase de liquidação, e por isso, de todo inviável a observância da regra em comento no processo trabalhista.

Pelo exposto, reputamos que a limitação cognitiva do juiz, descrita no art. 492, do CPC, não encontra barreira no valor nominal estabelecido pela parte em sua pretensão, podendo ser deferido pagamento de importe superior, sem ofensa a tal dispositivo, tanto nas demandas sujeitas ao rito ordinário, quanto àquelas sujeitas ao sumaríssimo. Assim também já decidiu o Tribunal Superior do Trabalho, como exemplifica a ementa abaixo transcrita:

> AGRAVO DE INSTRUMENTO EM RECURSO DE REVISTA. PROCEDIMENTO SUMARÍSSIMO. LIMITAÇÃO DO VALOR DA CONDENAÇÃO. O Regional assentou que o

108 Vale assinalar que o TST, na Instrução Normativa 41, apontou que a indicação do valor do pedido só é exigível para ações ajuizadas a partir de 11/11/2017.

montante da condenação deverá ser apurado em liquidação de sentença. Razão pela qual não se vislumbra ofensa ao art. 5º, LIV, da CF/88. Agravo de instrumento conhecido e não provido.- (AIRR – 85040-87.2007.5.15.0057 , Relatora Ministra: Dora Maria da Costa, Data de Julgamento: 18/08/2010, 8ª Turma, Data de Publicação: 20/08/2010)

Em sentido análogo, decisão da SDI II, do mesmo TST:

RECURSO ORDINÁRIO EM AÇÃO RESCISÓRIA AJUIZADA SOB A ÉGIDE DO CPC DE 1973. ART. 485, V, DO CPC DE 1973. LIMITAÇÃO DOS VALORES A SEREM APURADOS EM LIQUIDAÇÃO DE SENTENÇA ÀS QUANTIAS INDICADAS NA PETIÇÃO INICIAL DA AÇÃO TRABALHISTA. VIOLAÇÃO DOS ARTS. 9º DA CLT E 884 DO CÓDIGO CIVIL. ÓBICE DA SÚMULA 298, I, DO TST. OFENSA AO ART. 461 DA CLT. NÃO CONFIGURAÇÃO. 1. Pretensão rescisória, deduzida com amparo no inciso V do art. 485 do CPC de 1973, calcada na alegação de ofensa aos arts. 9º e 461 da CLT e 884 do Código Civil. 2. No processo matriz, a Corte Regional deferiu o pedido de pagamento de diferenças salariais decorrentes de equiparação salarial, porém, limitou o crédito do Autor aos valores indicados na peça inaugural. 3. No caso presente, não consta da decisão transitada em julgado qualquer registro em torno das matérias a que se referem os arts. 9º da CLT e 884 do Código Civil, circunstância que inibe o próprio exame da pretensão fundada no inciso V do art. 485 do CPC de 1973. Incide, no caso, o óbice da Súmula 298, I, do TST. 4. Não há ofensa à literalidade ou negativa de vigência ao art. 461 da CLT. Ora, o Juízo prolator do acórdão rescindendo não indeferiu o pedido de pagamento de diferenças salariais decorrentes de equiparação salarial, apenas limitou o crédito do Autor aos valores indicados na exordial. A constatação do possível equívoco do Órgão julgador , a respeito da limitação do crédito apurado em liquidação de sentença aos valores indicados na petição inicial da ação trabalhista, não passa pela análise da regra do art. 461 da CLT, mas dos dispositivos legais que abordam a questão da adstrição do provimento judicial ao pedido, cuja violação não é apontada nesta ação rescisória. Nesse contexto, não se pode afirmar que o decidido no acórdão rescindendo viola a norma inserta no art. 461 da CLT, tal como exigido no inciso V do art. 485 do CPC de 1973. Recurso ordinário conhecido e não provido. (TST – RO: 17140620115030000, Relator: Douglas Alencar Rodrigues, Data de Julgamento: 20/03/2018, Subseção II Especializada em Dissídios Individuais, Data de Publicação: DEJT 23/03/2018)

2.3.3. *Emendas à sentença*

Ao proferir a sentença de mérito, o juiz entrega a prestação jurisdicional buscada pelas partes, não podendo modificar o quanto decidido, ainda que ciente de razões posteriores que possam indicar que cometera uma injustiça. Isso decorre expressamente do que consta do art. 494 do CPC que, no entanto, deixa ressalvada, em seus incisos, exceção a essa regra para autorizar a correção de inexatidões materiais ou erros de cálculo, que podem ser feitas de ofício ou a requerimento das partes. O mesmo significado tem o art. 833 da CLT, que inclui no rol de legitimação para requerer a correção, até a execução, a antiga Procuradoria da Justiça do Trabalho, hoje Ministério Público do Trabalho. Outrossim, é pertinente a emenda à sentença caso ela possua algum defeito que a torne incompreensível e que possa ser sanado emergencialmente. Isso se faz por meio dos embargos declaratórios, regulados pelo art. 1022 do CPC e, para o processo do trabalho, pelo art. 897-A, da CLT.

O TST, em sua Instrução Normativa 39, reconheceu a aplicação prioritária da CLT a essa temática, adotando, de forma supletiva, alguns dispositivos do CPC:

> **Art. 9o** O cabimento dos embargos de declaração no Processo do Trabalho, para impugnar qualquer decisão judicial, rege-se pelo art. 897-A da CLT e, supletivamente, pelo Código de Processo Civil (arts. 1022 a 1025; §§ 2o, 3o e 4o do art. 1026), excetuada a garantia de prazo em dobro para litisconsortes (§ 1o do art. 1023).
>
> **Parágrafo único.** A omissão para fins do prequestionamento ficto a que alude o art. 1025 do CPC dá-se no caso de o Tribunal Regional do Trabalho, mesmo instado mediante embargos de declaração, recusar-se a emitir tese sobre questão jurídica pertinente, na forma da Súmula no 297, item III, do Tribunal Superior do Trabalho.

Examinando as hipóteses de cabimento dos embargos de sentença, pontuamos que *contradição* é a *afirmação conflitante em diversos momentos da sentença, ou na própria fundamentação, ou ainda entre a fundamentação e a conclusão.* Aqui cabe considerar que esse defeito da sentença apenas diz respeito aos seus aspectos intrínsecos, não se podendo falar em contradição entre inicial e sentença, ou entre a interpretação conferida na sentença e a prova nos autos, pois isto é matéria própria dos recursos de função revisional, que não é o caso dos embargos. Assim, suscitada a existência de contradição intrínseca no julgado, deve o juiz esclarecer e sanar a questão levantada pela parte, isso se, evidentemente, tiver pertinência sua irresignação.

No caso da *omissão*, cumpre ao juiz *apreciar a questão sobre a qual deixou de se manifestar*, inclusive de ofício (artigo 1.022, II, do CPC), o que poderá acarretar modificação no julgado. À guisa de exemplos, podemos citar dois casos. No primeiro deles, tem-se um hipotético reclamante que reivindica horas extras de todo seu contrato de trabalho, e a empregadora, a despeito da contestação de mérito, alega estar prescrita a ação; a sentença deixa de apreciar a alegação de prescrição e julga procedente o pedido. Embarga a reclamada pedindo a apreciação da arguição, e o juiz verifica que, de fato, estaria prescrita a ação; assim, tem de mudar o resultado, passando de *procedente* para *extinto, com resolução do mérito*.[109]

Em outra situação, o empregado postula diversas parcelas, dentre as quais, férias vencidas em dobro, e o juiz rejeita as demais e não aprecia esta última, decretando a improcedência do pedido; o reclamante embarga suscitando a omissão e o juiz, identificando a ausência de pronunciamento a respeito da questão, verifica que, de fato, o reclamante não gozou tais férias, e as defere: com isso, mudou o resultado da sentença, de improcedente para procedente, em parte. Exprime-se, assim, o efeito modificativo retrocitado.[110]

Destaca-se, nesta temática, uma novidade relevantes: a inserção das situações de configuração da omissão, nos incisos I e II do parágrafo único do artigo 1.022. Assim, o código também considera omissa a decisão que deixar de se manifestar sobre tese firmada em julgamento de casos repetitivos ou em incidente de assunção de competência aplicável ao caso sob julgamento e aquela que incorrer em qualquer das condutas descritas no artigo 489, § 1°. No primeiro caso, em que pese sejamos críticos de ambos os institutos, temos que o dispositivo é coerente: sendo "obrigatório" o acompanhamento das teses produzidas naqueles incidentes, é natural que o juiz tenha que se manifestar sobre elas, se pertinentes ao caso, inclusive para afirmar, a distinção entre as hipóteses, o que afastaria sua incidência. Já o segundo inciso é, a nosso ver, despropositado, pois as situações indicadas, como revela o próprio texto invocado, resultar em nulidade da sentença, não sendo situação de omissão.

Acresça-se que o CPC-2015 reconhece também a possibilidade de embargos declaratórios por obscuridade (artigo 1.022, I), configurada pela falta de clareza no texto. Nesse caso, tem-se um defeito de ordem material, em regra decorrente da produção defeituosa da sentença, e que, como já dito,

109 Como dissemos, a solução transita de uma *decisão de mérito* para uma *falsa decisão de mérito*.

110 Nesse sentido, a Súmula 278, do TST: *EMBARGOS DE DECLARAÇÃO. OMISSÃO NO JULGADO (mantida) – Res. 121/2003, DJ 19, 20 e 21.11.2003. A natureza da omissão suprida pelo julgamento de embargos declaratórios pode ocasionar efeito modificativo no julgado.*

deve ser evitado. De outra parte, também restam admitidos para correção de erro material, hipótese não contemplada no texto anterior. Por fim, o CPC, na esteira do já reconhecido pela jurisprudência trabalhista, admite os embargos declaratórios para fins de pré-questionamento.[111]

Por outro lado, os embargos protelatórios podem ensejar multa não excedentes a 2% do valor atualizado da causa, sendo certo que sua reiteração acarreta a elevação dessa multa a 10%, em favor do embargado. Ainda, não serão admitidos novos embargos de declaração de os dois anteriores houverem sido considerados protelatórios. A interposição de qualquer recurso sujeita-se ao depósito dessa multa, que passa a ser pressuposto objetivo dele.

Na hipótese de embargos que impliquem efeito modificativo, o contraditório deverá ser respeitado, devendo o embargado ser intimado para se manifestar no prazo de 5 (cinco) dias (art. 1023, § 2º. CPC). No entanto, no processo do trabalho, em que pese o reconhecimento da aplicação dos artigos 1.022 a 1.025, do CPC, a jurisprudência trabalhista já fixou um entendimento sobre a incidência dessa regra, nos termos da Orientação Jurisprudencial 142, da SDI-I do TST, que afasta sua aplicação às decisões de primeiro grau.[112]

Todavia, é oportuno salientarmos que o efeito modificativo dos embargos declaratórios é totalmente limitado pela sua própria natureza. Uma leitura superficial da questão dá ensejo à incorreta interpretação de que quaisquer embargos permitem a modificação da decisão e, principalmente, emprestam-lhe caráter revisional da decisão, o que não é verdadeiro. Por primeiro, reafirma-se o quanto já dito: embargos declaratórios se destinam a suprir deficiências

---

111 O artigo 1.025 do CPC fala do prequestionamento ficto (artigo 9o., par. único, da IN 39 do TST), decorrente da presunção de que foram enfrentadas a partir da suscitação do embargante. No caso do processo do trabalho, o assunto já vinha tratado pela Súmula 297: *PREQUESTIONAMENTO. OPORTUNIDADE. CONFIGURAÇÃO (nova redação) – Res. 121/2003, DJ 19, 20 e 21.11.2003. I. Diz-se prequestionada a matéria ou questão quando na decisão impugnada haja sido adotada, explicitamente, tese a respeito. II. Incumbe à parte interessada, desde que a matéria haja sido invocada no recurso principal, opor embargos declaratórios objetivando o pronunciamento sobre o tema, sob pena de preclusão. III. Considera-se prequestionada a questão jurídica invocada no recurso principal sobre a qual se omite o Tribunal de pronunciar tese, não obstante opostos embargos de declaração.*

112 OJ-SDI1-142 EMBARGOS DE DECLARAÇÃO. EFEITO MODIFICATIVO. VISTA À PARTE CONTRÁRIA (inserido o item II à redação) – Res. 178/2012, DEJT divulgado em 13, 14 e 15.02.2012. *I – É passível de nulidade decisão que acolhe embargos de declaração com efeito modificativo sem que seja concedida oportunidade de manifestação prévia à parte contrária. II – Em decorrência do efeito devolutivo amplo conferido ao recurso ordinário, o item I não se aplica às hipóteses em que não se concede vista à parte contrária para se manifestar sobre os embargos de declaração opostos contra sentença.*

estruturais da decisão, seja por sua incompletude, pela imprecisão no seu conteúdo ou na formulação de solução intrinsecamente contraditória. Assim, verificando-se uma dessas hipóteses, poderá o juiz conferir à decisão de embargos o efeito modificativo, obtido justamente na eliminação da contradição ou no suprimento da omissão, como nos exemplos que antes citamos. O efeito modificativo dos embargos não permite, de maneira alguma, que os embargos se destinem à rediscussão da matéria decidida pelo Juízo de origem, o que se deve fazer pelo instrumento recursal próprio, dependendo do caso. Como já se manifestou o Supremo Tribunal Federal, "descabe confundir o direito à prestação jurisdicional de forma completa com o desejo de ver rejulgada a causa. Isso ocorre quando articulada violência do devido processo legal em hipótese na qual, a partir de premissas fáticas e legais, reconheceu-se o direito adquirido à complementação de proventos, insistindo o recorrente, via embargos declaratórios, sem argumento relevante, na configuração de simples expectativa de direito".[113]

Esses argumentos se reforçam pelo fato de o CPC-2015 contemplar a possibilidade de haver retratação judicial a partir da interposição da apelação (art. 485, § 7°), com relação a decisões que não resolvem o mérito do processo (art. 485). Por tal dispositivo, recebida a apelação em face da sentença, o magistrado poderá, no prazo de cinco dias, reconsiderar a extinção, denotando que, ao menos nas situações descritas no dispositivo, os embargos são totalmente impertinentes, pois o efeito pretendido pode ser obtido pela apelação. Tal parágrafo tem sua aplicação ao processo do trabalho reconhecida pelo art. 3o., VIII, da IN 39, do TST.

2.3.4. *Os chamados pedidos implícitos e a cognição de ofício pelo juiz*

É inconteste que o princípio da proteção é um dos pilares do Direito do Trabalho: segundo a maior autoridade no assunto, ele "se refere ao critério fundamental que orienta o Direito do Trabalho, pois este, ao invés de inspirar-se num propósito de igualdade, responde ao objetivo de estabelecer um amparo preferencial a uma das partes: o trabalhador".[114] Com base nesse postulado, há quem defenda que o princípio em questão projeta seus efeitos

113 AI 280760 AgR/SP – AG.REG.NO AGRAVO DE INSTRUMENTO – 2ª Turma – Relator Min. MARCO AURÉLIO – Julgamento: 11.09.2001 – Publicação DJ 16.11.2001.

114 PLÁ RODRIGUEZ (*Princípios de direito do trabalho.* São Paulo: LTr, 1997. p. 28).

ao processo do trabalho, atuando instrumentalmente na compensação da desigualdade econômica em que a relação material se consubstancia.[115]

A questão, no entanto, não é pacífica, sendo objeto de múltiplas manifestações em sentidos opostos ou convergentes[116] mas nela não nos estenderemos em razão dos objetivos deste trabalho. Importa-nos, em particular, é a possibilidade que o tema oferece, de se reconhecer a incidência, no processo trabalhista, do chamado *princípio da ultrapetição de sentenças*. Em tal contexto, alguns sistemas justrabalhistas têm admitido que o magistrado profira decisão para além da postulação das partes, observadas certas condições[117] e isso guarda uma relação quase direta com a assimilação do princípio protetor no processo do trabalho.[118] No Brasil, a teoria encontra ressonância em parte da doutrina, como é o caso de *Rodrigues Pinto*, que admite o que ele chama de *julgamento extrapetição* como sendo um preceito peculiar ao processo do trabalho.[119]No entanto, o autor exemplifica o cabimento dessa medida de ofício pelo juiz usando situações que, a nosso ver, não representam propriamente

115 Um dos autores que assim pronuncia é Carlos Henrique Bezerra Leite (*Curso de direito processual do trabalho*. São Paulo: LTr, 2003. p. 59), que afirma, textualmente, "que o princípio protetor ou tutelar é peculiar ao processo do trabalho", escudando-se em escrito do próprio Plá Rodriguez. Também cita, em amparo de sua tese, outros autores estrangeiros e ainda Wagner D. Giglio e Coqueijo Costa, e este se pronuncia de maneira ainda mais evidente: "O processo não é um fim em si mesmo, mas instrumento de composição de lides, que garante efetividade do direito material. E como este pode ter natureza diversa, o direito processual, por seu caráter instrumenttal, deve saber adaptar-se a essa natureza diversa." (COQUEIJO COSTA. *Direito processual do trabalho*. Rio de Janeiro: Forense, 1996. p. 5)

116 Um dos desdobramentos mais recentes dessa discussão se vê na análise sobre a possibilidade de reconhecimento de ofício da prescrição, prevista no art. 219, § 5°, do CPC-1973, do que trataremos mais adiante.

117 Exemplo interessante vem da legislação processual trabalhista de Portugal, no qual "vigora como princípio a condenação *extra vel ultra petitum*, que se traduz no dever de o juiz condenar em quantidade superior ou em objeto diverso quando verificadas determinadas circunstâncias (art. 74 do CPT)". (OLIVEIRA, Paulo Eduardo Vieira de; NAHAS, Thereza Cristina. Aspectos gerais do processo de matéria trabalhista em Portugal, in *Direito processual do trabalho comparado*. TOLEDO FILHO, Manoel Carlos e EÇA, Vitor Salino de Moura (coords.). Belo Horizonte: Del Rey, 2009. p. 357). Segundo os autores, esse princípio dota o processo laboral de um mecanismo jurídico-processual que permita garantir a prevalência da justiça material sobre a justiça formal.

118 Na mesma obra citada, os autores deixam claro que essa possibilidade "é uma decorrência natural do princípio da irrenunciabilidade de determinados direitos do trabalhador", ratificando nossa afirmação, eis que tal princípio é uma decorrência do princípio estrutural do Direito do Trabalho, que é o princípio protetor.

119 Na realidade, ele classifica essa possibilidade como uma peculiaridade emergente, ou seja, um preceito que existe apenas em um plano ideal ou transicional, tendente a aderir-se aos

aquele intento manifestado em outros sistemas como sendo de *julgamento fora do pedido*, aproximando-se muito mais daquilo que outros autores nominam como pedidos implícitos. *Manoel Antonio Teixeira Filho*, p. ex., sustenta a existência de situações em que não haveria necessidade de que certos pedidos fossem explicitamente expostos na petição inicial, sendo passíveis de cognição e eventual acatamento mesmo não sendo objetivamente formulados.

Embora a expressão "pedidos implícitos" não nos pareça adequada, admitimos com tranquilidade a possibilidade de certas matérias serem conhecidas pelo juiz independentemente de pedido expresso da parte interessada. Preferimos tratá-las como temas de cognição obrigatória pelo magistrado, em razão de sua própria natureza, que dispensa a postulação direta pela parte. Vale notar que a afirmação da existência de "pedido implícito" é uma contradição, visto que se há pedido, ele não será implícito, e ser for implícito não terá sido pedido. Preferimos, por esse motivos, tratar do assunto como *temas que o juiz pode conhecer de ofício*, ou seja, mesmo que não haja requerimento da parte a esse respeito.

O Código de Processo Civil de 2015, assimilando entendimento jurisprudencial, passou a considerar como integrantes do principal, além dos juros legais, a correção monetárias e as verbas da sucumbência, inclusive os honorários advocatícios. No entanto, para tantos outros temas há muita controvérsia, e a análise do cabimento da cognição de ofício pelo magistrado passa, invariavelmente, pela avaliação da relação acessório-principal que pode existir entre uma pretensão efetivamente formulada e outra que eventualmente pode acompanhá-la. Em nosso entendimento, estipulações legais cominatórias são, tipicamente, parcelas indissociáveis do fato que as gera. Dessa maneira, somos tentados a considerar que a *multa do art. 467, da CLT*, bem assim aquela que consta do *art. 137* da mesma Consolidação constituem parcelas que podem ser deferidas ainda que a parte não as postule de modo específico. Dessa forma, se o autor reclama verbas rescisórias não pagas e o reclamado não as contesta e nem as paga na primeira audiência, ao prolatar a sentença o juiz deve determinar a incidência da multa de 50% sobre essas parcelas.[120] Da mesma maneira, postulando o reclamante indenização por férias não concedidas, se o juiz verificar que efetivamente não houve concessão do descanso anual, deve estipular, na decisão, que a remuneração seja calculada de forma dobrada.

---

demais princípios já consagrados pelo uso (*Processo trabalhista de conhecimento*. 5. ed. São Paulo: LTr, 2000. p. 60-61)

120 Consoante reza o art. 467, em sua redação dada pela Lei n. 10.272/01.

De outro lado, e tratando-se ainda de férias, consideramos que o *terço adicional* previsto no inc. XVII, do art. 7º, da CF, também não depende de pedido específico. A rigor, nem se trata de acessório do pedido de remuneração de férias: o que se passa, na realidade, é que as férias devem ser remuneradas tendo como base de cálculo o valor da remuneração do empregado, acrescida de um terço. Ou seja, não existe "terço adicional de férias" como parcela autônoma, porque a própria remuneração das férias é superior à remuneração normal. Assim, quando se postula o pagamento pelas férias, já está embutida nesse pedido a ideia de que isso representa um terço a mais do que a remuneração regular do obreiro.

Diferente é o caso da *indenização de 40% do FGTS*. Muitos, aliás, fazem a referência a esse título como se fosse "multa", mas trata-se de uma equivocada referência. Afinal, não se pode esquecer de que, antes do art. 18, § 1º, da Lei n. 8.036/90, a parcela em comento era apenas regulada pelo art. 10, I, do Ato das Disposições Constitucionais Transitórias, o qual, por sua vez, tem a finalidade de regulamentar, temporariamente, o inc. I, do art. 7º da CF. Ora, tal dispositivo constitucional estipula a vedação da dispensa arbitrária ou sem justa causa, mas estabelece a possibilidade de ser fixada indenização compensatória para as dispensas. E a regra transitória cria justamente essa indenização substitutiva, de maneira que não se trata de multa, mas sim de *indenização compensatória provisória pela dispensa imotivada*.

Todavia, para certos intérpretes, essa indenização seria parcela acessória do FGTS, porque regulada pela própria lei do Fundo e tem os depósitos da conta vinculada como base de cálculo. Mas entendemos que, neste caso, não se tem tipicamente a relação acessório-principal, já que a vinculação entre as parcelas está meramente no fato de que a base de cálculo de uma é a outra, mas não existe ligação umbilical, de modo a estar implícito um pedido em outro. Aliás, existem situações em que, embora devidos os depósitos do FGTS, não é devida a indenização.[121] Portanto, no que diz respeito aos 40% do FGTS, nossa compreensão é de que devem ser postulados individualmente, não estando presumido o pedido se presente apenas o pleito de depósitos do Fundo.

Da mesma forma, merece destaque a questão dos *honorários advocatícios*. Até a vigência da Lei 13.467/2017, predominava a interpretação de que não seria aplicável o princípio da sucumbência no processo do trabalho. Desde então, defendemos que os honorários sejam sempre devidos, mesmo sem pedido expresso, já que seu cabimento decorre meramente da sucumbência da parte, diretriz adotada pelo CPC, no parágrafo 1º do art. 322. Todavia, a diretriz

121 Como, p. ex., no caso dos contratos a prazo determinado.

jurisprudencial predominante afirma vaque a subsistência do *jus postulandi* das partes no processo trabalhista afasta "o princípio da sucumbência", o que, inevitavelmente, remete o cabimento dos honorários advocatícios no processo do trabalho aos casos disciplinados no art. 14 da Lei n. 5.584/70. Com isso, parecia natural que a parte interessada em se beneficiar disso deva postular especificamente a verba honorária, mesmo porque seu cabimento depende de requisitos específicos e a devida comprovação deles. Porém, cabe observar que o Tribunal Superior do Trabalho editou a Instrução Normativa n. 27/05, para disciplinar os procedimentos a serem adotados nas ações não trabalhistas processadas perante a Justiça do Trabalho, a partir da EC n. 45/04. Nela, o TST estabelece que, nas ações trabalhistas que não versem sobre relação de emprego, aplica-se o princípio da sucumbência, de maneira que, a nosso ver, incide plenamente a hipótese do parágrafo 1º. do art. 322 do CPC, que determina que essa condenação não depende de pedido próprio. Essa diretriz foi inserida explicitamente no inciso III da Súmula 219, do TST, em maio de 2011, mesma oportunidade em que foram reconhecidos o cabimento dos honorários em ações rescisórias (inciso II) e em ações em que o sindicato atua como substituto processual (inciso III, primeira parte).

De outra parte, temos que a Orientação Jurisprudencial no. 421, da SDI-1, do TST, estipula que os honorários advocatícios são devidos em se tratando de ação de indenização por danos morais e materiais decorrentes de acidentes de trabalho ou doença profissional quando ajuizada na Justiça Comum.[122]

A inclusão do artigo 791-A tornou mais comum a incidência dos honorários advocatícios na Justiça do Trabalho, muito embora ainda haja muita polêmica a esse respeito. Voltaremos a tratar do tema, mais adiante. Em todos esses casos, no entanto, entendemos que a condenação em honorários advocatícios não depende de pedido expresso.

122 OJ-SDI1-421 HONORÁRIOS ADVOCATÍCIOS. AÇÃO DE INDENIZAÇÃO POR DANOS MORAIS E MATERIAIS DECORRENTES DE ACIDENTE DE TRABALHO OU DE DOENÇA PROFISSIONAL. AJUIZAMENTO PERANTE A JUSTIÇA COMUM ANTES DA PROMULGAÇÃO DA EMENDA CONSTITUCIONAL Nº 45/2004. POSTERIOR REMESSA DOS AUTOS À JUSTIÇA DO TRABALHO. art. 85 do CPC de 2015. ART. 20 DO CPC de 1973. INCIDÊNCIA. (atualizada em decorrência do CPC de 2015) – Res. 208/2016, DEJT divulgado em 22, 25 e 26.04.2016. *A condenação em honorários advocatícios nos autos de ação de indenização por danos morais e materiais decorrentes de acidente de trabalho ou de doença profissional, remetida à Justiça do Trabalho após ajuizamento na Justiça comum, antes da vigência da Emenda Constitucional nº 45/2004, decorre da mera sucumbência, nos termos do art. 85 do CPC de 2015 (art. 20 do CPC de 1973), não se sujeitando aos requisitos da Lei nº 5.584/1970.*

Outra questão que sempre suscita dúvidas nesta matéria é a que diz respeito ao que se convencionou chamar de *reflexos* de parcelas habituais, como as horas extras: é comum haver pedido de pagamento de horas extras e os reflexos dela decorrentes em reclamatórias trabalhistas, mas isso gera, imediatamente, o questionamento sobre a possibilidade ou não de deferimento dos ditos reflexos se eles não forem expressamente pedidos.

Por primeiro, é fundamental esclarecer-se a impropriedade do uso dessa expressão ("reflexos"), ainda que faça parte do senso comum dos operadores na Justiça do Trabalho. O fenômeno que ocorre, na realidade, é que a existência de parcelas remuneratórias habituais no contrato de trabalho gera a necessidade de sua inclusão na base de cálculo dos demais títulos contratuais do empregado. Por isso, as horas extras "repercutem" ou "refletem" em outras parcelas do trabalhador, como férias, décimo terceiro salário, FGTS e aviso prévio, p. ex. Assim, tecnicamente, o pedido deveria ser "pagamento das horas extras e de diferenças de férias, de décimo terceiro salário e de FGTS, pela sua integração na base remuneratória do empregado". Disso concluímos, pois, que o que se ajustou chamar de "reflexos" *não constitui acessório* de títulos contratuais como as horas extras, por exemplo. Elas somente se prestam a gerar repercussões em outros títulos, mas as postulações desses títulos, ou de suas diferenças, devem ser específicas, sob pena de não poderem ser reconhecidas, porquanto são parcelas autônomas em face do pedido principal.

A questão relacionada à possibilidade do *reconhecimento do vínculo de emprego* quando a parte somente pede a anotação da CTPS é outro tema que tem gerado razoável debate. Há julgados que chegam a considerar inepta a petição inicial que não possui pedido explícito de reconhecimento da relação de emprego, considerando-o imprescindível para a existência válida do processo. Não somente não concordamos com essa interpretação como defendemos que o mero pedido de anotação da carteira de trabalho do obreiro já induz à conclusão de que a pretensão do autor é de ver sua relação de emprego reconhecida. Afinal, o registro da CTPS é decorrência lógica da existência de relação empregatícia reconhecida, e por isso não é crível que alguém que vá a Juízo afirmando que trabalha sem anotação em carteira, e a postule, não estaria querendo, na realidade, uma sentença que reconheça a sua condição de empregado! Como já foi observado, o registro em carteira é meramente uma decorrência lógica do reconhecimento de que existe um contrato de emprego, não podendo admitir-se a ocorrência de uma coisa sem a outra. Somente um apego excessivo e injustificado ao formalismo processual justifica que se entenda como inepta a petição inicial que não possui explícito pedido de reconhecimento de relação de emprego, quando presente a postulação da anotação da CTPS. Por isso, concluímos que o reconhecimento do vínculo está implícito em tal pretensão, sendo desnecessário pedido próprio a tal respeito.

Para todas essas situações, reconhecemos haver possibilidade de solução distinta, a partir do entendimento do redator de cada sentença. Trata-se de temas relacionados à *convicção* do julgador, dado que pertence exclusivamente a ele, em sua discricionariedade interpretativa, ainda que em um ou outro caso exista uma determinada tendência jurisprudencial em certo sentido. Do ponto de vista instrumental e pragmático, especialmente com relação aos candidatos em concursos públicos da magistratura do trabalho, há necessidade de se desenvolver um exercício argumentativo, a fim de não causar a impressão nos membros da banca de que o candidato se esqueceu de apreciar um dado pedido. Afinal, se se tratar de tema para o qual o redator da prova entenda ser necessário *pedido expresso* – que não existe no problema que lhe é apresentado –, a simples abstenção de pronunciamento pode ser entendida como uma falha no ato sentencial, com o gravame de que, no caso da prova, não gera a nulidade (como ocorreria nas sentenças "reais"), mas pode resultar na perda de preciosos pontos na avaliação. Por esse motivo, nossa sugestão é que, para tais matérias, ainda que não haja pedido expresso, o candidato faça menção ao tema, deixando de deferi-lo justamente por estar fora dos limites da lide. Exemplificando-se com a já citada figura do art. 467, da CLT, a solução, no caso, poderia ser mais ou menos a seguinte: "Embora verificado o não pagamento das verbas rescisórias incontroversas por ocasião da primeira audiência, deixa de ser deferida a multa do art. 467, da CLT, por não haver qualquer pedido a respeito." Com isso, o candidato preserva seu entendimento sem permitir que haja a ilação de que ele deixou de apreciar questão relevante da sentença.

No rol de situações que podem ser conhecidas de ofício pelo juiz em prol do autor da ação também temos de inserir aquelas que *derivam de expresso comando legal*. Assim se aplica, p. ex., no caso das *despesas processuais* descritas no § 1º, do art. 322, do CPC. Ainda que a jurisprudência dominante não aplique o esse dispositivo ao processo do trabalho, no que diz respeito aos honorários advocatícios[123], não há restrição ao seu uso com relação às demais despesas processuais, como as *custas do processo*, a *indenização de viagem, diária de testemunha, remuneração do assistente técnico e honorários periciais prévios* que tenham sido fixados pelo juiz. Todas essas despesas, uma vez constatadas, devem ser incluídas na condenação pelo juiz, mesmo sem qualquer postulação.

123 Exceto nas ações que não versem sobre relação de emprego, como já dissemos.

Outro caso é o das ações que tenham por *objeto prestação de fazer ou não fazer*. O art. 497 do CPC estipula que, ao acolher o pedido, o juiz concederá tutela específica da obrigação, determinando as providências que assegurem resultado prático equivalente ao do cumprimento. O texto legal expressamente permite ao juiz a fixação de multa cominatória ou por atraso no cumprimento da obrigação e adoção de outras medidas descritas no § 1º do artigo 536, independentemente de pedido do autor, deixando ainda abertas outras possibilidades de medidas judiciais que visem ao implemento do comando sentencial. Da mesma maneira, o art. 499 permite ao juiz, de ofício, converter a obrigação em indenização por perdas e danos ainda que o autor não requeira, ou seja, em casos nos quais *for impossível a concessão de tutela específica ou a obtenção do resultado prático equivalente*

Sentido similar têm os arts. 496 e 729, da CLT, específicos para situações de *postulação de reintegração do trabalhador no emprego*. No primeiro caso, a CLT autoriza o juiz a converter a reintegração postulada em indenização, mesmo sem que haja pedido: basta verificar que o reingresso do empregado na empresa é desaconselhável em razão da incompatibilidade decorrente do conflito, principalmente se o empregador for pessoa natural. No segundo, tem-se admitido a fixação de multa diária pelo não cumprimento de ordem de reintegração, também independentemente de pedido próprio.

De outro lado, sempre que a ação demandar *obrigações com prestações sucessivas* elas serão consideradas incluídas no pedido, mesmo sem declaração expressa do autor nesse sentido, devendo a sentença levá-las em conta na condenação enquanto durar a obrigação (art. 323, CPC).[124]

Além dessas hipóteses, temos também situações em que o juiz deve conhecer temas derivados dos instrumentos de defesa do reclamado, também sem que haja postulação específica. Por primeiro, tem-se que as *matérias preliminares* ou *objeções processuais* constituem temas que, por determinação legal, podem ser conhecidos pelo juiz (art. 337, § 5º, do CPC). À exceção da convenção de arbitragem da incompetência relativa, inserida pelo Novo Código entre as objeções processuais, cabe ao juiz verificar o cumprimento dos requisitos processuais da ação antes de analisar o seu mérito, podendo, conforme o caso, determinar ao autor que corrija o defeito identificado antes de prosseguir na análise do feito. No entanto, esse é um poder-dever do magistrado que deve ser usado com muita prudência. As tendências metodológicas do

124 É comum a ocorrência dessas ações na Justiça do Trabalho, quando versam sobre parcelas remuneratórias não pagas pelo empregador, estando o contrato de trabalho em vigor. O reclamante, nesse caso, pode pedir somente as parcelas vencidas, mas o magistrado poderá condenar o empregador nas vincendas até a efetiva regularização, em caso de acolhimento do pedido.

processo contemporâneo levam a uma busca contínua pela efetividade, o que não se coaduna com o apego desnecessário a preceitos puramente processuais em detrimento do direito substancial envolvido. Por certo que há requisitos processuais insuperáveis – como a coisa julgada, p. ex. –, mas, ao mesmo tempo, meras irregularidades que não prejudicam ou impedem o pronunciamento de mérito não devem ser hiperdimensionadas de maneira a obstar a solução definitiva do processo. Sob a perspectiva das funções institucionais do processo, uma decisão terminativa quase nunca é satisfatória, pois permite que o conflito continue a existir.

Portanto, é de fato pertinente que o juiz analise os requisitos processuais da ação que está sob seu exame, mas tendo como foco os princípios estruturais da ciência processual contemporânea e a sua notória função instrumental. Com esse compromisso, o manejo dos institutos relacionados no art. 337 do CPC será muito mais produtivo para a sociedade.[125]

No que diz respeito às *objeções de direito material*, a rigor, o juiz somente poderá apreciá-las se forem suscitadas pela parte, eis que, em regra, se inserem no âmbito dos temas classificados como de disponibilidade absoluta de seu titular. Exceção histórica a essa regra é a hipótese da *decadência*, desde sempre tratada na legislação civil como sendo situação de cognição de ofício pelo juiz, em razão de se considerá-la como tema de interesse público, quando prevista em lei (art. 210, do CC). O CPC-2015, seguindo a tendência adotada pelo antigo Código com as modificações introduzidas pela Lei n. 11.280/06, manteve dentre as hipótese de cognição de ofício pelo Juiz, também a pronúncia da prescrição, conforme regra do art. 332, parágrafo 1º. Segundo a nova regra, a pronúncia da prescrição deverá ser feita de ofício pelo juiz, julgando liminarmente improcedente o pedido.

A despeito da assertiva legislativa, há fundada controvérsia sobre a sua aplicabilidade ao processo do trabalho, situando-se o problema no âmbito das questões passíveis ou não de subsidiariedade, eis que a norma tem previsão apenas no Código de Processo Civil.[126] Para alguns, sua incidência é plena, visto que a CLT é totalmente omissa a respeito da alegação da prescrição, e desde sempre foram utilizadas as regras do CPC e também do Código Civil que tratam do assunto. Sendo assim, bastaria a assimilação do novo tratamento legal ao processo laboral partindo do mesmo pressuposto lógico-formal que antes motivava a incidência daquelas regras citadas.

---

125 Mais adiante, na parte prática deste trabalho, trataremos com mais detalhamento das matérias preliminares previstas no art. 337 e como o juiz deve enfrentá-las, mediante provocação ou de ofício.

126 Como já mencionado, essa mesma disposição estava inserida no CPC-1973.

No entanto, importantes nomes da doutrina justrabalhista têm-se posicionado de maneira veementemente contrária a essa possibilidade. Um dos autores de nomeada que assim defende é *Mauricio Godinho Delgado*, para quem "o novo dispositivo não tem qualquer compatibilidade com o estuário normativo do Direito do Trabalho – e mesmo Direito Processual do Trabalho –, a par de agredir a própria Constituição, que no caput de seu art. 7º (onde se inclui a prescrição: inciso XXIX) repele norma menos favorável".[127] Em amparo dessa assertiva, declara que "a pronúncia oficial da prescrição pelo Juiz, principalmente em situações que não envolvam o patrimônio público, subverte toda a estrutura normativa do Direito Material e Processual do Trabalho, não só seus princípios como também a lógica que cimenta suas regras jurídicas. Tão grave quanto tudo isso – se tal já não fosse suficiente – atinge a postura diretora do Magistrado no processo trabalhista, em contraponto às próprias razões de existência do Direito do Trabalho e do Direito Processual do Trabalho".[128]Na esteira desse entendimento, o Ministro relatou decisão recente sobre o assunto:

> "RECURSO DE REVISTA. PRESCRIÇÃO. DECLARAÇÃO DE OFÍCIO. INCOMPATIBILIDADE COM O PROCESSO DO TRABALHO. A prescrição consiste em meio de extinção da pretensão, em virtude do esgotamento do prazo para seu exercício. Nesse contexto, não se mostra compatível com o processo do trabalho a nova regra processual inserida no art. 219, § 5º, do CPC. Segundo a jurisprudência que se pacificou no TST, torna-se clara a incompatibilidade do novo dispositivo com a ordem justrabalhista (arts. 8º. e 769 da CLT). É que, ao determinar a atuação judicial em franco desfavor dos direitos sociais laborativos, a novel regra civilista entra em choque com vários princípios constitucionais, como da valorização do trabalho e do emprego, da norma mais favorável e da submissão da propriedade à sua função socioambiental, além do próprio princípio da proteção. Recurso de revista conhecido e provido." (TST-RR-597-77.2010.5.11.0004, 3ª. Turma, Rel. Ministro Mauricio Godinho Delgado).

Os fundamentos do doutrinador sintetizam, com o brilhantismo que lhe é peculiar, o pensamento de outros defensores dessa tese, praticamente todos

127 A prescrição na Justiça do Trabalho: novos desafios. *Revista Trabalhista – Direito e Processo*. n. 25, São Paulo: LTr/Anamatra, 2008. p. 20). O autor também tratou do assunto em Direito do trabalho e processo do trabalho – critérios de importação de regras legais civis e processuais civis (*Revista LTr*, v. 71-5, maio de 2007).

128 *Ibidem*, p. 20-21.

fundados na mesma ideia de incompatibilidade da norma processual civil com o Processo do Trabalho, mormente os aspectos já anteriormente destacados, que o associam de maneira insuperável aos fundamentos protetivos do Direito do Trabalho. Realmente, quando se consideram os elementos justificadores do princípio da proteção e sua inevitável conexão com as regras adjetivas trabalhistas, a simples transposição da norma processual comum se mostra absolutamente inadequada ao processo laboral.

De forma enviesada, as alterações da Lei 13.467 parece que colocaram fim a essa celeuma. O art. 11 da CLT foi alterado para fixar situações de prescrição total, recebendo nova redação. No entanto, nada se mencionou a respeito da possibilidade de conhecimento de ofício da prescrição. Ao contrário disso, somente no artigo 11-A, inserido na "reforma", mas exclusivamente destinado à prescrição intercorrente, essa possibilidade é admitida, o que nos faz concluir, por razões lógicas, que o legislador somente pretendeu conferir tal permissivo à prescrição na execução, e não na fase cogntiva do processo laboral.

Não temos dúvidas de que a melhor solução para a temática da prescrição no Direito do Trabalho seria de outra ordem. A nosso ver, pela natureza típica do contrato de emprego, sua existência deveria ser considerada um fator suspensivo do curso prescricional, a exemplo do que ocorreu historicamente com os trabalhadores rurais – regra que, infelizmente, foi solapada pela EC n. 28/00. Se assim fosse, temos que, para qualquer caso, estaria preservada a integridade desses direitos fundamentais cujo exercício é obstaculizado pela existência de uma relação subordinativa e presumidamente opressiva. De qualquer sorte, remanesce a controvérsia, anterior ao novo código e ainda não pacificada pelos Tribunais. O Tribunal Superior do Trabalho, todavia, ao editar a Instrução Normativa 39, assimilou a aplicação do artigo 332, do CPC, mas fez uma ressalva específica a respeito de sua incidência apenas quanto à decadência:

> **Art. 7°** Aplicam-se ao Processo do Trabalho as normas do art. 332 do CPC, com as necessárias adaptações à legislação processual trabalhista, cumprindo ao juiz do trabalho julgar liminarmente improcedente o pedido que contrariar:
>
> I – enunciado de súmula do Supremo Tribunal Federal ou do Tribunal Superior do Trabalho (CPC, art. 927, inciso V);
>
> II – acórdão proferido pelo Supremo Tribunal Federal ou pelo Tribunal Superior do Trabalho em julgamento de recursos repetitivos (CLT, art. 896-B; CPC, art. 1046, § 4º);

> III – entendimento firmado em incidente de resolução de demandas repetitivas ou de assunção de competência;
>
> IV – enunciado de súmula de Tribunal Regional do Trabalho sobre direito local, convenção coletiva de trabalho, acordo coletivo de trabalho, sentença normativa ou regulamento empresarial de observância obrigatória em área territorial que não exceda à jurisdição do respectivo Tribunal (CLT, art. 896, "b", *a contrario sensu*).
>
> **Parágrafo único.** O juiz também poderá julgar liminarmente improcedente o pedido se verificar, desde logo, a ocorrência de decadência.

Como se nota, há relevantes fundamentos para se adotar uma ou outra posição, ambas devidamente justificáveis sob o ponto de vista científico, muito embora a sinalização do TST tenha sido eloquente, nesse caso, a exemplo do que decorre do texto da CLT. Nossa indicação é a de que o instituto deva ser usado com o devido comedimento, haja vista os portentosos argumentos lançados em desfavor de sua aplicação ao processo laboral, que já foram sintetizados. De outra maneira, aos que se submetem a provas de concurso da magistratura do trabalho, a melhor solução não é simplesmente a de ignorar o instituto, ainda que a posição do candidato seja pela sua inaplicabilidade ao processo do trabalho. A exemplo do que sugerimos para as figuras relacionadas ao interesse do autor, também nesse caso propomos que o candidato, mesmo que não entenda aplicável a prescrição de ofício, se manifeste sobre o assunto na decisão. Assim, diante de um caso em que claramente ocorreria a prescrição e esta não foi alegada, o candidato poderá formular uma resposta em termos aproximados aos seguintes: "Muito embora se verifique que parte das parcelas postuladas pelo reclamante estariam abrangidas pela prescrição, não se há que decretá-la tendo em vista que não foi oportunamente alegada pela parte a quem aproveita. Por incompatível com o processo do trabalho, descabe a aplicação do art. 332, § 1°, do Código de Processo Civil, não podendo ser suprida a falta de alegação por iniciativa de ofício do magistrado (art. 7°, par. único, da IN 39, do TST)".

Tem-se, outrossim, o instituto da *dedução*, muitas vezes utilizado sob a designação de *compensação*: apesar de serem bastante similares, certo é que guardam distinções relevantes, inclusive no plano conceitual. Nos termos do art. 368 do CC, a compensação tem lugar quando duas pessoas, reciprocamente, são credoras e devedoras uma da outra, situação na qual as obrigações se extinguem até a medida em que se compensarem. Assim, deduz-se que o pressuposto fundamental para que ocorra a compensação é que existam duas dívidas, em que os envolvidos são, reciprocamente, credores e devedores um do outro. Quando, no entanto, o devedor de certa obrigação afirma em Juízo que já solveu parte dela, o que pode invocar em seu favor não é a compensação, porque não possui nenhum crédito: o que fez foi meramente pagar parcialmente a dívida, de modo que apenas deve o que dela restou. Nesse caso, a *hipótese correta é a de dedução.*

Exemplificando-se as situações, temos dois casos: quando o empregado pede demissão e não concede ao empregador o aviso prévio, este último tem o direito de reter dos créditos do trabalhador a importância correspondente (art. 487, § 2º, da CLT). No entanto, se o empregado não possui crédito rescisório suficiente, fica devedor do empregador, cabendo a este, inclusive, mover reclamação trabalhista reivindicando o pagamento. No entanto, se esse empregado promove uma ação contra o empregador vindicando parcelas do contrato, imediatamente surge para o empregador o direito de suscitar a compensação de seu crédito, caso venha a ser condenado a pagar certa parcela ao obreiro.[129] Diverso é o caso em que a reclamação objetiva o recebimento de horas extras prestadas durante o contrato. Se o empregador, a despeito dos argumentos defensivos, também alega que já satisfez parcialmente as horas extras reclamadas, não estamos diante de uma compensação, mas de mera dedução dos valores já satisfeitos, em face daqueles que, eventualmente, possam ser devidos. Inaplicável, neste último caso, a compensação, visto que o empregador não possui nenhum crédito em face do trabalhador, mas meramente pagou parcialmente o que devia.

Feita essa distinção, consideramos que a *compensação*, como decorre de direito do reclamado, somente pode ser reconhecida se postulada, porquanto constitui instrumento processual que protege verdadeira pretensão do demandado que, inclusive, pode ser exigida por ação própria. Portanto, não nos parece razoável que o juiz, de ofício, determine a compensação típica, porque estaria, nesse caso, fazendo substituir a própria vontade do credor. Aliás, essa é a linha do art. 767 da CLT, que expressa que *a compensação somente pode ser arguida como matéria de defesa, juntamente com a retenção*, deixando claro, a nosso ver, que sempre depende de pedido específico para ser reconhecida.

---

129 Destacamos aqui que alguns autores sustentam que a compensação somente pode ocorrer com títulos da mesma natureza (p. ex., horas extras com horas extras, etc.), mas vemos nisso um grave equívoco. O art. 369 do CC especifica que a compensação se faz entre dívidas líquidas, vencidas e de coisas fungíveis, e a menção que é feita sobre a possibilidade de se compensarem apenas dívidas da mesma natureza pretende, na realidade, eliminar a hipótese de compensação de dívidas não trabalhistas em face de débitos trabalhistas, o que realmente não seria admissível.

Já a *dedução*, quando cabível, não precisaria ser postulada pela parte interessada. Afinal, se o Juízo reconhece ser o autor credor de determinada parcela, mas identifica que parte dela já foi quitada, até mesmo para evitar o enriquecimento sem causa daquele, deve determinar que seja feita a dedução do quanto já quitado, pelo mesmo título, no momento da liquidação, independentemente de haver sido formulado pedido expresso a respeito.

Por fim, há uma situação de cognição de ofício expressamente prevista na CLT, e que se aplica tanto à parte autora como aos integrantes do polo passivo da ação. O art. 790, § 3º, inserido pela Lei n. 10.537/02, e alterado pela Lei 13.467/2017, exprime de modo cristalino que "é *facultado aos juízes, órgãos julgadores e presidentes dos tribunais do trabalho de qualquer instância conceder, a requerimento ou de ofício, o benefício da justiça gratuita, inclusive quanto a traslados e instrumentos, àqueles que perceberem salário igual ou inferior a 40% (quarenta por cento) do limite máximo dos benefícios do Regime Geral de Previdência Social.*" Resta daí induvidoso que, verificando o juiz que qualquer das partes preenche um dos requisitos sucessivos da norma, deve a ela deferir os benefícios de postular sem arcar com despesas do processo, ainda que isso não esteja requerido de modo expresso e explícito pelo interessado, seja em sua peça inicial, seja em sua defesa.

2.4. Peculiaridades da sentença trabalhista

As condições especiais a que se submete o processo que tramita na Justiça do Trabalho fazem com que as sentenças proferidas nas ações trabalhistas possuam certas peculiaridades, não encontradas, em regra, nos demais ramos do processo. Uma sentença prolatada em processo comum, de jurisdição civil, por exemplo, tem características totalmente distintas daquelas que notamos no processo trabalhista.

Na primeira edição deste livro, dedicamos particular atenção ao fato de que, sendo a Justiça do Trabalho ainda paritária, seu órgão de primeiro grau era colegiado, e isso representava a existência de algumas particularidades na elaboração da sentença trabalhista. Em função da extinção dessa representação classista, operada pela EC n. 24/99, obviamente que se torna dispensável qualquer comentário a tal respeito. As referências a "Juntas de Conciliação e Julgamento" e "Juízes Classistas", felizmente, fazem parte apenas da história do Judiciário Trabalhista.

As peculiaridades que destacamos em tal seara, por entendermos serem as mais relevantes, são aquelas a seguir discriminadas.

2.4.1. Forma da sentença

Por força do princípio da oralidade, presente em todo o processo trabalhista, também a sentença deveria observar essa forma, inclusive porque é ela prevista pelo art. 850, da CLT, devendo ser proferida em audiência. Aliás, o formato consignado nesse dispositivo legal é bastante curioso, e evidencia como deveria ser o funcionamento dos órgãos de primeiro grau na Justiça do Trabalho, formatado desde a sua origem não jurisdicional. Pelo texto, o ato sentencial seria, na realidade, uma *proposta de solução para o litígio formulada* pelo então chamado Juiz Presidente da Junta, a partir da qual os representantes classistas formulariam seus votos, aderindo ou não ao quanto proposto. Em caso de divergência entre os classistas, o Presidente poderia desempatar (proferindo o voto de minerva, a ele conferido pelo art. 649, da CLT) ou reformular a proposta, *proferindo decisão que melhor atendesse ao cumprimento da lei e ao justo equilíbrio entre os votos divergentes e ao interesse social.* Nota-se, dessa descrição, uma grande valorização da manifestação dos representantes classistas, e a afirmação da oralidade no ato sentencial, visto que esses "debates" antecedentes à decisão eram produzidos em audiência.

Essa concepção ideal já vinha sendo abandonada, na prática, muitos anos antes da extinção da representação classista. A massificação dos conflitos e a excessiva "processualização" do processo do trabalho – segundo a qual, diversos de seus operadores privilegiam a forma ritualística em prejuízo da essência do direito material da parte – trouxeram-lhe complicadores adicionais. Os juízes trabalhistas foram incumbidos do atendimento a um maior número de demandas e, ao mesmo tempo, o processo de elaboração sentencial ficou mais complexo; bem por isso, muitos magistrados, de acordo com os costumes locais ou regionais, passaram a redigir suas sentenças em gabinetes, após a suspensão da audiência a partir do encerramento da instrução processual. Mesmo quando havia representação classista, era comum a elaboração escrita da sentença, sem a ritualística do art. 850, parágrafo único, mesmo porque em algumas Regiões da Justiça do Trabalho as audiências não são contínuas, e os juízes designam audiências específicas para o julgamento, nas quais dispensam inclusive a presença das partes. Com esse procedimento, o ato sentencial acaba sendo monocrático, e quando havia o colegiado, os demais integrantes apenas assinalavam sua concordância, já que era raras vezes em que havia manifestação de divergência.

Com a extinção da representação classista, houve quem defendesse de vez a desnecessidade da prolação de sentença em audiência, porquanto não seria mais necessário o procedimento previsto originariamente na CLT. Todavia, em que pese esse aspecto funcional, que tornaria desnecessária a providência, não nos podemos esquecer de que o princípio regente de todo o processo do trabalho, citado anteriormente, tem como escopo justamente assegurar a simplicidade e a celeridade processuais. É sabido que, no entender do Supremo Tribunal Federal, ainda remanesce o *jus postulandi* das partes no processo do trabalho (art. 791, da CLT), do que decorre, naturalmente, a possibilidade de ser feita a propositura da *reclamação verbal* (art. 841, da CLT). Da mesma sorte, a regulamentação explícita da CLT a propósito da postulação do reclamado remete-nos a uma *defesa oral* (art. 847). No mesmo sentido, as alegações finais de ambas as partes são feitas verbalmente, nos termos do mesmo art. 850, da CLT, já referenciado.

Sendo assim, observamos que a oralidade da sentença trabalhista não era uma decorrência da representação classista, mas um atributo lógico da diretriz adotada para o processo do trabalho, que primou pela sua simplicidade. Nesse sentido, reforçando a ideia da simplificação, a Lei n. 9.957/00, ao criar o procedimento sumaríssimo, dispensou a exigência do relatório, como requisito estrutural da sentença, demonstrando o caráter emprestado pelo legislador ao procedimento laboral.[130] Por isso, concluímos que, mesmo sem a existência de representantes classistas, a forma oral da sentença é ainda a regra fundamental do processo do trabalho, e tem de ser privilegiada como critério de determinação da efetividade processual à qual nos referimos no início deste livro. Por isso, é de rigor que sentença trabalhista sempre tem de ser proferida em audiência, ainda que, como ocorre com todo ato processual verbal, ele seja reduzido a termo, a fim de que fique registrado nos autos. Por isso, *materialmente*, a *sentença está disposta em uma ata de audiências*, representando a prática efetiva do ato como formalizado no texto legal, de maneira que a forma escrita da sentença (*rectius*, a sentença proferida diretamente na forma escrita), do mesmo modo, tem de reproduzir uma ata de audiência, exatamente pelas razões já descritas, ainda que, na prática cotidiana, muitos juízes não venham observando tal procedimento.[131]

---

130 É digno de nota que o procedimento da Lei n. 9.099/95 (Juizados Especiais de Pequenas Causas) adotou vários princípios do processo do trabalho, dentre eles a conciliabilidade e a oralidade, além do próprio direito postulatório das partes. Mais recentemente, o princípio da conciliação veio também a ser consagrado no CPC-2015.

131 Esse fenômeno ocorre em diversas Regiões da Justiça do Trabalho em razão dos procedimentos internos de distribuição de atividades entre os juízes. Alguns magistrados proferem decisões nas próprias audiências, dentro do formato clássico estabelecido pela CLT (obviamente sem os classistas). Outros preferem designar audiência de julgamento, na qual efetivamente publicam a decisão, nos termos da Súmula n. 197, do TST. No entanto, em certos Tribunais, há normas que determinam que o juiz deve, após o encerramento da instrução processual,

Sob o ponto de vista formal, pela própria flexibilidade do processo do trabalho, não vemos o desrespeito a essa diretriz como ato passível de nulidade ou que possa caracterizar irregularidade procedimental por parte do juiz. Mas, em se tratando de prova de concurso, salvo se o candidato tiver conhecimento preciso de que há entendimento diverso no TRT correspondente, é sempre conveniente observar-se a *forma consignada na CLT*, ou seja, como se fosse proferida em uma audiência.

2.4.2. Cumulação de pedidos

Um dos aspectos mais característicos da sentença trabalhista diz respeito a uma peculiaridade do próprio processo do trabalho: a *cumulação de pedidos* ou *cumulação objetiva*. No processo comum, ela é tratada como exceção no art. 327, do CPC, que estipula rígidos critérios para sua admissibilidade mas, no processo do trabalho, a situação mais comum é a da cumulação. Afinal, as situações ocorridas em um contrato de trabalho sugerem a possibilidade de múltiplas ou sucessivas lesões a direitos trabalhistas, passíveis de pedido de reparação. Exemplificativamente, se um trabalhador deixa de receber horas extras por cinco anos, a rigor, a cada mês tem uma lesão distinta e, em tese, teria uma ação própria para cada uma delas.[132] As circunstâncias permitem – e a bem da verdade exigem isso, por razões de economia processual – que se tenha uma única ação com todos os pedidos reparatórios em questão. Mas não é só. Pela diretriz do art. 457, da CLT, parcelas como horas extras prestadas com habitualidade integram a remuneração do empregado para todos os fins. Assim, a ocorrência de trabalho extra nos tais cinco anos implica na existência de diferenças, ao trabalhador, de remuneração pelos descansos semanais e feriados, de remuneração de férias e seu terço, de pagamento de décimo terceiro salário e de FGTS. E ainda, se houver sido dispensado injustamente, teria direito ainda a diferenças das indenizações de aviso prévio e pela dispensa imotivada (40% do saldo do Fundo).

Ora, o que temos, no caso, é uma sucessão de pedidos independentes, mas que, pelos motivos já expostos, são cumulados em uma única ação. O fato mais

estabelecer a conclusão dos autos para prolação da sentença, o que é feito sem designação de audiência. Assim, essa forma de trabalho destoa da defesa que ora estamos realizando. É uma prática também comum quando se trata de Juiz Substituto que, normalmente (com raras exceções), não tem fixação em uma determinada Vara do Trabalho, obtendo designações por períodos curtos. Nesse caso, não havendo possibilidade de designar audiência para tornar pública a sentença, ele acaba também realizando-a apenas na forma escrita, sem a formalidade antes referida.

132 Seria esse, inclusive, o critério para contagem prescricional (art. 189, do CC).

importante que resulta desse fenômeno é que isso exige do magistrado um maior esforço intelectual, porque deve analisar todos os pedidos formulados e ainda observar o necessário encadeamento lógico entre eles, a fim de evitar uma contradição ou inconsistência sentencial. Por certo que a nova competência estabelecida pela EC n. 45/04 trouxe novas luzes ao tema, embora não tenha eliminado a característica que anunciamos. Na realidade, os novos critérios de atribuição da jurisdição especializada contemplam situações em que se pode deparar com pedidos únicos, como, p. ex., ações derivadas de atos da fiscalização do trabalho, inclusive mandados de segurança ou disputas intersindicais, para citarmos apenas alguns casos. A própria ação de indenização por danos decorrentes de acidentes de trabalho pode ser uma modalidade que comporta um único pedido – embora existam casos em que a pretensão se desdobra em outras, como a reparação por danos patrimoniais decorrentes da redução de capacidade laborativa, a reparação por danos morais, a reparação por danos estéticos e a indenização por despesas realizadas em razão do evento infortunístico, por exemplo.

No entanto, esses casos não deixam de constituir minoria, sobretudo porque nos casos de ações de reparação por acidente de trabalho tem sido comum a cumulação de tal pedido com os demais, de índole trabalhista em sentido estrito. Assim, a regra geral no processo do trabalho continua a ser a da cumulação de pedidos, de maneira que, estatisticamente, são poucas as ações em que se encontram pedidos singulares.

Esse dado peculiar representa a grande dificuldade da produção de uma sentença trabalhista, capaz de comprometer a fluência até mesmo de magistrados atuantes na Justiça Comum, habituados com situações de pedidos únicos. Tal fator costuma ser também motivo de pânico para candidatos em concursos públicos para a Magistratura do Trabalho, especialmente porque a análise correta e apropriada das pretensões tem de observar critérios lógicos, a fim de evitar contradições e redundâncias, capazes de gerar problemas na interpretação das sentenças e até mesmo sua nulidade.[133]

2.4.3. Conteúdo obrigatório

Além dos requisitos normais e típicos de todas as sentenças que já apresentamos anteriormente, a sentença proferida em Juízo Trabalhista deve observar alguns outros requisitos formais, cuja ausência pode comprometer sua validade. Em primeiro lugar, tem-se a necessidade de indicação do *valor da*

---

133 O assunto será retomado na parte prática deste trabalho, quando indicaremos algumas técnicas de organização meritória da sentença.

condenação, em caso de procedência (total ou parcial), e *fixação das custas correspondentes*, que incidirão sobre esse montante (arts. 832, § 2º, c/c 789 da CLT). Esses dados são fundamentais para estabelecer o preparo de eventual recurso, de maneira que a ausência dessa indicação poderá ensejar embargos declaratórios, pois o reclamado, se não o fizer, ficará impedido de recorrer. Por certo que, se a sentença não contiver conteúdo condenatório, será desnecessária a fixação de valor para a condenação, embora permaneça necessária a estipulação das custas processuais.

Da mesma maneira, cabe ao Juiz do trabalho impor as *custas processuais* em caso de improcedência ou extinção do processo, as quais, neste caso, ficam a cargo do reclamante, para os mesmos fins indicados anteriormente. Em caso de não fixação, o autor também deverá buscar o suprimento da omissão pela via declaratória. A respeito das custas, temos mais duas observações fundamentais: a primeira é que, mesmo em se tratando de hipótese de isenção de custas processuais, elas devem ser fixadas, obviamente, seguindo-se o deferimento da isenção quanto ao recolhimento. A segunda é que não são cabíveis custas processuais em ações de mandado de segurança, *habeas corpus* e embargos de terceiro, razão pela qual, nesses casos, não devem ser fixadas.

Em seguida, tem-se a necessidade de *estipulação do prazo e das condições para cumprimento da decisão*, em caso de procedência, requisito preconizado pelo § 1º do art. 832, da CLT. Essa hipótese é especialmente necessária quando a decisão contempla obrigação de fazer ou de não fazer, em que o meio cominatório é diverso das obrigações de pagar ou entregar coisa. Aqui devem ser observadas as diretrizes do art. 497, do CPC, que existem propriamente para conferir ao magistrado os instrumentos necessários à satisfação da sua decisão. Por outro lado, quando se trata de condenação de pagamento em dinheiro, a rigor, não é necessária a estipulação do prazo, pois isso será realizado por ocasião da execução sentencial.

No entanto, se a sentença for líquida, ela poderá desde logo conter o estabelecimento do prazo para seu implemento espontâneo, sobretudo se o seu prolator adotar o disposto no art. 534, parágrafo 1º e art. 520, parágrafo 2o, do CPC. Nesse caso – repita-se, apenas se se tratar de sentença líquida –, o sentenciante deve estabelecer no próprio julgado a necessidade do cumprimento no prazo assinalado e a cominação da multa de 10% e honorários advocatícios de 10%, justamente como condição para sua implementação. Se, no entanto, a sentença proferida não contiver o valor dos pedidos acolhidos, torna-se desnecessário – e até impróprio – que haja decisão sobre a incidência ou não do art. 534, parágrafo 1º., do CPC, ao caso em exame. É certo que isso tem surgido com frequência em petições iniciais e em provas de concurso, sobretudo em função da latente polêmica que ainda existe sobre a incidência ou não desse dispositivo no processo do trabalho. A despeito disso, temos a convicção de que a abordagem da aplicação ou não de tal disposição deve ser feita, exclusivamente, se a sentença proferida for líquida, já que o texto só tem razão de ser quando assim acontece. Se a sentença for ilíquida, é totalmente impróprio apreciar-se um tema que será típico para a fase seguinte do feito, e dele não se deve ocupar o redator do julgado.

Não sendo líquida a sentença, o juiz deverá nela estabelecer *os critérios a serem adotados para a liquidação sentencial*. A rigor, isso nem será necessário se a apuração do *quantum* da condenação depender de meros cálculos aritméticos, eis que essa é a regra geral. No entanto, trata-se do tipo de determinação que não causa qualquer prejuízo e se presta a não deixar qualquer dúvida interpretativa no julgado. Por isso, é oportuno que se expresse essa modalidade de liquidação, quando assim a situação exigir. Diferente é o caso das demais formas liquidatórias – por artigos ou por arbitramento. Essas situações são sempre excepcionais, tendo seu cabimento de acordo com a natureza do comando julgador. Por isso, em tais casos, é essencial que o prolator da decisão efetivamente consigne, no seu ato, a necessidade de observância desses critérios para fixação do montante condenatório.

A sentença trabalhista também deve conter a *indicação da natureza jurídica das parcelas da condenação*, com estipulação do *limite de responsabilidade de cada parte* pelas contribuições previdenciárias, além da determinação de comprovação de seus recolhimentos (art. 832, § 3º, da CLT). Esse dispositivo foi acrescido à CLT pela Lei n. 10.035/00, cujo escopo seria o de regular a execução de contribuições previdenciárias no âmbito da Justiça do Trabalho. Consideramos essa lei absolutamente inoportuna – a despeito da relevância do tema que buscou regular –, pois tentou implementar um processo executivo anômalo mediante a criação de um procedimento incongruente com os fins do Processo do Trabalho, resultando em elemento complicador para a efetiva consecução de seus objetivos. Na prática, tem-se observado que o atendimento estrito ao que determina a Lei n. 10.035 implica a inviabilização da satisfação do crédito do trabalhador e, por consequência, gera mais dificuldades para a própria Previdência Social receber seu crédito.

O dispositivo ora em comento é um exemplo claro dessa impropriedade. O legislador estipulou ao juiz que sempre fixe a natureza jurídica das parcelas objeto de sua condenação, mas deixou de considerar que tal fixação se faz pela própria lei: é o art. 28 da Lei n. 8.212/91 que define o que seria salário de contribuição, ou seja, parcelas que são base de incidência das contribuições previdenciárias, sendo desnecessário que o juiz assim proceda, salvo se estiver em discussão algum título trabalhista específico sobre o qual não exista regulação alguma. Em tais casos, se a própria essência da discussão envolve essa natureza, cabe obviamente ao magistrado decidir, na sentença, se haverá ou não incidência de contribuições sobre ela. Mas tal decisão é totalmente desnecessária quando se tratar de títulos regulados pela norma em foco, porque a própria lei já atribui a condição de salário de contribuição para determinados títulos. Aliás, pensar-se na possibilidade de decisão do juiz quando isso não é debatido pode resultar em problema mais grave, pois se o juiz profere decisão definindo que determinada parcela não é salário de contribuição, ainda que esteja arrolada como tal no art. 28 indicado, qual seria a eficácia de tal decisão, considerando-se que a Previdência Social (hoje representada pela União) não é parte no processo? Essa hipótese evidencia, portanto, como é inócua a providência tratada como regra geral no dispositivo consolidado.

No mesmo sentido, é inútil a determinação para que o juiz sempre fixe a responsabilidade pelos recolhimentos previdenciários. Essa responsabilidade está definida no art. 20 e seguintes da mesma Lei n. 8.212, que estipulam, ainda, as alíquotas devidas pelo empregado e pelo empregador, e fixa que a este último, como fonte pagadora, compete reter do empregado suas contribuições e recolhê-la à Previdência Social, juntamente com a cota parte que lhe é atribuída pela própria lei. Assim, que função teria o ato fixador do juiz, se a própria lei já o faz, por definição? Novamente, isso somente seria viável se estivesse sendo debatido no próprio processo, o que não é comum.

De qualquer sorte, a fim de que a sentença não seja questionada por incompletude, sempre é recomendável que contenha menção expressa da necessidade de recolhimento previdenciário pelo empregador e sua comprovação nos autos, além da fixação, se for o caso, da autorização para que a reclamada retenha os valores respectivos que cabem ao reclamante. A ausência dessas diretrizes na sentença costuma gerar problemas por demais onerosos na fase de liquidação, e por isso podem ser satisfatoriamente evitados se o juiz já deixar evidente seu entendimento no momento da prolação da sentença.

A Lei n. 9.957/00 trouxe, ainda, outra inovação que pode ser interpretada, igualmente, como uma característica peculiar da sentença trabalhista. O art. 852-I, § 1º, determina que "o juízo deve adotar em cada caso a *decisão que reputar mais justa e equânime*, atendendo aos fins sociais da lei e as exigências do bem comum". Costuma-se dizer que o legislador não utiliza expressões inúteis, mas esse é outro dogma processual com o qual não concordamos. O processo legislativo é cercado de inúmeras conjecturas, no mais das vezes políticas, que fazem com que determinadas palavras que são inseridas em textos legais sejam tidas como da mais completa inadequação ou inutilidade.

Exemplo disso é a própria Lei n. 9.957/00, que inseriu o art. 852-C na CLT, fazendo referência a "juiz presidente", quando essa designação já não era mais usada desde a EC n. 24/99, que extinguiu a representação classista na Justiça do Trabalho. Sendo assim, cumpre ao aplicador ou intérprete da lei dar a ela o sentido mais adequado aos seus fins, e não se prender à sua literalidade.

Nesse sentido, consideramos o dispositivo em comento como algo absolutamente redundante. Por primeiro, a determinação de aplicação da lei segundo seus fins sociais e consoante o interesse do bem comum já vinha expressa no art. 5º da Lei de Introdução às normas do Direito Brasileiro e na parte final do art. 8º da CLT, sendo aplicável indistintamente em qualquer ação trabalhista e também em ações de outros ramos judiciais, e não apenas àquelas sujeitas ao procedimento sumaríssimo trabalhista.

De outro lado, a primeira parte do dispositivo é igualmente imprópria, porque expressa aquilo que deve ser o conteúdo de qualquer decisão judicial, pois o que se espera do magistrado é que decida com justiça e equanimidade. A esse propósito, alguns doutrinadores têm defendido que o § 1º do art. 852-I inovou, criando regra própria de hermenêutica para processos de rito sumaríssimo, determinando a possibilidade do julgamento por equidade em tais feitos. Não nos parece, porém, ser a melhor interpretação. É sabida a distinção que se faz entre *julgamento com equidade* e *julgamento por equidade*. Na realidade, o julgamento *com* equidade indica o julgamento justo, moderado, imparcial, prudente, que é o que se espera de todo magistrado em seu mister. Diferente é o julgamento *por* equidade, em que se tem efetivamente a definição da justiça feita pela consciência do juiz.

É oportuno lembrar que o art. 4º da Lei de Introdução às Normas do Direito Brasileiro não mais permite o julgamento por equidade como meio de colmatação de lacunas, de forma ampla, como fazia em sua redação original, antes de 1942. Ao revés, o art. 140, parágrafo único do CPC exprime que essa forma de julgamento somente poderá ser utilizada quando houver previsão expressa na lei. Justifica-se essa posição legislativa pelo fato de que o julgamento feito nesses moldes fica totalmente à mercê da perspectiva judicial, que carrega consigo toda a carga valorativa própria de qualquer ser humano. Por isso, esse poder deve ser limitado apenas a determinados casos.

Porém, diverso é o que ocorre em matéria trabalhista. O art. 8º da CLT permite que, em caso de lacuna, seja utilizada a equidade, entre outros meios de sua complementação, como mecanismo genérico para tal fim. Desse modo, em casos de lacuna, o juiz do trabalho está autorizado desde sempre a *julgar por equidade*, pelo que não vislumbramos motivos para que se considere o dispositivo legal citado como uma inovação processual.

Ao lado disso, compreendemos que a regra inserida na CLT não faz referência ao julgamento por equidade, mas o teor contextual do que está ali expresso nos leva a crer que o sentido da regra foi estabelecer, de forma clara, mas desnecessária, como já justificado, o dever do juiz de julgar *com equidade*. Isso, como dito, é dever fundamental do magistrado, enquanto agente político do Estado, nem se podendo falar somente como requisito formal da sentença.

2.4.4. A liquidação da sentença trabalhista

A natureza jurídica da liquidação de sentença sempre foi objeto de grande polêmica, não apenas no âmbito trabalhista, mas também na própria seara do processo comum, no qual, aliás, essa discussão era ainda mais acentuada, em função de suas características. A conformação do Código de Processo Civil deixou de considerar a execução dos títulos judiciais como sendo um processo autônomo, transmudando-o em uma simples fase de um conjunto orgânico unitário, seguindo a linha já adotada pelo antigo código após a reforma realizada em 2005, que se inicia com a postulação do autor e só se encerra com a entrega a ele do bem da vida perseguido pela ação, obviamente desde que acolhida sua pretensão.

O quadro atual delineado no CPC torna inquestionável o *caráter cognitivo da liquidação de sentença*, que representa tão somente o procedimento destinado à quantificação do conteúdo condenatório do comando jurisdicional. Logo, *é um procedimento complementar à sentença*, que ajusta o seu comando a um valor pecuniário. Essas características da liquidação de sentença, , nos levam à conclusão definitiva de que o procedimento liquidatório é hoje uma fase desse processo sincrético, que se situa entre a fase cognitiva e a fase de cumprimento (espontâneo ou forçado), nos casos em que a sentença de conhecimento não estipulou os valores da obrigação dela constante. Funcionalmente, podemos afirmar que a liquidação é uma fase de complementação do comando sentencial impreciso no tocante ao *quantum debeatur*, e bem por isso se esgota na estipulação quantitativa do *an debeatur*, cujo conteúdo não pode rever nem modificar.

Essa breve análise serve apenas para contextualizar o caráter complementar do procedimento liquidatório, assumido a partir da última reforma processual e mantido pelo novo código, mas que vem ao encontro daquilo que já se assentava como sua característica típica. Por certo que a relevância disso extrapola os limites do estudo da sentença – trabalhista ou não trabalhista –, já que a *fase de liquidação* somente terá lugar quando a sentença for ilíquida. Por isso, é um fenômeno que, embora integrado à sentença, está fora de seu âmbito.

No entanto, a sentença poderá ser líquida, hipótese em que o juiz, desde logo, fixará o montante da condenação, naturalmente eliminando a necessidade da fase de liquidação. Por razões de celeridade e de efetividade, é certo que, no plano ideal, melhor seria se todas as sentenças fossem líquidas, o que reduziria largamente o tempo de duração de um processo. Na prática, sabemos que isso é inviável, dada a dimensão que certos conflitos processuais assumem, seja pela própria natureza deles, seja por fatores que surgem no decorrer do processo.

Assim, em primeiro lugar cabe-nos afirmar que a prolação de sentença líquida é algo *desejável*; no entanto, não é obrigatória. É claro que se o julgador se deparar com um pedido condenatório único, naturalmente deverá estipular nominalmente o valor da obrigação, salvo se estiver impedido por algum fator.[134] É o caso, já citado, das ações de indenização por acidentes de trabalho (patrimonial ou moral), em que o magistrado tem, dentre os pressupostos de validade de seu ato, o de fixar o montante indenizatório, a partir dos critérios próprios que a questão enseja.

Diferente é a situação dos casos em que – como é o mais comum na Justiça do Trabalho – há cumulação objetiva, fator que, normalmente, impede ou dificulta a prolação de decisão líquida. Como já dissemos, em muitos casos sob jurisdição trabalhista há multiplicidade de pedidos, inclusive parcelas sucessivamente vencidas, as quais também repercutem umas nas outras. Em casos dessa natureza, mesmo que o lapso contratual seja curto, nem sempre se permite ao juiz que profira decisão líquida, ainda mais se envolver necessidade de exame detido de documentos. Isso é desnecessário ainda que, por força do art. 852-B, I, da CLT (inserido pela Lei n. 9.957/00), e do par. 1o. do art. 840 (modificado pela Lei 13.467/2017), as petições iniciais trabalhistas tenham de *apresentar pedido certo ou determinado e indicar o valor correspondente.* Cabe ressaltar que a melhor interpretação, nesse caso, determina que o valor apontado é meramente estimado, não sendo necessária a efetiva liquidação da peça inicial.

2.4.5. Sentenças trabalhistas em processos "não trabalhistas"

Em sua estrutura original, a CLT somente contemplava quatro espécies próprias de ações que poderiam ser chamadas tipicamente de "trabalhistas": a *reclamação trabalhista*, o *inquérito para apuração de falta grave*, o *dissídio coletivo* e a *ação de cumprimento*. Esta última é, a rigor, uma modalidade específica de reclamação trabalhista, consagrada no art. 872, parágrafo único, da CLT, e

134 Que, por exemplo, pode exigir liquidação por artigos ou arbitramento.

cuja destinação seria a efetivação jurisdicional do cumprimento de uma decisão de cunho normativo (dissídio coletivo). O elemento diferencial, nesse caso, além do objeto próprio, é a possibilidade expressa de atuação do sindicato como substituto processual, antecipando a tendência universalizada pelo inciso III do art. 8º, da Constituição.

A partir do art. 856 da CLT, tem-se a regulação do dissídio coletivo, ação que também tem destinação, função e procedimento específicos: trata-se de instrumento de realização do Poder Normativo da Justiça do Trabalho (art. 114, § 2º, da Constituição), pelo qual os Tribunais do Trabalho deliberam sobre conflitos coletivos de trabalho e estabelecem soluções de caráter normativo e obrigacional.

Já a ação de inquérito para apuração de falta grave, a despeito da nomenclatura imprópria, traz consigo também uma função nitidamente direcionada pela regulação consolidada: trata-se de ação exclusivamente destinada ao rompimento do contrato de trabalho do empregado estável, seja em função da estabilidade decenal, seja em razão da condição de dirigente sindical (art. 543, § 3º, da CLT). Por fim, a reclamação trabalhista tem função genérica, de abarcar todos os demais conflitos não específicos do processo do trabalho, particularmente aqueles de natureza individual, singular ou homogênea (art. 842, da CLT, que faz referência a reclamatórias plúrimas, ou litisconsórcios ativos). Ante a falta de especificidade, a reclamação trabalhista também deve ser o instrumento utilizado mesmo em casos nos quais não se trata de relação empregatícia, como é a hipótese mencionada pelo art. 652, "a", III, da CLT.[135]

No entanto, a singeleza que caracterizava os conflitos trabalhistas foi sendo paulatinamente superada pela complexidade temática derivada da expansão das relações trabalhistas abarcadas pelo Direito do Trabalho e também pela reconfiguração que esse ramo da ciência jurídica sofreu nas últimas décadas. Esse universo mais complexo exigiu a assimilação de diversas figuras processuais estranhas ao processo do trabalho, haja vista a configuração de incontáveis possibilidades de conflitos de índole trabalhista, mesmo dentro dos estreitos limites da competência especializada descrita no art. 114, da Constituição. Da mesma forma, intensificou-se o uso de ações civis públicas no processo do trabalho, sobretudo após a regulamentação da atividade do Ministério Público do Trabalho conferida pela Lei Complementar n. 75/93, instrumento também usado pelas entidades sindicais, com fundamento na Lei n. 7.347/85. Assim é que a jurisprudência paulatinamente passou a admitir

135 Art. 652/CLT – "Compete às Varas do Trabalho: a) conciliar e julgar: (...) III – os dissídios resultantes de contratos de empreitadas em que o empreiteiro seja operário ou artífice";

diversas modalidades especiais de ações não previstas na CLT, como é o caso das ações cautelares, das ações de consignação em pagamento, das ações possessórias, entre outras figuras de menor recorrência. Cunhou-se, inclusive, em certa parte da doutrina, o estudo das chamadas "ações civis no processo do trabalho", voltado à análise do cabimento e do processamento das ações não previstas na legislação trabalhista, mas que teriam aplicabilidade dentro do processo laboral.

Com a EC n. 45 e a consequente ampliação da competência da Justiça do Trabalho, esse fenômeno recebeu um fantástico incremento, oriundo especialmente da mudança para o critério objetivo, como já exploramos anteriormente. Com isso, e em razão das novas possibilidades derivadas das hipóteses consignadas no art. 114, da CF, aumentou consideravelmente o número de ações "não trabalhistas" processadas perante a Justiça do Trabalho, não apenas pelo uso assimilado de figuras do processo comum, mas também pelo fato de serem admitidos conflitos que não têm caráter trabalhista propriamente dito.[136] Esse fenômeno motivou o Tribunal Superior do Trabalho a editar a Instrução Normativa n. 27/05, que claramente estabelece os parâmetros para a adoção de procedimentos em ações dessa natureza. Por esses critérios, o procedimento a ser utilizado em quaisquer ações em trâmite pela Justiça do Trabalho deve ser aquele previsto na CLT para o processo trabalhista, exceção feita somente àquelas ações que, por força de lei, possuam procedimento especial.[137]

Dito isso, temos que as sentenças proferidas por juiz do trabalho em ações "não trabalhistas" – vale dizer, ações não previstas na CLT ou envolvendo sujeitos que não sejam empregado e empregador – devem seguir os mesmos parâmetros que ora defendemos para as sentenças trabalhistas típicas, observadas, obviamente, as particularidades que cada pretensão pode demandar. Assim, para tais ações, os requisitos e pressupostos já explorados da sentença trabalhista são aplicáveis em sua integralidade, inclusive em ações de indenização por acidentes de trabalho, igualmente consideradas ações singulares por sua natureza.

136 Aqui nos referimos, sobretudo, às hipóteses que o inc. I do art. 114, da CF, já explorado anteriormente, permite em formas de interpretação mais ampliativa.

137 A própria Instrução Normativa exemplifica algumas das situações inseridas nesse tratamento especial: o Mandado de Segurança, *Habeas Corpus, Habeas Data*, Ação Rescisória, Ação Cautelar e Ação de Consignação em Pagamento. Em nosso entender, esse rol é meramente exemplificativo, pois assim deixa claro o art. 1º da mesma Instrução, de maneira que outras ações podem ser incluídas nesse contexto.

3. Prática da Sentença Trabalhista

3.1. Metodologia de redação da sentença

Ao proferir uma sentença, o magistrado deve respeitar os requisitos formais de sua validade, elaborando o relatório, a fundamentação e o dispositivo. Mas, nesse mister, a observância de alguns critérios de ordem prática é fundamental para que esse trabalho seja bem desenvolvido. Sobre eles, trataremos de expor em seguida, falando de cada qual dos requisitos sentenciais, distintamente.

3.1.1. *Relatório*

a) Generalidades e técnica redacional

Conforme já assentado na primeira parte deste trabalho, o relatório tem uma *função informativa*, ou seja, a de informar ao leitor da sentença a respeito do conteúdo da controvérsia que está a ser ali decidida. Não por acaso é que ele constitui o primeiro passo na formulação de uma sentença, seguindo a perspectiva já enunciada anteriormente. Para isso, e visando ao atendimento do que consideramos ser a finalidade do relatório, o sistema que reputamos mais adequado é o de fazer uma *ordenação lógica* do processo – e não necessariamente uma ordenação *cronológica* dele. Isso porque os atos processuais nem sempre se desenvolvem no tempo na mesma sequência lógica necessária à sua franca compreensão. Assim, em uma Vara que adota o sistema da audiência una, ou seja, faz a coleta de provas de audiência na mesma oportunidade de apresentação da resposta do reclamado, a sentença estritamente cronológica – ou seja, que siga rigorosamente a ordem das peças no processo – tende a ficar sobremaneira confusa, com a descrição das provas produzidas antes mesmo da narrativa sobre a contestação.

Com base em tal concepção, entendemos que é interessante ser adotado um esquema similar ao que em seguida sugerimos, que pode ser facilmente adaptado a qualquer situação concreta:

ESQUEMA DO RELATÓRIO

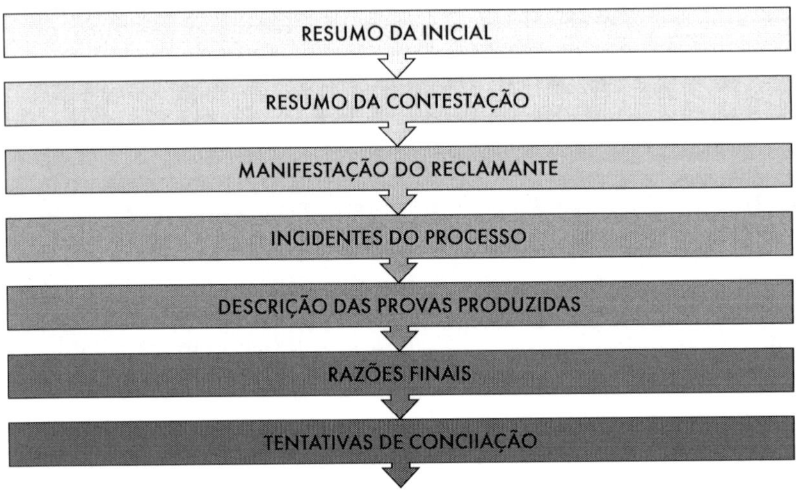

Nessa proposta, observamos, de início, que são feitos resumos das postulações das partes – inicial e contestação -, devendo, ainda, ser feita menção a eventual exceção oposta pelo reclamado. Caso haja reconvenção, sugerimos que, logo após a descrição da contestação, seja feito também um resumo dessa peça, para que se possa contextualizá-la com a resposta que deve vir por parte do reconvindo.

Em seguida, faz-se referência à existência de manifestação por parte do reclamante, ato processual que, embora não previsto na CLT, tem sido admitido por boa parte dos integrantes da magistratura. Dependendo do procedimento que se adota em cada Vara, há magistrados que costumam conceder prazo para que o reclamante se pronuncie sobre a defesa oferecida pela reclamada, com fundamento nos arts. 350 e 351, do CPC; outros oferecem essa oportunidade na própria audiência. Da mesma forma – e, nesse caso, essa manifestação é imprescindível – ocorre se houve reconvenção do reclamado (em que a manifestação é a resposta do reconvindo).

Depois disso, resta conveniente ser feita a indicação de todos os incidentes do processo que foram solucionados, como questionamentos ao valor da causa, retificações de polo passivo, acolhimento ou rejeição de exceções de incompetência[1]. Vale, ainda, mencionar os eventuais incidentes ainda não solucionados, muito embora fosse mais adequado que eles já tivessem sido julgados por ocasião da sentença.

Na sequência, cabe ao juiz descrever as provas que foram produzidas no processo, além de mencionar a existência de razões finais e referenciar-se às tentativas obrigatórias de conciliação que, por óbvio, foram rejeitadas.

É de suma importância saber-se que o relatório não deve ser exaustivo, sob pena de causar a impressão de que é mais importante do que a fundamentação e frustrar seu objetivo, cansando o leitor ainda no seu desenvolvimento. Por isso, quando se faz o resumo da inicial e da defesa, o redator não deve ater-se a detalhes ou mesmo promover a menção reiterada de atributos repetidos usados pelas partes: basta a síntese da pretensão, mesmo porque todo o detalhamento de cada alegação será realizado na fundamentação.

Destacamos, além disso, que não vemos nenhuma necessidade de ser feita descrição de **conteúdo** da manifestação do autor ou das razões finais, salvo se contiverem alegações relevantes, como prescrição, ocasião em que a mera menção ao que fora alegado já é suficiente. Da mesma forma, despicienda descrição do **conteúdo** das provas orais e periciais, também sendo suficiente a mera referência à sua produção. Não se pode olvidar que a análise dessas provas será feita em fundamentação, e além de desnecessária a referência no relatório, porque seria inócua, também torna a sentença repetitiva.

Diante desse esquema, observamos que todo o conteúdo necessário a um relatório sentencial estará presente, e sua ordenação lógica permitirá não somente uma elaboração mais fácil, como também uma melhor compreensão para aquele que estiver fazendo a leitura correspondente.

b) Situações de desnecessidade

Conforme já foi salientado na parte teórica, o processo do trabalho conta hoje com situações em que a elaboração do relatório é desnecessária, por

1 Aqui é oportuno ser registrado que, a despeito de ter o CPC-2015 eliminado as chamadas "exceções rituais", inclusive para fins de arguição de incompetência, a CLT ainda preserva essa designação, ainda que tenha um procedimento simplificado, e que foi revigorado pela Lei 13.467. O assunto será retomado neste trabalho.

expressa determinação legal. Trata-se das situações apontadas no art. 852-I, ou seja, processos sujeitos ao rito sumaríssimo. Em tais casos, portanto, o redator meramente deve lançar na sentença essa dispensa legal do relatório.

Aos candidatos em concursos para a magistratura do trabalho, vale outra informação: em algumas Regiões da Justiça do Trabalho, a prova já dispensa o relatório, quando é apresentada ao candidato. Em alguns casos, inclusive, o relatório já é apresentado pela banca, e serve como referencial fático para a redação da fundamentação e dispositivo. No entanto, em alguns Tribunais ainda se pratica o sistema tradicional de prova, ou seja, apresenta-se ao candidato um problema ou os próprios autos de um processo simulado para que elabore a sentença na íntegra, inclusive o relatório. Nesses casos, vale mesmo é a interação plena do candidato do formato apresentado para a prova e, obviamente, se for desnecessário o relatório, não precisa preocupar-se em elaborá-lo.

3.1.2. Fundamentação

a) Generalidades e organização

Feito o relatório, o passo seguinte diz respeito à própria fundamentação, na qual se tem a necessidade de um adequado dimensionamento das questões submetidas à apreciação do Judiciário. Como já salientado, a fundamentação é a parte principal da sentença, pois nela é que o julgador efetivamente aprecia e fundamenta todos os aspectos de sua decisão. Observamos que um dos graves problemas identificados em provas ou exercícios de concursos, e mesmo nas próprias sentenças de alguns magistrados, é justamente uma organização deficiente ou inadequada da fundamentação, gerando grande dificuldade na interpretação e mesmo a contradição intrínseca no julgado, capaz de resultar em embargos de declaração ou, se não sanada, tornar o título executivo inexequível, por dificuldades insuperáveis na liquidação sentencial.

Considerando-se que na fundamentação ao juiz cabe a *apreciação global* de todos os elementos do conflito, é absolutamente importante que o trabalho de redação seja iniciado por um processo organizacional de todos os temas que estão sujeitos à análise do julgador. Lembramos que, como já dito alhures, uma das características do processo trabalhista é a de possuir cumulação de pedidos, como regra, o que torna ainda mais difícil o trabalho do magistrado na elaboração da sentença e, por conseguinte, mais relevante ainda sua capacidade de organização de seu trabalho, a fim de que o encadeamento das matérias dispostas a exame respeite os fundamentos lógicos de cognição.

A propósito, lembremos que a CLT, ao tratar da postulação do reclamado, faz referência apenas à possibilidade de oferecimento de exceções (art. 799) e daquilo que chama defesa, disciplinada pelo seu art. 847, e que, pelo texto legal, há de ser apresentada verbalmente, no prazo de 20 minutos. Essa diretriz, que vem desde a origem do texto consolidado, por certo tinha em conta um processo mais simplificado, com menor número de questões sob debate, e acabou sendo superada pela prática consuetudinária. É certo que ainda se pratica a chamada defesa oral, mas vemos que isso se verifica, eminentemente, em situações excepcionais[2], vez que a informatização sobrevinda na atividade jurídica tem condicionado os profissionais do direito ao uso dos processadores eletrônicos de texto, com o que se dispensa, até mesmo por comodidade, a realização de atos verbais em audiência. Isso se acentua com a implantação do Processo Judicial Eletrônico, definitivamente institucionalizado, no plano normativo, pelo Código de Processo Civil. Nos feitos que tramitam sob esse modelo, os atos processuais são praticados pelas partes diretamente no sistema, mediante o carregamento das peças correspondentes. Logo, a apresentação da "defesa" do reclamado é feita mediante a sua inserção do PJe, em regra antes da própria audiência.[3]

A partir dessa nova característica que o processo trabalhista vem assumindo nas últimas décadas, observamos também aquilo que chamamos de "processualização" do processo do trabalho, representada, a nosso ver, pela implementação indiscriminada de preceitos do Código de Processo Civil ao processo trabalhista, mesmo quando claramente incompatíveis.[4] Isso fez

2 Por exemplo, quando o reclamado comparece sem advogado e sem defesa escrita, é uma hipótese comum de realização de defesa oral. Também assim vemos quando a parte, inadvertidamente, contrata seu advogado no mesmo dia da audiência, ou até mesmo no átrio do Fórum, e o profissional, sem tempo de elaborar a defesa escrita, utiliza-se da forma descrita na lei. No entanto, como dito, isso tem caráter excepcional, pois a regra é a apresentação da defesa escrita.

3 Esse fato vem modificando a dinâmica procedimental no processo do trabalho. A fim de evitar dissabores, é comum a apresentação da contestação e demais formas de defesa do reclamado antes da audiência, porque eventual problema técnico poderia comprometer a juntada naquele momento. Logo, as necessidades técnicas têm alterado o procedimento, muito embora nada impeça que a parte ofereça a contestação na audiência, se tiver meios para fazê-lo, inclusive na forma oral, como rege a CLT. Por outro lado, o parágrafo único do art. 847, inserido pela Lei 13.467 assinala que "a parte poderá apresentar defesa escrita pelo sistema de processo judicial eletrônico até a audiência."

4 Não obstante a CLT consagre o uso subsidiário do CPC, em seu art. 769, é importante lembrar que ela faz a ressalva de que essa subsidiariedade somente se faz quando houver omissão e o instituto a ser aplicado for compatível com o processo do trabalho. De nossa parte, somos plenamente favoráveis a esse uso supletivo, desde que sejam assegurados os objetivos de celeridade e economia processual próprios do processo laboral, e sempre que a regra a ser aplicada (ainda que do processo comum) se mostre mais eficiente e efetiva. Nesse sentido, o CPC-2015 também se conduziu nesse sentido, fixando a possibilidade do uso supletivo e subsidiário

com que se tornasse mais comum a apresentação, pelo reclamado, daquilo que o CPC nomina como formas de resposta do réu, nas modalidades CONTESTAÇÃO e RECONVENÇÃO, do que resulta em uma nova perspectiva sobre a fundamentação sentencial, porquanto as respostas assim apresentadas permitem uma maior amplitude de debate, e exigem, via de consequência, um processo elaborativo mais cauteloso por parte do juiz.

Em linhas gerais, o melhor critério para a organização de temas da fundamentação é o *critério de prejudicialidade*, ou seja, dentre todas as matérias a serem apreciadas, devem ser classificadas para análise anterior aquelas que, em tese, podem prejudicar a apreciação das demais. Isso porque, em matéria processual, a economia é um princípio estrutural, e tal fator representa que deve ser perseguido o caminho mais curto para se alcançar um resultado final para o processo. Por isso, se determinada questão, ao ser acolhida, prejudica a análise das demais, isso evidencia a necessidade de ser ela apreciada em primeiro lugar.

A partir dessa diretriz, a proposta que fazemos, inicialmente, é a de organização dos temas a serem apreciados na sentença em quatro classes fundamentais: *questões processuais*, *preliminares de mérito*, *prejudiciais de mérito* e *mérito propriamente dito*. Advertimos que, muitas vezes, as postulações das partes apresentam variadas questões de forma desordenada, cabendo ao julgador realizar sua organização e adequação temática, inclusive, para que possa atender aos requisitos de logicidade de uma sentença. Se a parte alega uma matéria preliminar no final de sua defesa, não faz qualquer sentido o juiz relegar a sua apreciação para o fim do julgado, pois claramente qualquer objeção processual pode prejudicar a análise de mérito. A técnica inadequada da defesa, portanto, não pode condicionar o juiz ao proferir sua sentença.

Por isso, feita a classificação que propomos, o julgador deve vasculhar as postulações das partes e delas abstrair cada questão formulada, e encaixá-la em uma das classes propostas para, em seguida, partir para a devida apreciação.

Detemo-nos aqui para uma observação relevante. Muitos iniciantes na atividade sentencial ficam com dúvidas, ao organizar a temática para elaboração da sentença, a respeito da divisão ou não dessa sentença por tópicos, conforme os assuntos veiculados. Sobre essa questão, relacionada ao mérito, trataremos mais tarde, mas é oportuno mencionar-se agora uma prática

das suas regras ao processo laboral (artigo 15). Embora o código não fale em compatibilidade, não vemos possibilidade de desconsideração dessa diretriz, que nos parece ser a mais importante nesse processo heterointegrativo.

tentadora para alguns, e que consideramos equivocada. Há certa tendência de seccionar toda a sentença, de acordo com sua temática, e ir apreciando individualmente cada pedido, inclusive as questões preliminares e prejudiciais a ele relacionadas. Por exemplo, se a parte reclama o pagamento de horas extras, suas repercussões e adicional de insalubridade, quem assim atua aprecia cada um desses pedidos de modo distinto. Mas, se há uma alegação de inépcia relativamente às horas extras, p. ex., tendem a apreciá-la dentro do tópico correspondente a tais horas, mesmo que o pleito do adicional, em seu mérito, já tenha sido apreciado. A nosso ver, trata-se de técnica redacional equivocada, pois entendemos que todas as matérias que se referem a preliminares ou prejudiciais, ainda que envolvam parte dos pedidos do autor, devem ser trazidas para apreciação prévia, antes da análise de qualquer tema de mérito. Isso porque as matérias preliminares contêm situações que podem envolver a necessidade de correção pelas partes – como o caso de defeito de representação, p. ex. –, e isso seria despropositado após prolação da sentença, mesmo porque o não cumprimento pela parte pode resultar em extinção do processo ou revelia (art. 76, do CPC).

Dessa maneira, concluímos que, em casos que existam matérias que exigem apreciação prévia ao mérito (questões processuais, preliminares ou prejudiciais), elas devem ser consolidadas e apreciadas conjuntamente, ainda que se refiram apenas a parte dos pedidos, e não apenas por ocasião de sua análise.

b) Questões processuais

Há temas que, a rigor, devem ser apreciados e resolvidos pelo juiz antes mesmo de o processo entrar na fase decisória, mesmo porque muitos deles podem exigir algum tipo de providência saneadora, que pode impedir a prolação da sentença naquele momento. No entanto, por razões diversas, várias dessas questões acabam sendo deixadas de lado e, no momento da sentença, o juiz se vê obrigado a decidi-las, para que não se afirme que houve negativa de prestação jurisdicional sobre determinado ponto do processo. Um exemplo clássico ocorre quando a reclamada questiona o valor dado à causa pelo reclamante, mediante uma provocação feita na contestação, e o magistrado não resolve esse incidente na audiência, oportunidade em que deveria fazê-lo. Inadvertidamente, instrui o processo e encerra a instrução, notando a alegação somente quando da prolação da sentença. Cabe-lhe, nesse momento, ainda que de forma tardia – mas não desnecessária –, resolver a questão, mesmo porque isso pode interferir na recorribilidade de seu ato ou na fixação do rito, o que pode resultar em diversidade de procedimento ulterior.

São matérias como essas que nominamos *questões processuais*, que representam *incidentes que, em tese, deveriam ter sido resolvidos antes da fase sentencial e não foram; bem por isso, devem ser solucionados antes da decisão propriamente dita*. Por certo que há determinados temas dessa natureza que prejudicam totalmente a fase decisória, e por isso não permitem a prolação da sentença sem que antes se proceda à sua regularização. Por exemplo, se o reclamante questiona a regularidade da representação processual da reclamada e isso não foi apreciado antes da fase decisória, ao se defrontar com tal situação, o juiz não possui outro caminho senão o de converter o julgamento em diligência e determinar à reclamada a regularização da representação, sob as cominações do já citado art. 76, do CPC. Afinal, o desrespeito a esse comando irá implicar a decretação da revelia da reclamada – naturalmente com a desconsideração da contestação e dos documentos apresentados –, o que muda completamente o panorama do processo e da decisão a ser ali proferida.

Obviamente, se o prolator da decisão for um candidato em um concurso da magistratura, ao verificar que questões dessa natureza não foram decididas, intuitivamente deve encontrar fundamentos para repelir o incidente, pois não haveria outra forma de resolver a prova.[5]

No mais das vezes, essas questões processuais são de simples resolução, e apenas devem ser resolvidas, como dito, a fim de que não ocorra negativa de prestação jurisdicional. Acrescemos, ainda, em tais casos, situações verificadas de ofício pelo juiz, em seu papel de administrador e gestor do processo, que podem resultar em providências a serem adotadas por sua Secretaria. A seguir, descrevemos, de forma mais detalhada, alguns exemplos de *questões processuais* que podem surgir no desenvolvimento de uma sentença, com as respectivas sugestões de sua resolução.

b.1) Suspeição ou impedimento do juiz

Como decorrência prática do *princípio da imparcialidade do juiz*, a legislação processual contempla situações que não permitem que determinado magistrado exerça a atividade jurisdicional em certos processos, originariamente sob sua análise. É certo que, por força do *princípio do juiz natural*, as partes não podem "escolher" o magistrado que irá julgar o seu conflito; no entanto, havendo motivos específicos e devidamente relacionados em lei, podem elas postular seu afastamento do processo. O Código de Processo Civil, inovando nesta matéria, trata a alegação de impedimento ou suspeição como mero

5 Essa situação é comum em provas de concurso: muitas bancas examinadoras, justamente para aferir o grau de concentração do candidato, "deixam" algumas questões incidentes sem decisão, esperando dele a apreciação na sentença.

incidente processual, e não mais como exceção processual, eliminando aquilo que se nomina "exceção ritual", como era o caso das exceções de suspeição e de incompetência. Não há dúvidas de que se trata de uma singela inovação positiva, já que elimina um incidente desnecessário e que, na essência, só contribuía para a procrastinação do processo. Assim, segundo a nova regra do 146 do CPC, a alegação de impedimento ou suspeição do juiz deve ser oferecida no prazo de 15 (quinze) dias a contar do conhecimento do fato que a originou ou da atuação no processo do juiz tido como impedido ou suspeito.

Todavia, não se pode desconsiderar que a CLT expressamente contempla a figura da exceção de suspeição e de incompetência para que a parte possa suscitar suas objeções ao juiz ou ao juízo. Não vemos, a princípio, qualquer problema na preservação do modelo consolidado, mesmo porque ele sempre dispensou a formalidade própria e típica do processo comum. Mas, com certeza, trata-se de um tema que ainda dependerá de um amadurecimento doutrinário e jurisprudencial para ser fixado. Até lá, acreditamos que haverá situações de apresentação da arguição de impedimento ou suspeição tanto pela via da exceção como por simples petição o que, a nosso sentir, não prejudicará a suscitação feita pela parte, ao menos no aspecto formal.

Nesse sentido, e independentemente da via eleita, a alegação de *suspeição/impedimento pode ser oferecida a qualquer tempo no processo*, visto que o fato que a enseja pode surgir no decorrer da demanda, e mesmo o ingresso de um magistrado no feito pode-se dar durante seu curso. Além disso, no processo do trabalho, o processamento das exceções de suspeição/impedimento é questão que padece de um grave vazio normativo. Com efeito, é o art. 802, da CLT, que regula o assunto, e ele foi estabelecido em um contexto no qual o órgão jurisdicional de primeiro grau da Justiça do Trabalho era colegiado. Por isso, disciplina que, havendo a oposição da exceção em face do Juiz Presidente ou dos classistas, seria designada audiência para instrução da exceção e para julgamento dela, feitos pela própria "Junta", por certo partindo do suposto de que, havendo três julgadores, não haveria qualquer problema na participação do próprio juiz excepcionado no colegiado.

Sem que se formule juízo valorativo da pertinência desse inusitado sistema, o certo é que a extinção dos classistas dizimou com a formação colegiada dos órgãos de primeiro grau da Justiça do Trabalho, que hoje atuam singularmente como Juízes do Trabalho. Há, portanto, um vazio regulatório que tanto permite o uso supletivo do CPC como o processamento e o julgamento da exceção pelo próprio juiz tido como suspeito ou impedido.[6] Essas motivações nos levam a ponderar a *possibilidade* de haver uma alegação de suspeição/impedimento do juiz pendente de julgamento por ocasião da prolação da sentença, situação também comum em provas de concurso, conforme já alertamos. Em casos assim, o tema merece apreciação como uma *questão processual.*

Diante dela, a primeira providência a se adotar é a identificação da tempestividade da apresentação da alegação. A CLT não consigna nenhum prazo para a oferta da exceção, mas, como já apontamos, o CPC determina que esta seja apresentada no prazo de 15 (quinze) dias a contar do conhecimento do fato que ocasionou o impedimento ou a suspeição (art.146, do CPC). Se apresentada após esse prazo, não deve ser admitida, o mesmo se dando se do processo constar que a parte excipiente deixou de alegá-la anteriormente, quando já a conhecia. Da mesma forma, cabe rejeição de plano da alegação se demonstrado que a parte procurou propositadamente o motivo para sua caracterização (art. 801, parágrafo único, da CLT e art. 144, parágrafo 2º. e 145, parágrafo 2º., inciso I do CPC). Por fim, não pode mais alegar a suspeição do juiz a parte que, mesmo sabendo dos motivos de suspeição, pratica algum ato pelo qual consinta na atuação do juiz na causa ou que, mesmo os conhecendo, aceita o juiz recusado (*idem*).

Também pode ser repelida de plano a exceção de suspeição/impedimento que não se consigna entre as hipóteses previstas no art. 801, da CLT, pela sua total impertinência. Nesse contexto, devemos considerar que, em nosso entendimento, apesar de conter a CLT dispositivo que trata especificamente das situações de impedimento/suspeição do magistrado, suas disposições são incompletas, o que autoriza o uso suplementar do CPC, na forma do já mencionado artigo 15 daquele código, complementado pelo art. 769, da CLT. Há, nitidamente, um caso de insuficiência regulatória, o que permite a adoção das situações descritas nos artigos 144 e 145 do CPC-2015 para fundamentar a objeção ao magistrado trabalhista.

b.2) Incompetência em razão do lugar

Embora seja uma hipótese tecnicamente imprópria, eventualmente pode subsistir em algum processo uma *exceção de incompetência territorial* sem apreciação no momento oportuno, e que foi encontrada pelo juiz no momento da prolação da sentença. Essa situação não usual decorre do fato de que a apresentação de uma exceção suspende o curso do processo (art. 799, da CLT),

6 Esse entendimento não guarda ressonância com a interpretação majoritária no Tribunal Superior do Trabalho, que tem entendido que o próprio magistrado cuja suspeição foi arguida deve respondê-la.

instaurando-se um procedimento incidental para sua resolução. Como já dito no item anterior, o artigo 64 do CPC estabelece que a incompetência absoluta ou relativa será sempre alegada como preliminar de contestação. No entanto, no processo do trabalho o modelo subsiste, ainda mais porque revigorado pela nova redação conferida ao artigo 800 da CLT pela Lei 13.467. Nesse caso, é latente a impossibilidade de arguição da exceção em sede de contestação, dado que a nova sistemática exige que ela seja apresentada em cinco dias (úteis) contados da notificação inicial.

Dessa forma, se arguida na contestação, a incompetência deve ser rejeitada por intempestividade, tendo em vista a ocorrência da *preclusão*. Ao lado disso, e não bastasse apenas a configuração da extemporaneidade da alegação, tem-se que o não oferecimento da exceção no momento oportuno acarreta a prorrogação da competência da Vara do Trabalho que está processando a ação, nos termos estritos do art. 65, do CPC.[7]

Se é verdadeiro que situações dessa natureza não são facilmente encon tradas na prática jurisdicional, é um fato que comumente se vê em provas de concurso para a magistratura trabalhista, justamente com a finalidade de "criar" um problema procedimental para o candidato superar. Em qualquer hipótese, a rejeição também se dá no bojo das questões processuais, pelos fundamentos já alinhados. Ressaltamos que, frequentemente somos abordados com situações como essas, normalmente colhidas de concursos da magistratura, em que os candidatos apresentam um autêntico "falso dilema": como é possível apreciar-se primeiramente a alegação de incompetência territorial, se houver também, uma arguição de incompetência material? Nesse caso, completa-se, como pode o julgador deliberar sobre o juízo competente territorialmente se ainda "não sabe" sobre a sua competência material?

Chamamos essa ocorrência de "falso dilema" porque não há qualquer inconsistência na sugestão ora realizada – ou seja, de apreciação da alegação como uma *questão processual, obviamente se se tratar de uma exceção.* Afinal, como já explicamos, o momento próprio para a análise de uma exceção de incompetência é anterior à própria audiência, porquanto o seu oferecimento suspende o curso do processo principal e a realização da sessão. Logo, é inerente à natureza da exceção que ela seja julgada de plano, em cognição sumária, pelo Juízo a quem é dirigida. Sob o ponto de vista prático, a competência material tem pouca relevância nesse contexto. Afinal, como se trata de um tema que será arguido como preliminar de contestação, a regra é que ele seja

7 Art. 65/CPC – "Prorrogar-se-á a competência relativa se o réu não alegar a incompetência em preliminar de contestação."

analisado apenas por ocasião da prolação da sentença, sob pena de se romper com o preceito da unidade sentencial. Assim, independentemente de se tratar de uma situação de competência ou de incompetência material, a análise da exceção sempre antecederá logicamente a definição do Juízo competente do ponto de vista territorial. Note-se, ainda, que a incompetência material pode se referir apenas a parcela do pedido (p.ex., pode ser suscitada para um pedido de reparação de dano material) o que resulta no fato de que, ainda que acolhida, somente parte da pretensão não seria analisada por aquele Juízo, mas o restante permaneceria ali.

Ao lado disso, e pensando-se em uma prova de concurso, parece improvável a exigência de uma prova que possa resultar no acatamento integral de uma preliminar de incompetência material, pois isso representaria o término antecipado da prova. O mais provável é que se trate de uma situação em que, intuitivamente, a alegação deva ser rejeitada ou, na pior das hipóteses, deva ser acolhida apenas em parte, extinguindo-se somente certa parcela da pretensão. Logo, nesse caso, não haveria qualquer problema lógico na apreciação da exceção na forma como proposta.

b.3) Retificação de um dos polos da ação

Há situações em que o sentenciante verifica a existência de fatores que exigem a retificação de um ou de ambos os polos da ação. Casos assim, apurados de ofício pelo julgador no momento da elaboração da decisão ou mediante provocação de uma das partes, ensejam pequenas modificações na autuação do processo trabalhista. Embora não sejam essenciais, essas determinações são importantes porque o prolator da decisão está prestes a produzir um ato processual que gerará efeitos relevantes e complexos – como a formação da coisa julgada e constituição de um virtual título executivo. Por isso, uma vez constatada qualquer circunstância dessa natureza, é conveniente que se determine a retificação da autuação, medida que também se faz nesses momentos vestibulares do ato sentencial.

As hipóteses mais comuns que demandam essa providência são: equívocos na identificação das partes (como erros materiais no nome do reclamante ou do reclamado e uso de nome de fantasia de empresas); alteração de razão social; sucessões de empresas sobre cuja existência não haja controvérsia; modificação dos polos da ação em razão de sucessão processual (caso das habilitações decorrentes do falecimento do reclamante); superveniência de falência da reclamada. Como são situações que não implicam juízo valorativo, basta uma decisão singela no sentido da modificação.

b.4) Providências administrativas a serem adotadas pela Secretaria

Na mesma linha do que narramos no item anterior, há providências cuja necessidade o juiz identifica no momento de sentenciar, em regra derivada do necessário saneamento a que os processos devem ser submetidos periodicamente. São providências que, em regra, não prejudicam o desenvolvimento do processo, mas que obviamente devem ser adotadas para não perpetuar irregularidades em um instrumento judicial. As principais providências nesse sentido são a renumeração de páginas, o desentranhamento de documentos indevidamente juntados ou ainda o cumprimento de deliberações anteriores eventualmente não implementadas.

b.5) Revelia

Revelia é o estado assimilado pelo réu que deixa de se defender em qualquer processo que é contra ele movido. Não se trata de pena ou de sanção processual, mas de uma condição assumida por aquele que, por razões das mais diversas, não exerce seu direito de defesa. Bem por isso, é impróprio afirmar-se a necessidade da "decretação" da revelia pelo juiz, pois, como dito, trata-se de um estado de fato que se consuma simplesmente pela ausência de defesa válida do réu no momento próprio para a prática do ato. No entanto, como todo ato processual, a revelia precisa ser caracterizada para que possa produzir seus efeitos essenciais, quais sejam, os de resultarem na confissão do réu. Como esse é um ato valorativo, a certificação da revelia depende de manifestação volitiva e específica do magistrado.

É mais apropriado que a revelia seja constatada desde o momento no qual se exaure o direito de oferecimento de defesa, o que, no processo do trabalho, se dá em audiência. Por isso, a melhor técnica é a da certificação da revelia por ocasião da própria audiência para a qual o demandado não compareceu. No entanto, há casos em que o juiz difere a decisão a esse respeito para a sentença, o que entendemos ser impróprio, inclusive em razão dos efeitos procedimentais que a situação do réu enseja (art. 344, do CPC). Além disso, havendo pluralidade de réus, nenhuma das partes tem a segurança de que o juiz irá ou não reconhecer os efeitos da revelia, porque esta ainda não foi formalmente constatada. Dessa maneira, esse tipo de procedimento acaba por redundar na prática de atos desnecessários, como, p. ex., a produção de provas sobre fatos não contestados.

Por esses fundamentos, entendemos que, quando não houve a caracterização judicial da revelia na própria audiência, o juiz deverá fazê-lo como providência prévia, no âmbito das *questões processuais*, justamente para prosseguir na análise do feito tendo-a como pressuposto. É oportuno destacar-se que se mostra igualmente equivocada a prática de se relegar a análise da *configuração ou não da revelia* para o momento da apreciação das provas. Afinal, revelia não é prova; é estado de fato. O que pertence ao âmbito das provas são os *efeitos da revelia*, consubstanciados na já citada *confissão.*

Assim, a melhor técnica é atestar a ocorrência da revelia em sede de questões processuais, deixando os efeitos que esse ato produzirá para o momento da análise probatória de cada postulação, sobretudo porque a eficácia da presunção de veracidade dela derivada é relativa, podendo ser infirmada por outros elementos de convicção.[8]

b.6) Litisconsórcios e intervenções de terceiros[9]

A dimensão contemporânea do processo do trabalho tem permitido a possibilidade de formação de litisconsórcio ativo e/ou passivo em diversas modalidades de ações, fato naturalmente compatível com a sistemática trabalhista, tanto assim que determinado pelo art. 842, da CLT – em sua face ativa – como preceito de economia processual. Quando isso é assentado desde a postulação inicial da parte, ao julgador resta apenas atestar a pertinência dessa conformação na análise das objeções processuais – que, com certeza, serão apresentadas – e as atribuições próprias do mérito. No entanto, podem surgir situações de ampliação ou redução do litisconsórcio ativo ou solicitações de ampliação do litisconsórcio passivo após o ajuizamento.

Além dessas possibilidades, também se mostram presentes situações de *intervenções de terceiros no processo do trabalho* – às vezes, usadas impropriamente para ampliações do polo passivo –, tema que foi durante muito tempo combatido, mas que hoje tem uma aceitação muito mais ampla na doutrina e

8 Nesse sentido, a Súmula 74, do TST, com redação já ajustada ao CPC-2015: SUM-74 – CONFISSÃO (atualizada em decorrência do CPC de 2015) – Res. 208/2016, DEJT divulgado em 22, 25 e 26.04.2016. *I – Aplica-se a confissão à parte que, expressamente intimada com aquela cominação, não comparecer à audiência em prosseguimento, na qual deveria depor. (ex-Súmula nº 74 – RA 69/1978, DJ 26.09.1978). II – A prova pré-constituída nos autos pode ser levada em conta para confronto com a confissão ficta (arts. 442 e 443, do CPC de 2015 – art. 400, I, do CPC de 1973), não implicando cerceamento de defesa o indeferimento de provas posteriores. (ex-OJ nº 184 da SBDI-1 – inserida em 08.11.2000). III- A vedação à produção de prova posterior pela parte confessa somente a ela se aplica, não afetando o exercício, pelo magistrado, do poder/dever de conduzir o processo.*

9 Registramos que o CPC-2015 eliminou a figura da Oposição da condição de intervenção de terceiros e a qualificou como procedimento especial (artigo 682 e seguintes). Por outro lado, a Nomeação à Autoria foi substituída por uma simples alegação incidental (artigo 338).

na jurisprudência.[10] A seguir, descrevemos algumas das principais situações dessa natureza comumente enfrentadas na sentença, embora aqui também valha a ressalva de que seria mais apropriado que sobre o assunto se decidisse *antes* do momento da sentença, justamente pelos efeitos que cada deliberação pode ensejar.

b.6.1) *Litisconsórcio ativo facultativo* – consoante o que estipula o art. 842 da CLT já citado, parece-nos evidente que poderá haver determinação de reunião de ações quando se verificar sua identidade, medida justificada por razões de economia processual, e que pode ser praticada de ofício ou por provocação das partes. De outro lado, tem-se também a possibilidade de ser necessária a *limitação do litisconsórcio*, nos termos do art. 113, parágrafo 1º. do CPC, mediante requerimento do réu ou de ofício. Nesse caso, para acolher ou rejeitar a medida, deve ser verificado se o litisconsórcio ativo, se encontra em consonância ao preceituado na norma do art. 842 da CLT, bem como ao estabelecido no inciso III do art. 113, do CPC, aplicável, subsidiariamente, ao processo do trabalho. Ao lado disso, deve-se considerar que o desmembramento das ações somente se justifica caso possa acarretar dificuldade à produção de defesa útil, à rápida solução da lide ou o cumprimento da sentença.

b.6.2) *Litisconsórcio passivo* – boa parte dos casos de litisconsórcio passivo no processo do trabalho tem natureza facultativa, pois em regra está relacionado ao leque de responsabilidade pelos créditos postulados pelo autor; bem por isso, a ele cabe a oportunidade de exigi-lo, não se constituindo assim, em pressuposto necessário à formação da relação processual.[11] Há, no entanto, situações em que esse pedido é feito pelo reclamado, mas, pelas razões expostas, seu acolhimento somente se justifica se a formação do litisconsórcio for necessária para a desconstituição de uma determinada relação jurídica, com a imposição de efeitos para essa declaração. Nesses casos, é relevante que todas as instituições que poderão sofrer os efeitos diretos em caso de acolhimento do pedido participem da relação processual, pois a decisão poderá afetá-los jurídica e economicamente, sendo a participação efetiva da relação processual

10 Um exemplo disso é o cancelamento da OJ n. 227 da SDI-I, do TST, que afirmava ser incompatível com o processo do trabalho a figura da denunciação da lide.

11 Exemplo típico dessa situação é o caso da responsabilidade subsidiária do tomador de serviços em casos de interposição de mão de obra, como assegura a Súmula n. 331, do TST. A participação do tomador é essencial para que ele possa ser responsabilizado pelo resultado da ação, em caso de condenação, mas, se o autor não inseri-lo no polo passivo, isso não resulta qualquer irregularidade procedimental.

medida assecuratória do devido processo legal.[12] Por essas razões, em situações como essa entendemos que o próprio juiz deverá determinar a formação do litisconsórcio passivo, mediante a inclusão de mais um demandado no polo passivo da ação.[13]

b.6.3) *Assistência* – a assistência é uma modalidade de intervenção de terceiros amplamente admitida no processo do trabalho, tanto assim que expressamente referida pela Súmula n. 82, do TST.[14] Segue-se, portanto, que o pressuposto para a admissão da assistência simples é o *interesse jurídico* no resultado do feito, não sendo suficiente para legitimá-la unicamente o interesse econômico. Esse interesse deve ser, obviamente, distinto do interesse da parte, e se constitui pela "perspectiva de sofrer efeitos reflexos da decisão desfavorável ao assistido, de forma que sua esfera seja afetada".[15] A constatação da existência do interesse jurídico, portanto, é que irá determinar o acolhimento ou não da assistência. No entanto, esse interesse jurídico do terceiro pode ser *qualificado*, situações nas quais *equivale ao interesse da parte*. Nessas situações, "o assistente tem interesse jurídico próprio, qualificado pela circunstância de que sua própria pretensão (ou melhor, a pretensão que lhe diz respeito, mas que não formulou), que poderia ter sido deduzida em juízo contra o adversário

---

12 Com a clássica sabedoria que lhe é peculiar, Pontes de Miranda ensina que "tratando-se de litisconsórcio unitário, a natureza jurídica material do pedido é que determina o tratamento que hão de ter os consortes quando se trate dos efeitos dos atos de um em relação aos outros litisconsortes". E ainda: "É a lei, ou a natureza da relação jurídica, que faz ser uniforme a lide. Do direito material provém a espécie que pertence ao direito processual. Não é preciso que a lei explicitamente diga que a lide há de ser uniforme; a lei cria a uniformidade, no tocante aos direitos ou obrigações ou de relação jurídica resulta a consorciedade unitária, que reflete na lide, determinando o litisconsórcio unitário." Bem por isso, o festejado autor cita o seguinte exemplo: "Se houve ato ilícito praticado por duas ou mais pessoas, há litisconsórcio necessário, uma vez que o ato ou os atos foram de todos." (*Comentários ao Código de Processo Civil.* Tomo II, 3. ed. Rio de Janeiro: Forense, 1998. p. 30-31 e 45).

13 Um exemplo dessa situação é a contratação de trabalhadores por intermédio de cooperativa de mão de obra. Quando o reclamante sustenta a ilegalidade dessa forma de contrato e postula o reconhecimento direto do vínculo de emprego com o tomador, deveria, desde logo, inserir no polo passivo da ação tanto a cooperativa como o beneficiário de seus serviços. Ingressando somente contra este último, falta um elo na relação jurídica, que impede a proclamação da ilegalidade da contratação. Isso justifica, a nosso ver, a inserção da cooperativa no polo passivo da demanda, seja a requerimento da reclamada original, seja por determinação de iniciativa do próprio juiz.

14 Súmula n. 82/TST – ASSISTÊNCIA (nova redação) – Res. 121/2003, DJ 19, 20 e 21.11.2003. "A intervenção assistencial, simples ou adesiva, só é admissível se demonstrado o interesse jurídico e não o meramente econômico."

15 WAMBIER, *et alii. Curso avançado de processo civil.* v. 1, 2. ed. São Paulo: RT, 1999. p. 253.

do assistido, mas não o foi."[16] Por isso, quando há essa equivalência entre os interesses, o assistente é *litisconsorcial*, em contraposição à forma *simples* antes enunciada. Um dos exemplos mais comumente verificados no processo laboral é o caso dos integrantes de uma categoria profissional que ingressam como assistentes em processo movido pela entidade sindical, na condição de substituto processual.[17]

b.6.4) *Denunciação da lide* a denunciação da lide é a modalidade de intervenção de terceiros que mais rende polêmicas no Judiciário Trabalhista. Como dissemos, em que pese contasse com admissibilidade doutrinária, a jurisprudência vinha sendo firmada no sentido da sua incompatibilidade com o processo do trabalho. A razão fundamental para esse entendimento era o fato de que, com a denunciação, surge uma segunda relação processual entre o denunciante e denunciado, paralela àquela formada entre autora e réu. Sendo assim, ao decidir a denunciação, o Juízo necessariamente deverá decidir uma lide secundária, o que somente pode ser feito se ele tiver competência para ambos os conflitos. Dentro da lógica que norteava a competência trabalhista antes da EC n. 45/04, era natural haver restrições ao uso da denunciação da lide, daí por que o TST mantinha o entendimento da OJ n. 227, da SDI-1. Com a mudança na competência da Justiça do Trabalho, especialmente pela alteração no critério utilizado – transpondo-se do elemento subjetivo das relações para o elemento objetivo –, esse empecilho deixou de existir, já que restaram ampliadas as possibilidades de conflitos secundários para os quais o juiz do trabalho é tão competente quanto para o conflito principal. Por isso, vemos plenas possibilidades do uso da denunciação da lide no processo do trabalho, mas entendemos que, para tanto, além da indispensável competência para apreciação de ambos os conflitos, é necessário o adequado enquadramento nas hipóteses legais que, no caso do processo do trabalho, cinge-se à figura do inciso II do art. 125, do CPC.[18] Um exemplo dessa situação está na hipótese de ação de cobrança de contribuições sindicais ajuizada por sindicato em face de determinada empresa que, em sua defesa, alega já ter feito o recolhimento

16 *Idem*, p. 254.

17 O direito perseguido é dos substituídos, mas a ação pertence ao substituto. Sendo assim, o ingresso daqueles na ação se faz na modalidade de assistência litisconsorcial, eis que o interesse jurídico demandado é qualificado, qual seja, do próprio substituído.

18 Art. 125/CPC – "É admissível a denunciação da lide, promovida por qualquer das partes: I – ao alienante imediato, no processo relativo à coisa cujo domínio foi transferido ao denunciante, a fim de que possa exercer os direitos que da evicção lhe resultam; II – àquele que estiver obrigado, por lei ou pelo contrato, a indenizar, em ação regressiva, o prejuízo de quem for vencido no processo."

em favor de outra entidade sindical, que reivindica para si a representação da categoria. Diante da possibilidade de ver reconhecida a responsabilidade pelo pagamento das contribuições ao sindicato-autor, temos como legítima a pretensão da reclamada de realizar a denunciação do sindicato que recebeu as contribuições, a fim de permitir que, em caso de procedência da pretensão principal, o juiz já determine o ressarcimento à empresa pela outra entidade sindical (art. 129, caput e parágrafo único, do CPC).[19] [20]

b.6.5) *Chamamento ao processo*– o *chamamento ao processo* é um instituto que compete exclusivamente ao réu em determinada demanda, e caracteriza-se pela invocação, por ele realizada, de outras pessoas que seriam coobrigadas por aquilo que é postulado pelo autor. Admite-se, portanto, o chamamento do afiançado, na ação em que o fiador for réu; dos demais fiadores, quando para a ação for citado apenas um deles; e de todos os devedores solidários, quando o credor exigir de um ou de alguns deles, parcial ou totalmente, a dívida comum (art. 130, do CPC). Pela própria descrição hipotética da norma, já se nota que as possibilidades de cabimento dessa figura no processo do trabalho são as que constam do inciso III desse dispositivo. Efetivamente, isso pode ocorrer em casos de responsabilidade solidária – p. ex., por formação de grupo econômico, nos termos do § 2º, do art. 2º, da CLT – ou quando apenas um dos sócios da reclamada é demandado, para ficarmos apenas em situações das mais singelas. Nesse caso, não há formação de lide secundária, mas apenas determinação ou não de corresponsabilidade aos devedores (réu originário e os demais que passaram a integrar o polo passivo da ação).

b.6.6) *Inclusão da Administração Pública no processo em casos de* factum principis – o processo do trabalho contempla uma figura peculiar de intervenção obrigatória de terceiros, decorrentes do instituto do *factum principis*. Este consiste em todo empecilho resultante de uma ordem ou de uma proibição emanadas de autoridade pública e que resultar na paralisação total ou parcial das atividades do empregador, impedindo que ele exerça livremente sua atividade empresarial (art. 486, da CLT). Quando caracterizado, o *factum principis* permite a transferência da obrigação de indenizar do empregador para a instituição governamental da qual emanou o ato, sendo certo que, para tanto,

---

19 Este exemplo mostra que o instituto é apropriado não só por razões de economia processual, mas como medida de assegurar o devido processo legal em relação ao denunciado. Afinal, participando do processo, este poderá defender a sua legitimidade da percepção das contribuições, algo que não seria possível se não participasse do processo.

20 Existe também o uso impróprio da denunciação da lide, especialmente utilizada para "corrigir" o polo passivo da demanda, quando o reclamado invoca a sua ilegitimidade. Sobre isso, trataremos mais adiante, quando falarmos das *preliminares impróprias*.

é necessário que se trate de fato inevitável, para o qual não haja concorrido o empregador e que tornou impossível a continuação do contrato (total ou parcialmente). Certo é que, o fato de a ordem ou medida governamental tornar apenas mais onerosa ou mais difícil a execução do contrato não caracteriza o *factum principis*, conquanto, nos termos do *caput* da norma do art. 2º da CLT, compete ao empregador assumir os riscos de sua atividade econômica. Da mesma forma, os atos de império da Administração, no exercício de suas atribuições típicas de fiscalização, p. ex., não podem ser enquadrados nessa hipótese.[21]

Sempre que o empregador invocar esse preceito em sua defesa, o juiz deverá determinar a notificação da pessoa de direito público apontada como responsável pela paralisação do trabalho que alegue o que entender devido, passando a figurar no processo como *chamada à autoria*, nos dizeres do § 1º do art. 486, da CLT. Essa é uma figura *sui generis*, que nada mais representa do que a conformação do polo passivo com a presença do ente público em questão, como correclamado. O juiz poderá, de plano, rejeitar essa postulação se entender que não se caracteriza, preliminarmente, o *factum principis*. Admitindo, no entanto, a notificação da entidade pública, relegará para a análise meritória a existência ou não de responsabilidade de sua parte pelas verbas trabalhistas postuladas pelo empregado.[22]

b.6.7) Desconsideração da personalidade jurídica do empregador – O Incidente de Desconsideração da Personalidade Jurídica **(artigos 133 a 137)** constitui de uma das grandes inovações do Código de 2015, e que atinge, processualmente, as situações em que se adota a chamada *disregard doctrine*, configurada pela imputação a um sócio de pessoa jurídica a responsabilidade pelo pagamento aos credores da sociedade, por ser dono do fundo de comércio. Trata-se de uma teoria que se desgarra da lógica tradicional de responsabilização subjetiva, moldada a partir da distinção entre a personalidade jurídica do sócio e a da sociedade[23], e que, há algum tempo, vinha tendo

21 Não configura *factum principis*, p. ex., a lacração de estabelecimento pela Vigilância Sanitária pelo descumprimento de normas básicas de higiene. Da mesma forma, o cancelamento de uma concessão a título precário também não configura o fato do príncipe, pois o empregador sabe de antemão que esta pode ser cassada a qualquer momento.

22 É de notar-se que o texto da CLT determinava a remessa dos autos à Vara da Fazenda Pública, mas depois da Constituição de 1988, ainda em sua redação original, a jurisprudência foi firmada no sentido de que essa providência seria desnecessária, ante o fato de que o art. 114, da CF, também concedia à Justiça do Trabalho a competência para decidir processos envolvendo a Fazenda Pública.

23 Na linha do registro tradicional, o Código Civil de 1.916, em seu artigo 20 evidenciava essa distinção.

reconhecimento jurisprudencial e normativo no direito brasileiro.[24] A despeito disso, a única regra processual existente estava no artigo 596 do CPC-1973, o qual determinava que "os bens dos sócios não respondem pelas dívidas da sociedade senão nos casos previstos em lei."[25] Não havia nenhum tipo de diretriz procedimental sobre como se poderia atingir o patrimônio dos sócios naquelas situações admitidas legalmente.

A disciplina normativa introduzida veio a suprir essa lacuna, determinando que a desconsideração da personalidade jurídica terá forma de um incidente processual próprio, que será instaurado a requerimento da parte ou do Ministério Público, quando lhe couber intervir no processo (artigos 133, *caput*), e cuja observância passa a ser obrigatória como pressuposto para essa responsabilização (artigo 795, §4o). A instauração do incidente só é dispensada se o pedido de desconsideração estiver inserido na petição inicial (artigo 134, § 2°). Como se nota do texto, criou-se um incidente cognitivo – uma verdadeira ação declaratória incidental, se usássemos o regime processual anterior – a fim de se apurar, respeitando-se o contraditório e permitindo-se a dilação probatória, se há ou não responsabilidade pessoal do sócio pelas dívidas da sociedade. Segundo parte considerável da doutrina que defende esse incidente, *"o que se pretende com o novo regramento é evitar arbitrariedades e exigir amplo contraditório nas situações que ensejam a desconsideração (inclusive com a possibilidade de produção de provas – CPC, art. 135)".* [26]

Desse tipo de intervenção abstrai-se que havia certo desconforto na inserção de um terceiro, que não participara da relação processual originária, no plano da da responsabilidade patrimonial, com as possibilidades restritas de contraditório e de ampla defesa, em regra relegadas apenas para os embargos – de terceiros ou do devedor -, após já ter havido constrição de seus bens. Em objeção a essa análise poderia ser argumentado que a condição de sócio já traz a ela inerente a possibilidade da responsabilização, e que a defesa dos seus interesses poderia ser feita de forma simultânea à da sociedade.

Todavia, há igualmente uma preocupação significativa com eventual responsabilização de ex-sócios que, naturalmente, estão afastados da sociedade,

24 Nesse sentido, o artigo 134 do Código Tributário Nacional e o artigo 5°, V, e § 1°, "c", do Decreto-lei 1.598/77 (para fins tributários); o artigo 28 da Lei 8.078/90 (Código de Defesa do Consumidor e, por fim, o artigo 50 do Código Civil de 2.002.

25 E que era reforçada pelo artigo 592, II, na mesma linha.

26 MOREIRA, Felipe Augusto de Toledo e PINTO, Rafael de Arruda Alvim. *Brevíssimas notas ao Novo Código de Processo Civil. E-book,* 2. edição. Curitiba: Instituto de Direito Contemporêneo, 2015, p. 46.

e que, por vezes, sequer têm conhecimento da demanda. É como justifica José Rogério Cruz e TUCCI, p.ex.:

> "Este era um tema que reclamava tratamento legislativo. A existência de duas categorias bem nítidas de 'terceiros' impõe diferente solução na aferição da respectiva responsabilidade patrimonial. A situação na qual o sócio continua na administração da pessoa jurídica executada não é análoga àquela em que o sócio há muito tempo retirou-se do quadro social. A surpresa da desconsideração da personalidade jurídica para este último, supostamente responsável, recomenda a amplitude da defesa, centrada na sua participação efetiva no mencionado incidente processual." [27]

O fato é que o legislador de 2015 decidiu pela institucionalização desse procedimento, admitindo-o em todas as fases do processo de conhecimento, no cumprimento de sentença e na execução fundada em título executivo extrajudicial (artigo 134, *caput*). Procedimentalmente, poderá ser requerida pela parte ou pelo Ministério Público, conforme já enunciado, devendo observar os pressupostos previstos em lei – o que se supõe serem os requisitos próprios de uma petição inicial – e ser devidamente fundamentado, cabendo ao requerente demonstrar o preenchimento dos pressupostos legais específicos para desconsideração da postulada (§ 4o do artigo 134). Cabe assinalar que o código também determina a instauração desse incidente em hipóteses de desconsideração inversa da personalidade jurídica (§ 2o do artigo 133).[28]

Uma vez requerida a instauração do incidente, o processo principal fica suspenso, salvo se o pedido de despersonalização da sociedade estiver na própria petição inicial (§ 3º do artigo 134), devendo ser o fato informado imediatamente ao distribuidor para os registros cabíveis (§ 1º do artigo 134).[29]

---

27 TUCCI, José Rogério Cruz e. *Supremacia da garantia do contraditório no Novo Código de Processo Civil, apud* Silva, José Antônio Ribeiro de Oliveira (coord.) *Comentarios ao Novo CPC e sua aplicação ao processo do trabalho.* Volume I. São Paulo : LTr, 2016., p. 192.

28 A chamada *desconsideração inversa* da personalidade jurídica da sociedade é uma construção doutrinário-jurisprudencial que autoriza que seja buscada a responsabilização patrimonial de uma pessoa jurídica a partir da responsabilidade de seus sócios que integram outra pessoa jurídica. Segundo Nelson Nery Jr e Rosa Maria de Andrade Nery, seu pressuposto é que *"tenha havido desvio de bens de uma pessoa física para uma pessoa jurídica, sobre a qual aquela detenha controle. Pressupõe-se que o desvio ocorra por abuso de direito ou fraude."* Nery Jr., Nelson e Nery, Rosa Maria de Andrade. *Comentários ao Código de Processo Civil.* São Paulo : Revista dos Tribunais, 2015, p. 572.

29 Essa providência, conquanto importante para que o sócio também apareça nos registros e certidões processuais – inclusive prevenindo eventual prática de alienação fraudulenta de bens

Com o recebimento, processa-se a citação do sócio ou da pessoa jurídica para se manifestar e requerer as provas cabíveis, no prazo de quinze dias (artigo 135). Se o pedido for manejado na petição inicial, como já dito, a citação será feita em relação a todos os integrantes da relação processual.[30] Caso seja necessária dilação probatória, o juiz colherá as provas requeridas e deferidas e o incidente será resolvido por decisão interlocutória (artigo 136, *caput*), atacável por agravo de instrumento (artigo 1.015, IV). Como é cabível o incidente em qualquer fase processual, se a decisão for proferida por relator de tribunal nos casos de instauração originária, o recurso cabível será o agravo interno (artigo 136, parágrafo único). Embora seja silente o código, nesse particular, pressupõe-se que, se o pedido constou da petição inicial, a decisão não terá natureza interlocutória, de maneira que o recurso a atacá-la é aquele cabível das sentenças.

No processo laboral, são muito comuns situações em que há necessidade de se atingir o patrimônio dos sócios da pessoa jurídica, a fim de serem satisfeitos os créditos não adimplidos pela sociedade. Nesse sentido, *"é certo que as diretrizes protetivas do Direito do Trabalho desde sempre levaram a doutrina a assimilar esse instituto, fundada na preocupação inerente aos operadores justrabalhistas no sentido de assegurarem mecanismos de proteção aos créditos dos trabalhadores, em situações nas quais o empregador se mostra insolvente."*[31] A intensidade dessa prática e as particularidades que envolvem sua utilização incentivaram até mesmo a construção teórica da defesa de um princípio da *desconsideração da personalidade jurídica do empregador.*[32]

Todavia, em uma análise preliminar, nossa tendência seria no sentido de rechaçar a aplicação desses dispositivos no processo do trabalho. Afinal, esse ramo do processo é dotado, geneticamente, do atributo da simplicidade, de modo que todos os incidentes acabam sendo processados e resolvidos sem

– tende a se tornar inócua com a disseminação do processo eletrônico, que exigirá simplesmente a inserção dos sócios no sistema respectivo.

30 Embora essa previsão esteja no título que trata das intervenções de terceiros, o pedido de desconsideração feito na petição inicial, com a inclusão imediata dos sócios no polo passivo não configura uma dessas modalidades. O que se tem, no caso, é um litisconsórcio passivo, sendo certo que haverá uma discussão incidente – não processada em instrumento específico, como decorre expressamente do texto legal – sobre a responsabilidade ou não desses sócios, independentemente da pertinência dos pedidos principais.

31 DIAS, Carlos Eduardo Oliveira. *A desconsideração da personalidade jurídica do empregador na execução trabalhista. In* LEITE, Carlos Henrique Bezerra *et alii* (coord.). *Execução trabalhista – Uma homenagem ao professor Wagner Giglio.* São Paulo: LTr, 2015, p. 113.

32 Nesse sentido, DELGADO, Mauricio Godinho. *Curso de Direito do Trabalho,* 9a. ed., São Paulo : LTr, 2010, p. 454.

muita solenidade, de modo a não afetar sobretudo a necessária celeridade processual. Assim, nossa preocupação seria a de tornar mais complexo o processo do trabalho e, sobretudo, ineficaz qualquer medida de constrição de bens dos sócios se eles tivessem que ser chamados a uma cognição incidente, ainda que sumária.[33]

Demais disso, como já expusemos, a responsabilização direta e pessoal dos sócios, no âmbito das relações de Direito Comum, tem caráter excepcional, e depende, em determinados casos, de prova efetiva de abuso de direito ou de fraude. Em sede de relações de trabalho, ela não decorre de qualquer ato ilícito, senão de um atributo principiológico: a força de trabalho dispendida por força do contrato não é repetível e sua apropriação deve ser sempre objeto da devida remuneração. Por outro lado, se a sociedade que a recebeu não tem meios próprios para a satisfação do crédito, ela pode ser exigida daqueles que tiveram o benefício indireto, como os sócios.[34] Por isso, *"(...) a desconsideração da personalidade jurídica da sociedade empregadora no plano das relações trabalhistas poderá tanto ser feita nas hipóteses legais (...) como também em qualquer outro caso que se mostre necessário para a preservação dos princípios protetivos do Direito do Trabalho (...)"*, sendo *"(...) irrelevante falar-se em comprovação de atos fraudulentos ou lesivos ao patrimônio da sociedade, em razão da natureza do crédito protegido, ao contrário do que ocorre nas hipóteses em que a medida se dá por disposição legal."*[35]

---

33 Na esteira desse entendimento, o Enunciado número 30 do Fórum Nacional de Processo do Trabalho, realizado em Curitiba, que foi aprovado por maioria qualificada: *"CLT, ART. 769 E CPC, ARTS.133-137 C/C ART. 789, 790, II E ART. 792, IV. INCIDENTE DE DESCONSIDERAÇÃO DA PERSONALIDADE JURÍDICA. O incidente de desconsideração de personalidade jurídica (arts. 133 a 137 do CPC) é incompatível com o Processo do Trabalho, uma vez que neste a execução se processa de ofício, a teor dos arts. 876, parágrafo único e 878 da CLT, diante da análise do comando do art. 889 celetista (c/c art. 4º, § 3º da Lei 6830/80), além do princípio de simplificação das formas e procedimentos que informa o processo do trabalho, tendo a nova sistemática processual preservado a execução dos bens dos sócios (arts. 789, 790, II e art. 792, IV, do CPC).* " Da mesma maneira, o Enunciado no. 45 da Jornada de Estudos realizada pela Escola Judicial do Tribunal Regional do Trabalho da 10a. Região: ***"INCIDENTE DE DESCONSIDERAÇÃO DA PERSONALIDADE JURÍDICA. INAPLICABILIDADE AO PROCESSO DO TRABALHO.*** *Não se adota o rito do incidente de desconsideração da personalidade jurídica do CPC por incompatível com o processo do trabalho."*

34 Cumpre observar que esses pressupostos são os mesmos usados em outras situações de ampliação da responsabilidade trabalhista, como nos casos da subsidiariedade, em casos de terceirização lícita, e solidariedade, em situações de grupo econômico (artigo 2°, § 2°, da CLT).

35 DIAS, Carlos Eduardo Oliveira. *A desconsideração da personalidade jurídica do empregador na execução trabalhista, cit.*, p. 117.

Logo, não dependendo de fraude nem tampouco de demonstração de abuso de direito, a responsabilidade dos sócios de sociedade empregadora decorre de sua simples condição, o mesmo sucedendo em relação a casos de desconsideração inversa, no qual pode haver reconhecimento de *grupo econômico por coordenação.*[36] Por isso, a nosso modesto juízo, talvez não houvesse necessidade do uso de incidente solene como o enunciado, em sede de processo laboral.

O TST, no entanto, ao editar a Instrução Normativa nº 39, deliberou no sentido da aplicação, ao processo do trabalho, do incidente em questão, na forma de seu artigo 6º. De certa forma, essa diretriz é a que já constava, com outro caráter, na Consolidação das Normas da Corregedoria da Justiça do Trabalho.[37] Assim, para o TST, o incidente em comento deve ser instaurado na fase de conhecimento ou na fase de cumprimento forçado, sendo assegurada a iniciativa de ofício, pelo magistrado, no decorrer desta última. Seguindo a linha configurada pelo princípio peculiar da *irrecorribilidade interlocutória*, o § 1º do artigo 6º da IN 39 admite apenas recurso imediato da decisão se for proferida na fase decisória ou em caso de incidente instaurado perante o tribunal (incisos II e III). Registra-se, por oportuno, que o código determinou a aplicação do incidente de desconsideração da personalidade jurídica também no âmbito dos Juizados Especiais (artigo 1.062), embora não tenha feito referências à Justiça do Trabalho.

Encerrando de vez qualquer debate a respeito, a Lei 13.467 fez inserir na CLT o artigo 855-A, com dois parágrafos, reproduzindo o texto da Instrução Normativa do TST. A despeito da má técnica utilizada[38], a inclusão dirime qualquer dúvida sobre a aplicação do instituto ao processo laboral.

A despeito das ponderações antes realizadas, não consideramos essa incidência de todo imprópria. De fato, no modelo tradicionalmente seguido pelos juízes do trabalho, a cognição da responsabilidade era exercida por ocasião do manejo dos Embargos de Terceiros ou dos Embargos do Devedor, por parte do sócio incluído – isso se a inserção ocorresse na fase de execução. Diferia-se, com isso, a análise da pertinência ou não da inclusão antes determinada. Com

---

36 Essa figura vem sendo admitida pela jurisprudência trabalhista, com fundamento no artigo 3º, § 2º, da Lei 5.889/73, e pressupõe a ocorrência de grupo empresarial quando duas ou mais empresas atuam de forma coordenada, para atingir determinados fins econômicos. Com a nova redação do art. 2o., par. 3o., da CLT, essa possibilidade foi consolidada.

37 Artigo 68 da CNC-CGJT.

38 Porquanto o correto seria disciplinar o tema de maneira específica, e não fazer remissão ao texto do CPC. A IN do TST assim procedeu pois trata-se de norma não-legislativa, mas essa técnica não se justifica em se tratando de lei.

a medida assinalada, antecipa-se essa cognição, que pode até ser exercida de forma mais aprofundada.

Outra vantagem colhida dessa regulação está na disposição do artigo 133, § 2º do CPC: o reconhecimento institucional da figura da desconsideração inversa da personalidade jurídica. Como já fora assinalado, o instituto só decorria da interpretação jurídica do plano da responsabilidade patrimonial dos empregadores, não recebendo qualquer afirmação normativa de sua existência. O texto do CPC, assimilado na interpretação do TST, consagra definitivamente seu cabimento no processo laboral, com as devidas adequações já expostas.

Por outro lado – e de forma bastante pertinente – a IN 39 e o art. 855-A da CLT ressalvaram que a suspensão do processo não impede a concessão de tutelas provisórias de urgência, o que permite ao magistrado, no momento em que decreta a instauração do incidente, que já indisponibilize cautelarmente o patrimônio do devedor a fim de assegurar-lhe resultado útil. Estando assegurado o Juízo com essa indisponibilidade, a duração do incidente não parece afetar substancialmente o curso processual. Demais disso, nada obsta que o juiz, a fim de não prejudicar o fluxo de outros atos do processo, determine a autuação do incidente em separado, dando prosseguimento àquilo que não é efetivamente atingido pela discussão sobre a ocorrência ou não de elo de responsabilidade do sócio que se pretender integrar ao feito.

Por fim, não podemos deixar de ressaltar que o trato normativo reproduz um avanço significativo em termos de responsabilidade patrimonial. Com efeito, ao admitir a desconsideração da personalidade jurídica em qualquer fase do processo – desde a sua postulação na petição inicial em qualquer momento da fase cognitiva ou na fase de cumprimento – o código sepulta de vez qualquer interpretação limitadora do alcance da responsabilidade àqueles que constaram expressamente do título executivo. Como se sabe, a própria jurisprudência trabalhista adotou essa interpretação por certo período, como se extrai da Súmula 205, do TST, revogada em 2003. Com as novas diretrizes legais, parece-nos que tal vetor resta completamente superado, admitindo-se a ampliação do alcance da responsabilidade patrimonial mesmo após a formação da lide.

Especificamente no que diz respeito às técnicas de sentença, temos que ponderar a possibilidade de duas situações distintas: a) aquela em que a discussão sobre a responsabilidade dos sócios se dá desde a petição inicial; e b) as situações em que essa discussão se dá de forma incidental. Nesse último caso, pressupõe-se que a reclamação trabalhista foi aviada apenas contra a sociedade e assim fora processada, e a qualquer tempo, o reclamante poderá requerer a inclusão dos sócios ou ex-sócios, fazendo uso do referido incidente. Se isso ocorre na fase de cumprimento da sentença, nada afeta a decisão já proferida, que pode ter, como dito, seus efeitos ampliados, para fins de responsabilidade patrimonial. Se, todavia, esse pedido for feito ainda na fase cognitiva do processo, o incidente tanto pode ser julgado de imediato – após a coleta das eventuais provas requeridas e deferidas – ou deixado para a apreciação na sentença, o que não se revela inadequado. Com efeito, mormente se a temática exigir dilação probatória, é até prudente que o magistrado promova a instrução conjunta do pedido principal e dos fatos relacionados no incidente, produzindo sentença única.

O mesmo procedimento deve ser adotado se houver, desde a petição inicial, requerimento de responsabilização dos sócios. Nesse caso, não se fala, naturalmente, em "incidente", pois o pedido já consta da postulação do reclamante. A pretensão de que os bens pessoais dos sócios da empregadora sejam usados para responsabilização pelos créditos que possam advir da ação é uma das postulações do reclamante, que deve receber a devida cognição e um pronunciamento judicial, como qualquer outro pedido.

Nesse contexto, há um dado relevante, de ordem prática. Com efeito, a tradicional doutrina sempre considerou incomunicáveis as personalidades jurídicas da sociedade e do sócio, inclusive para fins de legitimidade processual. Dessa sorte, quando se demandava contra a sociedade e seus sócios, a melhor solução processual, seria a extinção do processo quanto a estes, dado que sua responsabilidade apenas ocorreria de modo reflexo, e como não foram partícipes pessoais do contrato, seriam ilegítimos.

No modelo instituído pelo CPC-2015, isso passa a ter nova dimensão. Como a lei processual não apenas exige a participação dos sócios, em procedimento que lhe assegure o contraditório, como também permite que essa inserção se dê desde a petição inicial, pode-se afirmar que não existe ilegitimidade passiva quando eles são inseridos no polo passivo da ação. Assim, no julgamento de uma ação em que os sócios da empregadora foram incluídos desde a inicial, com pedidos de responsabilidade pessoal, deve ser reconhecida sua legitimidade passiva, afastando-se eventual alegação nesse sentido.

Por fim, sendo arguida a responsabilidade do sócio na fase cognitiva – na inicial, ou de forma incidental -, a sentença deverá, necessariamente, apreciar essa questão, reconhecendo, de forma específica e direta, a ocorrência ou não de tal responsabilidade, inclusive delimitando-a, se necessário. [39]

39 O mesmo critério se aplica em se tratando de sócios de fato, ou seja, que não constam dos instrumentos constitutivos da sociedade.

b.7) Arguições de nulidade feitas em razões finais

A irrecorribilidade interlocutória é um dos princípios peculiares do processo do trabalho, caracterizada pela inexistência de instrumento recursal imediato para decisões interlocutórias.[40] Esse preceito é absolutamente consonante com a ideia de celeridade, intrínseca ao processo laboral, e com o princípio da concentração dos atos, que relega para o recurso principal a discussão sobre as questões decididas de forma incidente no processo (art. 893, § 1º, da CLT). A jurisprudência, no entanto, criou uma figura característica que é usada para demonstrar a irresignação da parte com determinadas decisões de cunho interlocutório, cognominada *protesto*. Trata-se de dispositivo não previsto em nenhum texto legal, e que serviria apenas para demonstrar a discordância imediata da parte com o quanto decidido, a fim de habilitá-la a discutir o tema em sede de recurso principal.

Além dessa criação jurisprudencial, temos observado decisões que consagram outra tendência, no mesmo sentido: a de exigir que a parte suscite a ocorrência de nulidades processuais em alegações finais, em reiteração de seus protestos, como pressuposto para que o tema possa ser sustentado como preliminar de recurso.

Em nosso entender, ambas as exigências são absolutamente impróprias, e navegam na contracorrente da estrutura processual trabalhista de concentração dos atos processuais. Mas se os protestos revelam apenas uma disfunção estrutural, a admissibilidade (ou exigência) de alegações de nulidade em sede de razões finais ultrapassa os próprios limites da lógica. Por primeiro, temos que o art. 850, da CLT, não consigna essa exigência criada pela jurisprudência: a única função acessória das razões finais é a de servir de instrumento para a impugnação ao valor da causa (art. 2º, § 1º, da Lei n. 5.584/70). Em segundo lugar, dentre os princípios que norteiam o tema das nulidades situam-se o da *instrumentalidade das formas* (arts. 277, 188/CPC e 796/CLT) e da *transcendência* (art. 282, § 1º/CPC e 794/CLT).[41] Dessa maneira, só há algum sentido falar-se em reconhecimento de nulidade após a efetivação do prejuízo à parte; antes de se consumar qualquer prejuízo, não se pode falar em nulidade. Um exemplo dessa situação é o indeferimento de provas por parte

40 Somente por exceção são admitidos recursos de decisões interlocutórias no processo do trabalho. São os casos das decisões que denegam seguimento a recursos, que comportam o Agravo de Instrumento (aliás, exclusivamente previstos para esse fim) e o Pedido de Revisão previsto na Lei n. 5.584/70.

41 Os quais, respectivamente, estipulam que, "mesmo sendo preterida a forma prevista para o ato, ele será válido se atingir sua finalidade e que não haverá nulidade se o ato não resultar prejuízo".

do juiz: somente quando for proferida a sentença em desfavor da parte, e se esta demonstrar que esse resultado derivou da ausência da prova indeferida, é que poderá ser afirmada a ocorrência de latente prejuízo, hábil a ensejar a decretação da nulidade. Antes desse momento, mostra-se imprópria qualquer alegação de nulidade, mesmo porque – e este é nosso terceiro argumento – as nulidades dessa natureza não podem ser decretadas ou reconhecidas pelo próprio Juízo que as teria cometido.

Dessa forma, quando se depara com alegações de nulidade, feitas em razões finais, e derivadas de temas como *cerceamento de defesa* pelo indeferimento da oitiva de testemunhas ou indeferimento de perguntas ou indeferimento de juntada de documentos ou produção de prova pericial, p. ex., o caminho natural é o de sua rejeição em razão da impropriedade e inoportunidade da alegação, que deverá ser formulada, se necessário, apenas no recurso respectivo.

Lembramos, outrossim, que a necessidade de apreciação prévia à decisão – como questão processual – só se justifica para matérias determinadas, como as citadas, em face da sua natureza. Outros incidentes decorrentes da apreciação de provas, por exemplo, devem ser analisados no contexto da avaliação meritória do feito.[42]

c) Preliminares ou objeções processuais

A incompletude regulatória da CLT em matéria processual é reconhecida em seu próprio texto, que remete ao direito processual comum a solução das suas omissões, de modo subsidiário. Em termos de objeções processuais, a CLT praticamente não traz nenhuma referência, já que o § 1º do art. 799 da CLT apenas afirma que as demais exceções (ressalvando as de suspeição e incompetência) serão alegadas como *matéria de defesa*.[43] Por isso, temos no

42 Exemplo de tal situação é requerimento de confissão do preposto por desconhecimento dos fatos ou impugnação da validade de documentos. Esses temas devem ser avaliados no contexto do exame da prova, não sendo questões processuais que merecem apreciação individualizada.

43 Quando da elaboração da redação original desse dispositivo, o CPC vigente era o de 1939, que arrolava diversas matérias como passíveis de ser alegadas por meio de exceção, como, p. ex., litispendência e coisa julgada. A maioria delas foi transformada em mera preliminar de contestação pelo Código de 1973, restando como matéria de exceção apenas a de incompetência absoluta ou suspeição/impedimento do juiz ou de seus auxiliares. A redação original da CLT, portanto, é consonante com a ordem que veio para o processo civil somente em 1973, pois desde então somente admitia as duas exceções citadas, relegando o restante das matérias para a via da "defesa". Como já mencionado, o CPC-2015 eliminou as exceções, devendo toda a temática relacionada à defesa do réu ser alegada em contestação.

art. 337 do CPC a fonte supletiva adequada para estudo dessa temática, cujo uso ao processo do trabalho é amplamente admitido em sua essência, visto não haver situações graves de incompatibilidade.

As objeções processuais – que, normalmente, são chamadas de *PRELIMINARES* – compõem a chamada *DEFESA INDIRETA DE PROCESSO* do réu, juntamente com o conteúdo das *exceções*. Considera-se *defesa indireta de processo* toda *matéria processual que pode ser alegada pelo réu, em exceção ou como preliminar de contestação*, que *impeça o curso regular do feito e sua consequente apreciação meritória*. Nessa modalidade de defesa, o objetivo do réu consiste em procurar impedir o proferimento de decisão de mérito ou protelar o momento da prolação. Enquanto as exceções são sempre *dilatórias* –pois apenas retardam a solução do feito, com afastamento do juiz ou do juízo do processo –, as preliminares podem ou não ter essa característica. Afinal, as preliminares representam defeitos processuais que não permitem o fluxo regular e adequado do processo, de modo que, se elas comportarem determinação de regularização, com o posterior prosseguimento do processo[44], serão também chamadas *dilatórias*. Caso contrário, serão *peremptórias,* quando seu acolhimento representa, necessariamente, a extinção do feito.[45]

Tecnicamente, as preliminares deveriam ser alegadas conforme o disposto no art. 337, do CPC, pois se pressupõe que ali se encontram ordenadas de acordo com a logicidade aplicável ao tema.[46] Mas a parte nem sempre as alega com a ordenação lógica devida, e, às vezes, não vemos sequer o cuidado da contestação em formular alegação dessas objeções processuais como

44 Por exemplo, defeito na representação, inépcia da inicial ou nulidade de citação.

45 Como nos casos da ausência das condições da ação, litispendência ou coisa julgada, por exemplo.

46 Nem todos concordam com essa assertiva. O grande processualista J. J. Calmon de Passos, por exemplo, defende outra classificação, que reputa mais atenta ao critério de prejudicialidade que guardam entre si. Mas, de outra parte, Pontes de Miranda defende a classificação feita pelo CPC: "Fez bem o Código de Processo Civil, art. 301, em enumerar os pontos que teriam de ser alegados na contestação. Começou pelos assuntos de inexistência e de invalidade (art. 301, I-III). Passou a tratar de ineficácia, parcial (IV e VII), ou total (VI), da insuficiência subjetiva (VIII), de compromisso arbitral, que afastaria a relação jurídica processual (IX), falta de acionabilidade (X) ou de caução ou de outra prestação, que legalmente seja exigida como preliminar na propositura da ação (XI)." (*Comentários ao Código de Processo Civil. Tomo IV* – arts. 282 a 443. 3. ed. Rio de Janeiro: Forense, 1999. p. 125). Os comentários, naturalmente, remetem ao código de 1973, mas ainda valem para o código atual, visto que o modelo adotado por ele é preticamente idêntico ao anterior.

preliminares que são: em várias ocasiões vemos a parte invocá-las ao final de sua peça defensiva, em um claro atentado à lógica e à técnica procedimental.[47]

O julgador, no entanto, não somente pelo apego necessário à técnica processual, mas também para preservar a estrutura lógica de seu labor sentencial e não permitir que seja contraditório, deve sempre ordenar as objeções processuais, consoante o critério legal ou outro que preferir e, claro, trazendo-as para a oportunidade apropriada, dentro da sentença, ainda que alegadas pela parte de forma desordenada. Dessa forma, ao ler a contestação, o juiz deve abstrair todas as discussões processuais trazidas pelo reclamado e, ordenando os respectivos temas, realizar a correspondente apreciação, o que, nos termos do art. 337, do CPC, deve ser assim disciplinado:

- inexistência ou nulidade da citação;
- incompetência absoluta e relativa;
- incorreção do valor da causa
- inépcia da petição inicial;
- perempção;
- litispendência;
- coisa julgada;
- conexão;
- incapacidade da parte, defeito de representação ou falta de autorização;
- convenção de arbitragem;
- ausência de legitimidade ou interesse processual;
- falta de caução ou de outra prestação, que a lei exige como preliminar;
- indevida concessão de benefício de gratuidade de justiça.

Temos por oportuno de ressaltar que, havendo mais de uma reclamada no mesmo processo, pode ocorrer de todas elas arguirem preliminares, que podem ser distintas ou, em outros casos, versar sobre o mesmo tema. Neste último caso, pode-se fazer a *apreciação conjunta* das preliminares comuns das reclamadas, pois o resultado poderá ser o mesmo, a não ser que existam interesses claramente colidentes e a matéria possa ser útil para uma e não para outra.[48] Em casos de preliminares distintas, a sentença pode realizar a

47 Em muitos desses casos bizarros, a parte contesta toda a pretensão em seu mérito e depois, ao final, afirma que a inicial era inepta, em uma clara contradição em suas assertivas.

48 Como, p. ex., quando ambas postulam sua ilegitimidade passiva e o juiz assim reconhece quanto a uma delas.

apreciação global de toda a matéria processual, independentemente de quem a alegou. É conveniente, apenas, identificar quem foi que alegou cada preliminar, a fim de que não suscite discussões sobre a apreciação ou não de alguma delas.[49]

Havendo acolhimento da preliminar, de caráter peremptório, a solução do processo leva à sua EXTINÇÃO, SEM RESOLUÇÃO DE MÉRITO, por uma das hipóteses do art. 485, do CPC. Essa declaração deve ser expressa ao se concluir a apreciação da preliminar e deve ser repetida no dispositivo[50]. Se não for o caso de acolhimento, deve-se expressamente rejeitar a preliminar, a fim de ser prestada a jurisdição específica a respeito. É de todo inadequada a postura de muitos juízes que, diante de preliminares impróprias[51], as repelem afirmando, apenas, que "a questão confunde-se com o mérito, e com ele será apreciada". Trata-se de solução simplista e inadequada, porque o juiz deixou, nesse caso, de apreciar aquilo que lhe foi especificamente exigido, ou seja, um pronunciamento sobre uma determinada objeção preliminar. O correto, em casos como este, é afirmar-se que se trata de uma preliminar imprópria e, por óbvio, rejeitá-la, referindo-se que a questão de fundo trazida pelo contestante será resolvida no mérito, não porque se confunde com este, mas porque se refere ao próprio mérito. Assim, deve a preliminar ser REJEITADA, por impertinente e imprópria, e não colocada para ser decidida posteriormente, porque não tem qualquer fundamento decidir matéria processual quando se decide mérito da causa.

A seguir, discriminamos as preliminares consignadas no art. 337, do CPC, e suas principais ocorrências no processo trabalhista, juntamente com algumas assertivas sobre o seu enfrentamento:

c.1) Inexistência ou nulidade de notificação/citação

A citação do réu é elemento indispensável à formação e à validade do processo, pois é ela que determina a estipulação da angularidade do processo. Note-se que a existência de defesa não é elemento essencial de validade do processado, mas simplesmente a citação válida o é. Afinal, feita a citação, passa a ser ônus do réu a apresentação ou não da sua resposta, com os efeitos decorrentes de cada uma das posturas por ele adotadas. Por isso é que a *citação válida* é o fato determinante da conformação regular do processo.

49 Exemplos: Preliminar de inépcia da primeira reclamada; Preliminar de ilegitimidade passiva da segunda reclamada, e assim por diante.

50 Sobre esse tema, trataremos mais adiante, em capítulo específico.

51 As preliminares impróprias serão tratadas em capítulo próprio.

Como explica *Dinamarco*, "tem-se a efetividade da citação no momento em que o demandado recebe, pela via adequada, a ciência da propositura da demanda. A partir desse momento, ele já está habilitado a reagir (...)". No processo do trabalho, a citação é feita, como regra, pela via postal e com o nome de *notificação* (art. 841, § 1º, da CLT).[52] Excepcionalmente, poderá ser feita por Oficial de Justiça ou por edital, não havendo formalidades acessórias para a sua validade: justamente em função da nítida opção pelo formato postal da notificação trabalhista, não se exige que ela seja feita na pessoa do demandado, a quem compete, em todo caso, realizar a prova do seu não recebimento. Há de se observar, apenas, o interstício mínimo de cinco dias entre a notificação e a audiência (art. 841, da CLT), sem o qual se deve reconhecer a irregularidade no ato.

Por outro lado, como expressão do princípio da *instrumentalidade das formas*, o comparecimento espontâneo do reclamado à audiência designada e a apresentação de defesa naquela oportunidade, supre a falta ou irregularidade da notificação (art. 239, § 1º, do CPC). Em se tratando de ações contra a Fazenda Pública, o ato notificatório tem de ser pessoal, diretamente ao procurador respectivo, e o interstício mínimo tem de ser de vinte dias (art. 1º, II, do Decreto-lei n. 779/69).

c.2) Incompetência absoluta e relativa

Como afirma *Humberto Theodoro Jr.*, "competência é justamente o critério de distribuir entre os vários órgãos judiciários as atribuições relativas ao desempenho da jurisdição", de modo que, "se todos os juízes têm jurisdição, nem todos, porém, se apresentam com competência para conhecer e julgar determinado litígio".[53] Por essas razões é que, apresentada ação em Juízo que não teria competência para apreciá-la a parte interessada haverá de suscitar essa incompetência mediante *preliminar de contestação* (art. 337, II, do CPC).[54] Como já dissemos anteriormente, o modelo anterior preconizava a arguição da incompetência relativa por meio de exceção, o que foi eliminado

---

52 Essa denominação é uma das heranças da estrutura histórica da Justiça do Trabalho, criada como órgão sem função jurisdicional, mas somente com atribuições administrativas. A inserção no Poder Judiciário, ocorrida em 1946, não alterou diversas referências herdadas do período anterior, que se amalgamaram no imaginário dos operadores justrabalhistas e que, ainda hoje, são de difícil superação.

53 *Curso de direito processual civil.* v.1, 32. ed. Rio de Janeiro: Forense, 2000. p. 153.

54 A respeito da a possiblidade de arguição da incompetência relativa por meio das exceções, v. *Questões Processuais, supra;* quanto às arguições impróprias de incompetência absoluta, v. adiante o capítulo "Preliminares impróprias".

pelo código atual. No entanto, diante da permanência da referência às exceções, pela CLT, ainda é possível que se suscite o tema por essa via. No entanto, independentemente da forma como invocada, a questão deve ser enfrentada com a devida adequação pelo julgador.

Quanto ao enfrentamento da alegação de incompetência material, temos que, consoante descrevemos no capítulo 5, a ampliação significativa da competência da Justiça do Trabalho acarrctou a natural cxpansão dc suas atividades, reduzindo substancialmente as hipóteses reais de incompetência jurisdicional desta Justiça Especializada. No entanto, além de existirem situações em que inevitavelmente se deve reconhecer incompetência trabalhista, ainda permanece comum a prática de suscitação da preliminar em casos em que ela não seria cabível, circunstâncias que exigem sua rejeição. A principal discussão que se vê em situações como essa deriva justamente do inc. I do art. 114, que, como dissemos, é aquele do qual resulta maiores polêmicas. De acordo com a vertente interpretativa adotada pelo julgador, ele pode acolher a competência trabalhista para qualquer espécie de *relação de trabalho*, assim entendidas aquelas cujo objeto é a prestação de serviços.[55] Ou, então, tendo um foco mais restritivo, poderá se limitar apenas ao reconhecimento da competência para relações de emprego ou similares.[56]

Como o assunto ainda está distante de qualquer pacificação jurisprudencial[57], qualquer que seja o ponto de vista a ser defendido tem plena justificativa, mas é relevante notar que, a exemplo do que ocorre com outras matérias processuais, a análise da competência da Justiça do Trabalho se faz em *abstrato*, e não em sentido concreto. Assim, o que define efetivamente a competência trabalhista, segundo os ditames legais e conforme a interpretação do

---

55 Neste amplo conceito podem ser incluídas figuras como parceiros, empreiteiros, profissionais liberais, cooperados, entre outras, inclusive aquelas que constituem relação de consumo, como é o caso dos envolvidos em um contrato de transporte.

56 Um dos autores que assim tem entendido é Jorge Luiz Souto Maior, que expressa essa opinião em uma pequena obra chamada *Relação de emprego & Direito do Trabalho,* São Paulo: LTr, 2007. No texto, ele sintetiza sua interpretação do art. 114, I, da CF: "Dos pontos de vista lógico-formal, dogmático, metodológico e, sobretudo, racional, considerando o dado pertinente à razão de ser do direito do trabalho e do papel da Justiça do Trabalho, inevitável, portanto, a conclusão, de que a expressão 'relação de trabalho', trazida no inciso I, do art. 114, da CF, deve ser tomada no sentido estrito de 'relação de emprego.'" (p. 113).

57 Além do decidido na ADI 3.395-DF o STF vem conferindo interpretação cada vez mais restritiva ao inc. I do art. 114, da CF, decotando gradualmente a competência trabalhista. Além disso, o STJ sumulou o tema relativamente à ação de cobrança de profissionais liberais (Súmula 363) e já decidiu sobre causas envolvendo contrato de representação comercial, ambas em desfavor da competência trabalhista.

sentenciante, não é a realidade da relação material existente entre as partes, mas sim aquilo que abstratamente é invocado pelo autor da demanda em favor de sua tese. Partindo do entendimento manifestado pela Súmula n. 363, do STJ, podemos afirmar que, se um engenheiro ingressa com uma ação trabalhista contra uma construtora pedindo o reconhecimento de uma relação empregatícia, ainda que a ré alegue e comprove a condição de profissional liberal do autor, a competência para a análise do conflito é da Justiça do Trabalho. Mesmo que a solução meritória seja pela improcedência, não há como se afastar a competência trabalhista, eis que esta se conforma a partir da postulação feita pela parte ativa do processo: somente a Justiça do Trabalho poderia dizer se, em dada relação jurídica, existem ou não os elementos configuradores da relação de emprego.

Da mesma maneira, se um trabalhador ingressa com uma ação contra a Municipalidade invocando a nulidade da relação estatutária que foi formalizada e pleiteando a declaração do vínculo de emprego, a competência efetivamente será da Justiça do Trabalho, a despeito do decidido na ADI 3.395. Em casos como esses, a incompetência só será afirmada se a parte postular alguma providência a partir de uma relação jurídica que seja, segundo o entendimento do sentenciante, de competência da Justiça Comum. É o que se seguiria, p. ex., no caso de ação de cobrança de honorários manejada por advogado contra seu cliente: caso o julgador acompanhe o entendimento da Súmula n. 363 do STJ, esta será uma situação inequívoca de incompetência da Justiça do Trabalho.

Além desses casos, ainda veremos remanescer algumas alegações de incompetência em ações que postulam *indenização por acidente de trabalho* ou *doença ocupacional,* a despeito da sua impropriedade em face da jurisprudência já consolidada no STF, além de outras matérias derivadas dos demais incisos do art. 114, da CF, ainda pendentes de afirmação jurisprudencial. Para todos eles, todavia, prevalece a mesma ideia: a análise e a definição da competência deve ser feita considerando a postulação do autor em abstrato.

Tratando-se de arguição de incompetência relativa, deve-se buscar em seu conteúdo os fundamentos possíveis para sua rejeição, fundamentando-se ou não em prova específica nela produzida. Dizemos isso porque, embora seja tecnicamente equivocado, há juízes que recebem e instruem as arguições, mas relegam seu julgamento para o momento da sentença. Atualmente, isso ficou ainda mais impróprio, dado que a nova redação do artigo 800 da CLT expressamente exige que a exceção de incompetência seja conhecida e julgada antes do prosseguimento do feito.

Dito isto, é oportuno assinalarmos que as normas que fixam a competência territorial da Justiça do Trabalho estão relacionadas no art. 651, da CLT, cuja regra geral é a da sua fixação pelo *local da prestação de serviços do empregado*. Não é relevante, nesse caso, o local da contratação ou do domicílio do empregado ou do empregador, também não havendo nenhuma interferência nesse critério quanto a quem estaria a ocupar o polo ativo ou passivo da ação. As exceções são aquelas inscritas nos parágrafos do mesmo artigo, envolvendo particularmente trabalhadores que prestam serviços em localidades diversas daquela em que houve a contratação ou em várias localidades simultaneamente.

A tal propósito, temos que, em caso de atividades realizadas fora do local da contratação, a competência das Varas do Trabalho será determinada *pelo local da contratação ou pelo local da prestação dos serviços*, cuja escolha fica assegurada ao empregado, nos termos do art. 651, § 3º da CLT. Cabe, contudo, salientar que o local da contratação não será necessariamente o local da *formalização* do contrato, mas sim o local da sua proposição. Vale lembrar que o art. 435 do CC estabelece que "reputar-se-á celebrado o contrato no lugar em que foi proposto". Assim, para a própria lei civil o elemento volitivo que deu conformação à relação jurídica é o fator mais relevante na estipulação do momento da celebração contratual, e não propriamente onde ele foi formalizado. Com mais razão isso deve ser observado em contratos de emprego, norteados pelo princípio da primazia da realidade: é comum, entre os trabalhadores rurais, que a arregimentação ocorra em uma cidade e levados para outra localidade, na qual o contrato é assinado. Nesses casos, seguindo-se o espírito principiológico do Direito do Trabalho e a norma positiva do Direito Civil, deve-se considerar que a "contratação" se deu no local da arregimentação.[58]

Já no caso dos agentes ou viajantes, a competência será determinada pela localidade onde estiver situada a agência ou filial à qual o empregado estiver diretamente subordinado, se assim ocorrer; ou, então, pela localidade onde o empregado tiver seu domicílio caso se subordine diretamente à matriz. A

58 Na cultura canavieira do Estado de São Paulo, tem sido comum a contratação de trabalhadores rurais dos Estados do norte e nordeste do País e, ao término do contrato inicialmente entabulado, estes trabalhadores são contratados por outro empregador, sem qualquer vinculação com o primeiro, fazendo com que, em relação a este segundo contrato, o local da contratação e da prestação de serviços seja um município do próprio Estado de São Paulo. Entretanto, após dois ou três anos, estes trabalhadores acabam retornando aos seus Estados de origem e lá postulam seus direitos trabalhistas. A aplicação da regra celetista, no caso, determinaria o reconhecimento da competência territorial da Vara do Trabalho situada no local da contratação e prestação de serviços (Estado de São Paulo). Contudo, muitos juízes do trabalho, dando prevalência ao princípio constitucional de acesso à Justiça, têm rejeitado as exceções de incompetência para manter o processamento da reclamação trabalhista na Vara do Trabalho da residência do trabalhador.

jurisprudência tem considerado que a menção feita pela CLT não exaure as possibilidades de incidência dessa hipótese, que deve prevalecer em toda e qualquer relação empregatícia na qual se verifique a prestação de trabalho de forma simultânea e indistinta em várias localidades.

Em seu conjunto, essas diretrizes atendiam adequadamente às necessidades derivadas dos conflitos trabalhistas, fundados no limite subjetivo que a competência constitucional lhe atribuía antes da EC n. 45, de 2004. Com a mudança processada, a Justiça do Trabalho passou a ser competente para julgar todo e qualquer litígio que derive das relações jurídicas descritas nos incisos do art. 114, da CF, não importando quem esteja ocupando os polos do conflito. A diversidade de situações que surgem do novo quadro repercute diretamente na questão relacionada aos já assentados critérios de competência territorial.

Partindo-se da regra prevista na CLT, não temos dúvidas de que, sempre que o conflito sujeito à apreciação da Justiça do Trabalho – mesmo que não seja tipicamente trabalhista – envolver alguma modalidade de prestação de serviços, a regra consolidada tem plena incidência. Afinal, seus pressupostos fundamentais são a facilitação do acesso ao Judiciário, por qualquer das partes envolvidas na relação jurídica, e o favorecimento à instrução probatória, ampliando as possibilidades da sua efetivação, quando tratado o conflito na localidade onde ele se verificou. Dessa maneira, se um trabalhador autônomo postula, na Justiça do Trabalho, a satisfação de certa parcela de seu contrato com um prestador de serviços, ainda que não se cogite, em seu caso, de relação de emprego, temos como pertinente a conclusão de que o foro competente para a apreciação desse conflito é o do local da prestação de serviços, salvo se a hipótese comportar alguma das exceções dos parágrafos do art. 651, da CLT.

O problema, de fato, surge em outras situações de competência trabalhista, nas quais não existe a figura da prestação de serviços. Tomemos um caso de disputa entre duas entidades sindicais por uma mesma base territorial: nessa situação, o critério do art. 651, da CLT, não traduz uma regra passível de aplicação para solução da competência territorial, nada obstante a competência material seja da Justiça do Trabalho, nos termos do inciso III, do art. 114, da Constituição. Como definir, portanto, o juízo territorialmente competente em ações dessa natureza? No momento em que se discute e rediscute o uso subsidiário do processo comum ao processo do trabalho, não nos parece inadequado pensarmos que a competência, neste caso, será estabelecida pelo *foro do domicílio do réu*, pela aplicação supletiva do art. 46, do CPC. No caso, embora não seja omissa a CLT, sua regra objetiva a respeito do assunto não é suficiente para dirimir uma questão procedimental de grande importância como essa. Portanto, vemos aqui uma das plenas possibilidades de se realizar uma interpretação integrativa das normas processuais, ajustando-se aquelas que melhor atendam às necessidades do processo, voltadas fundamentalmente para a consagração da efetividade processual.

No entanto, essa solução não deve prevalecer para todas as demais hipóteses de competência trabalhista. Um exemplo disso está na competência territorial para apreciação do mandado de segurança, o que materialmente está estipulado no inciso IV do art. 114, da CF. A rigor, a competência para esse tipo de ação é tida como funcional, quer dizer, é definida pela categoria da autoridade coatora, o que inclusive estabelece o Juízo funcionalmente competente. Nesse sentido, p. ex., se o ato atacado pela via mandamental foi produzido por Juiz de Vara do Trabalho, a competência funcional será do TRT; se foi ato de Desembargador do TRT, será o próprio TRT o órgão competente para cognição originária. Ao lado disso, a regra territorial de atribuição de competência se estabelece a partir da sede da autoridade coatora, tanto pela regra geral processual – já citada, de que a ação deve ser movida junto ao domicílio do réu – como pela ausência de determinação específica na Lei n. 12.016/09.[59]

Porém, vemos que essa solução nem sempre é adequada ao processo do trabalho. Preocupam-nos os atos praticados pela fiscalização do trabalho, cuja apreciação também é de competência trabalhista, ante o disposto no inc. VII, do art. 114, da CF. Nessa situação, pela jurisprudência majoritária, a competência seria do foro da sede da autoridade coatora – vale dizer, do órgão local da fiscalização do trabalho. No entanto, as áreas territoriais de atuação desses órgãos nem sempre coincidem com os limites territoriais de atuação jurisdicional, podendo ocorrer de um determinado ato emanar de autoridade trabalhista com sede em uma dada cidade, cujo juiz do trabalho não tem jurisdição sobre a cidade em que é sediada a empresa que fora atingida por esse ato. No caso, pela interpretação dominante, eventual mandado de segurança teria de ser impetrado na localidade da sede da autoridade, e não na sede da impetrante, cuja atuação, enquanto empregadora, estaria sob a jurisdição de outro magistrado trabalhista.

Contudo, como já dissemos, discordamos desta corrente interpretativa, pois, para casos como esses, não vemos como se utilizar da regra geral, porquanto será produzido um resultado totalmente inadequado. Por primeiro,

59 Nesse mesmo sentido, o Superior Tribunal de Justiça já se pronunciou, p. ex., no Conflito de Competência 18.894-RN, rel. Min. Antônio de Pádua Ribeiro, e no Conflito de Competência 50.794-DF, rel. Min. José Delgado, em ambos os casos assinalando que a competência territorial sempre será a sede da autoridade coatora.

essa estipulação poderia ser um grave obstáculo ao direito fundamental de acesso à Justiça, o que já o condena à inaplicabilidade. Mas, se isso não bastasse, há outros problemas estruturais que a situação hipoteticamente descrita permite. Imaginemos que tenha havido a autuação da empregadora por suposto desrespeito a normas de saúde e segurança no trabalho: eventual ação anulatória de multa teria de ser proposta perante o Juízo trabalhista da sede da empregadora, mesmo órgão territorialmente competente para julgar eventuais reclamações trabalhistas de empregados daquela, que demandem temas também relacionados à saúde e segurança (como pleitos de adicionais de risco ou indenizações por acidentes de trabalho). Ora, sendo assim, parece totalmente inviável admitir-se que outro juiz julgue o mandado de segurança que verse sobre matéria correlata a essas, tão somente a partir de um critério territorial que, inclusive, estabelece uma forma relativa de competência, o que prejudicaria sobremaneira o princípio da unidade da convicção – aquele que determina que, sempre que possível, devem ser concentradas no mesmo Juízo a apreciação de certas matérias correlatas.[60]

Em face desses fundamentos, temos que, em se tratando de mandado de segurança na Justiça do Trabalho, especialmente aqueles cujo objeto sejam os atos da fiscalização do trabalho, a competência territorial deve ser estabelecida pela localidade onde ocorreram os fatos ensejadores do *mandamus*, e não a sede da autoridade coatora. Registra-se que essa interpretação não resulta em nenhum prejuízo à autoridade coatora, visto que sua atuação no processo é meramente a de prestar informações, o que pode fazer por simples ofício, sem necessidade de prática de nenhum outro ato real ou pessoal no processo. Por fim, caso o ato ensejador do mandado de segurança abranja cidades que envolvam a jurisdição de mais de uma Vara do Trabalho, haverá competência concorrente, podendo ser impetrado em qualquer delas.

Outra situação peculiar é a que se verifica com as Ações Civis Públicas e Ações Civis Coletivas, mormente aquelas manejadas pelo Ministério Público do Trabalho. Nesses casos, o dano objeto da ação pode se estender por mais de uma localidade, e estas podem pertencer a jurisdições distintas. Pode ocorrer até mesmo de se ter uma situação em que o dano ultrapasse os limites jurisdicionais de um determinado Tribunal Regional, o que traz relevantes dúvidas a respeito da competência jurisdicional para processamento dessas ações. A jurisprudência consolidada era um tanto conservadora, aplicando, de forma analógica, o art. 93 do Código de Defesa do Consumidor (OJ 130, da SDI-2, do TST). A despeito de ser uma interpretação adequada tecnicamente,

60 Por certo, em se tratando de mandado de segurança contra ato judicial, a questão ficará dirimida pela própria sede territorial de atuação do juiz que praticou o ato atacado.

mostrava-se imprópria a solução apresentada, porquanto estipulava que, se o dano se estendesse ao âmbito regional, a competência seria de uma das Varas do Trabalho da Capital do Estado, mas se o dano fosse de âmbito suprarregional (ou seja, envolvendo localidades pertencentes a dois ou mais TRTs) ou nacional, o foro seria o do Distrito Federal. Com isso, a observância desse parâmetro jurisprudencial poderia acarretar a sujeição de um conflito a um órgão jurisdicional completamente alheio à localidade onde ele ocorreu. Seria a hipótese, p.ex., de uma situação em que o dano cuja reparação se busca teria ocorrido em São Paulo e Belo Horizonte, restando competente para apreciá-lo uma das Varas do Trabalho de Brasília.

O tema foi revisitado pelo TST em sua 2ª. Semana de revisão jurisprudencial, ocorrido em setembro de 2012, ocasião em que a OJ recebeu nova redação:

> AÇÃO CIVIL PÚBLICA. COMPETÊNCIA. LOCAL DO DANO. LEI 7.347/1985, ART. 2º. CÓDIGO DE DEFESA DO CONSUMIDOR, ARTIGO 93. I – A competência para a Ação Civil Pública fixa-se pela extensão do dano. II – Em caso de dano de abrangência regional, que atinge cidades sujeitas à jurisdição de mais de uma Vara do Trabalho, a competência será de qualquer das varas das localidades atingidas, ainda que vinculadas a Tribunais Regionais do Trabalho distintos. III – Em caso de dano de abrangência suprarregional ou nacional, há competência concorrente para a ação civil pública das varas do trabalho das sedes dos Tribunais Regionais do Trabalho. IV – Estará prevento o juízo a que a primeira ação houver sido distribuída.

Com a nova redação, o TST estabeleceu, em primeiro lugar, que a competência funcional será, inequivocamente, das Varas do Trabalho, para apreciar Ações Civis Públicas ou Ações Civis Coletivas, pondo fim a uma discussão significativa que envolvia o tema. De outra parte, deu um grande passo no sentido de afirmar o acesso à jurisdição, outorgando uma modalidade de competência concorrente para qualquer das Varas do Trabalho por onde se estende o dano objeto da ação, tendo-se como preventa a que primeiro receber a medida. Em casos de conflitos envolvendo localidades pertencentes a mais de um TRT ou nacionais, prevalece a competência de uma das Varas da sede dos Tribunais do Trabalho envolvidos na situação, solução que nos parece mais consentânea com as finalidades do instituto.

Por fim, vale assinalar que a competência territorial é relativa e, como tal, está sempre sujeita à prorrogação, não constituindo a violação aos seus preceitos qualquer nulidade insanável. Por isso, cada vez mais se corporificam tendências que procuram valorizar o preceito universal de *acesso à Justiça* como mecanismo fundamental para solução de divergências existentes a respeito da competência territorial.

c.3) Incorreção do valor da causa

No processo do trabalho, o valor atribuído à causa pela parte tem como finalidade garantir o duplo grau de jurisdição (art. 2º, § 3º da Lei n. 5.584/70) e determinar o rito a ser observado (art. 852-A, da CLT). Até a vigência da Lei 13.467, não se poderia falar que a atribuição de valor à causa seria um requisito essencial para o processamento da reclamação trabalhista. *Assim, a ausência do valor da causa não ensejaria a nulidade do processo nem a inépcia da inicial*, podendo, inclusive, ser *fixado de ofício pelo Juiz*, quando a parte não o fizesse em sua petição inicial.

Com a vigência da Lei 13.467, o artigo 840, passou a exigir, em seu parágrafo 1o., a indicação do valor correspondente ao pedido. Interpretando o tema, o TST estabeleceu que essa exigência só é cabível a ações ajuizadas após 11/11/2017 (artigo 12, da IN 41) e que, ainda, o valor será meramente estimado, não sendo necessária a promoção da liquidação literal de todos os pedidos (§ 2º da IN 41). Além disso, o mesmo texto estabeleceu a aplicação, "no que couber", do disposto nos arts. 291 a 293 do Código de Processo Civil. Com isso, é possível ao juiz refixar o valor atribuído à causa quando entender que o apontamento feito pela parte não corresponde ao benefício econômico vislumbrado pela ação.[61]

Sendo indicado pela parte, no entanto, poderá sobrevir algum questionamento, pelo reclamado, a respeito do valor da causa, em regra nominado de "impugnação ao valor da causa". De modo um pouco distinto daquele regulado pelo código anterior, o CPC-2015 determina que o questionamento seja feito como preliminar de contestação.[62] A solução, nesse caso, é singela: o sentenciante pode acolhê-la quando a petição inicial apresenta pedidos

61 Um exemplo muito comum é o dos mandados de segurança contra atos da fiscalização do trabalho para, por exemplo, permitir que o impetrante recorra de imposição de multa sem realização do depósito previsto no art. 636, § 1º, da CLT. Muitas vezes, atribui-se um valor simbólico para essa ação, mas, na realidade, deveria ser atribuído o valor da multa que se pretende discutir. Nesse caso, legitima-se o ato do juiz de refixação do valor. O CPC-2015 contempla expressamente essa possibilidade, nos termos do art. 292, § 3o, que o TST entende aplicável ao processo do trabalho;

62 Além de constar do inciso III, do art. 337, essa determinação também está no artigo 293, do CPC, que inclusive afirma o caráter peremptório do prazo.

líquidos incompatíveis com o valor arbitrado à causa ou quando se revela enquadrado incorretamente no rito processual. Nessas hipóteses, o próprio juiz fixa o valor correto, no julgamento da "impugnação" (artigo 293, do CPC).

Em outras edições deste livro, defendemos que o tema deveria ser apropriadamente apreciado a título de questão processual. Com efeito, seguindo-se à risca as diretrizes consolidadas, tem-se que o magistrado deve decidir de plano qualquer incidente relacionado ao valor da causa, eis que isso permitirá à parte interessada que faça, sucessivamente, a impugnação ao valor estipulado pelo magistrado e o pedido de revisão, figura recursal específica apontada no art. 2º. da lei 5.584/70. A ausência dessa decisão – e, consequentemente, o impedimento a que se percorra esse caminho procedimental – pode gerar prejuízos incontáveis às partes. Com efeito, desde a lei 5.584, o valor da causa define o rito a ser seguido, podendo esse fato interferir diretamente na recorribilidade do ato e na extensão das figuras recursais pertinentes à hipótese.

Com o novo regramento, entendemos pertinente a aplicação do artigo 293, do CPC ao processo laboral, ante o já citado silêncio normativo quanto à temática das preliminares. Demais disso, a citada IN 41 do TST já determinou a aplicação da regra em comento ao processo laboral. De outra parte, o legislador permite ao magistrado que decida a questão de imediato, antes mesmo da prolação da sentença, de modo que entendemos que esse novo trato guarda compatibilidade com o procedimento da CLT. Assim, havendo a alegação de impropriedade do valor da causa, na forma do artigo 337, III, do CPC, o sentenciante deve apreciá-la como preliminar, caso não tenha sido ainda analisada oportunamente.

c.4) Inépcia da inicial

A inépcia da petição inicial é configurada pela inadequação da peça processual que dá origem ao processo, assinalando o exercício do direito de ação e rompendo com o estado inercial do Poder Judiciário, que lhe é inerente. Inepta é a peça exordial que se insere em uma das hipóteses assinaladas no parágrafo único do art. 330, do CPC[63], tornando-se inapta à compreensão e prejudicando a própria elaboração da defesa do réu. Com o advento da fase instrumentalista do processo, tem-se firmado uma tendência de redução na valorização da inépcia, em prol da efetividade.[64] A ciência processual

63 Art. 330, parágrafo único/CPC – "§ 1º Considera-se inepta a petição inicial quando: I – lhe faltar pedido ou causa de pedir; II – o pedido for indeterminado, ressalvadas as hipóteses legais em que se permite o pedido genérico; III – da narração dos fatos não decorrer logicamente a conclusão; IV – contiver pedidos incompatíveis entre si."

64 Sobre o que já tratamos em capítulo anterior deste livro.

contemporânea privilegia a superação dos defeitos formais do conflito, favorecendo sua resolução meritória, de modo que cada vez mais se procuram meios de afastamento das irregularidades assinaladas no texto legal. Sendo essa uma realidade atual do processo comum, é também uma característica histórica do processo do trabalho, desde sempre marcado pela simplicidade e pelo informalismo de seus atos. Cabe observar que os próprios requisitos formais da petição inicial trabalhista são distintos daqueles previstos para o processo comum, já que o art. 840, § 1º, da CLT não exige pressupostos tão rigorosos quanto os do art. 319, do CPC.

Dessa maneira, o enfrentamento das alegações de inépcia da inicial deve passar, preliminarmente, pelo exame dos requisitos da CLT – e não do CPC, como muitas vezes vem invocado em determinadas contestações. Nesse sentido, nota-se que o texto consolidado não exige, por exemplo, *fundamentação jurídica para o pedido*, ao contrário de seu símile do processo comum. Com isso, para o processo laboral, a causa de pedir tem uma dimensão diferente daquela preconizada para o processo civil. Conceitualmente, a "*causa petendi* é a razão, na dimensão do Direito, em que se funda o pedido, por ter ocorrido suporte fático e nele ter incidido a regra jurídica".[65] Compõe-se, portanto, da narrativa fática que sustenta a pretensão (causa de pedir remota) e a justificação jurídica de seu cabimento (causa de pedir próxima). Mas, no processo do trabalho, o art. 840, § 1º, da CLT somente exige uma *breve exposição dos fatos de que resulte o dissídio*, de modo que é de todo imprópria qualquer invocação de incompletude da causa de pedir que, por isso, deve ser rejeitada.

Da mesma forma, os ditames normativos do processo comum não podem ser literalmente transpostos para o processo do trabalho, por absoluta incompatibilidade estrutural. Novamente o exemplo vem do inciso I do parágrafo 1º. do art. 330, do CPC. Ali está consagrado que a inépcia ocorrerá nos casos de ausência de causa de pedir ou na ausência de pedido, e a leitura superficial desse tema leva a conclusões equivocadas, sustentadas em verdadeiros sofismas. Com efeito, como já tratamos neste trabalho, a regra no processo comum é a de que cada ação comporte apenas pretensões singulares, sem cumulação. Sendo assim, é natural que *a petição inicial que não contém nenhum pedido é inepta*, e assim deve ser reconhecida. Afinal, a demanda judicial só se justifica se houver a apresentação de uma *pretensão* perante o Poder Judiciário; se o ato processual próprio para o oferecimento dessa pretensão não a descreve, não está apto a ser processado e avaliado em seu conteúdo.

---

65 PONTES DE MIRANDA (*Comentários* ...,Tomo IV, p. 104).

Essa não é a regra no processo do trabalho, como já vimos. Em sede trabalhista, é mais comum a ocorrência de simultaneidade de postulações, algumas delas encadeadas logicamente, porque derivam de prestações sucessivas e inter-relacionadas do contrato de trabalho. Por isso é que algumas vezes a parte narra determinados fatos em sua peça inicial, mas não apresenta qualquer pedido a esse respeito. Note-se: não se trata de petição inicial *sem qualquer pedido*, mas sim de ato processual que contém outros pedidos, mas não inclui algo que chegou a ser mencionado na descrição fática.[66] ***Esse fato não autoriza o reconhecimento da inépcia, já que não falta à inicial qualquer dos seus requisitos.*** A situação criada – menção de fato na causa de pedir do qual não resulta nenhum pedido – é absolutamente irrelevante para o processo, pois a ausência de postulação a respeito simplesmente não permite que o juiz sobre ela se pronuncie.[67] Portanto, não ocorre inépcia nesses casos.

Também não se pode falar em inépcia da inicial quando comportar pedidos subsidiários ou alternativos, ainda que pareçam incompatíveis entre si.[68] Essa possibilidade é meramente uma técnica de postulação, e plenamente admitida pela lei processual comum (arts. 325 e 326, do CPC), de modo que, ainda que a petição inicial não prime pela clareza, sendo a postulação assim ordenada passível de compreensão, não estará sujeita ao reconhecimento da inépcia.

Em linhas gerais, o critério fundamental que deve nortear o acatamento ou a rejeição de uma preliminar de inépcia é a efetiva existência ou não de prejuízo à defesa – se houve possibilidade real e concreta do exercício da ampla defesa, a preliminar deve ser rejeitada, partindo-se para a análise meritória do feito, com foco na já sustentada efetividade do processo. Com esse padrão de análise, mesmo em casos nos quais, teoricamente, haveria de ser reconhecida a inépcia, ela pode ser superada ainda que por ato do reclamado. Imaginemos uma hipótese em que o trabalhador reclama o pagamento de horas extras, mas não descreve seu horário de trabalho na petição inicial. A princípio, é um clássico caso de inépcia, mas se a defesa do empregador alegar que toda a jornada de trabalho desenvolvida se encontra registrada nos controles de ponto que ele junta aos autos, o prejuízo se dissipa. A própria deficiência da inicial resta

66 Um exemplo muito comum: o reclamante ajuíza ação afirmando que sempre realizou horas extras durante seu contrato de trabalho e nunca as recebeu. Declara, também, ter sido injustamente despedido, postulando a condenação de seu ex-empregador apenas nas verbas rescisórias. Apesar da menção feita às horas extras, não deduz qualquer pedido a esse respeito.

67 Ressalvando-se, logicamente, as já tratadas situações de "pedidos implícitos".

68 Por exemplo, pedido de reintegração no emprego com postulação sucessiva de pagamento rescisório.

superada com esse ato, mormente se houver reconhecimento por parte do reclamante da veracidade da jornada laboral consignada nos documentos oferecidos pelo empregador. Esse exemplo mostra como se pode aproveitar o ato processual ainda que por meios indiretos, já que seria claramente atentatória à economia processual a extinção deste feito, com a possibilidade de novo ajuizamento para se alcançar o estado fático já vislumbrado na ação anterior.

Vale lembrar que o entendimento jurisprudencial consolidado na Justiça do Trabalho vai no sentido de que, antes da extinção do processo por deficiência, tem de ser concedido prazo para que o reclamante faça a devida correção. Em razão da vigência do CPC-2015, o TST reformulou sua Súmula 263, que já tratava do tema, não apenas ajustando o texto ao novo código – inclusive quanto ao prazo – mas também assimilando a regra do artigo 321 dele, o qual estabelece que a decisão judicial que determina o suprimento da irregularidade deverá indicar, de forma precisa, o que deve ser corrigido ou complementado. [69]

Por fim, resta assinalar que, em se tratando de reclamação trabalhista verbal, é de todo inaplicável a invocação da inépcia da inicial, em razão da natural deficiência de conhecimento técnico por parte do demandante. Nesse caso, a própria responsabilidade pela elaboração da peça processual não é da parte autora, mas sim dos órgãos do Poder Judiciário (art. 840, par. 2º., da CLT), de modo que o reconhecimento da inépcia seria algo absolutamente impróprio.

c.5) Perempção

O instituto da perempção representa a proibição de o autor intentar novamente uma ação, contra o mesmo réu e com o mesmo objeto, quando der causa à extinção do processo em razão de seu abandono (art. 485, III, do CPC), por três vezes. Essa ocorrência é totalmente inaplicável ao processo do trabalho, como disciplinado na norma do art. 486 § 3°, do CPC, já que a CLT prevê penalidade específica para o caso de arquivamento da reclamação por duas vezes sucessivas ou pelo não comparecimento à sede do Juízo para fazer lavrar o termo de reclamação, em se tratando de postulação verbal (arts. 731 e 732, da CLT).

---

69 Súmula 263/TST. PETIÇÃO INICIAL. INDEFERIMENTO. INSTRUÇÃO OBRIGATÓRIA DEFICIENTE (atualizada em decorrência do CPC de 2015) – Res. 208/2016, DEJT divulgado em 22, 25 e 26.04.2016. *Salvo nas hipóteses do art. 330 do CPC de 2015 (art. 295 do CPC de 1973), o indeferimento da petição inicial, por encontrar-se desacompanhada de documento indispensável à propositura da ação ou não preencher outro requisito legal, somente é cabível se, após intimada para suprir a irregularidade em 15 (quinze) dias, mediante indicação precisa do que deve ser corrigido ou completado, a parte não o fizer (art. 321 do CPC de 2015).*

Dessa forma, e pela aplicação da parte final do art. 731, da CLT, a perempção trabalhista sempre será parcial: verificada uma das duas hipóteses citadas, ficará o trabalhador impedido de reclamar por seis meses a partir da última extinção do processo. Passado esse lapso, portanto, retomará o direito ao exercício da ação.

c.6) Litispendência/coisa julgada

Tanto a litispendência como a coisa julgada são fenômenos que se revelam pela repetição de ações anteriormente ajuizadas e que, para a preservação da ordem institucional, impedem que se proclame outra decisão no processo posteriormente analisado. Para essa configuração é imprescindível que haja uma total identidade entre as duas ações sob análise, o que significa que as duas têm de ter as mesmas partes, a mesma causa de pedir e o mesmo pedido (§ 2º do art. 337 CPC).

Havendo essa identidade, se a ação anterior já obteve decisão de que não caiba recurso, ocorrerá a coisa julgada; se a ação ainda não foi decidida definitivamente, ocorrerá a litispendência. Ambos os fatores, embora conceitualmente distintos, implicam a extinção do processo sem apreciação meritória. Vale lembrar, no entanto, que, se a ação anterior foi extinta sem análise do mérito, não haverá produção de coisa julgada, situação na qual a preliminar em questão merece ser rejeitada. Da mesma forma, consoante a própria configuração dos institutos, sua caracterização só se dará, exclusivamente, com relação aos pedidos formulados na ação anterior, fundados na mesma causa de pedir. Isso é de suma importância para o processo do trabalho em razão da já citada cumulação objetiva, presente regularmente nas ações trabalhistas, o que faz com que seja possível o acolhimento parcial de preliminar de litispendência ou de coisa julgada, quando elas se referem especificamente a determinadas postulações do autor.

Em se tratando de ação trabalhista, os institutos ainda permitem indagações mais densas. Por primeiro, tem-se disseminada no processo do trabalho a utilização da substituição processual, operada pelas entidades sindicais na defesa dos interesses da categoria (art. 8º, III, da Constituição). Assim, e, sobretudo, pela amplitude de sua admissibilidade[70], têm sido comuns ações individuais de trabalhadores postulando parcelas já constantes de ações movidas

70 Conforme tendência manifestada pelo Supremo Tribunal Federal, contrariando a postura defendida pelo Tribunal Superior do Trabalho, que restringia sua aplicabilidade, nos termos da Súmula n. 310, cancelada em outubro de 2003.

por suas entidades sindicais.[71] A dúvida, nesses casos, é sobre a ocorrência de litispendência ou de coisa julgada entre essas duas ações.

Sob o ponto de vista conceitual, não se pode falar na incidência da litispendência ou da coisa julgada; afinal, a existência de ação proposta pelo sindicato da categoria enquanto substituto processual, embora possa conter pedido e causa de pedir idênticos, não possui identidade das partes no processo: em uma delas o autor é o próprio trabalhador e na outra é o sindicato de sua categoria. Em sendo concorrente a legitimação extraordinária trabalhista, nada impede que o substituído promova ação individual com o mesmo objeto daquela constante de ação promovida pelo substituto.

O problema se dá no plano exclusivo dos *efeitos da coisa julgada*, já que o direito postulado, nestes casos, é um só, a despeito de os titulares das ações serem pessoas distintas. A legislação processual trabalhista não regula o assunto, sendo certo que o único dispositivo normativo que trata do tema é o art. 104, da Lei n. 8.078/90 (Código de Defesa do Consumidor), cuja aplicação é viável ao processo do trabalho nos termos do art. 769, da CLT. Nesse caso, a norma deixa expresso que não há configuração da litispendência entre ações individuais e ações de natureza coletiva[72], mas pode haver a incidência da coisa julgada destas últimas nas anteriores – exatamente porque o direito material é o mesmo. Para que isso ocorra, no entanto, o CDC determina que os autores das ações individuais devem requerer sua suspensão no prazo de trinta dias da ciência do ajuizamento da ação coletiva, circunstância que permitirá a aplicação da eficácia da coisa julgada nela obtida. Como dissemos, é plena a aplicabilidade desse dispositivo ao processo do trabalho, dado que nem a CLT nem qualquer outro diploma legal regulam o assunto.

Por fim, outra particularidade das ações trabalhistas: já vimos decisões que reconhecem a existência de litispendência ou de coisa julgada a partir de

---

71 Como exemplo temos a ação do substituto processual que reivindica o recolhimento do FGTS na conta vinculada dos trabalhadores de certa empresa, com fundamento no art. 25 da Lei n. 8.036/90, e a ação movida pelo próprio trabalhador que também contém a mesma postulação (exclusiva ou cumulada com outros pedidos).

72 O conceito de ações coletivas aqui empregado deriva daquele conferido pelo próprio texto legal: é o art. 81, do CDC, que estipula a possibilidade de defesa individual ou coletiva de interesses de consumidores. Ao disciplinar esta última figura, o Código trata, indistintamente, dos interesses difusos, dos coletivos e dos individuais homogêneos, afirmando serem todos passíveis de defesa coletiva, pelas entidades apontadas no art. 82. No entanto, para fins trabalhistas, a distinção toma outra forma, porque o conceito de interesses coletivos altera não somente a competência para a apreciação dos conflitos deles derivados, mas também o seu próprio alcance. Por isso é que, no processo do trabalho, a ação do substituto processual não é considerada *coletiva*, visto que os interesses nela defendidos são exclusivamente individuais homogêneos.

decisões proferidas em dissídios coletivos ou acordos neles homologados. Mas também nesse caso vemos impropriedade nessa conclusão. Afinal, além do aspecto formal de configuração – que não resta preenchido, pois não se vê a presença dos *elementos da ação* –, há de se considerar que a função do dissídio coletivo é totalmente distinta das ações que tramitam no âmbito das Varas do Trabalho. Os dissídios coletivos têm função constitutiva, pois visam à criação de normas jurídicas para regulação específica de determinados interesses de ordem coletiva (dissídios de natureza econômica). Quando muito, exercem função interpretativa, ou de aclaramento da interpretação de regras jurídicas (dissídios de natureza jurídica). Portanto, seu objeto nunca se confunde – e nem se pode confundir – com ações de natureza individual, em que se postula a incidência de determinada regra já existente a um ou a vários aspectos do contrato de trabalho.

Portanto, nunca haverá a possibilidade de uma decisão em dissídio coletivo produzir coisa julgada em ações individuais, de maneira que qualquer alegação nesse sentido deve ser rejeitada.[73]

c.7) Conexão

Juntamente com a continência, a conexão é um dos fatores de modificação da competência que permite a reunião de ações que guardam traços de interdependência ou similitude, em prol da economia e da celeridade processuais e ainda tendo como postulado a unidade jurisdicional, de modo a possibilitar o conhecimento e a decisão conjunta de mais de uma demanda. Os institutos estão regulados pelos arts. 54 a 60, do CPC, e são aplicáveis somente às modalidades relativas à atribuição de competência. Muito embora o art. 337, do CPC, faça referência apenas à conexão, não parece lógico afastar-se a possibilidade de alegação da continência, já que a diferença entre os dois institutos é apenas conceitual, porquanto os efeitos que geram no processo são absolutamente os mesmos.

Trata-se de uma preliminar dilatória, pois seu objetivo é apenas o de impedir que se profira imediatamente uma decisão naquele feito, suscitando a necessidade de decisão judicial que reconheça ou não a incidência da conexão/

---

73 Essa solução também deve ser adotada ainda que o dissídio coletivo tenha assumido função que não seria a sua. Imagine-se um caso hipotético no qual, em dissídio coletivo, o sindicato da categoria e a empresa firmem acordo para a extinção dos contratos de trabalho dos empregados desta última, com pagamento de determinadas parcelas contratuais e concessão de quitação plena desses contratos. Por certo, esse acordo é feito impropriamente em sede de dissídio coletivo, pois o tipo de conflito instaurado não se coaduna com a função especial que possui esse tipo de ação. Logo, tendo sido celebrado em clara disfunção conceitual, o acordo assim produzido não pode operar os efeitos de coisa julgada.

continência. Em caso de rejeição da alegação, prossegue-se na análise do restante da matéria submetida à jurisdição. Acolhendo-se a preliminar, se o feito anterior estiver sob apreciação do mesmo Juízo, o magistrado deve deliberar a reunião de ambos, para conhecimento e julgamento conjunto (art. 57 e 58, do CPC). Estando em outro Juízo, deve ser feita a identificação de qual seria prevento (art. 59, do CPC), determinando-se, com isso, a remessa dos autos ao que for competente, ou então a requisição destes junto a ele, em ambas as hipóteses também para a competente reunião de ações.

Como toda preliminar de caráter dilatório, é de todo conveniente que este tema seja tratado antes da sentença, visto que as providências que podem decorrer de seu acolhimento, a rigor, obstaculizam o julgamento imediato do processo. Mas, como já dissemos, por vezes esse tema não é tratado no momento oportuno, de modo que merece uma resposta por ocasião da sentença. Em qualquer hipótese, no entanto, há de se observar a impropriedade do reconhecimento da conexão ou da continência, ainda que estejam presentes seus pressupostos formais, quando as ações respectivas estão em fases completamente distintas, pois isso impediria o cumprimento do objetivo do instituto, qual seja, o da cognição e julgamento conjunto destas.[74]

c. 8) Incapacidade da parte, defeito de representação ou falta de autorização

A *capacidade das partes e a regularidade da sua representação no processo* são requisitos de processamento de qualquer ação, visto que representam pressupostos de constituição regular e válida do processo.[75] O reconhecimento da incapacidade da parte ou da irregularidade de sua representação acarreta efeitos processuais drásticos: se a irregularidade for da representação do autor, haverá a decretação da nulidade do processo; sendo do réu, isso implicará sua revelia (art. 76, do CPC). Muito embora se admita o exercício do *jus postulandi* no processo do trabalho, isso não elimina a necessidade de formalização da representação processual quando as partes estão assistidas por advogado.

Teoricamente, esse tipo de incidente demandaria a concessão de prazo para a parte suprir a irregularidade, como, aliás, determina o próprio art. 76,

---

74 Um exemplo nesse sentido ocorre quando a ação anterior, embora tenha os requisitos da conexão ou continência, já foi julgada, estando pendente de recurso ou de cumprimento forçado ou espontâneo, caso em que é inadequado falar-se na aplicação dos institutos.

75 Na realidade, os pressupostos processuais subjetivos alcançados por essa hipótese seriam a *capacidade postulatória*, a *capacidade de ser parte* e a *capacidade de estar em Juízo*, todos requisitos que têm de ser demonstrados pelos litigantes para o devido processamento de sua ação ou de sua postulação. Apenas será desnecessária a prova da capacidade postulatória se a parte está fazendo uso do *jus postulandi*.

do CPC. No entanto, nem sempre essa providência é possível, ainda mais se a sentença que estiver sendo redigida for, na realidade, uma prova de concurso para a magistratura, circunstância que não permite a concessão de oportunidade para saneamento. Além disso, algumas das irregularidades dessa natureza que são suscitadas pelas partes podem ser superadas por instrumentos processuais próprios, sem necessidade de postergação na solução do conflito.

As hipóteses mais comuns nesse particular são as seguintes:

c.8.1) *Reclamante menor de idade* – no processo trabalhista a capacidade de estar em juízo (*legitimatio ad processum*) é estabelecida pelo art. 792, da CLT, de maneira que, desde os 18 anos de idade, já se assegurava a legitimação processual nas ações trabalhistas, mesmo antes da modificação trazida pelo Código Civil de 2002. Mesmo antes dessa alteração, seria inaplicável ao processo do trabalho a diretriz que determinava a incapacidade relativa para os demandantes entre 18 e 21 anos. De outro lado, para os menores de 18 anos aplica-se o art. 793, da CLT, segundo o qual sua reclamação trabalhista será feita por seus *representantes legais* e, na falta destes, pelo Ministério Público do Trabalho, pelo sindicato, pelo Ministério Público estadual ou curador nomeado em juízo. Aqui também nota-se a distinção de tratamento dado pela CLT, pois considera que, antes de completar 18 anos, o trabalhador sempre terá de ser representado, por alguma das pessoas ou instituições ali nominadas, diferentemente da legislação comum que estipula, ao menos a partir dos 16 anos, a mera assistência ao menor de idade.

c.8.2) *Representantes do espólio* – de conformidade com o art. 1º da Lei n. 6.858/80, são legitimados para receber as verbas trabalhistas do empregado falecido os seus dependentes perante a Previdência Social. Considerando-se os fins teleológicos da norma, a doutrina e a jurisprudência têm admitido que essa mesma regra se aplica quando se tratar de demanda em Juízo, tenha o falecimento ocorrido no curso do processo ou antes do ajuizamento. Assim, para o processo do trabalho não há necessidade de instauração de inventário ou de arrolamento de bens, sendo legitimados a representar o espólio os beneficiários devidamente registrados perante o órgão previdenciário como dependentes do *de cujus*.

c.8.3) *Falta de procuração ou substabelecimento* – essa irregularidade na representação pode ser suprida pelo comparecimento da parte em audiência acompanhada de advogado legalmente habilitado ao exercício da profissão, vez que isso configura o *mandato tácito*, figura plenamente admitida na jurisprudência. Pode haver, ainda, o *mandato verbal* ou *apud acta*, que é aquele consignado em ata de audiência, mediante a manifestação expressa da parte no sentido de outorgar poderes ao seu advogado. Merece menção expressa a situação dos *entes públicos da administração direta,* que são representados em juízo por seus procuradores (art. 75, I, II, III, do CPC). Nesse caso, basta a identificação do procurador que o qualifique como tal, sendo dispensada a comprovação da outorga de mandato específico. É o que determina a Súmula 436, do TST:

> SÚM-436 – REPRESENTAÇÃO PROCESSUAL. PROCURADOR DA UNIÃO, ESTADOS, MUNICÍPIOS E DISTRITO FEDERAL, SUAS AUTARQUIAS E FUNDAÇÕES PÚBLICAS. JUNTADA DE INSTRUMENTO DE MANDATO (conversão da Orientação Jurisprudencial nº 52 da SBDI-I e inserção do item II à redação) – Res. 185/2012, DEJT divulgado em 25, 26 e 27.09.2012. I – A União, Estados, Municípios e Distrito Federal, suas autarquias e fundações públicas, quando representadas em juízo, ativa e passivamente, por seus procuradores, estão dispensadas da juntada de instrumento de mandato e de comprovação do ato de nomeação. II – Para os efeitos do item anterior, é essencial que o signatário ao menos declare-se exercente do cargo de procurador, não bastando a indicação do número de inscrição na Ordem dos Advogados do Brasil.

c.8.4) *Ausência de carta de preposição* – a função do preposto é a de representar a pessoa jurídica em audiência, visto se tratar de um ato que demanda presença física pelo juiz, o que nem sempre se pode fazer por intermédio dos sócios. A chamada *carta de preposição* é um instrumento de garantia ao magistrado para que ele tenha comprovação da condição efetiva de preposto daquele que se apresenta, eis que, nos termos do art. 843, § 1º, da CLT, as suas declarações obrigam o preponente. Havia previsão na primeira parte do Código Comercial[76], no sentido de que as atividades praticadas fora do estabelecimento comercial exigiriam que o preposto que representasse o comerciante deveria estar munido de autorização escrita. Atualmente o parágrafo único do art. 1.178, do CC preconiza que "quando tais atos forem praticados fora do estabelecimento, somente obrigarão o preponente nos limites dos poderes conferidos por escrito, cujo instrumento pode ser suprido pela certidão ou cópia autêntica do seu teor."

76 Art. 75, já revogado, que dizia: "Os preponentes são responsáveis pelos atos dos feitores, guarda-livros, caixeiros e outros quaisquer prepostos, praticados dentro das suas casas de comércio, que forem relativos ao giro comercial das mesmas casas, ainda que se não achem autorizados por escrito. Quando, porém, tais atos forem praticados fora das referidas casas, só obrigarão os preponentes, achando-se os referidos agentes autorizados pela forma determinada pelo art. 74."

No entanto, a legislação trabalhista não exige nenhuma comprovação formal da investidura do preposto pelo empregador, de maneira que, salvo se houver fundada desconfiança na legitimidade do preposto que compareceu à audiência.

c.8.5) *Advogado inscrito na OAB de outra seccional* – questionamento feito quando o advogado da parte adversa indica inscrição na Ordem dos Advogados do Brasil em outra seccional, que não aquela onde está em curso o processo. O Estatuto da OAB não proíbe o exercício da advocacia em território diverso do qual está inscrito o advogado, sendo apenas exigido que o profissional tenha inscrição suplementar em conselhos seccionais diversos do seu domicílio quando exerce habitualmente a profissão naquela localidade (art. 10, § 2º da Lei n. 8.906/94). Mas quando isso não é observado, não há que se falar em nulidade ou irregularidade processual, vez que o ato resulta meramente em suposta infração disciplinar, apurável pela entidade de classe dos advogados, sem qualquer interferência no curso do processo.[77]

c.8.6) *Ausência de atos constitutivos da sociedade* – nos termos do art. 75, VIII, do CPC, as pessoas jurídicas são representadas em Juízo, ativa e passivamente, por seus diretores ou por aqueles que seus estatutos designarem como representantes. Em razão disso, é sempre necessário que a pessoa jurídica, quando toma parte do processo judicial, como autora ou ré, junte aos autos os instrumentos de sua constituição (contrato social ou estatuto social) para identificar ao Juízo quem são seus representantes legais, inclusive habilitados para a outorga da procuração. O defeito nessa espécie de representação acarreta os mesmos efeitos já comentados, inscritos no art. 76, do CPC.

Na mesma linha, se uma das partes for sociedade sem personalidade jurídica, seu representante judicial será aquele a quem couber a administração dos seus bens (art. 75, IX, do CPC). Já a pessoa jurídica estrangeira é representada judicialmente pelo seu gerente, pelo seu representante ou pelo administrador de sua filial, agência ou sucursal aberta ou instalada no Brasil (art. 75, X, do CPC), e o condomínio, por seu administrador ou síndico (art. 75, XI, do CPC). Todas essas situações também devem ser comprovadas no processo, a fim de habilitar e regularizar a representação da parte.

---

77 OJ n. 7/SDI-I/TST – "ADVOGADO. ATUAÇÃO FORA DA SEÇÃO DA OAB ONDE O ADVOGADO ESTÁ INSCRITO. AUSÊNCIA DE COMUNICAÇÃO. (LEI N. 4.215/1963, § 2º, ART. 56). INFRAÇÃO DISCIPLINAR. NÃO IMPORTA NULIDADE. Inserida em 29.03.1996 (inserido dispositivo, DJ 20.04.2005) A despeito da norma então prevista no art. 56, § 2º, da Lei n. 4.215/63, a falta de comunicação do advogado à OAB para o exercício profissional em seção diversa daquela na qual tem inscrição não importa nulidade dos atos praticados, constituindo apenas infração disciplinar, que cabe àquela instituição analisar."

c.9) Convenção de arbitragem

A arbitragem é tipo procedimental de solução extrajudicial de conflitos, mediante o qual a decisão é proferida por um terceiro, estranho à relação entre os sujeitos em controvérsia e, em geral, por eles escolhido. No Brasil, o instituto é regulado pela Lei n. 9.307/96, que o admite apenas para direitos patrimoniais, e estabelece que sua operabilidade é facultativa (art. 9º) e se faz mediante um contrato (art. 4º), nominado de *convenção de arbitragem*, o que normalmente é apenas uma cláusula de um contrato de outro conteúdo, celebrado pelos envolvidos nessa relação jurídica.

Assim, quando o conflito envolver direitos patrimoniais disponíveis, seus titulares poderão convencionar a arbitragem como forma de solução da controvérsia. Esse ato representa uma renúncia à jurisdição estatal, pois, com sua celebração, as partes envolvidas estabeleceram que o conflito será resolvido por um árbitro, e não pela atividade jurisdicional estatal. Sendo assim, a existência da convenção de arbitragem se configura como um obstáculo ao exercício do direito de ação, tema que chegou a merecer considerações sobre sua constitucionalidade, mas sem sucesso.[78] É por essa razão que a lei processual comum estipula que, se uma das partes ajuizar ação judicial para dirimir controvérsia derivada de contrato abrangido por convenção de arbitragem, a parte adversa poderá invocar a preliminar em comento, visando à extinção do processo, sem resolução meritória. Essa preliminar, portanto, tem natureza

78 O Supremo Tribunal Federal, por maioria de votos, julgou um recurso em processo de homologação de Sentença Estrangeira (SE 5206), considerando constitucional a Lei de Arbitragem (Lei n. 9.307/96), que permite que as partes possam escolher um árbitro para solucionar litígios sobre direitos patrimoniais, sem necessidade de o laudo arbitral resultante desse acordo ser homologado por uma autoridade judicial (decisão de 12 de dezembro de 2001). Esse caso foi considerado "piloto" sobre a matéria, pois foi a primeira decisão nesse sentido proferida pela Corte Superior, e nela observa-se apreciação incidente no sentido de que inexiste vício de inconstitucionalidade na norma, pelo fato de restringir o direito de ação, em casos em que existe a convenção de arbitragem. Trata-se do caso de uma empresa, de origem estrangeira, que pretendia homologar um laudo de sentença arbitral dada na Espanha, para que tivesse efeitos no Brasil. A princípio, o pedido havia sido indeferido, mas com a promulgação da Lei n. 9.307/96 foi suscitado que ela dispensaria a homologação desse laudo na justiça do país de origem. Durante o julgamento do recurso, o ministro Moreira Alves levantou a questão da constitucionalidade da nova lei e, apesar de todos os ministros terem votado pelo deferimento do recurso, houve discordância quanto ao incidente de inconstitucionalidade. Sepúlveda Pertence, o relator do recurso, bem como Sydney Sanches, Néri da Silveira e Moreira Alves entenderam que a lei de arbitragem, em alguns de seus dispositivos, dificulta o acesso ao Judiciário, direito fundamental previsto pelo artigo quinto, inciso XXXV, da Constituição Federal. Contudo, não foi esta a tese prevalecente, entendendo a maioria dos Ministros pela constitucionalidade da lei e, consequentemente, do instituto da arbitragem.

peremptória, pois não permite qualquer superação, caso efetivamente se configure a hipótese legal.

Se o instituto de arbitragem tem sido defendido como uma forma eficiente de solução de conflitos nos âmbitos civil, comercial e empresarial, sua incidência no campo trabalhista é muito mais restrita. No plano das relações coletivas não há dúvidas de que o instituto deve ser amplamente utilizado, como, aliás, exige o § 2º do art. 114, da Constituição, como requisito formal prévio da busca pela sua solução jurisdicional. No entanto, o uso da arbitragem nas relações individuais de trabalho é severamente criticado por quase todos os que se dedicam ao estudo dos fundamentos e das estruturas do Direito do Trabalho. Afinal, enquanto no Direito Coletivo prevalece o pressuposto da igualdade das partes envolvidas no conflito (sindicato x empresa), no plano individual a regra ainda é o da hipossuficiência do trabalhador. Logo, e pela caracterização típica do contrato de trabalho – em regra, um contrato de adesão –, a admissibilidade da arbitragem colocaria em risco a integridade do sistema protetivo do Direito do Trabalho, atingindo nitidamente o princípio da irrenunciabilidade, que lhe é peculiar. Além disso, a condição econômica desfavorável do trabalhador favorece um padrão de insegurança na integridade da atividade arbitral, eis que ela deverá sempre ser sustentada financeiramente pelo empregador, desacreditando qualquer possibilidade de exercício isento e imparcial.

É por essas razões que tanto a doutrina como a jurisprudência trabalhistas têm assimilado o cabimento da arbitragem apenas no âmbito das relações coletivas de trabalho, renegando sua prática no plano individual, ainda que exista previsão em norma coletiva da categoria nesse sentido.[79]

Lamentavelmente, dentre as aberrações trazidas pela "reforma trabalhista" está a inserção do artigo 507-A, na CLT, de seguinte teor:

> Art. 507-A. Nos contratos individuais de trabalho cuja remuneração seja superior a duas vezes o limite máximo estabelecido para os benefícios do Regime Geral de Previdência Social, poderá ser pactuada cláusula compromissória de arbitragem, desde que por iniciativa

79 Há certas categorias profissionais que possuem acordos ou convenções coletivas estabelecendo a obrigação de sujeição de qualquer postulação trabalhista dos seus integrantes a "Tribunais Arbitrais", muitos deles formados pelas próprias entidades sindicais. Infelizmente, não vemos nessa iniciativa qualquer intento de preservar os direitos dos trabalhadores tampouco de criar uma alternativa viável à morosidade judicial, pois todos os casos que conhecemos são marcados por atitudes absolutamente contrárias aos interesses obreiros, visando apenas à aniquilação de seus direitos.

> do empregado ou mediante a sua concordância expressa, nos termos previstos na Lei no 9.307, de 23 de setembro de 1996.

Por tudo o quanto já assinalado, a previsão do instituto da arbitragem para direitos individuais é completamente imprópria, ainda que atinja trabalhadores com um patamar remuneratório um pouco superior. O diferencial, aliás, está longe de configurar um trabalhador que possa ser considerado um alto empregado, e muito menos alguém que não tenha dependência econômica do empregador, a ponto de permitir que possa haver a atuação de uma instituição privada para solução dos conflitos.

Assim, uma vez invocada essa preliminar, a medida mais apropriada é a sua rejeição, visto que, ainda que existente cláusula contratual ou convenção de arbitragem – no contrato individual ou no instrumento normativo –, essa estipulação é incompatível com o Direito do Trabalho, porque atentatória aos seus princípios estruturais.

Cabe lembrar, ademais, que essa objeção processual é a única, dentre as arroladas no art. 337, do CPC, que não permite a cognição de ofício pelo juiz, devendo sempre ser alegada pela parte interessada (art. 337, § 5º, do CPC).

c.9) Ausência de legitimidade ou interesse processual

No plano teórico, a carência da ação representa a ausência de uma das *condições* previstas no sistema processual para o pleno exercício do direito de *ação*. Tradicionalmente, define-se condições da ação "são categorias lógico-jurídicas, existentes na doutrina e, muitas vezes, na lei, como em nosso Direito positivo, que, se preenchidas, possibilitam que alguém chegue à sentença de mérito".[80] Embora o direito de ação esteja inserido no plano constitucional de garantias ao cidadão, sua dimensão processual é estabelecida pelo ordenamento infraconstitucional, de maneira que o exercício daquela garantia se condiciona ao cumprimento aos preceitos conferidos por este último, como forma de permitir a prestação da tutela jurisdicional demandada.

Segundo o plano processual vigente no Brasil até 2015, as condições da ação eram três – legitimidade das partes, possibilidade jurídica do pedido e interesse de agir. O novo código eliminou a exigência da configuração da possibilidade jurídica do pedido e suprimiu até mesmo a referência às condições da ação do artigo 337, que passou apenas a fazer referência à legitimidade e ao interesse processual. Nessa quadra, há que admita até mesmo que esses elementos não mais configuram a carência da ação, em caso de ausência no processo.

80 ALVIM, Arruda. *Manual de direito processual civil*. 6. ed. São Paulo: RT, 1997. v. 1, p. 368.

De uma forma ou de outra, a ausência de um desses dois requisitos, como dissemos, bloqueia o curso da efetiva tutela jurisdicional, motivo pelo qual o inciso XI do artigo 337, do CPC assinala esse tipo de alegação como sendo outra matéria preliminar ao mérito, suscitada pelo réu em sua contestação, e cujo acolhimento acarreta a extinção do processo, sem resolução de mérito (art. 485, VI, do CPC).

Antes de explicitarmos cada um desses atributos é oportuno salientar que a aferição da sua existência não envolve a apreciação da *veracidade* da relação jurídica material alegada na petição inicial, ainda que nela se sustente. Com efeito, desde a superação da *teoria concreta do direito de ação*, prevalece no Brasil a análise abstrata das condições da ação, de maneira que a análise sobre a pertinência de cada uma delas se faz no plano teórico, sem que haja necessidade alguma de ser estabelecida conexão direta com o próprio direito postulado, bastando que essa análise seja feita *em tese*.

c.9.1) *Legitimidade das partes* a legitimidade das partes, ou *legitimatio ad causam*, é a pertinência subjetiva da ação, isto é, a *regularidade do poder de demandar de determinada pessoa sobre determinado objeto*. Essa definição representa que não é qualquer pessoa que pode demandar em face da outra, pois a regra é a de que somente possa postular aquele que com ele mantém ou manteve uma relação jurídica de direito material que está posta em Juízo. Ainda que não se configure a relação que o autor descreve, ao menos é necessário que exista uma situação jurídica que permita vislumbrar a possibilidade de ter ocorrido essa relação. É por isso que se diz que a legitimidade é emprestada ao processo a partir do direcionamento que o autor formula em sua postulação: a descrição dos fatos, em que ele aponta uma situação determinada e um elo jurídico com outra pessoa, é que dimensionará quais são as pessoas legitimadas para figurar no conflito. Isso equivale a dizer que, se alguém postula para si uma dada providência jurisdicional contra determinada pessoa, só ambas é que são legitimadas para estar nos polos da relação processual, pois o direito perseguido irá beneficiar o autor da ação e a pretensão é dirigida contra aquele qualificado como réu.[81]

A regra exposta no art. 18, do CPC, é a de que somente o titular do direito pode postular em Juízo a sua reparação, configurando-se o que é nominado como legitimação ordinária. Segundo o mesmo dispositivo, apenas em casos excepcionais, devidamente expressos no ordenamento jurídico, é que se admite a postulação por parte de quem não participou de qualquer relação

81 Essa concepção chega a ser redundante, de tão singela; no entanto, o tema é frequentemente suscitado de forma equivocada no processo do trabalho, como veremos em item abaixo, nominado de "Preliminares impróprias".

jurídica material, circunstâncias tratadas como *legitimação extraordinária*, hodiernamente também chamadas de *substituição processual*. No caso do processo do trabalho, como já registramos, há uma grande incidência dessas hipóteses em razão da estipulação constitucional (art. 8º, III da CF), que estabelece essa prerrogativa às entidades sindicais.

c.9.2) *Interesse processual* – o *interesse processual* é o atributo da ação que mais permite uma falsa compreensão sobre seu significado, o que decorre do caráter equívoco da expressão. No mais das vezes, confunde-se a acepção processual de interesse com sua perspectiva material, equivalente à pretensão. Há casos, p. ex., em que o réu alega a falta de interesse processual do autor porque ele já teria recebido a obrigação que demanda: há evidente engano conceitual, porque a situação descrita pode representar a falta de interesse material do autor, mas não implicará o reconhecimento de ausência de interesse processual de sua parte. Isso porque o interesse de agir corresponde à "necessidade de se recorrer ao Judiciário para a obtenção do resultado pretendido, independentemente da legitimidade ou da legalidade da pretensão".[82] Por isso, falta interesse processual ao autor quando ele pode obter a satisfação da sua pretensão por outro meio que não o judicial. Em sentido contrário, quando não existem outras maneiras de se alcançar o resultado abstratamente pretendido pelo exercício da ação, podemos afirmar tranquilamente que essa condição da ação foi preenchida.

No entanto, é bom que se diga que o interesse de agir também comporta outra face, que denota uma relação de *adequação* entre a postulação feita pelo autor e a via processual por ele eleita: além de ser necessário ao autor o provimento jurisdicional invocado, deve ser eleita a via adequada para a finalidade almejada pelo autor, sem o que a causa estará fadada igualmente à carência[83]. Por essa razão é que parte da doutrina afirma que o interesse processual se traduz no binômio necessidade-utilidade.[84] Por fim, e da mesma forma como

82 GRECO FILHO, Vicente. *Op. cit.*, p. 80.

83 Por exemplo, é carecedor da ação por ausência de interesse de agir aquele que move ação de execução quando deveria, na realidade, propor ação de cobrança (ação de conhecimento). Em sede trabalhista, pode-se dizer o mesmo do empregador que, querendo desonerar-se de verbas não recebidas pelo empregado, deposita-as em sua conta corrente e ingressa com "ação declaratória de inexistência de obrigação". Na verdade, teria de propor ação de consignação em pagamento, até mesmo depositando o valor ofertado, segundo a redação atual do § 1º do art. 890 do CPC, mas não se utilizar daquela ação, que é inadequada.

84 É o caso de Wambier, *et al.* (*op. cit.*, p. 130/131), para quem "o interesse processual está presente sempre que a parte tenha a necessidade de exercer o direito de ação (e, consequentemente, instaurar o processo) para alcançar o resultado que pretende, relativamente à sua pretensão e, ainda mais, sempre que aquilo que se pede no processo (pedido) seja útil sob o aspecto

se nota das demais condições da ação, a verificação da existência do interesse de agir não representa o reconhecimento automático da procedência da pretensão. A análise da matéria preliminar considera a pretensão *em abstrato* – tanto no aspecto da necessidade como no da adequação –, o que não exime a necessidade de apreciação meritória do pedido, sede na qual ele pode ser acolhido ou rejeitado.

c.10) Falta de caução ou de outra prestação, que a lei exige como preliminar

Há determinadas situações em que a própria lei estabelece condicionamentos específicos para o exercício da ação, consubstanciadas em algum tipo de prestação a ser observada pelo credor, antes de ajuizá-la. Exemplo disso é a exigência inscrita no art. 83, do CPC, para as ações intentadas por brasileiro ou estrangeiro que residir fora do Brasil ou tiver de se ausentar do país na pendência delas. Nessas condições, o autor deverá prestar caução suficiente ao pagamento das custas e honorários de advogado da parte contrária, se não tiver no Brasil bens imóveis que lhes assegurem o pagamento.

Outra hipótese de obrigação prévia do autor, em relação ao exercício da ação, está consagrada no § 1º, do art. 539, do CPC, para as situações de pagamento de obrigação em dinheiro por consignação: para permitir o ajuizamento da ação visando à exoneração do devedor, este deve depositar o montante devido em conta bancária com previsão de incidência de atualização monetária sobre seu saldo e notificar o credor para que manifeste sua recusa no prazo de 10 dias. Somente depois de cumprir esses passos é que o consignante pode ajuizar a ação consignatória, sendo que, se não o fizer no prazo de trinta dias da manifestação da recusa, poderá levantar o depósito em seu favor, mas sem qualquer eficácia liberatória (art. 539, § 4º, do CPC).

Há, ainda, a possibilidade de invocação preliminar da *ausência de pagamento de custas e ou honorários advocatícios em processo anterior*, quando houve extinção de feito sem resolução de mérito, anteriormente distribuído pelo autor (art. 486, par. 2o., do CPC). Observamos, ainda, que nos casos de extinção do feito por litispendência, indeferimento da inicial, ausência de pressupostos processuais, ilegitimidade ou falta de interesse processual, e também convenção de arbitragem, a propositura de nova ação depende da correção do vício que levou à prolação de sentença sem resolução de mérito. Nem tudo isso, porém, se aplica ao processo do trabalho. Na realidade, só vemos incidente no processo laboral a hipótese do depósito prévio à ação de consignação em

---

prático. (...) O interesse processual nasce, portanto, da necessidade da tutela jurisdicional do Estado, invocada pelo meio adequado, que determinará o resultado útil pretendido, do ponto de vista processual".

pagamento, eis que ele (o depósito) constitui o próprio objeto da pretensão. Sempre consideramos que a hipótese de exigência de pagamento de custas e honorários de advogado da demanda anteriormente proposta, totalmente inaplicável ao processo do trabalho, por notória incompatibilidade. Nesse sentido, a regra do art. 486, parágrafo 2º., do CPC, colide frontalmente com o procedimento trabalhista, eis que a CLT não contempla a figura do *despacho inicial*, porquanto seu art. 841 determina que, uma vez recebida a ação, a Secretaria deve, incontinenti, designar audiência e notificar o reclamado para comparecimento – ato que equivale à citação no processo comum. Logo, não existe necessidade alguma de ser feita uma apreciação preliminar da peça exordial e de ser deferido seu processamento, como determina o CPC.

Se esse fator procedimental já demonstra a impropriedade de seu uso no processo do trabalho, sua invocação também deve ser repelida, porque a exigência prevista no CPC seria incompatível com o princípio da gratuidade, que é um de seus elementos fundantes do processo laboral, não devendo desconsiderar-se que, havendo essas despesas imputadas em processo anterior, cabe ao interessado promover a devida execução, sem que isso prejudique o exercício regular da ação.

Lastimavelmente, a Lei 13.467 inseriu na CLT um dispositivo abjeto, que permite a invocação desse tema, em sede de contestação. No § 2o do art. 844 da CLT está assinalado que "na hipótese de ausência do reclamante, este será condenado ao pagamento das custas calculadas na forma do art. 789 desta Consolidação, ainda que beneficiário da justiça gratuita, salvo se comprovar, no prazo de quinze dias, que a ausência ocorreu por motivo legalmente justificável." Como se vê, a "CLT reformada" trouxe um novo conceito de gratuidade judiciária: aquela em que, mesmo sendo concedida ao trabalhador, dele exige o pagamento de custas em casos de arquivamento da reclamação. Além disso, estabelece que "o pagamento das custas a que se refere o § 2o é condição para a propositura de nova demanda." (§ 3o., do art. 844, da CLT).

Não há nenhuma justificativa para essa regra, mormente porque o percentual de reclamações arquivadas é pequeno demais para ensejar ônus tão grave. Além disso, além da violação ao princípio da gratuidade, a regra fere de morte o princípio do acesso à Justiça, criando um lastimável recorte econômico que impede aos trabalhadores mais pobres buscar a reparação pela violação a seus direitos.

Felizmente a jurisprudência que está sendo construída sinaliza pela rejeição da aplicação dessa infausta regra como evidencia a ementa abaixo transcrita:

> EXIGÊNCIA DE RECOLHIMENTO DE CUSTAS PARA O REGULAR PROSSEGUIMENTO DO FEITO, EM DECORRÊNCIA DE EXTINÇÃO, SEM RESOLUÇÃO DO MÉRITO, DE DEMANDA ANTERIORMENTE AJUIZADA. ACESSO À JUSTIÇA. ESVAZIAMENTO DO CONCEITO DE GRATUIDADE JUDICIAL. Olhando para o conteúdo do art. 844, §§2º e 3º, da CLT, resta evidente a disparidade causada pelo legislador ordinário no tratamento do beneficiário de gratuidade que litiga na Justiça Comum frente àquele litigante na Justiça do Trabalho.O acesso à justiça é uma das razões para a própria existência da Justiça do Trabalho, o que impede a aplicação de normas relativas à exigência de pagamento de custas por parte de empregado beneficiário da justiça gratuita, tudo sob pena de restar esvaziado o conceito de gratuidade da justiça. Uma medida legislativa voltada para inibir o acesso do trabalhador à justiça, a exemplo de condicionar o ajuizamento de nova ação ao recolhimento de custas processuais, embora beneficiário da gratuidade judiciária, configura explícito rebaixamento das condições gerais de trabalho e de acesso à justiça para reivindicar o cumprimento de seus direitos conquistados, ou seja, o fim ou a mitigação da gratuidade judiciária ofende o Direito Internacional do Trabalho ratificado pelo Brasil, do qual emana o princípio da proibição do retrocesso no âmbito das relações de trabalho. Com efeito, sem ingressar no exame da constitucionalidade das alterações promovidas pela denominada "reforma" trabalhista (Lei nº 13.467/2017), o fato é que a imposição do pagamento de custas ao empregado beneficiário da justiça gratuita desafia o Direito e o Processo do Trabalho, bem como toda a sua principiologia protetiva, além de violar normas do Direito e Processo Civil que cuidam da matéria. Mandado de segurança admitido. Concedida a ordem. (Processo TRT MS 0000633-80.2018.5.10.0000 – 2ª S. ESPEC., TRT 10 – RELATOR: DESEMBARGADOR GRIJALBO FERNANDES COUTINHO).

A exemplo da decisão citada, entendemos que eventual preliminar nesse sentido deve ser repelida.

O princípio da gratuidade, por seu turno, também é o responsável pelo afastamento completo da possibilidade de se adotar a regra do art. 83, do CPC, eis que sua existência deslegitima a exigência de qualquer tipo de garantia, real ou fidejussória, como condição para o exercício da ação.

c.11) Cognição de ofício dos defeitos processuais

Nos termos do art. 337, § 5º, do CPC, todas as matérias arroladas no *caput* do mesmo dispositivo, à exceção da existência de convenção de arbitragem e a alegação de incompetência relativa podem ser conhecidas de ofício pelo juiz, não dependendo, assim, de invocação ou alegação específica da parte. A justificativa para essa medida tem fundamento lógico: como dizem respeito a requisitos processuais, considera-se que a observância desses institutos decorre de imperativo de ordem pública, vez que cabe ao magistrado zelar pela correta aplicação das diretrizes normativas que regulam o processo. Exemplos evidentes dessa necessidade se verificam no reconhecimento da litispendência, da coisa julgada e da perempção, o que se faz para a preservação da autoridade da decisão anterior ou para resguardo da unidade da jurisdição, mesma providência almejada com o reconhecimento de ofício da conexão.[85]

Dessa forma, o julgador sempre deve estar atento a eventuais defeitos processuais do feito sob exame, para, se for o caso, reconhecê-lo mesmo sem provocação específica da parte interessada. Esse alerta serve, principalmente, para os candidatos em concursos da magistratura, porque a banca examinadora pode deixar temas dessa natureza sem alegação, justamente como forma de aferir a concentração do candidato.

No entanto, não podemos deixar de lembrar o que já foi anteriormente afirmado: a atual fase metodológica do processo privilegia a superação dos defeitos processuais em prol da efetividade da jurisdição, o que somente se aperfeiçoa quando o Poder Judiciário pronuncia decisão de mérito. Por essa razão, o uso desse poder-dever de pronunciar de ofício alguma das irregularidades processuais do art. 337, do CPC, deve ser usado com o devido comedimento, destinado apenas a preservar instituições estruturais do processo, como a competência absoluta, a coisa julgada ou a litispendência, ou ainda para suprir deficiências que se configuram entraves ao desenvolvimento correto do processo, como é o caso da nulidade da citação ou da conexão, p. ex. Outras matérias, como irregularidade de representação, inépcia da inicial ou carência da ação, são objeções processuais que, embora possam ser reconhecidas de ofício, não devem ser obstinadamente procuradas ou acolhidas sem que se configure real prejuízo ao exercício do direito de defesa e à prestação jurisdicional completa. O apego excessivo ao formalismo em prol desse tipo de matéria é um dos elementos atentatórios a uma das finalidades institucionais da ciência

85 É a mesma opinião de Dinamarco, o qual diz que "existem gravíssimas razões de ordem pública que devem necessariamente influir sobre a vida do processo, determinando-lhe até mesmo a extinção em alguns casos, as quais não ficam neutralizadas pelo puro e simples passamento do momento adequado ou pela falta de arguição pelo réu". (*Instituições...*, v. III, p. 144).

processual, e por isso o seu uso deve ser limitado a situações extremas, em que efetivamente se verifica a impossibilidade de qualquer aproveitamento do curso processual.

c.12) Preliminares impróprias

A falta de técnica processual presente em algumas contestações por vezes se traduz em dificuldades para o elaborador de uma sentença. Invariavelmente, o julgador se vê diante de alegações preliminares totalmente impróprias, seja porque não correspondem exatamente às objeções processuais descritas na legislação respectiva, seja porque a parte, ainda que as nomine segundo as diretrizes do art. 337, do CPC, apresenta em seu conteúdo coisa totalmente distinta. Chamamos essas questões de preliminares impróprias, que conferem ao julgador um problema adicional: embora tecnicamente equivocadas, merecem a devida apreciação, sob pena de se configurar negativa de prestação jurisdicional. A questão fundamental que se coloca, portanto, diz respeito a como deverão ser enfrentadas essas situações, justamente o que tentaremos demonstrar em seguida, a partir de algumas dessas hipóteses corriqueiramente encontradas em casos concretos:

c.12.1) *Reconhecimento da relação de emprego e ilegitimidade passiva* – é fator recorrente, em processos em que se discute eventual relação de emprego, a arguição de preliminar de contestação em que a reclamada aponta ser parte ilegítima para ser demandada porque o reclamante não seria seu empregado. Com isso, almeja a extinção do processo sem resolução do mérito, sob o fundamento de sua ilegitimidade passiva.

A questão é muito bem abordada por *Manoel Antonio Teixeira Filho*, em sua obra já citada, em face do que pedimos vênia para transcrever trecho que, sendo auto explicativo, perderia muito se tentássemos reproduzi-lo resumidamente:

> "Tem sido mais frequente do que se possa imaginar o pronunciamento jurisdicional declarar o autor carecedor da ação sempre que não ficar comprovada a existência dos pressupostos constitutivos da relação de emprego. A carência da ação decorreria da suposta ilegitimidade do réu. Não tergiversamos em apontar, nisso, um dos mais entranhados e manifestos deslizes técnicos em que vem incorrendo a magistratura em nosso país. Ora, se o autor prestou, efetivamente, serviços (se o fez em caráter autônomo ou de maneira subordinada é algo que só se pode responder após a instrução processual) ao réu, é elementar, é de evidência ofuscante que somente este, e mais ninguém, estará legitimado a responder à pretensão manifestada pelo

> autor e a ela resistir, se for o caso. A afirmação, posta nas decisões judiciais que estamos a criticar, de que o réu é parte ilegítima, traz, implícita, a de que outra pessoa é que estaria legitimada a integrar o polo passivo da relação processual. É lógico que se o autor ajuizar a ação diante de pessoa diversa daquela para a qual tenha realmente prestado serviços, haverá carência da ação, em virtude da ilegitimidade do réu; se, todavia, a pretensão do autor for dirigida à pessoa que se beneficiou da sua atividade física ou intelectual, ou seja, que se valeu dos seus serviços, fica fora de qualquer dúvida a exclusiva legitimidade desta, para responder à ação. É o que a doutrina tem denominado, com muita propriedade, de 'pertinência subjetiva da ação'".[86]

Como já assinalado, não têm pertinência as preliminares que, invocando a inexistência de relação de emprego – com a existência de outra relação, de cunho civil, como de trabalho autônomo, de meação, etc. –, suscitam sua ilegitimidade passiva. Afinal, se existe uma relação jurídica qualquer entre duas pessoas (naturais ou jurídicas), somente ambas é que podem litigar para discutir aquela relação, inclusive quanto à sua natureza jurídica, conforme explicamos quando tratamos propriamente do tema da *legitimidade processual*. Assim, como dissemos, a legitimidade representa o fato de ser demandado quem pode efetivamente sofrer a demanda, de sorte que, se alguém postula o reconhecimento de sua condição de empregado para alguém a quem diz ter prestado serviços, somente se pode conceber que esta pessoa seria parte legítima para figurar no polo passivo da ação. Note-se que, aí, não se fala em legitimidade do ponto de vista material, mas sim no aspecto processual, em que deve ser demandado aquele contra quem se pretende ver o direito reconhecido.

Nesse sentido, cumpre observar que a legitimidade, de outra parte, está ligada ao fundamento da demanda do autor. Ressalvada a hipótese de erro, se o autor formula o pedido em face de outrem, qualificando precisamente que é ele o destinatário de sua pretensão, somente essa pessoa é parte legítima para ser acionada, ainda que no curso do feito reste provado que o autor não lhe prestou serviços ou prestou-lhe na condição de autônomo, quando então deve a preliminar ser rejeitada, mas no mérito a demanda deve ser julgada improcedente.

Apenas se poderia admitir, hipoteticamente, o reconhecimento da ilegitimidade passiva, se o reclamado negar qualquer relação jurídica entre ele e o reclamante, mas apontando que a prestação de serviços por ele descrita em sua

---

86 *Op. cit.*, p. 256/257.

inicial teria sido estabelecida com outra pessoa. Exemplificando-se, tomemos um suposto caso no qual um trabalhador reclame o reconhecimento de uma relação empregatícia entre ele e uma pessoa jurídica em razão da prestação de serviços que teria realizado. A reclamada, ao responder, argúi preliminar de ilegitimidade passiva invocando que, na realidade, o reclamante trabalhava para um sócio seu. Reconhecida essa circunstância pelo reclamante, dúvidas não restam de que a reclamada, nesse caso, é parte ilegítima, e o processo merece ser extinto, sem exame do mérito.

Com isso, identifica-se que, a rigor, a ilegitimidade passiva somente ocorre quando há um evidente erro na propositura da ação: a parte promove a demanda em face de outra, sem atentar que não seria ela quem deveria ser demandada, mas sim distinta pessoa – como no exemplo em que foi acionada pessoa jurídica, quando o tomador de serviços era pessoa física, sócia daquela.[87]

Fora desses casos, ao enfrentar uma preliminar dessa natureza, cabe ao juiz rejeitá-la, reconhecendo a legitimidade de quem foi acionado, relegando a apreciação da existência ou não da relação empregatícia para o mérito da causa.

c.12.2) *Incompetência absoluta e relação de emprego ou de trabalho* – Situação identicamente comum e similar à que narramos anteriormente, ocorre quando se tem alegação de incompetência em razão da matéria, por não ser o reclamante empregado daquele que foi demandado. Por certo que a ampliação da competência trabalhista traz novas luzes ao tema, pois as formas de interpretação do inciso I do art. 114 da Constituição permitem que diversas outras relações jurídicas de trabalho possam estar sob a jurisdição laboral. Mas isso não elimina a ocorrência desse tipo de situação; do contrário, apenas amplifica suas possibilidades em razão da recorrência da apresentação de reclamações trabalhistas de outras categorias de prestadores de serviços que não são empregados.

A situação, porém, é a mesma que vamos descrever, e a preliminar de incompetência absoluta é outra modalidade equivocada para esse caso. Se a petição inicial expõe matéria de natureza trabalhista e demonstra que o que pretende o reclamante é o reconhecimento da relação de emprego e o pagamento dos direitos decorrentes dessa relação, a competência da Justiça do Trabalho é manifesta. O argumento da defesa de ser a relação entre as partes de natureza diversa da relação empregatícia (prestação de serviços autônomos,

87 Ressalvada, naturalmente, a hipótese de inclusão do sócio no processo para fins de sua responsabilização, nos termos do artigo 133 do CPC.

empreita, meação) é matéria a ser apreciada no mérito, não afastando a competência da Justiça Especializada, à qual exclusivamente caberá decidir sobre a pretensão tal como apresentada em Juízo.

O pressuposto lógico para a concessão desses pedidos é admissão de que se tratava de uma relação de emprego existente entre as partes. Com isso, ainda que, formalmente, essa relação tenha outra designação, se o reclamante reivindica a decretação da relação de emprego, não se há de falar em incompetência em razão da matéria. É evidente que a incompetência existiria se, com base em um contrato de prestação de serviços, a profissional liberal, por exemplo, viesse ao Judiciário trabalhista postular o pagamento de parcela não satisfeita – ao menos segundo a interpretação do Superior Tribunal de Justiça, nesse caso não há competência da Justiça do Trabalho (Súmula n. 363). Mas isso não ocorrerá se, a despeito deste ou de qualquer outro contrato, suscitar sua condição de empregado, porque essa temática somente pode ser solucionada pela Justiça do Trabalho.

Assim, da mesma forma, tal preliminar deve ser repelida, porque efetivamente a Justiça Laboral tem competência material para apreciar litígios dessa natureza.

A temática da incompetência confere-nos outras situações de uso impróprio de objeções processuais: não é raro vermos alegações de incompetência absoluta serem suscitadas por meio de exceção, ao arrepio dos arts. 64, e 337, do CPC. Tais dispositivos são expressos em afirmar que a incompetência relativa sempre deve ser arguida por meio de exceção, enquanto a incompetência absoluta deve ser suscitada como preliminar. Apesar disso, é comum encontrarmos "exceções de incompetência em razão da matéria" permeando alguns processos trabalhistas e, com isso, a indagação sobre como isso deve ser apreciado.

Como já exposto, a exceção típica merece um processamento próprio, com suspensão do processo principal e instrução e julgamento da matéria excepcionada. Isso é desnecessário em se tratando de incompetência absoluta, e bem por isso a legislação processual decreta que sua alegação deve ser feita *somente por meio de preliminar*. Diante dessa desnecessidade, uma alegação imprópria de incompetência absoluta por meio de exceção, demanda duas atitudes consequentes: o não recebimento da matéria como exceção – sem a suspensão do feito principal – e seu julgamento como se preliminar fosse, que é como deve proceder o julgador.

c.12.3) *Interposição de mão de obra e ilegitimidade passiva* – na mesma linha de argumentação da ilegitimidade, vemos com frequência alegações de carência da ação por parte de demandadas que são acionadas por sua condição de tomadoras de serviços, em processos em que se debate a existência de interposição de mão de obra. Em tais casos, há duas situações: aquelas em que se reivindica o reconhecimento da relação de emprego com a tomadora, por ser ilícita a interposição, e aquelas nas quais é pretendida apenas a responsabilidade solidária ou subsidiária da tomadora (interposição lícita).

Invariavelmente, tanto em um caso como em outro, o fundamento da alegação de ilegitimidade passiva reside no fato de que o reclamante jamais teria sido empregado da tomadora, mas sim da prestadora de serviços que com ela mantinha contrato. No primeiro dos casos – reconhecimento da relação de emprego com a tomadora –, temos a mesma situação descrita no item c.11.1, pois ainda que formalmente exista uma relação jurídica com a interposta, sua pretensão é a de ver-se reconhecido como empregado da tomadora dos serviços.

Já no segundo caso, a situação é um pouco distinta. Efetivamente, a licitude da contratação indica, de um lado, que o contrato de trabalho com a interposta é válido, e não há, realmente, uma relação jurídica direta do trabalhador com a tomadora. No entanto, segundo o entendimento predominante na jurisprudência trabalhista, e consolidado na Súmula n. 331 do TST, as hipóteses lícitas de interposição de mão de obra geram a responsabilidade do tomador por eventuais créditos do trabalhador, no caso de inadimplemento por parte da sua empregadora. Todavia, para que essa responsabilização possa ocorrer, é indispensável que o virtual devedor subsidiário (ou solidário, no entender de alguns) participe da relação jurídica processual correspondente, o que o torna legítimo para ser demandado, já que os efeitos da lide podem lhe atingir. Essa legitimidade[88], aliás, ocorre em sua própria garantia, pois permite, ainda na fase de conhecimento, que ofereça suas razões de defesa.

Dessa maneira, preliminares como essas são igualmente impróprias, e por isso devem ser rejeitadas. De qualquer sorte, é importante salientar que a questão da existência ou não da responsabilidade – solidária ou subsidiária – deve ser apreciada e definida no mérito da causa, pois dele faz parte, e a decisão preliminar ora exposta não supre a necessidade de apreciação específica do tema, no momento oportuno, ou seja, no mérito. Constitui um erro conceitual da sentença se, no momento da apreciação e da rejeição da preliminar, já for decidida a responsabilidade solidária ou subsidiária, pois isso é assunto exclusivo do mérito. Além disso, a legitimidade da reclamada para figurar no

88 Consagrada pelo próprio TST, em sua Súmula citada, que exige a presença do devedor no polo passivo da demanda, como pressuposto para a condenação subsidiária.

polo passivo da demanda, sendo analisada em abstrato, não implica o necessário reconhecimento da responsabilidade em sede meritória. Exemplo disso se extrai da situação apontada na OJ n. 191, da SDI1, do TST, que afirma inexistir responsabilidade do dono da obra pelas obrigações trabalhistas contraídas pelo empreiteiro com seus empregados. Tecnicamente, se a dona da obra for acionada, ela é parte legítima para responder à demanda, pelas razões já expostas anteriormente. No mérito, todavia, se o julgador adotar o entendimento do TST, terá o autor rejeitada sua pretensão, resultando na improcedência do pedido em relação ao dono da obra.

No mesmo sentido, é tecnicamente equivocada a decisão – o que, infelizmente, vemos com frequência – que, ao afirmar a inexistência de responsabilidade de um demandado, julga-o ilegítimo ou o exclui da lide. Aqui, novamente se vê uma injustificável confusão entre a situação abstrata exposta pela condição da ação e a situação concreta de mérito. Mais do que isso, uma notável contradição: para decidir sobre a inexistência de responsabilidade, o julgador teve de apreciar o mérito do conflito, mas o resultado da ação é de extinção do processo sem resolução meritória em relação àquele demandado, o que, inclusive, não produz para ele a coisa julgada material.

c.12.4) *Ausência de interesse processual e quitação* –a partir da edição da Súmula n. 330, do TST, ainda em sua redação original, houve quem fixasse o entendimento de que o pagamento rescisório realizado perante entidades sindicais conferiria ao empregador a garantia de não ter mais demandadas parcelas constantes do termo de rescisão correspondente. A par de nossa opinião a respeito do tema, do que trataremos oportunamente, o que nos detém, neste momento, é o fato de que se costuma invocar essa matéria como se fosse equivalente à ausência de interesse de agir: tendo o trabalhador sido assistido pela entidade sindical em sua rescisão contratual, não teria mais interesse de agir ao formular a reclamação, em face da quitação conferida naquele ato.

Há dois equívocos fundamentais em assertivas desse tipo. A proposição trazida pela Súmula n. 330 do TST representaria uma *prejudicial de mérito*, na modalidade *quitação* e, portanto, não poderia ser alegada como preliminar, mesmo porque isso representa uma grande incoerência: seu acolhimento, como preliminar, representaria mera extinção do processo sem resolução do mérito, e isso é incompatível com uma suposta satisfação integral da dívida – que é o que representa uma quitação. Portanto, o tema haveria de ser trazido na forma de objeção meritória, e assim analisado, resultando, se fosse o caso, na extinção do processo *com* resolução do mérito.

De outro lado, o interesse processual é a "necessidade de se recorrer ao Judiciário para a obtenção do resultado pretendido, independentemente da legitimidade ou legalidade da pretensão"[89], sendo que "faltará interesse processual se a via jurisdicional não for indispensável, como, por exemplo, se o mesmo resultado puder ser alcançado por meio de um negócio jurídico sem a participação do Judiciário"[90]. Ora, no caso enfocado, nem se discute a necessidade do provimento jurisdicional, evidenciando-se que há uma flagrante confusão entre interesse material e interesse de agir, tema que também já exploramos anteriormente.

Sobrevindo questão dessa natureza para apreciação na sentença, o julgador deve rejeitar a preliminar, por reconhecer a existência do interesse de agir. Pode, no mesmo contexto, se assim desejar, apreciar imediatamente a questão relacionada à quitação ingressando desde logo na análise das prejudiciais. Poderá também, se assim preferir, e se ainda remanescerem outras preliminares para apreciação, deixá-la para análise com as demais prejudiciais, no momento oportuno.

A mesma solução deve ser adotada quando se alegar a ausência de interesse de agir em razão de quitação outorgada pela adesão de empregado a Plano de Demissão Voluntária da empresa. Aplicam-se, a esse caso, os mesmos postulados já assinalados, ou seja, trata-se de preliminar imprópria porque a hipótese sustentada pelo réu não configura ausência de interesse de agir, o que resulta em sua rejeição. Cabe ao julgador apreciar o tema "quitação" no momento próprio de sua decisão.

c.12.5) *Transação e coisa julgada* –até a vigência do Código Civil de 2002, a transação era uma modalidade de extinção das obrigações, cujo resultado era equiparado ao da coisa julgada. Por isso, tecnicamente seria cabível a alegação de preliminar de coisa julgada fundada em ato transacional, como aquele, p. ex., derivado de acordo celebrado perante Comissão de Conciliação Prévia ou um acordo extrajudicial realizado entre empregado e empregador. Sem adentrar ao mérito da legitimidade ou não desses institutos, deve-se observar que essas situações não mais permitem a invocação da preliminar de coisa julgada, eis que a transação teve seu tratamento modificado pela legislação civil. Desde o novo Código, passou a ser uma espécie de contrato, destinada a prevenir conflitos a partir de ato de abdicação recíproca, sobre direitos litigiosos ou duvidosos. Não há, portanto, qualquer equivalência à coisa julgada, o que não permite a alegação de preliminar dessa natureza.

Por isso, ao se defrontar com preliminar de coisa julgada fundada em qualquer tipo de transação – como as que descrevemos –, o julgador deve

89 GRECO FILHO, Vicente. *Op. cit.*, p. 80.

90 *Ibidem*, p. 81.

rejeitar a alegação, porque o ato não se configura como formador da *res judicata*, devendo analisar os efeitos do ato transacional como prejudicial meritória ou, conforme o caso, no próprio mérito.[91]

d) Prejudiciais de mérito

Apesar do caráter equívoco da expressão "prejudicial", conforme já anunciamos, preferimos utilizá-la, com as devidas ressalvas, por compreendê-la como sendo a mais adequada para exprimir o verdadeiro significado do que representa. No contexto das matérias de defesa, estamos diante da chamada *DEFESA INDIRETA DE MÉRITO*, em que são analisadas questões como, *v. g.*, a prescrição, cuja cognição prévia é absolutamente conveniente, pelos fatores já evidenciados.[92]

Em regra, essa defesa indireta de mérito envolve todas as chamadas objeções de mérito, ou seja, temas de direito material que obstaculizam a cognição do pedido, seja porque a obrigação restou extinta ou porque a própria ação para reivindicá-la não mais existe. Por isso, os temas passíveis de alegação como prejudiciais de mérito são *prescrição* e *decadência*, na condição de modalidades de perda do direito pela inércia do titular[93], todas as modalidades de extinção das obrigações e também a transação arroladas no Código Civil. Esquematicamente, pois, são as seguintes as matérias passíveis de tal forma de defesa:

- PRESCRIÇÃO/DECADÊNCIA (art. 7º, da CF e 11 da CLT)
- QUITAÇÃO (art. 319, do CC)
- CONSIGNAÇÃO (art. 334, do CC)
- SUB-ROGAÇÃO (art. 346, do CC)
- IMPUTAÇÃO DO PAGAMENTO (art. 352, do CC)

---

91 Um exemplo dessa última hipótese é a ação em que o reclamante postula a declaração de nulidade de acordo celebrado em Comissão de Conciliação Prévia, sob o fundamento de ter sido praticado com algum vício de vontade. Nesse caso, deve-se analisar a validade ou não do ato no julgamento meritório do processo, pois isso representa um dos próprios pedidos do autor.

92 Apenas em alguns casos vemos dificuldade de apreciação prévia da prescrição, sendo que um exemplo típico desse tema tende hoje a desaparecer: diante do que estabeleceu a EC n. 28/00, não mais se distinguem os prazos processuais dos trabalhadores urbanos e rurais. Assim, tirante eventual período de transição, a hipótese que envolve discussão da natureza jurídica do contrato como definidora da prescrição não mais existirá, e por isso não se tem a necessidade de debate de um tema meritório antes da análise prescricional.

93 Isto é, perda do direito de ação nas situações de prescrição e perda do próprio direito nos casos de decadência.

- DAÇÃO EM PAGAMENTO (art. 356, do CC)
- NOVAÇÃO (art. 360, do CC)
- COMPENSAÇÃO (art. 368, do CC/art. 767, do CC)
- TRANSAÇÃO (art. 840, do CC)
- CONFUSÃO (art. 381, do CC)
- REMISSÃO (art. 385, do CC)

A descrição dessas figuras evidencia a necessidade de sua apreciação prévia ao mérito: o acolhimento da arguição torna desnecessária a análise meritória. Nos casos de prescrição e decadência, sua ocorrência implica na perda da exigibilidade judicial do direito ou do próprio direito, respectivamente, e por isso o seu acolhimento implica na extinção do processo com exame do mérito, ainda que este não precise ser analisado.

Quanto às demais situações, como dito, todas elas revelam modalidades de extinção das obrigações; dessa forma, se alguma delas ocorre no caso concreto, seu acolhimento igualmente implica na extinção do processo, com exame do mérito, sendo dispensável a apreciação da matéria meritória correspondente.

Distintamente do que ocorre com as chamadas preliminares, que são, por regra, passíveis de cognição de ofício, as prejudiciais de mérito, em geral, devem ser invocadas pela parte a quem aproveita. Isso porque, *exceto quanto à prescrição e decadência*, todas as demais matérias são de cunho eminentemente negocial, e por isso sua apreciação depende de *arguição própria* pelo interessado. No caso específico da prescrição, já tratamos da possibilidade de sua declaração de ofício, situando toda a controvérsia que existe a respeito. Já quanto à decadência, hoje ela é tratada expressamente no Código Civil que determina que ela deve ser conhecida de ofício pelo juiz, se prevista em lei (art. 210, do CC).

d.1) Prescrição e decadência

Cientificamente, a *prescrição* é um fato jurídico que extingue o direito de ação pela sua inexecução, derivada da inércia de seu titular, dentro do prazo que a lei assegura para tal exercício. Trata-se de instituto que visa a conferir segurança às relações jurídicas, evitando a perenização dos conflitos, ao "obrigar" o titular de um direito a exercê-lo em determinado lapso temporal.[94] Já a *decadência* tem como característica a extinção do próprio direito material, em

94 Aqui nos referimos apenas à prescrição extintiva, sabendo-se da existência de outra modalidade de prescrição, nominada aquisitiva, mas que não nos interessa para este trabalho.

razão da ausência do exercício da ação pertinente em seu tempo apropriado. Conceitualmente, "é a perda de um direito potestativo de sujeitar outrem à constituição, desconstituição, modificação ou extinção de uma relação jurídica, pela inércia do titular em exercitá-lo, num determinado prazo, legal ou convencional".[95] Por isso é que uma das principais distinções entre as duas figuras é justamente o fato de que a primeira extingue apenas o direito de ação, preservando o direito substancial; na segunda, o próprio direito material deixa de existir pela ausência do exercício da ação. Ambas as figuras, no entanto, partem dos mesmos pressupostos objetivos, quais sejam, o decurso temporal e a inércia do seu titular.[96]

A prescrição é figura constantemente presente dentro das relações trabalhistas, sendo o seu tratamento disciplinado pelo art. 11, da CLT, que, repetindo a regra constitucional (art. 7º, XXIX, da CF), estabelece o prazo prescricional de cinco anos limitados a dois da extinção do contrato de trabalho. Poder-se-ia dizer, com isso, que o prazo prescricional trabalhista é único, para toda e qualquer ação ajuizada na Justiça do Trabalho, inclusive para os trabalhadores rurais, desde a EC n. 28/00.[97] No entanto, não é bem esse o sentido que tem sido conferido na interpretação de inúmeros conflitos apresentados perante o Judiciário Especializado. Com efeito, a presença de outras modalidades de ações, que não apenas aquelas oriundas das relações de emprego, tem motivado regulares debates jurisprudenciais sobre qual seria o prazo a ser observado nessas hipóteses.

Com alguns dissensos que naturalmente se formam nesses casos, notamos que a tendência da jurisprudência tem sido a de adotar o prazo previsto

---

95 BELMONTE, Alexandre Agra. *Instituições civis no direito do trabalho*. 3. ed. Rio de Janeiro: Renovar, 2004. p. 191

96 Segundo Câmara Leal, um dos maiores tratadistas sobre o tema, a configuração da prescrição pressupõe a concorrência de quatro condições elementares: a) existência de uma ação exercitável (*actio nata*); b) inércia do titular da ação pelo seu não exercício; c) continuidade dessa inércia durante um certo lapso de tempo; d) ausência de algum fato ou ato impeditivo, suspensivo ou interruptivo do curso prescricional (*Da prescrição e da decadência*. 4. ed. Rio de Janeiro: Forense, 1982. p. 11)

97 A interpretação conferida pelo TST é a de que o novo critério prescricional só seria aplicável aos contratos que estavam em vigor quando da promulgação da EC n. 28/00 ou foram celebrados posteriormente: OJ n. 271/SD1-I/TST – "RURÍCOLA. PRESCRIÇÃO. CONTRATO DE EMPREGO EXTINTO. EMENDA CONSTITUCIONAL N. 28/2000. INAPLICABILIDADE. Inserida em 27.09.2002 (alterada, DJ 22.11.2005). O prazo prescricional da pretensão do rurícola, cujo contrato de emprego já se extinguira ao sobrevir a Emenda Constitucional n. 28, de 26.05.2000, tenha sido ou não ajuizada a ação trabalhista, prossegue regido pela lei vigente ao tempo da extinção do contrato de emprego".

pela legislação específica (civil ou não) destinada a regular a relação jurídica estabelecida entre as partes. Assim, não tem relevância o fato de estar a ação sob a jurisdição trabalhista, mas o que importa é o tipo de relação jurídica versada na ação. Dessa forma, as diretrizes do art. 11, da CLT, seriam aplicáveis, mormente nos casos em que se discute a relação empregatícia, com fundamento no inc. I, do art. 114, da CF, e nas demais hipóteses arroladas no mesmo artigo, desde que guardassem relação direta com o contrato de emprego. Em contrapartida, se se admitir qualquer outra relação jurídica na competência trabalhista, o prazo prescricional a ser observado será o do Código Civil, como, p. ex., o do art. 206, § 5º, que estipula o prazo de cinco anos para a cobrança de honorários dos profissionais liberais em geral, de procuradores judiciais, curadores e professores.[98]

De outro lado, a jurisprudência do Tribunal Superior do Trabalho tem estabelecido que a prescrição aplicável a ações de *indenização por danos morais*, em razão de atos praticados pelo empregador, é aquela do inc. XXIX, do art. 7º, da Constituição. Segue-se, com isso, a ideia de que, conquanto o dano moral seja um atributo da personalidade, e esta seja uma matéria relacionada ao Direito Civil, uma vez que o ato que o ensejou foi praticado no contexto de um contrato de emprego, deve prevalecer a prescrição tipicamente trabalhista.[99]

98 Vilson Rodrigues Alves sustenta, inclusive com fundamento no histórico da elaboração do Código Civil, que essa possibilidade se estende a inúmeras outras classes de prestadores de serviços, tratados por ele como "assemelhados" a profissionais liberais. In: *Da prescrição e da decadência no novo Código Civil.* Campinas: Bookseller, 2003. p. 438-450.

99 Nesse sentido, a seguinte decisão (segunda parte): "PRESCRIÇÃO. INTERRUPÇÃO. AJUIZAMENTO DE AÇÃO COM PEDIDOS DISTINTOS. O ajuizamento de ação trabalhista interrompe a prescrição somente em relação aos pedidos idênticos. Tratando-se de pedidos diversos daqueles formulados em reclamação anterior, não há falar em interrupção da prescrição. Inteligência da Súmula n. 268 desta Corte. **PRESCRIÇÃO. DANO MORAL.** Tratando-se de pedido de indenização por dano moral resultante de ato do empregador que, nessa qualidade, haja ofendido a honra ou a imagem do empregado, causando-lhe prejuízo de ordem moral, não se aplica a prescrição vintenária de que cogita o art. 177 do Código Civil de 1916 (vigente na época dos fatos), porque a lesão se relaciona com a execução do contrato de trabalho e para essa hipótese há previsão específica, tanto na CLT (art. 11) como na Constituição da República (art. 7º, inc. XXIX). *In casu*, a prescrição aplicável é a prevista no art. 7º, inc. XXIX, da Constituição da República. Decisão recorrida proferida em consonância com a jurisprudência desta Corte. Incidência da Súmula n. 333 do TST. Recurso de Revista de que não se conhece." (Processo: RR – 21148/2003-902-02-00.4 Data de Julgamento: 10.06.2009, Relator Ministro: João Batista Brito Pereira, 5ª Turma). Com o mesmo sentido, v. também processo: RR – 620/2005-045-15-00.0 Data de Julgamento: 27.05.2009, Relator Ministro: Vantuil Abdala, 2ª Turma.

Peculiar, no entanto, é a situação da *ação de indenização patrimonial e moral por acidente do trabalho ou doença profissional*. Nesse caso, há de se considerar que, até a EC n. 45/04, havia razoável controvérsia a respeito da competência para a apreciação dessas ações, sendo que a maior parte delas tramitava perante a Justiça Comum, consoante já desenvolvemos em outro capítulo. Somente com a pacificação estabelecida pelo STF é que algumas das que estavam em trâmite na Justiça dos Estados foram enviadas à Justiça do Trabalho.[100] Por isso, o *primeiro problema* que surge é a *identificação do momento da propositura* e o *foro em que foi proposta*, pois isso afeta claramente a análise do tema prescricional. Isso porque, enquanto da competência da Justiça Comum – segundo o que entendia o STF –, o prazo prescricional aplicável às ações acidentárias era de vinte anos, conforme estabelecia o Código Civil de 1916. Já em 2003, com a vigência do Novo Código Civil, o prazo prescricional para ações de reparação civil passou a ser de três anos (art. 206, § 3º, inciso V do CC). Com isso, mesmo antes da alteração da competência jurisdicional, havia necessidade de se avaliar a incidência ou não da regra de transição prevista no art. 2.028, do novo CC: segundo esse dispositivo, serão os da lei anterior os prazos, quando reduzidos pelo novo Código ou se, na data de sua entrada em vigor, já houver transcorrido mais da metade do tempo estabelecido na lei revogada.

Vindo as ações acidentárias para a Justiça do Trabalho, além dos problemas naturais dessa transição, instaurou-se nova dúvida que, inclusive, antecede logicamente todas as demais análises: nas ações de reparação por acidente de trabalho que tramitam perante a Justiça do Trabalho devem ser aplicados os prazos prescricionais trabalhistas ou os do Código Civil?

Nesse sentido, a doutrina tem apresentado, basicamente, quatro tendências. A *primeira*, de menor sustentação, afirma a imprescritibilidade de tais pretensões, uma vez que decorrem estas de danos aos direitos da personalidade, que são caracteristicamente imprescritíveis. Já para a *segunda*, na esteira do que definiu o TST para os danos morais por outras espécies de ato do empregador, os prazos seriam os previstos no inciso XXIX do art. 7º, da CF (cinco anos, limitados a dois da extinção contratual), considerando, portanto, que essa pretensão se enquadra no mesmo conceito de *créditos trabalhistas* apontados no texto constitucional. A *terceira* tendência defende a aplicação do prazo prescricional de três anos, previsto no art. 206, § 3º, inciso V, do CC, entendendo que seria incidente o prazo previsto para a pretensão de reparação civil. Nessa hipótese, a sustentação que se faz é a de que o direito preservado, em si, tem índole civil, atraindo, portanto, a incidência do prazo prescricional

100 Cabe relembrar que o STF modulou os efeitos da decisão, determinando a remessa à Justiça do Trabalho somente daquelas ações ainda não julgadas.

próprio de norma respectiva. Por fim, uma *quarta tese* interpretativa sustenta ser aplicável o prazo genérico de dez anos, previsto no art. 205 do CC, para as pretensões sem prazo específico fixado na lei.[101]

Em que pesem sejam todas sustentáveis, a linha que tem encontrado maior ressonância na jurisprudência superior é a da aplicação do prazo prescricional trabalhista, do art. 7º, XXIX, da CF, como demonstram os seguintes arestos emanados do Tribunal Superior do Trabalho:

> "RECURSO DE REVISTA. DANO MORAL DECORRENTE DE ACIDENTE DE TRABALHO. PRAZO PRESCRICIONAL. Como a reclamação trabalhista foi proposta originalmente perante a Justiça do Trabalho, envolvendo pleitos de indenização por dano moral decorrente de acidente do trabalho, após a Emenda Constitucional n. 45/04, o prazo prescricional será aquele fixado pelo art. 7º, XXIX, da Constituição Federal. No caso dos autos, a regra aplicável é a da prescrição trabalhista, pois o término do contrato de trabalho ocorreu em 18.10.2002, tendo sido a ação ajuizada em 16.9.2005, ou seja, após a Emenda Constitucional n. 45/2004, perante a Justiça do Trabalho, e extrapolado o prazo da prescrição bienal. Recurso de revista de que não se conhece". (Processo: RR 3 2512/2005-022-23-00.5, Data de Julgamento: 27.05.2009, Relatora Ministra: Kátia Magalhães Arruda, 5ª Turma).
>
> "RECURSO DE REVISTA. PRESCRIÇÃO. ACIDENTE DE TRABALHO. AÇÃO DE REPARAÇÃO DE DANOS MORAIS E MATERIAIS. AÇÃO AJUIZADA APÓS A EMENDA CONSTITUCIONAL N. 45/2004. Tratando-se de pedido de indenização decorrente da relação de emprego, a prescrição aplicável é aquela prevista no art. 7º, XXIX, da Constituição Federal, de cinco anos, contados da ocorrência da lesão, observado o prazo de dois anos após a extinção do contrato de trabalho. Recurso de revista conhecido e provido." (Processo: RR – 282/2006-291-04-00.5, Data de Julgamento: 13.05.2009, Relator Ministro: Alberto Luiz Bresciani de Fontan Pereira, 3ª Turma).

---

101 Um dos defensores desta última interpretação é Raimundo Simão de Melo, que assim se justifica: "Adoto, assim, a quarta corrente. Como dito, não se trata a reparação por dano decorrente de acidente de trabalho de crédito trabalhista e nem de reparação civil *stricto sensu*, pois não envolve dano patrimonial material comum. A reparação buscada decorre da violação de um direito fundamental inerente à pessoa humana e aos direitos da personalidade (integridade física e psíquica, intimidade, dor, vergonha, etc.), a quem a Constituição assegura o direito à indenização pelo dano material ou moral pertinente (arts. 5º – V e X e 7º – XXVIII)." *Direito ambiental do trabalho e a saúde do trabalhador* – Responsabilidades: Danos material, moral, estético e pela perda de uma chance. 2. ed. São Paulo: LTr, 2006. p. 35.

> ACIDENTE DE TRABALHO. MARCO INICIAL. A decisão proferida pelo Tribunal Regional está em consonância com o entendimento desta Corte, no sentido de que, nas hipóteses em que a pretensão de indenização por danos morais decorrente de acidente de trabalho após a edição da Emenda Constitucional 45/2004, é aplicável o prazo prescricional trabalhista, previsto no art. 7º, inc. XXIX, da Constituição da República, tendo em vista que o infortúnio ocorreu após a ampliação da competência da Justiça do Trabalho para o julgamento de ações de indenização por danos morais decorrentes da relação de trabalho. Precedentes. HONORÁRIOS PERICIAIS. A alegação de que a recorrida não foi sucumbente na pretensão relativa ao objeto da perícia carece do necessário prequestionamento no âmbito do Tribunal Regional. Incidência da Súmula 297 do TST. Recurso de Revista de que não se conhece. (Processo RR: 2331-36.2012.5.12.0046, Data do julgamento: 08/11/2017, Relator Ministro João Batista Brito Pereira, 5a. Turma)

No entanto, cabe observar que esse entendimento – como, aliás, deixam expressos os julgados – somente tem sido utilizado para ações acidentárias já propostas na Justiça do Trabalho, não se aplicando àquelas ajuizadas na Justiça Comum, e que foram remetidas ao Judiciário Trabalhista. Para essas, a jurisprudência tem determinado que se observe o prazo prescricional em vigor na época do ajuizamento, segundo a diretriz do Código Civil, e ainda, observando-se, conforme o caso, a regra de transição. Em um dos casos assim julgados, o Ministro Relator assinalou que "até a vigência da EC/45, havia fundada dúvida sobre a justiça competente para dirimir o conflito, se a cível ou a trabalhista", razão pela qual teria o Tribunal pacificado o entendimento de que "*a data do ajuizamento da ação é que rege a aplicação da prescrição, de modo que, ajuizada a ação na Justiça do Trabalho, aplica-se a regra do direito do trabalho*". Todavia, no caso em questão, o acidente ocorreu em data anterior à EC/45, tendo o Relator declarado que não parecia razoável que, se a parte observou o prazo prescricional de 20 anos vigente à época do acidente, fosse ela surpreendida com a aplicação da prescrição trabalhista. Com isso, a proposta do Relator foi a aplicação de uma regra de transição baseada no próprio CC de 2002: ao reduzir os prazos prescricionais para dez anos nas ações ordinárias e três anos nas ações indenizatórias, o Código Civil estabelece que os prazos serão os da lei anterior se, na data de sua entrada em vigor, já houver transcorrido mais da metade do tempo estabelecido na lei revogada.[102]

---

102 "Na data do acidente (19.09.1992), vigia a prescrição de 20 anos do Código Civil de 1916. Aplicada a regra de transição do novo Código Civil , na data em que este entrou em vigor já havia transcorrido metade do prazo prescricional da lei anterior (de 1992 até 2003, decorreram

Uma tendência similar seguiu recentemente a SDI-1, do TST, fato que sinaliza a tendência uniformizadora da jurisprudência daquela Corte com esse sentido:

> "RECURSO DE EMBARGOS INTERPOSTO SOB A ÉGIDE DA LEI N. 11.496/2007 – DANO MORAL – INFORTÚNIO OCORRIDO EM 1997 – RESCISÃO CONTRATUAL OPERADA EM 1998 – AJUIZAMENTO DA AÇÃO PERANTE A JUSTIÇA DO TRABALHO EM 09.01.2006 – PRESCRIÇÃO CIVIL – REGRA DE TRÊS ANOS PREVISTA NO CCB. Discussão acerca da prescrição aplicável (civil e trabalhista) em ação com pedido de indenização por danos morais, ajuizada perante a Justiça do Trabalho, depois da decisão do Supremo Tribunal Federal e da Emenda Constitucional n. 45/2004. No caso, não há se falar em prescrição, pois a ação foi ajuizada no prazo de três anos estabelecido pelo art. 206, § 3º do novo CCB. Tratando-se de pretensão de indenização por danos morais, ocorridos em 1997 e, portanto, sob o império do Código Civil de 1916, e não transcorrida a metade do prazo prescricional vintenário, na forma do art. 2.028, incide a prescrição trienal do novo CCB, prevista no art. 206, § 3º, do CCB, contada a partir de seu advento. A prescrição prevista no art. 7º, inciso XXIX, da Constituição da República somente irá incidir nos casos em que a lesão se deu após a Emenda Constitucional n. 45/2004, que deslocou a competência para o exame de matéria pela Justiça do Trabalho. Isso porque, as partes não podem ser surpreendidas pela alteração do prazo prescricional mais restrito, especialmente quando essa alteração foi motivada pela transmudação da competência material e não pela legislação que define os prazos prescricionais. Se o próprio CCB estabelece regra de transição quando são alterados os prazos prescricionais previstos em lei, com maior razão é preciso estabelecer norma de transição quando, por força de mudança da competência material, altera-se a regência da prescrição, antes submetida à legislação civil, agora às normas trabalhistas. Recurso de embargos conhecido e provido." (Processo: E-RR – 406/2006-153-15-00.8, Data de Julgamento: 21.05.2009, Relator Ministro: Luiz Philippe Vieira de Mello Filho, Subseção I Especializada em Dissídios Individuais, Data de Divulgação: DEJT 05.06.2009.)

---

11 anos). Logo, não há prescrição a ser aplicada, pois, pela regra de transição, o trabalhador faz jus à contagem da prescrição na regra anterior, cível, ou seja, tem vinte anos para buscar o direito à reparação por dano moral por acidente de trabalho." (E-RR-99517/2006-659-09-00.5, Relator Min. Aloysio Veiga).

A única ressalva a ser feita a partir desta última decisão é que o critério usado pela SDI-1 para fazer incidir a prescrição trabalhista não seria a data do ajuizamento da ação, mas sim a data da lesão: como se nota na ementa, o Ministro Relator ressalvou que somente serão aplicáveis os prazos de prescrição trabalhistas para os acidentes ocorridos a partir da definição, pelo STF, da competência da Justiça do Trabalho para sua apreciação.

Seguindo a mesma linha, por ocasião do julgamento dos Embargos 99.517/2006-659-09-00.5, a SDI-1 firmou uma regra de transição, segundo a qual seria, de fato, aplicável o prazo prescricional previsto no Código Civil às pretensões de indenização por dano moral e/ou material decorrente de acidente do trabalho ou doença profissional se a lesão ocorreu anteriormente à vigência da Emenda Constitucional nº 45/2004:

> RECURSO DE EMBARGOS. RECURSO DE REVISTA CONHECIDO E PROVIDO PARA DECLARAR A PRESCRIÇÃO. APLICAÇÃO DO ART. 7º, XXIX, DA CF.ACIDENTE DE TRABALHO OCORRIDO EM 1992. DANOS MORAIS. AÇÃO AJUIZADA NA JUSTIÇA DO TRABALHO APÓS A EMENDA CONSTITUCIONAL Nº 45/2004. DIREITO INTERTEMPORAL. SEGURANÇA JURÍDICA. REGRA DE TRANSIÇÃO. APLICAÇÃO DA PRESCRIÇÃO CÍVEL. Proposta a ação em 2005, mesmo após a vigência da Emenda Constitucional nº 45/2004, na Justiça Comum em relação à indenização decorrente de acidente de trabalho ocorrido em 1992, não pode o autor ser surpreendido pela mudança da competência, adotando prazo prescricional de dois anos, pois já tinha adquirido o direito a ver a sua pretensão julgada sob a regra de prescrição anterior. Embargos conhecido e provido. (Ac. SDI-1 Rel. Min. Aloysio Corrêa da Veiga, DEJT de 5/6/2009).

Essa decisão foi estabelecida como paradigma, de modo que, desde então, tem sido a interpretação que prevalece nas demais manifestações daquele órgão sobre o assunto.[103] Considerando-se a sua primordial função de

103 Em recente decisão, o TST reafirmou essa tese, que serviu de fundamento, inclusive, para negar provimento a Agravo de Instrumento, nos seguintes termos: "*No mesmo sentido, no que se refere à fixação da prescrição, considerando-se a regra de transição prevista no art. 2028 do Código Civil de 2002, a decisão denegatória fundamentou: 'Prescrição / Acidente de Trabalho. O C. TST pacificou entendimento de que é aplicável o prazo prescricional do Código Civil às pretensões de indenizações por danos moral e material decorrentes de acidente do trabalho, quando a lesão (ou a ciência inequívoca da incapacidade laboral) for anterior à vigência da Emenda Constitucional nº 45/2004 (publicada em 31/12/2004). Desse modo, em face da regra de transição (art. 2028 do Código Civil de 2002), se no início da vigência do novo Código Civil (11/01/2003) não*

uniformização da jurisprudência no âmbito trabalhista, o fato de haver sido estabelecida uma linha predominante por aquele órgão é de suma importância na compreensão do instituto examinado. Por isso, a tendência da jurisprudência juslaboralista é a de seguir os parâmetros dessa forma delineados:

a) ação proposta na Justiça Comum antes da vigência do Código Civil de 2002– observância do prazo prescricional de vinte anos, previsto no Código Civil de 1916;

b) ação proposta na Justiça Comum após a vigência do Código Civil de 2002 e antes da EC 45/04 – observância da regra de transição do art. 2.028, do CC: será de vinte anos se, na data da entrada em vigor do novo Código, já havia transcorrido mais da metade do prazo prescricional, contados do evento; caso contrário, será de três anos, nos termos do art. 206, § 3º, do CC;

c) ação proposta na Justiça do Trabalho – aplicação do prazo do art. 7º, XXIX, da CF, ou seja, prazo prescricional de cinco anos a contar do evento danoso, limitados a dois da extinção do contrato, se a lesão se deu após a vigência da EC 45/04 e do prazo prescricional do Código Civil se a lesão ocorreu antes desse fato.

O art. 114 da Constituição ainda comporta duas situações específicas, que podem ensejar um tratamento diferenciado quanto à prescrição. O primeiro diz respeito ao inciso VII, mais especificamente no que diz respeito a *ações de execução de multa administrativa*, para as quais o Superior Tribunal de Justiça tem reiteradamente entendido que a prescrição é de *cinco anos*.[104] O segundo é

transcorreram mais de dez anos (mais da metade do prazo prescricional de 20 anos previsto no estatuto civil revogado) da data do evento danoso ou da ciência inequívoca da incapacidade para o labor, aplica-se a prescrição trienal prevista no seu art. 206, § 3º, V (e não o prazo genérico de dez anos previsto no art. 205 do referido diploma), iniciando-se a contagem a partir da sua entrada em vigor (11/01/2003) e findando em 11/01/2006. Assim, a pretensão reparatória quanto aos acidentes do trabalho ocorridos entre 12 de janeiro de 1993 e 11 de janeiro de 2003 só prescreveu no dia 12 de janeiro de 2006. No caso ora analisado, o v. acórdão recorrido constatou que a ciência inequívoca da incapacidade laboral ocorreu em 2000 e que a ação foi proposta em 05.05.2003, afastando a prescrição. A interpretação conferida pelo v. acórdão recorrido está em consonância com iterativa, notória e atual jurisprudência do C. TST (RR-100500-41.2006.5.18.0001, 1ª Turma, DEJT-02/07/10, RR-45700-47.2007.5.17.0004, 3ª Turma, DEJT-11/02/11, RR-107200-97.2006.5.15.0039, 4ª Turma, DEJT-12/08/11, RR-32900-44.2008.5.04.0511, 6ª Turma, DEJT-04/02/11, RR-50100-55.2008.5.15.0027, 8ª Turma, DEJT-25/02/11, E-RR-1217-2007-060-03-00.9, SDI-1, DEJT-26/02/10 e E-RR-9950700-91.2005.5.09.0665, SDI-1, DEJT-12/03/10). Inviável, por consequência, o apelo, de acordo com o art. 896, § 4º, da CLT, c/c a Súmula 333 do C. TST." (AIRR-163900-80.2006.5.15.0011, Relator Ministro Douglas Alencar Rodrigues).

104 Conforme precedentes REsp 905.932-RS, DJ 28.6.2007; AgRg no Ag 842.096-MG, DJ 25.6.2007; REsp 623.023-RJ, DJ 14.11.2005, e REsp 751.832-SC, DJ 20.3.2006. AgRg no Ag

o da *execução das contribuições previdenciárias*, disciplinada pelo inciso VIII do mesmo artigo. Recentemente, o Supremo Tribunal Federal editou a Súmula Vinculante n. 8, declarando a inconstitucionalidade dos arts. 45 e 46 da Lei n. 8.212/91, que previam, respectivamente, prazos decadencial e prescricional de 10 anos para as contribuições devidas à Seguridade Social. O fundamento da decisão foi o de que lei ordinária não pode dispor sobre prazos de decadência e prescrição de tributo, questões reservadas à lei complementar (art. 146, III, "b", da CF). Logo, e embora isso não tenha sido explicitado na referida Súmula, abre-se espaço para a interpretação de que o prazo prescricional para a execução das contribuições previdenciárias seria aquele do art. 174 do CTN, ou seja, de *cinco anos*.

Fixando-se somente nas *hipóteses de relação empregatícia* – as mais comuns nos processos trabalhistas –, há de se considerar algumas particularidades estabelecidas para determinadas figuras contratuais. Uma delas diz respeito às *contribuições ao FGTS*, parcelas incidentes sobre os títulos remuneratórios dos contratos de emprego. Tradicionalmente, a jurisprudência distinguia a incidência prescricional para o FGTS de duas maneiras: para os recolhimentos naturalmente devidos em relação ao contrato de trabalho (contribuição incidente sobre a remuneração mensal do empregado), entende-se que o prazo prescricional seria de *trinta anos*, mas desde que o empregado ajuizasse a ação em até dois da extinção do contrato, com fundamento na Lei 8.036/90. Por outro lado, tratando-se de incidência reflexa do FGTS sobre títulos deferidos na sentença, a prescrição que recai sobre o principal também atingiria as contribuições ao Fundo.[105]

A interpretação para a segunda situação ainda prevalece, mas o entendimento quanto ao primeiro sofreu alterações a partir da decisão do STF no processo ARE-709212/DF. Naquela oportunidade, o STF afirmou que *"tendo em vista a existência de disposição constitucional expressa acerca do prazo aplicável à cobrança do FGTS, após a promulgação da Carta de 1988, não mais subsistem as razões anteriormente invocadas para a adoção do prazo de prescrição trintenária."* Por isso, entendeu *"inadequado e desnecessário o esforço hermenêutico do Tribunal Superior do Trabalho, no sentido da manutenção da prescrição trintenária do FGTS após o advento da Constituição de 1988."* Via de consequência, reconheceu a inconstitucionalidade dos artigos 23, § 5o, da Lei 8.036/1990 e 55 do Regulamento do FGTS aprovado pelo Decreto 99.684/1990, *"na parte em que*

1.049.451-SP, Rel. Min. Eliana Calmon, julgado em 23.9.2008.

105 Súmula n. 206/TST - "FGTS. INCIDÊNCIA SOBRE PARCELAS PRESCRITAS (nova redação) – Res. 121/2003, DJ 19, 20 e 21.11.2003. A prescrição da pretensão relativa às parcelas remuneratórias alcança o respectivo recolhimento da contribuição para o FGTS."

ressalvam o 'privilégio do FGTS à prescrição trintenária', haja vista violarem o disposto no art. 7o, XXIX, da Carta de 1988."[106]

Com o devido acatamento, entendemos que o STF equivocou-se, em diversos aspectos. Por primeiro, não levou em consideração o princípio da norma mais favorável, que é próprio do Direito do Trabalho, o qual preconiza a supremacia da norma que produza resultados mais convenientes ao trabalhador, independentemente da sua posição hierárquica. Nesse contexto, é sabido que a análise da constitucionalidade de um dispositivo de natureza trabalhista não pode deixar de considerar essa peculiaridade principiológica. Dessa maneira, se um texto legal consagra direitos mais favoráveis ao trabalhador, ainda que de forma distinta daquela prevista constitucionalmente, ele deve prevalecer diante da Constituição.

De outra parte, o próprio artigo 7°, *caput,* da Constituição deixa clara a possibilidade de sua própria suplementação, ao dispor sobre os direitos dos trabalhadores urbanos e rurais, "*além de outros que visem à melhoria de sua condição social.*" Com isso, ainda que não fosse possível adotar-se uma solução de cunho principiológico, a aplicação da diretriz da própria Constituição já autorizaria a permanência da validade da regra do artigo 23 § 5°, da lei 8.036/90, ao contrário do que afirmou a Corte Suprema. De qualquer sorte, parece-nos por demais grave o precedente instaurado pelo STF, ao desprestigiar o já citado princípio do Direito do Trabalho, o que pode ser extremamente danoso ao sistema de proteção social.

De qualquer sorte, o fato é que o dispositivo que previa o prazo trintenário foi considerado inconstitucional, havendo apenas efeitos modulados quanto a essa decisão. Em razão dela, o TST alterou sua Súmula n. 362/TST – que admitia o prazo trintenário – para ajustá-la à nova realidade. [107]

Ainda se tratando do FGTS, tem-se o caso das ações que postulam *diferenças da indenização de 40%*, em razão dos *expurgos inflacionários nas contas do Fundo*. Para esses casos, a jurisprudência consolidada estabeleceu dois

---

106 Excertos do voto do Relator, Ministro Gilmar Mendes. Disponível em http://www.stf.jus.br/arquivo/cms/noticiaNoticiaStf/anexo/ARE709212voto.pdf. Acesso em 20/06/2016.

107 O novo texto foi assim aprovado: "SUM-362. FGTS. PRESCRIÇÃO (redação alterada) – Res. 198/2015, republicada em razão de erro material – DEJT divulgado em 12, 15 e 16.06.2015. I – Para os casos em que a ciência da lesão ocorreu a partir de 13.11.2014, é quinquenal a prescrição do direito de reclamar contra o não-recolhimento de contribuição para o FGTS, observado o prazo de dois anos após o término do contrato; II – Para os casos em que o prazo prescricional já estava em curso em 13.11.2014, aplica-se o prazo prescricional que se consumar primeiro: trinta anos, contados do termo inicial, ou cinco anos, a partir de 13.11.2014 (STF-ARE-709212/DF).

critérios distintos, de acordo com a situação específica de cada trabalhador. Assim, se se tratar de reclamante que moveu ação perante a Justiça Federal objetivando a correção do saldo de sua conta vinculada, o termo inicial será o trânsito em julgado dessa decisão. Caso não haja tal iniciativa por parte do reclamante, o prazo a ser considerado será a vigência da Lei Complementar n. 110, em 30.06.01.[108]

Também merece tratamento peculiar a contagem prescricional das *férias*. O art. 149 da CLT estabelece que a prescrição do direito de reclamar a concessão das férias ou o pagamento da respectiva remuneração é contada do término do prazo concessivo (art. 134) ou, se for o caso, da cessação do contrato de trabalho. Assim, no momento da fixação do termo inicial do período não prescrito[109], o julgador deve observar que não serão afetadas as férias cujo período concessivo não havia terminado há mais de cinco anos do ajuizamento, sendo que para os períodos de férias em curso, prevalece a data da cessação do contrato.

No caso do *décimo terceiro salário*, embora a aquisição – a exemplo do que ocorre com as férias – se dê a cada mês laborado, deve-se considerar que o momento de sua satisfação integral é o dia 20 de dezembro de cada ano (Lei n. 4.090/62). Assim, o termo inicial da prescrição para o décimo terceiro é justamente a data-limite prevista para seu pagamento, não sendo afetadas proporcionalmente as cotas mensais devidas ao empregado.

Outra questão relevante diz respeito a situações contratuais que envolvem *prestações sucessivas*, que podem resultar na necessidade de análise sobre a ocorrência de prescrição *total* ou prescrição *parcial*. Nomina-se total a prescrição que atinge a totalidade do direito ou do contrato de trabalho, como se verifica, p. ex., quando fluem os dois anos da extinção contratual.[110] Nesse caso, tudo o quanto poderia ter havido em termos de lesão ao pacto laboral

---

108 OJ n. 344/SDI-1/TST – "FGTS. MULTA DE 40%. DIFERENÇAS DECORRENTES DOS EXPURGOS INFLACIONÁRIOS. PRESCRIÇÃO. TERMO INICIAL. DJ 10.11.2004 (alterada em decorrência do julgamento do processo TST IUJ-RR 1577/2003-019-03-00.8, DJ 22.11.2005). O termo inicial do prazo prescricional para o empregado pleitear em juízo diferenças da multa do FGTS, decorrentes dos expurgos inflacionários, deu-se com a vigência da Lei Complementar n. 110, em 30.06.01, salvo comprovado trânsito em julgado de decisão proferida em ação proposta anteriormente na Justiça Federal, que reconheça o direito à atualização do saldo da conta vinculada."

109 Sobre a técnica para fixação do termo inicial do período imprescrito trataremos mais adiante.

110 Embora a prescrição seja a perda do direito de ação, ela sempre se relaciona a um direito substancial, daí por que o conceito de prescrição total ou parcial envolve a análise dos próprios direitos em si, mesmo que eles não sejam afetados.

restou sepultado pela ausência de ação exercitável, fulminada pela prescrição. Parcial é a prescrição que atinge apenas uma parcela de determinado direito, preservando-se a possibilidade de efetivação da parte não prescrita. Dá-se, p. ex., quando o empregado postula a condenação em horas extras por todo seu contrato de trabalho, que durou oito anos. Aplicando-se a regra prescricional, o juiz poderá acolher seu pedido apenas em parte do contrato de trabalho.

Essa identificação é singela, quando tratamos de prestações naturalmente sucessivas, como é o caso das horas extras – nessa situação, o que existe, na realidade, é uma sucessividade de lesões, pois a cada mês em que ocorre a prática da sobrejornada sem o correspondente pagamento pode-se dizer que ocorre a ofensa a uma disposição contratual do empregado. Distinta e muito mais difícil é a análise de situações que envolvem *atos únicos* do empregador, mas cuja eficácia se projeta no tempo. Se, p. ex., tivermos um caso em que o empregador tenha deixado de pagar uma determinada comissão ao empregado, em um único mês, não há dúvidas de que o prazo prescricional fluirá a partir do 5º dia útil subsequente ao da prestação de serviços.[111] Passados cinco anos desta data, opera-se a prescrição total quanto a tal lesão, não havendo meio processual para ser demandada. Se, no entanto, a hipótese for de *supressão de comissões*, realizada em determinado mês, temos um ato único, mas que projeta seus efeitos sequencialmente, para o futuro.

Em casos como esse, a regra mais adequada seria a aplicação da *prescrição parcial*: ainda que o ato único do empregador se situe há mais de cinco anos do ajuizamento da ação, os efeitos que ele projeta periodicamente no contrato permitem ao trabalhador que reclame o período inserido no lapso não prescrito. Esse é o nosso entendimento, e que consideramos mais apropriado ao caso. No entanto, não é a jurisprudência consolidada do TST, que sobre o assunto editou a Súmula n. 294, reconhecendo a prescrição total para tais situações, salvo quando se tratar de parcela cujo direito esteja assegurado por lei.[112] Para

---

111 Ou seja, a data em que a comissão deveria ter sido paga e não foi.

112 Súmula n. 294/TST – "PRESCRIÇÃO. ALTERAÇÃO CONTRATUAL. TRABALHADOR URBANO (mantida) – Res. 121/2003, DJ 19, 20 e 21.11.2003. Tratando-se de ação que envolva pedido de prestações sucessivas decorrente de alteração do pactuado, a prescrição é total, exceto quando o direito à parcela esteja também assegurado por preceito de lei." Além do equívoco conceitual, a nosso ver, a Súmula peca por fazer uma injustificável distinção entre parcela contratual prevista em lei e aquelas descritas em outros diplomas normativos, em franca ofensa à teoria do pluralismo jurídico e ao princípio da norma mais favorável. Especificamente no caso da supressão de comissões, há a OJ n. 175/SDI-1/TST, que ratifica essa equivocada interpretação – "COMISSÕES. ALTERAÇÃO OU SUPRESSÃO. PRESCRIÇÃO TOTAL. Inserida em 08.11.2000 (nova redação em decorrência da incorporação da Orientação Jurisprudencial n. 248 da SBDI-1, DJ 22.11.2005). A supressão das comissões, ou

o caso das diferenças decorrentes da *equiparação salarial* ou *de desvio funcional e reenquadramento*, no entanto, o entendimento majoritário é de que a prescrição é sempre parcial.[113]

Pondera-se, no entanto, que a nova redação do art. 11 da CLT pode conferir interpretação distinta, pois aparentemente a intenção do legislador foi eliminar a diferenciação trazida pela jurisprudência do TST. Somente com o amadurecimento da interpretação é que teremos uma nova percepção a respeito.

A mesma discussão se reproduz em caso peculiar, envolvendo a parcela nominada *complementação de aposentadoria*. Esses casos, em regra derivados de norma regulamentar do empregador, comportam duas situações distintas: a primeira, dos trabalhadores que *nunca receberam essa complementação* e que pretendem obter decisão judicial que determine a satisfação pelo empregador ou pelo fundo de pensão por ele instituído. Nesse caso, o entendimento da jurisprudência é o de que o trabalhador tem o direito de acionar o empregador dentro dos *dois anos* posteriores à sua aposentadoria, sendo que, não o fazendo, terá contra si o reconhecimento da prescrição total.[114] Se, no entanto, ele já recebeu a complementação de aposentadoria, mas pretende postular diferenças dessa parcela, o prazo é de cinco anos, operando seus efeitos parciais, ou seja, o trabalhador poderá ajuizar a ação a qualquer tempo, com o que preservará os últimos cinco anos contados do ajuizamento, permitindo, ainda, a postulação de prestações vincendas, como já explicamos anteriormente.[115]

---

a alteração quanto à forma ou ao percentual, em prejuízo do empregado, é suscetível de operar a prescrição total da ação, nos termos da Súmula n. 294 do TST, em virtude de cuidar-se de parcela não assegurada por preceito de lei."

113 Súmula n. 6, IX/TST – "Na ação de equiparação salarial, a prescrição é parcial e só alcança as diferenças salariais vencidas no período de 5 (cinco) anos que precedeu o ajuizamento." Súmula n. 275/TST – "PRESCRIÇÃO. DESVIO DE FUNÇÃO E REENQUADRAMENTO (incorporada a Orientação Jurisprudencial n. 144 da SBDI-1) – Res. 129/2005, DJ 20, 22 e 25.04.2005. I – Na ação que objetive corrigir desvio funcional, a prescrição só alcança as diferenças salariais vencidas no período de 5 (cinco) anos que precedeu o ajuizamento."

114 Súmula n. 326/TST – "COMPLEMENTAÇÃO DE APOSENTADORIA. PRESCRIÇÃO TOTAL (nova redação) – Res. 174/2011, DEJT divulgado em 27, 30 e 31.05.2011. A pretensão à complementação de aposentadoria jamais recebida prescreve em 2 (dois) anos contados da cessação do contrato de trabalho."

115 Súmula n. 327/TST – "COMPLEMENTAÇÃO DE APOSENTADORIA. DIFERENÇAS. PRESCRIÇÃO PARCIAL (nova redação) – Res. 174/2011, DEJT divulgado em 27, 30 e 31.05.2011. A pretensão a diferenças de complementação de aposentadoria sujeita-se à prescrição parcial e quinquenal, salvo se o pretenso direito decorrer de verbas não recebidas no curso da relação de emprego e já alcançadas pela prescrição, à época da propositura da ação." A

Vale lembrar que o Plenário do Supremo Tribunal Federal decidiu que cabe à Justiça Comum julgar processos decorrentes de contrato de previdência complementar privada, e como a matéria teve repercussão geral reconhecida, esse entendimento passou a valer para todos os processos semelhantes que tramitam nas diversas instâncias do Poder Judiciário. Porém, o STF decidiu modular os efeitos da decisão, determinando o prosseguimento na Justiça do Trabalho todas as ações com sentença de mérito proferida até a data do julgamento, sendo que os demais processos tiveram e terão de ser remetidos à Justiça Comum.[116]

Outra hipótese interessante diz respeito às *ações de cumprimento* (art. 872, da CLT), que são fundadas em sentenças normativas proferidas pela Justiça do Trabalho. Muito embora não se exija o trânsito em julgado da decisão instituidora da norma para seu ajuizamento, o termo inicial da prescrição só é contado do trânsito em julgado da sentença normativa.[117] De outro lado, quando o *servidor público vinculado ao regime da CLT muda para o vínculo estatutário*, a jurisprudência tem considerado que esse ato extingue seu contrato de trabalho, compreendendo que deste momento passa a fluir o prazo bienal para ajuizamento da ação.[118] De outro lado, a partir de reiteradas decisões do Supremo Tribunal Federal, o TST cancelou sua OJ n. 177, a qual afirmava que a *aposentadoria* necessariamente extinguia o contrato de trabalho. Com a superação desse entendimento, o fato de o empregado ter-se aposentado e continuado a trabalhar não tem qualquer relevância no cômputo prescricional.

No momento da apreciação da prescrição, cabe igualmente ao julgador analisar a ocorrência de fatores suspensivos, impeditivos ou interruptivos da prescrição. A CLT só trata de uma hipótese: o seu art. 440 afirma que a prescrição não flui contra os menores de 18 anos. No mais, cabe ao aplicador do

---

nova redação da Súmula exclui desse preceito eventuais repercussões na aposentadoria de parcelas decorrentes do contrato de emprego, não recebidas na ocasião, e que já estariam atingidas pela prescrição.

116 RE 586456, julgado em 20/02/2013.

117 Súmula n. 350/TST – "PRESCRIÇÃO. TERMO INICIAL. AÇÃO DE CUMPRIMENTO. SENTENÇA NORMATIVA (mantida) – Res. 121/2003, DJ 19, 20 e 21.11.2003. O prazo de prescrição com relação à ação de cumprimento de decisão normativa flui apenas da data de seu trânsito em julgado."

118 Súmula n. 382/TST – "MUDANÇA DE REGIME CELETISTA PARA ESTATUTÁRIO. EXTINÇÃO DO CONTRATO. PRESCRIÇÃO BIENAL (conversão da Orientação Jurisprudencial n. 128 da SBDI-1) – Res. 129/2005, DJ 20, 22 e 25.04.2005. A transferência do regime jurídico de celetista para estatutário implica extinção do contrato de trabalho, fluindo o prazo da prescrição bienal a partir da mudança de regime." (ex-OJ n. 128 da SBDI-1 – inserida em 20.04.1998).

direito socorrer-se das disposições do Código Civil que trata do assunto nos seus arts. 197 a 204. Nesse sentido, cumpre observar que as causas de impedimento ou de suspensão do curso prescricional são as mesmas (arts. 197 a 199, do CC), distinguindo-se os institutos pelo momento em que o evento obstativo se identifica. Assim, são *impeditivas* do curso prescricional *aquelas situações que não permitem que o prazo de prescrição se inicie*, sendo um exemplo disso a própria situação do art. 440, da CLT. Já a *suspensão* ocorre quando o prazo já se iniciou, mas tem seu fluxo obstado por uma *causa superveniente*.

Tirante essa distinção, tem-se que o Código Civil assinala a inviabilidade do curso prescricional em ações envolvendo os *cônjuges*, na constância da sociedade conjugal; entre *ascendentes e descendentes*, durante o poder familiar; e entre *tutelados ou curatelados e seus tutores ou curadores*, durante a tutela ou curatela. Todas essas hipóteses se encaixam nas possibilidades de utilização no processo do trabalho, visto que, a despeito dos laços familiares ou de vinculação pessoal enunciados, inexiste óbice à conformação de relações jurídicas de emprego – ou de outra natureza, conforme se interprete o inc. I, do art. 114, da CF – em razão das pessoas dos contratantes. Portanto, havendo uma dessas hipóteses no processo do trabalho, há de se reconhecer o impedimento ou a suspensão do curso prescricional.

Da mesma forma, são plenamente aplicáveis ao processo do trabalho as situações do art. 198, do CC, ou seja, não corre a prescrição *contra os incapazes de que trata o art. 3º*[119]; *contra os ausentes* do País em serviço público da União, dos Estados ou dos Municípios; e *contra os que se acharem servindo nas Forças Armadas*, em tempo de guerra. Enquadrando-se o autor da ação trabalhista em uma dessas hipóteses, terá em seu favor o benefício do reconhecimento da suspensão ou do impedimento da prescrição, situações que devem ser declaradas na sentença. Por fim, também se pode falar na incidência das hipóteses dos incisos I e II do art. 199, do CC ("Não corre igualmente a prescrição: I – pendendo condição suspensiva; II – não estando vencido o prazo"), sendo imprópria a incidência do inciso III, por absoluta inadequação de competência material.[120]

---

119 Regra parcialmente redundante com o art. 440, da CLT.

120 Anote-se que o CC ainda contempla outras duas regras, perfeitamente cabíveis no processo do trabalho: Art. 200 – "Quando a ação se originar de fato que deva ser apurado no juízo criminal, não correrá a prescrição antes da respectiva sentença definitiva" e Art. 201 – "Suspensa a prescrição em favor de um dos credores solidários, só aproveitam os outros se a obrigação for indivisível."

No tocante à interrupção da prescrição, é induvidoso que todas as hipóteses previstas no art. 202 do CC são aplicáveis ao processo do trabalho[121], embora as hipóteses dos incisos II, III e IV só se justifiquem em se tratando de títulos executivos extrajudiciais trabalhistas. Nessa esteira, exsurge o disposto no art. 202, parágrafo único, do CC, o qual estipula que a prescrição interrompida recomeça a contar do ato que a interrompeu ou do último ato do processo para a interromper. Com foco nesse dispositivo, tem-se que, havendo um ato interruptivo da prescrição, nova contagem se inicia, quando cessada a eficácia de tal ato. A propósito do tema, *Câmara Leal* diz:

> "O ato interruptivo é, em regra, momentâneo, isto é, realizada a interrupção, a prescrição recomeça um novo curso, imediatamente."
>
> "Mas, se a interrupção se faz por meio de um processo judicial, ela dura tanto tempo quanto o processo interruptivo, de modo que o novo curso prescricional só se inicia na data do último ato do processo."
>
> (...)
>
> "Dessa filosófica exposição do eminente e saudoso mestre (citando João Mendes Jr.) se infere que o último ato do processo é aquele pelo qual ele atinge seu termo".[122]

De tal disposição normativa, tem-se, pois, a figura da *prescrição intercorrente,* instituto que determina a possibilidade de curso prescricional durante a condução do próprio processo. É o que diz *Alice Monteiro de Barros,* ao pronunciar que "a prescrição intercorrente se verifica durante a tramitação do feito na Justiça, paralisado por negligência do autor na prática de atos de sua responsabilidade".[123]

Na lição de *Câmara Leal,* já reproduzida, a se considerar que o último ato do processo é a sentença ou o acórdão, tem-se que a prescrição intercorrente só pode existir a partir de então, ou seja, no curso da execução da obrigação.

121 Art. 202/CC – "A interrupção da prescrição, que somente poderá ocorrer uma vez, dar-se-á: I – por despacho do juiz, mesmo incompetente, que ordenar a citação, se o interessado a promover no prazo e na forma da lei processual; II – por protesto, nas condições do inciso antecedente; III – por protesto cambial; IV – pela apresentação do título de crédito em juízo de inventário ou em concurso de credores; V – por qualquer ato judicial que constitua em mora o devedor; VI – por qualquer ato inequívoco, ainda que extrajudicial, que importe reconhecimento do direito pelo devedor."

122 *Op. cit.*, p. 209.

123 Aspectos jurisprudenciais da prescrição trabalhista, in *Curso de direito do trabalho* – Estudos em memória de Célio Goyatá. v. 1, 2. ed. São Paulo: LTr, 1994. p. 201.

Por essa razão, em tese, as discussões sobre a prescrição intercorrente só poderiam surgir em sede executiva – *rectius*, na fase de execução do processo –, sendo passível de apreciação apenas se se tratar de *sentença executiva*. De qualquer forma, cabe lembrar que o entendimento do Tribunal Superior do Trabalho era de não aplicação da prescrição intercorrente ao processo do trabalho.[124] Mas esse entendimento resta superado pela inclusão do artigo 11-A, na CLT, que expressamente admite tal possibilidade. No entanto, como se extrai do texto, ***a prescrição intercorrente trabalhista só se aplica à fase de execução***, o que reafirma o entendimento antes esposado ante o expresso texto da lei.

Apesar da deficiência normativa histórica do processo laboral, a jurisprudência construiu algumas hipóteses aclaradoras de situações de interrupção do prazo prescricional. Exemplo disso é a *Súmula n. 268*, do TST, a qual estabelece que "a ação trabalhista, ainda que arquivada, interrompe a prescrição somente em relação aos pedidos idênticos", texto ora absorvido pelo § 3o. do artigo 11, da CLT.[125] Em sentido similar, tem-se a *OJ n. 359*, do mesmo TST, que afirma que "a ação movida por sindicato, na qualidade de substituto processual, interrompe a prescrição, ainda que tenha sido considerado parte ilegítima ad causam". Por fim, a OJ n. 370, do TST, estipula que o "ajuizamento de protesto judicial dentro do biênio posterior à Lei Complementar n. 110, de 29.06.2001, interrompe a prescrição, sendo irrelevante o transcurso de mais de dois anos da propositura de outra medida acautelatória, com o mesmo objetivo, ocorrida antes da vigência da referida lei, pois ainda não iniciado o prazo prescricional, conforme disposto na Orientação Jurisprudencial n. 344 da SBDI-1". Todavia, cabe assinalar que o § 3o incluído no artigo 11 da CLT, estabelece que "a interrupção da prescrição somente ocorrerá pelo ajuizamento de reclamação trabalhista, mesmo que em juízo incompetente, ainda que venha a ser extinta sem resolução do mérito, produzindo efeitos apenas em relação aos pedidos idênticos."

À exceção da parte final, com a qual concordamos, vemos que há uma nítida tentativa de limitar as hipóteses de interrupção prescricional, mas isso é completamente contrária à boa ordem jurídica. Afinal, além da possibilidade de aplicação das disposições do Código Civil, essa limitaria violaria o próprio conceito de prescrição, que apenas irá incidir nos casos de inércia do credor.

Como já afirmamos anteriormente, normalmente a apreciação da prescrição antecede à análise de todo o mérito, sendo raras as hipóteses em que é

124 Súmula n. 114/TST – "PRESCRIÇÃO INTERCORRENTE (mantida) – Res. 121/2003, DJ 19, 20 e 21.11.2003. É inaplicável na Justiça do Trabalho a prescrição intercorrente."

125 Incluído pela Lei 13.467/2017.

necessária sua análise prévia. De qualquer forma, quando do acolhimento da alegação prescricional, o sentenciante deve consignar especificamente as datas que norteiam os parâmetros prescricionais, quais sejam, as de ajuizamento, do biênio e do quinquênio. Nesse sentido, é fundamental que se observe uma determinada *técnica na fixação do termo inicial do período imprescrito*. Primeiramente, deve-se observar que há uma falsa concepção de que o sistema trabalhista contempla duas modalidades prescricionais: uma quinquenal e outra bienal. Na realidade, a prescrição trabalhista típica é única, com prazo de cinco anos a contar do ato lesivo. Ocorre que o legislador constituinte deliberou por estabelecer um limite temporal nesse fluxo quinquenal, estatuindo que o ajuizamento da ação deve ocorrer em até dois anos da extinção do contrato. Logo, exceto quanto às lesões que surgem exatamente na extinção do contrato, não há de se falar em prazo bienal: o prazo é sempre quinquenal, com o limite de dois da extinção do pacto.

Fundado nesse conceito, surge um *critério pragmático* de aferição do termo inicial do prazo prescricional. Rigorosamente, o julgador deveria analisar cada alegada lesão, identificar o momento do início prescricional e fazer o cômputo do prazo quinquenal, avaliando se o ajuizamento da ação – ou qualquer outro ato interruptivo – se deu dentro do limite previsto pela Constituição. No entanto, em razão da cumulatividade de pedidos do processo do trabalho, o uso dessa técnica seria improdutiva, de maneira que foi disseminada uma técnica que utiliza o procedimento inverso, mas com o mesmo resultado: parte-se da data da interrupção da contagem prescricional – em regra, a data do ajuizamento – e projeta-se o prazo de cinco anos anteriores. Tem-se, com isso, o *marco inicial do período imprescrito*, o que define, portanto, que tudo o quanto se situa dentro desse lapso estaria fora do decreto prescricional.

Tomemos como exemplo um contrato de trabalho que vigorou de 15.04.2003 até 20.08.2014, tendo o trabalhador ajuizado uma reclamação no dia *15.09.2015*, postulando horas extras de todo seu contrato. Pelo critério que apontamos, o ato interruptivo da prescrição se deu no dia 15.09.2015, de sorte que todas as eventuais lesões que teriam ocorrido no contrato do reclamante *antes de 15.09.2010* estariam com sua ação prescrita. Dizendo de outro modo, as alegadas lesões ocorridas entre 15.04.2003 (data de admissão) e 14.09.2010 já teriam sua ação sepultada pela prescrição quando do ajuizamento. Por isso, nesse caso hipotético, a solução seria o *acolhimento parcial da alegação de prescrição, considerando prescrita a ação quanto a eventuais pretensões anteriores a 15.09.2010*. Por consequência, restam para apreciação as alegadas lesões ocorridas no contrato do dia 15.09.2010 (*termo inicial do período imprescrito*) até 20.08.2014, data da extinção da relação jurídica.

Usando-se essa técnica, o trabalho de identificação prescricional é muito mais produtivo, e somente exige do aplicador que ressalve, se for o caso, eventuais situações de interrupção ou de contagem prescricional distinta, como o já citado exemplo do FGTS. Assim, em casos nos quais são reclamadas diversas parcelas, dentre as quais o FGTS, se for acolhida a alegação de prescrição quinquenal, deve ser feita a ressalva quanto às contribuições indicadas, para as quais a prescrição é distinta: nesse caso, declara-se extinta a ação quanto aos créditos vencidos e exigíveis, *ressalvando aqueles para os quais se aplica outro parâmetro prescricional.*

Lembremos, a propósito, que, embora existam entendimentos em sentido diverso, a jurisprudência pacificou a interpretação segundo a qual o fluxo da prescrição trabalhista diz respeito às pretensões imediatamente anteriores a cinco anos contados da data do ajuizamento da reclamação e não às anteriores ao quinquênio da data da extinção do contrato.[126] De outra parte, o limite bienal fixado na Constituição Federal inicia-se somente após a data do término do aviso prévio, mesmo que seja indenizado.[127]

Por outro lado, cabe observar que a prescrição opera especificamente *em face do que está sendo postulado*, de modo que, se o pedido feito pelo autor se referir apenas a parte do contrato, ainda que tenha durado mais de cinco anos, *a prescrição deve ser rejeitada*, se as alegadas lesões se deram no período imprescrito: não cabe, nesse caso, o acolhimento parcial da prescrição, porque os pedidos formulados não estariam por ela abrangidos. Exemplificando-se, imaginemos um caso de um trabalhador que, tendo mantido um contrato de trabalho por dez anos, reclama somente o pagamento das verbas rescisórias. Se ele ingressou com a ação dentro do biênio contado a partir de seu desligamento, em que pese a dimensão de seu contrato, *inexiste prescrição a ser acolhida*, e por isso a alegação merece *rejeição total.*

Por outro lado, é oportuno lembrar-se que o Código Civil permite, em seu art. 193, que a sua alegação seja feita em qualquer grau de jurisdição. Esse entendimento é parcialmente acolhido pelo TST, em sua Súmula n. 153, que

---

126 Súmula n. 308/TST – "PRESCRIÇÃO QUINQUENAL (incorporada a Orientação Jurisprudencial n. 204 da SBDI-1) – Res. 129/2005, DJ 20, 22 e 25.04.2005. I. Respeitado o biênio subsequente à cessação contratual, a prescrição da ação trabalhista concerne às pretensões imediatamente anteriores a cinco anos, contados da data do ajuizamento da reclamação e, não, às anteriores ao quinquênio da data da extinção do contrato. (ex-OJ n. 204 da SBDI-1 – inserida em 08.11.2000) (...)".

127 OJ/SDI-1/TST n. 83 – "AVISO PRÉVIO. INDENIZADO. PRESCRIÇÃO. Inserida em 28.04.97. A prescrição começa a fluir no final da data do término do aviso prévio. Art. 487, § 1º, CLT."

permite a alegação de prescrição a qualquer momento, na instância ordinária. Embora não comunguemos desse entendimento, sua prevalência na ordem jurídica exige que salientemos a possibilidade de apreciação da prescrição alegada em outro momento que não na contestação. Trata-se de questão importante visto que, havendo alegação dessa ordem em razões finais, p. ex., a ausência de sua apreciação representa grave omissão por parte do julgador.[128]

No que diz respeito à *decadência*, as dificuldades são de menor monta no processo do trabalho, visto que as hipóteses de seu cabimento são muito restritas. Uma das situações que admite sua incidência é a figura da *ação rescisória*, que se sujeita ao prazo decadencial de dois anos do trânsito em julgado da decisão (art. 975, do CPC), mas cujo estudo refoge aos objetivos deste trabalho, em função da competência funcional para sua apreciação. Há, porém, o caso do *mandado de segurança*, regulamentado pela Lei n. 12.016/09, em cujo art. 23 resta consignado que o *direito de requerer mandado de segurança extinguir-se-á decorridos cento e vinte dias contados da ciência, pelo interessado, do ato impugnado*. Não só pela expressão legal, mas também pelo seu estudo doutrinário, é inconteste que o prazo em questão é decadencial, e a incidência dessas situações no processo do trabalho se configura não apenas pelos *mandados de segurança contra atos judiciais*, desde sempre admitidos, mas pelas figuras passíveis de admissibilidade a partir do inciso IV do art. 114, da CF, inserido pela EC n. 45/04. Como já dissemos, desde a vigência desse novo texto admite-se a impetração de mandados de segurança perante os Juízos singulares do Trabalho, quando se tratar de ato de autoridade pública sujeito à jurisdição trabalhista.[129] Dessa maneira, quando se depara com uma ação dessa natureza, ao julgador cabe analisar, mediante provocação da parte adversa ou de ofício, a ocorrência ou não da decadência.

De outro lado, o processo do trabalho contempla uma situação própria de decadência, consagrada no art. 853, da CLT. Trata-se do prazo para ajuizamento do *inquérito para apuração de falta grave*, dirigido contra empregados portadores de estabilidade definitiva ou dirigentes sindicais (arts. 494 e 543, § 3º, da CLT). Sendo o inquérito um requisito para o desligamento dos trabalhadores nessas condições, o seu exercício deverá ocorrer em até trinta dias da data da suspensão do empregado, prevista no art. 494, da CLT, caso assim

---

128 Essa é outra situação comum em provas de concurso: alegações de prescrição são lançadas em razões finais, o que gera problemas para os mais desatentos.

129 Os exemplos mais comuns, já citados, referem-se à atuação da fiscalização do trabalho, nos termos do inc. VII, do art. 114, da CF.

proceda o empregador. Caso não seja respeitado esse prazo, será operada a decadência, extinguindo-se o próprio direito de dispensa do empregado.[130]

Vale lembrar, por oportuno, que de acordo com a interpretação que se confere à competência trabalhista, o leque de situações envolvendo a decadência pode ser ampliado. Se se admitir, p. ex., por força do inc. I, do art. 114, da CF, a competência trabalhista para apreciação de conflitos derivados de *representação* (art. 115, do CC), há atos que se sujeitam ao prazo decadencial, como aquele descrito no art. 119, do CC.[131]

Como já foi assinalado, o instituto da decadência sempre admitiu, pela sua natureza, o reconhecimento de ofício pelo juiz – ressalvada a decadência fixada por convenção entre as partes, nos termos dos arts. 210 e 211, do CC. Portanto, para ela não há qualquer discussão sobre essa possibilidade, que é de plena aceitação doutrinária e jurisprudencial. Logo, se a parte beneficiada pela decadência não a alegar, ainda assim deverá o juiz reconhecê-la, sem necessidade de provocação. De outra parte, o art. 209, do CC estabelece que o prazo decadencial fixado em lei é irrenunciável, tratando como nulo o ato nesse sentido. Por fim, *não se aplicam à decadência as hipóteses de impedimento, suspensão ou interrupção do prazo* (art. 207, do CC), salvo com relação aos *incapazes* – ou seja, os menores de dezesseis anos; os que, por enfermidade ou deficiência mental, não tiverem o necessário discernimento para a prática de atos da vida civil; e os que, mesmo por causa transitória, não puderem exprimir sua vontade (art. 208, do CC).

Finalizando este tema, cabe o registro de que o artigo 3o. da Lei 14.010, de 2020, editada em razão da pandemia do novo coronavírus, estabelece que "os prazos prescricionais consideram-se impedidos ou suspensos, conforme o caso, a partir da entrada em vigor desta Lei até 30 de outubro de 2020."

---

130 Alexandre Agra Belmonte, na obra citada, ainda apresenta outras três hipóteses de situações sujeitas à decadência na Justiça do Trabalho, mas cuja incidência é ínfima, motivo pelo qual apenas citamos para conhecimento. São elas, o *direito da gestante de mudar de função, se a que exerce for prejudicial à gravidez* (art. 392, § 4º, da CLT); *o direito da gestante de romper qualquer compromisso resultante do contrato de trabalho,* caso seja prejudicial à gestação (art. 394, da CLT), e a obrigatoriedade de retorno do trabalhador após a cessação do serviço militar obrigatório (art. 472, § 1º, da CLT). Desses casos, somente o último deles contempla um prazo definido em lei (30 dias), sendo que os demais não têm prazo estipulado.

131 Pelo contrato de representação, uma pessoa se compromete a representar outra para determinados atos ou finalidades. Nesse sentido, o art. 119, do CC, prevê que "é anulável o negócio concluído pelo representante em conflito de interesses com o representado, se tal fato era ou devia ser do conhecimento de quem com aquele tratou". Para tanto, o parágrafo único desse artigo estabelece que o prazo decadencial é de cento e oitenta dias, a contar da conclusão do negócio ou da cessação da incapacidade, para pleitear-se a anulação prevista no *caput.*

Assim, na apreciação da alegação de prescrição, deve-se identificar se a lesão ocorreu durante o período indicado na lei (iniciado em 12-6-2020), o que demanda o impedimento do curso prescricional. Caso tenha ocorrido antes, o lapso em questão deve ser desconsiderado para fins de prescrição, seja a bienal seja a quinquenal. Destaca-se, ainda, que o mesmo critério se aplica à decadência, conforme ressalva feita no parágrafo 2o. do art. 3o., devidamente autorizada pelo art. 207 do Código Civil.

d.2) Quitação

As obrigações se extinguem naturalmente pelo seu pagamento com entrega da coisa devida. Nesse sentido, o pagamento consiste no cumprimento voluntário e terminativo da obrigação, que se prova pela quitação passada pelo credor. Portanto, *quitação* nada mais é do que o *meio próprio para a prova do pagamento* e, consequentemente, *da extinção da obrigação*. Não é por outro motivo que a quitação passada pelo credor concerne apenas aos valores efetivamente recebidos por ocasião do pagamento da obrigação, restando expresso no art. 320 do CC que *do instrumento de quitação deverá constar o valor e a espécie da dívida quitada.*

Desse conceito, nota-se que somente se pode admitir a alegação de quitação feita em processo trabalhista desde que fundada em documento hábil, juridicamente válido e que exprima de maneira clara e objetiva tudo o quanto fora objeto desse ato de extinção obrigacional. No entanto, as situações concretas de invocação desse preceito no processo do trabalho estão muito distantes de preencherem esses pressupostos.

A primeira figura que comumente surge com esse enfoque é a já citada *quitação em razão da assistência sindical*, consumada nos termos do § 1o. do art. 477, da CLT. A partir da edição da Súmula n. 330, em sua versão original, disseminou-se uma equivocada interpretação segundo a qual a chamada *homologação sindical* na rescisão contratual do empregado acarretaria a *eficácia liberatória geral* quanto a todas as parcelas contratuais que não tivessem sido objeto de ressalva expressa por ocasião desse ato.

Com efeito, quando o empregado se desliga da empresa e recebe os haveres rescisórios correspondentes, dá quitação tão somente por tudo o quanto recebeu e nada mais. *Portanto, a quitação ali conferida só tem validade com relação às parcelas e valores efetivamente recebidos pelo empregado.* Afinal, como dito, somente se pode quitar algo que foi efetivamente recebido, de maneira que se reconhecer valor absoluto a um instrumento genérico de quitação não encontra agasalho sequer no direito comum, pois quem considera satisfeito algo que não lhe foi dado pratica outro ato de exoneração de dívida, como *remissão* ou *transação*, mas não quitação. Por isso, *a quitação somente se opera em face do que foi efetivamente pago*, não havendo possibilidade de ser considerada quitada parcela que não foi satisfeita, sendo totalmente antijurídico supor que alguém possa quitar aquilo que não recebeu.

De outro lado, essa interpretação corrente ofende o *princípio da indisponibilidade de direitos trabalhistas pelo empregado*, característico do Direito Individual do Trabalho, estando subjacente a pelo menos três relevantes dispositivos legais: arts. 9º, 444 e 468, todos da CLT. Admitir-se a quitação de parcelas ou valores não recebidos, simplesmente em razão da assistência sindical no momento da rescisão contratual, seria admitir que o trabalhador, por ato individual e unilateral de renúncia, despojou-se de seus mais básicos direitos. Por esses motivos, reafirmamos que a quitação conferida pelo trabalhador perante sua entidade sindical tem validade exclusiva pelos títulos e valores discriminados no termo rescisório e efetivamente recebidos, e não possui eficácia liberatória ampla, como se pretendia sustentar.

Além disso, o mesmo Código Civil, em seu art. 325, relativiza a validade do instrumento de quitação, permitindo ao credor que comprove, em sessenta dias, a falta do pagamento atestado pelo documento. Se é assim, com muito mais razão deve admitir-se a relativização da quitação trabalhista, dada a natureza dos direitos regulados pelo Direito do Trabalho.

Não foi por outro motivo que em 2001 o TST alterou a redação de sua Súmula (Res. Adm. n. 108/01), mudando substancialmente o conteúdo. Pelo novo texto, a quitação perante a entidade sindical, com observância dos requisitos exigidos nos parágrafos do art. 477 da CLT, tem eficácia liberatória em relação às parcelas expressamente consignadas no recibo, salvo se oposta ressalva expressa e especificada ao valor dado à parcela ou parcelas impugnadas. Além disso, essa quitação não abrange parcelas não consignadas no recibo de quitação e, consequentemente, seus reflexos em outras parcelas, ainda que estas constem desse recibo. Por fim, exprime a Súmula que, quanto a direitos que deveriam ter sido satisfeitos durante a vigência do contrato de trabalho, a quitação é válida em relação ao período expressamente consignado no recibo de quitação.[132]

Dessa maneira, o que já era principiologicamente estabelecido, passou a ser assimilado de maneira quase integral pelo TST, na mudança operada na Súmula em comento. Por isso, quando invocada a quitação fundada na assistência sindical no ato rescisório, isso só abrangerá efetivamente as parcelas e

132 O texto atual da Súmula n. 330 foi mantido pela Res. 121/2003, DJ 19, 20 e 21.11.2003.

valores efetivamente satisfeitos no ato, desde que também não existam ressalvas quanto a elas, situação que relativizará a validade do ato.

Registramos que, a despeito da revogação do § 1o. do artigo 477, nossas assertivas não restam superadas. Afinal, a obrigatoriedade de assistência sindical na rescisão contratual poderá ainda subsistir se houver norma coletiva nesse sentido. Em tais casos, se é verdadeiro que a chamada homologação continua a ser um fator de relevância para validade do ato, é igual consequência que não poderá ter seus efeitos expandidos como se buscava na redação original da Súmula 330, do TST.

A outra hipótese de quitação passível de alegação no processo do trabalho é aquela tratada pelo art. 625-E, parágrafo único da CLT, representada pelo *termo de conciliação* lavrado perante as *Comissões de Conciliação Prévia*. Mesmo sem formularmos juízo valorativo a respeito da eficácia ou eficiência das referidas comissões, pelas mesmas razões que já foram expostas a respeito da Súmula n. 330, não se pode reconhecer a esse instrumento a eficácia liberatória geral, devendo prevalecer, para tais casos, as mesmas ressalvas já realizadas no que diz respeito à rescisão contratual com assistência sindical.[133]

Quanto a outras relações jurídicas que não sejam tipicamente trabalhistas, por certo os pressupostos próprios do Direito do Trabalho não serão aplicáveis. No entanto, como dissemos, os paradigmas de tratamento da quitação, mesmo sob a perspectiva do Direito Comum, não permitem a interpretação plena que alguns podem pretender. Dessa forma, abstraindo-se as particularidades das relações trabalhistas, tudo o mais entendemos que se aplicam para outras situações que vierem a ser discutidas em processos laborais.

Por fim, duas importantes situações criadas pela Lei 13.467. A primeira está lavrada no art. 507-B, que assinala ser "facultado a empregados e empregadores, na vigência ou não do contrato de emprego, firmar o termo de quitação anual de obrigações trabalhistas, perante o sindicato dos empregados da categoria." Esse é um dos dispositivos mais temerários que constam do texto da chamada "reforma trabalhista". Com efeito, as experiências já citadas com atos de assistência sindical ou de CCPs evidenciaram a prática de incontáveis fraudes, voltadas a obter quitação geral dos contratos de trabalho. Dentro de um contexto em que o modelo sindical é completamente contraditório, e não valoriza a legitimidade, a tendência é que muitas entidades, pouco representativas, sejam instrumentalizadas para assegurar essa quitação genérica. Mormente após o fim da compulsoriedade da contribuição sindical, não se pode

133 A hipótese de acordo perante as CCPs configura, na realidade, situação de *transação*, e por isso voltaremos a tratar do assunto quando falarmos do tema.

descartar o uso indevido dessa disposição por parte de entidades sem nenhum compromisso com os trabalhadores.

A nosso sentir, esse dispositivo contraria o princípio da irrenunciabilidade, próprio do Direito do Trabalho, o que torna sua validade questionável. Além disso, na esteira do que já argumentamos, não se pode considerar válida qualquer quitação genérica, sem especificação e demonstração do que foi efetivamente pago. Por isso, em casos assim, só seria válido o termo de quitação se acompanhado dos documentos que demonstram, detalhadamente, o pagamento efetivo das parcelas dele constantes.

É o mesmo que se pode afirmar quanto ao art. 477-B, igualmente incluído pela "reforma", que diz: *"Plano de Demissão Voluntária ou Incentivada, para dispensa individual, plúrima ou coletiva, previsto em convenção coletiva ou acordo coletivo de trabalho, enseja quitação plena e irrevogável dos direitos decorrentes da relação empregatícia, salvo disposição em contrário estipulada entre as partes."* No reboque da globalização, muitos empregadores, especialmente paraestatais ou entidades recém-privatizadas, procuraram eliminar seu passivo trabalhista mediante processos de transação dissimulada, conferindo ao trabalhador alguns pequenos benefícios, que ele naturalmente teria em outras condições, para o fim de considerar satisfeitas todas as pretensões relativas a lesões que sofreram durante o pacto. Assim, como forma de redução de seus quadros sem impacto social negativo, muitos empregadores instituíram programas de incentivo ao desligamento voluntário de trabalhadores, de modo a obter manifestação daqueles que pretendiam habilitar-se ao rompimento contratual, mediante o pagamento de uma compensação financeira além dos direitos rescisórios. No entanto, ao formalizar esse ato, institucionalizou-se a prática de construção de *um contrato de transação*, segundo a qual os empregados enquadrados nesses planos receberiam a compensação financeira em troca de todo e qualquer direito lesionado durante seus contratos de trabalho.

Essa tese chegou a ter ressonância em algumas decisões judiciais, que consideravam que o pagamento oferecido pelo empregador teria o condão de eliminar eventual demanda trabalhista por lesões ocorridas na relação empregatícia. Mas essa interpretação não se coaduna com os preceitos estruturais do Direito do Trabalho. Além de todos os fundamentos que já foram expostos para afastar a mesma eficácia para os acordos perante as CCPs – e que têm plena validade para essa hipótese –, deve-se também considerar a *finalidade da criação desses programas*, que nada têm de benevolentes e muito menos tencionam beneficiar os trabalhadores. Por regra, tais institutos são criados pelas empresas a partir da sua necessidade de reorganização produtiva, com redução dos seus níveis funcionais e, naturalmente, com redução de despesas administrativas, em regra de maneira a ampliar sua lucratividade. Portanto, os empregadores, querendo reduzir sua folha de pagamentos, provocam situações de motivação aos trabalhadores para que eles se habilitem ao rompimento contratual, mas isso não mascara o fato de que o interesse precípuo em rescindir o contrato é *do empregador*.

Isso não quer dizer, porém, que essas espécies de ato não se realizam no interesse do trabalhador, pois por ele também obtém razoável vantagem econômica. No entanto, isso está muito distante do reconhecimento de que o instrumento que formaliza esse desligamento poderia servir para satisfazer todas as eventuais situações de lesão contratual ocorridas durante o contrato de emprego. Afinal, como já salientado, parece inequívoco que o objetivo da transação seria o incentivo ao desligamento do empregado, de sorte que ele somente poderia, por conta disso, abdicar daquilo que, eventualmente, pudesse impedir esse ato, como, p. ex., uma determinada garantia de emprego de caráter pessoal. Ao propor ao trabalhador que considerasse rompido o contrato a partir do pagamento da indenização, o empregador não pode dar um alcance maior ao ato transacional do que aquele que expressamente decorre da vontade dos interessados, consoante o que já foi manifestado.

Foi com base nesses fundamentos que o Tribunal Superior do Trabalho editou a OJ n. 270, da SDI-1, a qual estabelece que *"a transação extrajudicial que importa rescisão do contrato de trabalho ante a adesão do empregado a plano de demissão voluntária implica quitação exclusivamente das parcelas e valores constantes do recibo"*.[134] A partir dessa estipulação, pacificou-se o entendimento restritivo quanto aos efeitos do ato transacional que importa a rescisão do contrato de trabalho em razão de planos de dispensa incentivada. Assim, temos como superada a tese da "eficácia geral", devendo ser observado estritamente o conteúdo do instrumento de transação – além dos demais requisitos – em caso de alegação nesse sentido. No entanto, o Plenário do Supremo Tribunal Federal (STF) decidiu que, nos casos de Planos de Dispensa Incentivada – os chamados PDIs –, é válida a cláusula que dá quitação ampla e irrestrita de todas as parcelas decorrentes do contrato de emprego, desde que este item conste de Acordo Coletivo de Trabalho e dos demais instrumentos assinados pelo empregado.[135]

134 O título da OJ, inserida em 27.09.2002, é "PROGRAMA DE INCENTIVO À DEMISSÃO VOLUNTÁRIA. TRANSAÇÃO EXTRAJUDICIAL. PARCELAS ORIUNDAS DO EXTINTO CONTRATO DE TRABALHO. EFEITOS."

135 *"DIREITO DO TRABALHO. PLANO DE ACORDO COLETIVO. DISPENSA INCENTIVADA. VALIDADE E EFEITOS. 1. Plano de dispensa incentivada aprovado em acordo coletivo que contou com ampla participação dos empregados. Previsão de vantagens aos trabalhadores, bem*

Em que pese o dispositivo acrescido seja consonante com interpretação conferida pelo STF, a análise concreta da quitação deve ser dimensionada pelos demais ditames legais que regem o tema, de forma sistemática.

Sendo assim, o exame da alegação da quitação, fundada em algum desses dispositivos, deve levar em conta os seguintes aspectos:

a) avaliação dos elementos objetivos do ato: capacidade dos agentes signatários, observância da forma; especificação dos títulos e valores pagos e comprovação do efetivo pagamento deles; natureza do direito objeto da quitação.
b) análise dos elementos subjetivos: livre consentimento; ausência de vícios de vontade.

d.3) Pagamento em consignação (art. 334, do CC)

Classificado como modalidade especial de pagamento, o *depósito judicial ou em estabelecimento bancário* do valor devido ao trabalhador será considerado *pagamento em consignação*, nos exatos termos do art. 334, do CC. Enquanto modalidade especial de pagamento, a consignação judicial ou extrajudicial do valor devido determina a extinção da obrigação. Entretanto, também aqui é imperioso observar os princípios que norteiam o Direito do Trabalho, para se

como quitação de toda e qualquer parcela decorrente de relação de emprego. Faculdade do empregado de optar ou não pelo plano.

2. Validade da quitação ampla. Não incidência, na hipótese, do art. 477, § 2o da Consolidação das Leis do Trabalho, que restringe a eficácia liberatória da quitação aos valores e às parcelas discriminadas no termo de rescisão exclusivamente. 3. No âmbito do direito coletivo do trabalho não se verifica a mesma situação de assimetria de poder presente nas relações individuais de trabalho. Como consequência, a autonomia coletiva da vontade não se encontra sujeita aos mesmos limites que a autonomia individual. 4. A Constituição de 1988, em seu artigo 7o, XXVI, prestigiou a autonomia coletiva da vontade e a autocomposição dos conflitos trabalhistas, acompanhando a tendência mundial ao crescente reconhecimento dos mecanismos de negociação coletiva, retratada na Convenção n. 98/1949 e na Convenção n. 154/1981 da Organização Internacional do Trabalho. O reconhecimento dos acordos e convenções coletivas permite que os trabalhadores contribuam para a formulação das normas que regerão a sua própria vida. 5. Os planos de dispensa incentivada permitem reduzir as repercussões sociais das dispensas, assegurando àqueles que optam por seu desligamento da empresa condições econômicas mais vantajosas do que aquelas que decorreriam do mero desligamento por decisão do empregador. É importante, por isso, assegurar a credibilidade de tais planos, a fim de preservar a sua função protetiva e de não desestimular o seu uso. 7. Provimento do recurso extraordinário. Afirmação, em repercussão geral, da seguinte tese: "A transação extrajudicial que importa rescisão do contrato de trabalho, em razão de adesão voluntária do empregado a plano de dispensa incentivada, enseja quitação ampla e irrestrita de todas as parcelas objeto do contrato de emprego, caso essa condição tenha constado expressamente do acordo coletivo que aprovou o plano, bem como dos demais instrumentos celebrados com o empregado". RE 590415 / SC.

reconhecer que a obrigação se extinguirá nos limites dos títulos e dos valores consignados, não se admitindo extinção de todas as obrigações contratuais, não discriminadas pelo empregador.

Por oportuno, observamos que a alegação de pagamento em consignação, para que seja acolhida como *prejudicial de mérito*, precisa ser comprovada pelo empregador, fazendo a juntada aos autos dos documentos que comprovam o depósito da quantia devida e dos quais conste, discriminadamente, as parcelas e valores consignados, pois não se admite o pagamento global de várias parcelas sem discriminação. Da mesma maneira, não será possível postergar a comprovação do pagamento para o momento futuro da execução do julgado.

d.4) Pagamento com sub-rogação (art. 346, do CC)

Também modalidade especial de pagamento, a sub-rogação *transfere a qualidade creditória para aquele que solveu a obrigação de outrem* ou *emprestou a quantia necessária para isto*. Assim, no pagamento com sub-rogação o trabalhador recebe os seus créditos, mas o pagamento é realizado por terceiro ou pelo próprio empregador que realiza empréstimo, sub-rogando-se o terceiro que pagou ou o mutuante no valor da dívida paga. Isso ocorre com frequência em situações de interposição de mão de obra nas quais o tomador de serviços, preocupado com eventual implicação futura pelo inadimplemento de parcelas salariais dos empregados da interposta que lhe prestam serviços, efetua o pagamento direto dos salários destes, descontando as importâncias das faturas que emite em favor da intermediária.

Observamos que o que interessa para o processo trabalhista é verificar efetivamente se as verbas postuladas foram quitadas, sendo irrelevante a relação jurídica que irá se formar entre aquele que pagou ou emprestou e o empregador, mesmo porque *estranha à competência laboral*. Também aqui, o foco central a ser observado é a extensão do pagamento, que da mesma forma em que ocorre nas outras modalidades de extinção das obrigações, limita-se aos títulos e valores efetivamente pagos e devidamente discriminados. Desta forma, todas as observações já realizadas para a quitação e para o pagamento em consignação são também válidas para o pagamento com sub-rogação, inclusive para outras situações que não sejam de relação empregatícia.

d.5) Imputação do pagamento (art. 352, do CC)

Imputação do pagamento é a faculdade conferida ao devedor, de escolher qual débito irá satisfazer dentre várias prestações de coisa fungível, vencidas e devidas ao mesmo credor. No Direito do Trabalho, em razão de seus princípios norteadores, notadamente o da indisponibilidade dos direitos laborais, *a imputação do pagamento não tem aplicação*, pois de qualquer pagamento realizado pelo empregador deve constar, além dos valores, as parcelas que estão sendo quitadas, sob pena de não ser considerado válido. Ou seja, o pagamento válido de parcelas trabalhistas sempre discriminará qual a prestação está sendo satisfeita, não sendo admitido sequer o pagamento englobado de várias parcelas remuneratórias ao empregado.[136]

No entanto, pode-se verificar sua pertinência em situações processuais que não versem sobre relação de emprego. Nesses casos, tem-se que a pessoa obrigada por dois ou mais débitos da mesma natureza a um só credor tem o direito de indicar a qual deles oferece pagamento, se todos forem líquidos e vencidos. No entanto, se não o fizer, o credor poderá reconhecer a quitação de uma delas, sem direito de reclamação por parte do devedor (art. 353, do CC).[137]

d.6) Dação em pagamento (art. 356, do CC)

A forma normal de extinção das obrigações é o *pagamento*, com a entrega da coisa devida ao credor, sendo que, no caso de obrigações pecuniárias, o pagamento ocorre pela entrega da quantia devida. Entretanto, admite a legislação pátria a *extinção da obrigação pecuniária pela entrega de coisa que não seja dinheiro*, em *substituição ao valor devido* (CC, art. 356). Não se trata de substituição de uma obrigação por outra, mas efetivamente da *entrega de uma coisa por outra*, pressupondo a imediata transferência do domínio do bem que é entregue e o consentimento do credor.

No Direito do Trabalho, o *princípio da integralidade salarial* exige que ao menos parte dos salários do empregado seja satisfeita em espécie, para que ele possa decidir o destino de sua remuneração (art. 463, da CLT). A legislação trabalhista admite, todavia, o pagamento de salário *in natura*, observando-se que os valores atribuídos a essas parcelas devam ser justos e razoáveis, e não podem exceder os dos percentuais das parcelas componentes do salário mínimo, previstos nos arts. 81 e 82, da CLT (art. 458, § 1º da CLT). Por isso, no

136 Súmula n. 91/TST – "SALÁRIO COMPLESSIVO (mantida) – Res. 121/2003, DJ 19, 20 e 21.11.2003. Nula é a cláusula contratual que fixa determinada importância ou percentagem para atender englobadamente vários direitos legais ou contratuais do trabalhador.

137 O Código Civil ainda estabelece, para o tema, duas regras preferenciais. A primeira, de seu art. 354, estipula que, havendo capital e juros, o pagamento imputar-se-á primeiro nos juros vencidos, e depois no capital, salvo estipulação em contrário, ou se o credor passar a quitação por conta do capital. Já o art. 355 prevê que, se o devedor não fizer a indicação do art. 352, e a quitação for omissa quanto à imputação, esta se fará nas dívidas líquidas e vencidas em primeiro lugar, e se as dívidas forem todas líquidas e vencidas ao mesmo tempo, a imputação far-se-á na mais onerosa.

fluxo contratual, a validade da dação em pagamento é absolutamente restrita, visto que ela só se justifica quanto às parcelas já ajustadas como sendo *in natura*. No entanto, vê-se com frequência a ocorrência de dação em pagamento em situações de insolvência ou pré-insolvência do empregador, em casos nos quais ele não dispõe de recursos financeiros para pagamento salarial ou de parcelas trabalhistas em atraso, e oferece aos trabalhadores máquinas, produtos ou equipamentos como parte desse pagamento, inclusive de títulos rescisórios.

Inexiste regramento sobre o assunto, mas, diante do que se forma em casos como esses, não vemos como não reconhecer a validade do ato, dentro de determinadas condições. Afinal, em última análise, a ausência do pagamento resulta em uma ação judicial cujo resultado será o de retirar patrimônio do devedor e transformá-lo em dinheiro para entrega ao credor. Ou, então, caso não se possa realizar essa transformação, uma modalidade legítima e eficiente de solução do conflito é a entrega do bem ao próprio credor, inclusive em adjudicação antecipada, hoje plenamente admitida pela legislação processual (art. 876, do CPC). Sendo assim, não há como se negar validade a um ato de entrega de bens do empregador para satisfação de dívidas trabalhistas junto aos seus empregados, desde que observados alguns requisitos, como, por exemplo, que haja a *concordância do empregado, preferencialmente assistido pelo seu sindicato*; que não existam *vícios de consentimento* no ato e que o valor atribuído aos bens sejam justos, razoáveis e equivalentes ao seu efetivo valor de mercado.

Ao lado disso, a validade dessa dação em pagamento também se condiciona aos mesmos preceitos assinalados quando tratamos da *quitação*, mesmo porque o que se tem, no caso, é também uma forma de pagamento. Assim, só se deve admitir a dação em pagamento relativamente a valores e parcelas devidamente especificados em instrumento próprio, considerando-se quitados apenas os títulos discriminados. Em tais situações – que, repetimos, não estão consignadas em qualquer texto legal, mas que abstraímos do conteúdo principiológico do tema –, pode-se acolher a invocação da dação em pagamento, prosseguindo-se, se for o caso, a ação, com relação a outros títulos não envolvidos pelo ato.

Feitas as devidas ressalvas para as relações de emprego, cabe registrar a possibilidade de se admitir o instituto em se tratando de outras relações jurídicas que estiverem sob a competência da Justiça do Trabalho.

d.7) Novação (art. 360, do CC)

A novação é classificada como *modalidade de extinção de obrigação sem pagamento*, podendo ser conceituada como a *constituição de uma obrigação nova*, em *substituição de outra que fica extinta* (CC, art. 360). Novação é, portanto, *a criação de uma dívida nova, para substituir dívida anterior*, e pode ser *subjetiva* (quando essa nova obrigação se estabelece entre novos sujeitos, que não participavam da relação obrigacional anterior), ou *objetiva* (estatuída entre os mesmos sujeitos em torno de nova prestação).

O Direito do Trabalho não comporta *novação subjetiva* quanto à figura jurídica do empregado em razão do caráter personalíssimo assumido pelas prestações laborais no contexto da relação jurídica de emprego. Quanto à substituição do empregador, temos que alguns autores reconhecem na *sucessão trabalhista* (sucessão de empregadores) a ocorrência de *novação subjetiva*. Entretanto, discordamos deste posicionamento, porque na novação civil ocorre a extinção de todas as obrigações do antigo devedor, no caso, o sucedido, não restando qualquer responsabilidade deste pelos débitos trabalhistas, o que de fato não admitimos na sucessão trabalhista. Nesta, o antigo empregador – sucedido – responde pelos débitos trabalhistas devidos antes de operada a sucessão solidariamente ao sucessor. Ademais, não se trata de novo vínculo obrigacional, pelo que a relação jurídica de emprego mantém-se íntegra, ainda que outro o empregador, nos exatos termos dos arts. 2º, 10 e 448 da CLT. De qualquer sorte, a questão pode ser enfrentada no mérito da causa, justamente quando vier a descrever a responsabilidade dos codemandados.

Já a novação objetiva poderia ocorrer, p. ex., nas hipóteses de alterações benéficas do contrato de trabalho, substituindo-se assim as antigas obrigações por novas, como, p. ex., redução da jornada de trabalho por ato unilateral do empregador.[138] No entanto, essas hipóteses dificilmente são suscitadas como prejudicial de mérito para uma sentença, pois se situam no plano do mérito da lide. Hipoteticamente, podemos imaginar uma situação própria de novação objetiva envolvendo relações trabalhistas. Tomemos um suposto caso em que o empregador constata a irregularidade salarial de determinado empregado por certo período – por não aplicação correta do piso normativo, p. ex. – e promove a regularização de seu recebimento a partir de um dado mês. No entanto, diante da existência de diferenças do período incorreto, propõe ao empregado a entrega futura de um bem, e diante da concordância deste, as partes celebram um contrato nesse sentido. Tecnicamente, as partes teriam substituído a obrigação anterior – diferenças salariais incontroversas – por outra – entrega futura de um bem.[139] Por certo que essa hipótese é cerebrina e talvez até improvável, mas é algo que se pode até admitir em relações

138 Nesse sentido, v. BELMONTE, Alexandre Agra. *Op. cit.*, p. 292.

139 É de se notar que, se a entrega do bem fosse imediata, estaríamos diante de uma hipótese de *dação em pagamento*, mas, no caso, o que existe é um *compromisso de entrega futura*.

empregatícias especiais, como as que envolvem, p. ex., diretores ou executivos de grandes empresas. De qualquer forma, a validade do ato está condicionada à inexistência de vícios de consentimento e à adequação do valor do bem proposto e o montante da dívida substituída.

Assim ocorrendo, e sendo válido o ato de novação, isso implica o reconhecimento de que não se pode postular a dívida original, ainda que a parte tenha descumprido a nova obrigação. Afinal, a obrigação anterior foi extinta quando se contraiu a nova. Por isso, uma situação própria de novação, quando alegada e acolhida, representa a extinção do processo, pois o autor deve mover outra ação para postular a nova obrigação.

d.8) Compensação (art. 368, do CC/art. 767, da CLT)

A compensação é *meio de extinção da obrigação* entre pessoas, que são, *simultaneamente, credores e devedoras* uma da outra (art. 368 do CC). Pressupõem a reciprocidade de débitos, dívidas líquidas e vencidas de coisas fungíveis e que tenham a mesma natureza. O Direito do Trabalho admite a compensação de dívidas entre empregado e empregador, desde que decorram do contrato de trabalho. Ao contrário do que sustentam alguns, a compensação não precisa envolver o mesmo título, podendo ocorrer entre dívidas distintas, desde que derivadas do contrato de emprego. Assim, se o empregador pagou determinada parcela a maior ao empregado, poderá postular a compensação caso ele ingresse com uma ação trabalhista reivindicando a condenação do empregador em determinados títulos que teriam sido sonegados durante seu contrato.

Dentre as hipóteses admitidas de compensação, podemos citar: o adiantamento salarial ou pagamento antecipado de parte do 13º salário por ocasião das férias; danos causados ao empregador pelo empregado; indenização de aviso prévio não concedido pelo empregado quando pede demissão ou a indenização do art. 480, da CLT. Em todos esses casos, o que se tem é um crédito do empregador em face do empregado, o que, inclusive, permitiria àquele ingressar com uma ação visando à condenação deste último o pagamento ou ressarcimento. Não o fazendo, nada impede que isso se realize no âmbito do processo movido pelo empregado, pleiteando, p. ex., horas extras. Isso não permite, no entanto, que a compensação seja usada para quitação de dívidas do empregado com o empregador, quando decorrentes de empréstimos feitos pelo último, ou outro tipo de crédito, que não tenha relação direta com o trabalho. Já não se admite a compensação relativamente a créditos trabalhistas reconhecidos em juízo, com relação a indenizações pagas em programas de demissão voluntária, nos termos da OJ 356, da SDI-1, do TST.[140]

Por outro lado, entendemos que a compensação invocada em processo trabalhista não encontra o limite previsto no art. 477, § 5º da CLT, visto que essa figura somente incide com relação ao pagamento rescisório. Naquele momento, de fato, o empregador não pode compensar dívida para além de uma remuneração mensal do empregado; no entanto, tratando-se de compensação alegada em processo judicial, esse limite não será aplicável.

Uma dúvida sempre presente nesse assunto envolve a avaliação da pertinência da invocação da compensação ou o uso da reconvenção nos processos trabalhistas: em que casos se deve usar um ou outro instituto. Entendemos que a compensação só pode ser usada se se tratar de obrigação líquida, vencida e incontroversa do empregado em face do empregador, como nos exemplos citados, de pagamento antecipado de parcelas. Quaisquer outras hipóteses, sobretudo as que envolvem necessidade de *cognição própria*, somente poderiam ser invocadas mediante reconvenção. Assim, se o empregador invoca que o empregado cometeu um dano em seu patrimônio e pretende o devido ressarcimento, isso só será admissível se houver algum elemento inquestionável que torne essa dívida incontroversa.[141] Se, no entanto, houver divergência quanto à responsabilidade ou mesmo quanto ao valor do ressarcimento, o acolhimento dessa pretensão só será possível pela via reconvencional, na qual se instala o contraditório e se exercita, de parte a parte, a ampla defesa.

Ao tratarmos dos chamados pedidos implícitos, já explicitamos que *a compensação deve ser sempre requerida pela reclamada*, podendo, no entanto, ser deferida de ofício pelo juiz a dedução, cujo conceito é diferente. Temos, aqui, o momento oportuno para a invocação dessa matéria, consoante o que já expusemos, devendo ser, mais uma vez, observada a diferença conceitual entre ambos os institutos.

Invocada a compensação, o julgador deve, primeiramente, analisar o seu cabimento, fundado nos pressupostos que foram acima descritos. Se não for hipótese própria, simplesmente se rejeita a alegação. Sendo pertinente a invocação, o Juízo deve acolher o pedido de compensação, autorizando que a

140 OJ 356/-SDI1, do TST – PROGRAMA DE INCENTIVO À DEMISSÃO VOLUNTÁRIA (PDV). CRÉDITOS TRABALHISTAS RECONHECIDOS EM JUÍZO. COMPENSAÇÃO. IMPOSSIBILIDADE (DJ 14.03.2008). *Os créditos tipicamente trabalhistas reconhecidos em juízo não são suscetíveis de compensação com a indenização paga em decorrência de adesão do trabalhador a Programa de Incentivo à Demissão Voluntária (PDV).*

141 Por exemplo, um instrumento assinado pelo empregado, cuja validade não é objeto de questionamento.

dívida assim reconhecida seja compensada com aquela que derivar do processo em exame. Cabe lembrar, no entanto, que, se o resultado do processo não for de condenação, a compensação deferida não terá qualquer efeito: afinal, ela não admite o caráter dúplice, de modo a permitir que nessa ação surja um comando condenatório do autor. A compensação só autoriza que, havendo reconhecimento de crédito ao autor, sejam compensados os créditos do réu. Se, todavia, não houver crédito ao reclamante, não se pode deferir nada ao reclamado, que deverá, se for o caso, mover a ação apropriada. Diferente é a solução quando o réu usa a reconvenção: nessa hipótese, mesmo diante da improcedência do pedido do autor, o réu pode obter decisão condenatória em seu favor.[142]

Por fim, cabe lembrar a possibilidade do uso da compensação nas hipóteses que não versam sobre relação de emprego, mas ressalvando que os aspectos técnicos ora sustentados também são a elas aplicáveis.

d.9) Confusão (art. 381, do CC)

Confusão é o meio de extinção da obrigação, sem qualquer pagamento, quando as qualidades de credor e devedor se confundem em uma só pessoa em decorrência de ato jurídico *inter vivos* ou *mortis causa*. Poderá ocorrer a confusão no Direito do Trabalho, com extinção da obrigação, quando o empregado se torna empregador, como se dá nas hipóteses em que ele se torna proprietário, do empreendimento econômico do qual era empregado, por sucessão trabalhista. Isso pode ocorrer, p. ex., na aquisição da totalidade das cotas sociais da sociedade empregadora pelo empregado. Uma outra situação similar ocorre quando marido e mulher são sócios em determinado empreendimento e o filho do casal é empregado dele. Com o falecimento dos pais, o filho, como sucessor natural dos sócios, conjuga a condição de empregador e de empregado. Nesses casos, pode-se identificar a confusão, pois a condição de credor e de devedor conflui para mesma pessoa.

Com essa característica, não se pode admitir a subsistência de qualquer obrigação, eis que qualquer imposição de seu cumprimento seria inócua. É certo que essa possibilidade é remota, mas hipoteticamente tem de ser admitida. Demais disso, é importante salientar que a confusão só ocorre quando as figuras de credor de devedor se somam de forma universal, não ocorrendo, p. ex., quando um empregado se torna um dos sócios da empresa. Afinal, não há

142 Por essa razão é que, em dadas condições, o réu pode optar pelo uso da reconvenção, mesmo que haja o cabimento da compensação, devendo apenas superar o entendimento de alguns magistrados e doutrinadores que sustentam o descabimento do instituto no processo do trabalho.

qualquer impedimento jurídico de que o sócio, como pessoa natural, seja empregado da sociedade, pessoa jurídica, da qual participa, justamente em razão da individualização das personalidades. Todavia, se houver atribuição de responsabilidade pessoal dos sócios, somente os demais é que deverão arcar, cada qual com sua cota-parte, eis que a parte correspondente à cota do empregado naturalmente se extingue por confusão.[143] Por isso, em casos como este, se o empregado que é sócio da pessoa jurídica ajuíza uma ação trabalhista contra ela, a sociedade e os demais sócios podem requerer a extinção da obrigação até o limite da cota pertencente àquele empregado.[144]

d.10) Remissão (art. 385, do CC)

Remissão é o perdão da dívida, por ato de abdicação unilateral do credor, equivalendo à doação. Em Direito do Trabalho, graças ao princípio da irrenunciabilidade, não se admite a remissão por parte do empregado, sendo nulo qualquer ato remissivo por parte do trabalhador, nos termos dos arts. 9º e 468, da CLT. Já se admite a remissão por parte do empregador quando este, p. ex., deixa de descontar dias não trabalhados para os quais não se apresentam justificativas. Em termos processuais, portanto, a admissibilidade da invocação da prejudicial de remissão só é possível em sede de ação movida pelo empregador contra o empregado – por exemplo, cobrando valores que não teriam sido descontados em razão de faltas – ou em sede reconvencional, também utilizado pelo empregado.

Quando se trata de conflitos que não versem sobre relação de emprego, a admissibilidade da remissão é mais ampla, haja vista a inexistência do princípio específico do Direito do Trabalho. Por isso, para as hipóteses de competência trabalhista que não versem sobre contrato de trabalho, reconhece-se a possibilidade da remissão como prejudicial meritória, com maior intensidade.

d.11) Transação (art. 840, do CC)

Considera-se *transação* o negócio jurídico bilateral destinado a *prevenir ou compor litígios judiciais ou extrajudiciais*, por meio de concessões recíprocas. É também um ato de abdicação, mas que se exercita de maneira bilateral, dada

143 A responsabilidade trabalhista dos sócios da pessoa jurídica é solidária entre eles, de modo que cada um dos sócios responde integralmente pela dívida perante o empregado. No entanto, o sócio que satisfizer o crédito pode cobrar dos demais a cota proporcional que lhes cabe, de acordo com a participação societária de cada um.

144 Nesse sentido, Alexandre Agra Belmonte (*op. cit.*, p. 298) diz que, "na solidariedade, ativa ou passiva, a confusão extingue a obrigação somente até o limite da cota no débito ou no crédito, subsistindo a solidariedade quanto ao excedente".

a necessidade de reciprocidade nas concessões. Por isso, segundo a dinâmica atual do Código Civil, a transação deixou de ser *modalidade de extinção de obrigações*, para constituir-se em uma *modalidade de contrato*. Como modalidade contratual que implica a desistência de direitos, sua incidência no Direito do Trabalho é questionada, mas de maneira muito menos intensa do que se tem no caso da remissão, p. ex. Afinal, a própria cultura trabalhista carrega consigo uma tendência *conciliatória*, e os atos de conciliação são efetivamente transacionais. Por isso, tanto na doutrina como na jurisprudência costuma-se admitir de modo mais consistente a validade de atos transacionais de direitos trabalhistas no plano individual.[145]

No entanto, alguns pressupostos devem ser observados nesse mister, a fim de se assegurar a própria validade intrínseca do ato, a despeito das particularidades próprias do Direito do Trabalho. Por primeiro, toda e qualquer transação só será válida se a *natureza do direito* comportá-la: *só poderá recair sobre direitos disponíveis*, não podendo abranger direitos assegurados por normas cogentes e imperativas, derivadas da prevalência do interesse público. É dessa forma que exprime o art. 841, do CC, de modo que, assim como o *direito aos alimentos* é irrenunciável, também não é passível de abdicação qualquer direito trabalhista de natureza impositiva, como o recebimento de horas extras. Por outro lado, além de não ser válida quando se trata de direito absolutamente indisponível, a transação sempre pressupõe a *existência de dúvida quanto ao direito litigioso*. Não se pode considerar válido um ato transacional que recaia sobre direito indiscutível de uma das partes, pois falta-lhe um pressuposto de cabimento da transação. Dessa forma, p. ex., não se pode validar uma transação que recaia sobre verbas rescisórias incontroversas, devidas em razão de despedida injusta do empregado. Com o mesmo sentido, e retomando-se uma conformação conceitual da transação, esta só será válida se contiver uma *reciprocidade nas concessões*, não havendo de se falar em sua legitimidade se indicar que isso partiu apenas de um dos envolvidos nesse contrato. Bem por isso, se uma transaçao envolve dividas incontroversas e o credor abdica parcialmente dela, o ato será naturalmente inválido, visto que o devedor não fez nenhuma concessão.

De outra parte, a transação é subordinada à verificação da *capacidade das partes*, o que, de resto, é requisito de validade de qualquer ato jurídico. Com isso, os que não detêm capacidade para os atos da vida civil ou capacidade

145 Essa ressalva é necessária, eis que, em termos de relações coletivas, não há qualquer dúvida sobre a eficiência da transação, visto que se trata de instituto inerente à atividade sindical, dentro do processo de *negociação coletiva*, tratada inclusive como *direito fundamental do trabalho* pela OIT.

trabalhista não poderão transacionar. Da mesma maneira, a *livre manifestação* também é requisito de validade da transação. Como todo ato jurídico, aquele para cuja elaboração não contou com livre consentimento das partes é um ato viciado, inquinado de nulidade. Em se tratando de Direito do Trabalho, além da regra geral de nulidade do art. 9º, da CLT, há de se observar que a coação econômica é presumida, como dado inerente à condição de hipossuficiência do trabalhador. Com isso, há uma certa inversão na lógica do reconhecimento da validade da livre manifestação, pois há sempre possibilidade de uma presunção contrária à sua existência, justamente em razão do elemento econômico que prevalece nas relações trabalhistas.

Com isso, além de se encontrarem os direitos trabalhistas sob o manto da inderrogabilidade, o exame das situações de transação exige do intérprete uma análise mais acurada, a fim de avaliar se não estão presentes os elementos de coação econômica naturalmente existentes em qualquer relação de emprego. Por tais motivos, a doutrina tradicional costuma qualificar que a transação (e, com mais razão, a renúncia) operada durante a vigência do contrato seria totalmente nula, porque presumida, de forma absoluta, a dependência econômica do empregado, capaz de macular sua livre manifestação volitiva. A esse respeito, diz *Dorval Lacerda*:

> "...durante o contrato, essa livre vontade é praticamente nula, máxime quando gera uma renúncia favorável ao empregador, de quem tal empregado é dependente; que, por isso, é de se receber com toda desconfiança as renúncias de tal período".[146]

De outro lado, a permissividade do ato transacional poderia ser plena quando ocorrido após a rescisão contratual do empregado, porque o elemento de dependência estaria extinto nesse momento. No entanto, isso não ocorre de forma necessária, pois podem existir situações claras em que o elemento coativo permanece mesmo após a cessação do pacto trabalhista. Se assim ocorre, a vontade resta viciada, prejudicando totalmente a transação invocada. Nesse sentido, ensina *Süssekind*:

> "A livre manifestação da vontade do renunciante, como salientado no item 2, letra C, deste Capítulo, é um dos pressupostos essenciais à validade da renúncia. Qualquer dos artifícios que a viciem nulifica o ato do empregado. O que devemos examinar neste ensejo, é se o estado de dependência econômica, capaz de constituir uma coação econômica, cessa no momento em que o trabalhador deixa de ser

146 *A renúncia no direito do trabalho*. Rio de Janeiro: Forense, 1943. p.12/14.

empregado da empresa. Com o término do contrato de trabalho, reconhece a melhor doutrina que, sem embargo de cessar a 'soggezione impiegatizia', pode persistir o estado de inferioridade e dependência econômica do trabalhador, capaz de o levar a renunciar a certos direitos, a fim de obter o pagamento imediato de salários atrasados ou, mesmo, sua indenização. Neste caso, a renúncia corresponde a uma transação oculta, que não pode ter validade pela inexistência de 'res dubia'. (...) O vício de consentimento da vontade do empregado, oriundo da coação econômica nitidamente caracterizada, determina a nulidade do ato."[147]

Com essa indiscutível exposição, resta evidente que, ainda após a cessação do contrato de emprego, ou mesmo como pressuposto para que ela ocorra, ainda pode subsistir algum vício de consentimento capaz de tornar nula uma transação.

Da mesma sorte, como todo e qualquer ato jurídico em geral, a transação deve observar a *forma* prevista em lei, a não ser que a lei expressamente diga que não há forma para aquele ato. A esse respeito, o art. 842, do CC estabelece que ela deve ser feita por escritura pública, nas obrigações em que a lei o exige, ou por instrumento particular, nas em que ela o admite. Se, no entanto, a transação recair sobre direitos contestados em juízo, será obrigatoriamente feita por escritura pública, ou por termo nos autos, assinado pelos transigentes e homologado pelo juiz.

Por mais que as relações laborais sejam marcadas pela informalidade e pela *primazia da realidade*, esses preceitos foram estruturados cientificamente como derivação do princípio da proteção ao trabalhador. Por isso, é de todo impróprio que um empregador invoque, p. ex., a primazia da realidade para beneficiá-lo, visto que o matiz principiológico se destina à proteção do empregado. Dessa maneira, ainda que o Direito do Trabalho não consagre nenhuma forma específica para o ato de transação, suas características não permitem que se lhe admita de forma diferente da escrita.

De outro lado, privilegiando a boa-fé que deve nortear as relações jurídicas e interpessoais em geral, o Código Civil estabelece que é *nula a transação* a respeito do litígio decidido por sentença passada em julgado, se dela não tinha ciência algum dos transatores, ou quando, por título ulteriormente descoberto, se verificar que nenhum deles tinha direito sobre o objeto da transação (art. 850, do CC).

147 *Instituições de direito do trabalho*. V. 1, 12. ed. São Paulo: LTr, 1991. p. 210/211.

Por fim, por se tratar de ato de abdicação, *a transação tem de ser explícita e sua interpretação deve ser restrita*. Não se admite, com isso, a presunção de que alguém participou de ato transacional, se isso não tiver sido explicitado em sua manifestação de vontade. Afinal, como todo ato de natureza contratual, ela deve conter precisa e claramente o conteúdo e a sua dimensão, sobretudo porque implica na concessão recíproca de direitos, como ensina *Arnaldo Süssekind*:

> "Em virtude dos princípios que norteiam o Direito do Trabalho, a renúncia e a transação de direitos devem ser admitidos como exceção. Por isto mesmo, não se deve falar em renúncia ou em transação tacitamente manifestadas, nem interpretar extensivamente o ato pelo qual o trabalhador se despoja de direitos que lhe são assegurados ou transaciona sobre os mesmos (...) A renúncia e a transação devem, portanto, corresponder a atos, não podendo ser presumidas."[148]

Da mesma maneira, a interpretação da transação deve ser restrita, como explicita o art. 843 do CC, não se admitindo que seja compreendida para além daquilo que dela expressamente resultou. Logo, para que se possa reconhecer como válido um ato transacional, ele deve conter de modo claro e discriminado os direitos sobre os quais recairá, a fim de que sua interpretação possa ser feita da maneira mais rigorosa possível.

Conquanto tais pressupostos tenham sido explorados a partir da concepção do Direito do Trabalho, o certo é que também deverão ser observados, com as devidas ponderações, em qualquer outra relação jurídica que esteja sob a jurisdição trabalhista, especialmente porque estão fundados em paradigmas estruturais oferecidos pela própria legislação civil. Assim, invocada a existência de transação, cabe ao julgador analisar a existência desses pressupostos para acolhê-la ou não. Em havendo acolhida, o processo merece a prolação de uma *falsa sentença de mérito*, já analisada, consubstanciada pela extinção com resolução do mérito.

Especificamente no que diz respeito aos conflitos trabalhistas propriamente ditos, há pelo menos dois casos em que o assunto é frequentemente veiculado. O primeiro deles diz respeito à *conciliação celebrada no âmbito das Comissões de Conciliação Prévia*, antes já referida. Como dissemos, o art. 625-E, parágrafo único, da CLT, estabelece que o termo de conciliação ali lavrado tem eficácia liberatória plena, sendo um *instrumento de transação*. Não divergimos quanto ao enquadramento jurídico da questão, pois as características do

148 *Op. cit.*, p. 205.

ato indicam se tratar propriamente de uma transação. Bem por isso, sua validade está condicionada à observância estrita dos pressupostos já destacados, sem o que não se pode reconhecer os efeitos assinalados em parte da doutrina.

Nesse sentido, cabe avaliar, em primeiro lugar, se o objeto dessa conciliação não estaria entre aqueles direitos de indisponibilidade absoluta já referidos, ou seja, os preservados por preceitos de ordem pública ou que denotam interesses coletivos. Assim, não podem ser objeto de acordos perante as CCPs quaisquer direitos relativos ao meio ambiente de trabalho ou dele decorrentes, como é o caso de horas extras, horas de intervalo suprimido, adicionais de risco ou dano, entre outros. Em segundo lugar, deve ser avaliado se ocorreu uma *reciprocidade nas concessões*, pois, como já dissemos, a transação não será dotada de valor jurídico se somente uma das partes abdicar em favor de outra – sobretudo porque, nesse caso, o ato deixa de ser uma transação para se tornar uma renúncia. Em terceiro lugar, só será válido o termo de conciliação perante as CCPs se os direitos envolvidos no acordo forem *duvidosos ou litigiosos*, visto que não se admite, como demonstramos, que um acordo desse tipo recaia sobre direitos incontroversos.

Por outro lado, o art. 843, do CC, evidencia uma clara inviabilidade conceitual para uma exegese extensa do parágrafo único do art. 625-E: ali está explícito que a transação deve ser *interpretada restritivamente*, de maneira que não se pode reconhecer validade jurídica à disposição que estabelece a eficácia liberatória plena, com exceção do que estiver ressalvado. Novamente temos aqui a lógica inversa, pois, se a transação deve ser interpretada de forma restrita, somente o que nela estiver expresso e explícito é que deve ser considerado objeto da transação. Assim, uma estipulação genérica com simples ressalvas não tem o condão, em nosso entender, de representar um instrumento transacional capaz de eliminar quaisquer postulações posteriores a respeito de temas que não estavam explicitamente inseridos no termo de acordo.

Por fim, como já expusemos, o fato de os acordos perante as CCPs serem, em regra, realizados após a extinção do contrato, não elimina a *presunção de vício de consentimento*, inerente ao contrato de trabalho. Afinal, mesmo cessado o contrato, permanece o temor reverencial no empregado, capaz de macular-lhe a vontade e ensejando a concordância com o recebimento de uma pequena parcela em troca de uma "quitação geral". Esse temor deriva do fato de que a não aceitação, pelo empregado, das condições estabelecidas pelo empregador pode retardar o recebimento das verbas incontestes – como as parcelas rescisórias – e que serão suporte financeiro para a subsistência do trabalhador até nova colocação. Por isso, o trabalhador se vê obrigado a aceitar a condição imposta pelo empregador a fim de não prejudicar seu sustento e o de sua família. Além do mais, ainda remanesce uma lamentável cultura de discriminação aos trabalhadores que se insurgem contra práticas de seus ex-empregadores, sobretudo os que procuram a Justiça do Trabalho. Assim, para o trabalhador que reclama seus direitos, pode haver um súbito fechamento do mercado de trabalho, o que é mais um elemento de constrangimento à aceitação desses acordos comumente vistos nas relações laborais. Por esses motivos, qualquer análise ampliativa dos efeitos de um acordo perante uma CCP resta prejudicada pela circunstância naturalmente viciada, em relação à vontade do empregado.

Logo, de fato é possível entender-se o ato praticado perante uma CCP como sendo ato transacional; no entanto, assim sendo, outros atributos da transação devem ser igualmente respeitados. Com isso, só se poderia admitir a eficácia transacional de acordo celebrado perante uma CCP quando observados os pressupostos que enunciamos. Fora desses casos, a alegação deve ser rejeitada, permitindo-se, no máximo, deduzir a importância comprovadamente paga ao empregado por força desse acordo.

Finalizando este tópico, temos que, nas duas hipóteses mais comuns de alegação de transação em processos trabalhistas que versam sobre relação de emprego, a tendência deve ser a rejeição da invocação, em sua dimensão ampla, acatando-se somente a quitação específica das parcelas apontadas no ato contratual, não sendo viável – doutrinária e jurisprudencialmente – se reconhecer a eficácia plena de extinção das obrigações contratuais trabalhistas.

e) Mérito

e.1) Generalidades e organização das matérias

Superadas as fases nas quais não se debate a pertinência do pleito do autor, cumpre ao julgador a apreciação da matéria meritória, apresentada pelo réu como *DEFESA DIRETA DE MÉRITO*, que representa a impugnação específica sobre cada pretensão deduzida pelo reclamante. Em se tratando de mérito, há pelo menos duas dificuldades estruturais na sua elaboração, sobretudo para os que têm menor experiência – em especial candidatos em concursos para a magistratura. A primeira diz respeito à *ordem de apreciação* das matérias a serem analisadas e a segunda refere-se à *forma de organização dessa tábua temática.*

Como já foi exposto anteriormente, pelas características do próprio processo do trabalho, a sentença trabalhista normalmente envolve uma multiplicidade de pedidos, o que traz a lume a primeira das dificuldades apontadas: qual ordem para essa apreciação, diante de vários pedidos distintos? Também como já foi narrado anteriormente, é fundamental que a decisão observe *critérios de logicidade*, tanto para não resultar em contradições como também para permitir parâmetros claros para sua liquidação. Assim, a distribuição ordenada de matérias a serem apreciadas é ato imprescindível no processo elaborativo da sentença, inclusive para facilitação de sua compreensão e para a efetivação do comando sentencial.

Um exemplo simples, mas comum, é o daquele caso em que é controvertida a existência do vínculo trabalhista e também é reclamado o pagamento de verbas rescisórias. Nesse exemplo, parece óbvio que a melhor solução deve ser a apreciação da existência ou não da relação empregatícia e somente depois dessa definição, se necessária, se faz a análise do cabimento ou não das parcelas rescisórias. No entanto, muitas dúvidas existem sobre como se deve proceder quando, por exemplo, alguém reclama verbas rescisórias, horas extras, diferenças salariais e verbas relativas a um período sem anotação na CTPS. Aqui, também, não se pode seguir cronologicamente a postulação inicial, pois muitas vezes (ou na maioria delas) o pedido é desordenado e se o julgador não o organizar ele próprio terá dificuldades em verificar o que já foi apreciado ou não, e pode incorrer em defeitos estruturais da sentença. Além do mais, as verbas trabalhistas possuem um amplo grau de encadeamento e interdependência, de maneira que é sempre necessário que se faça uma análise prévia sobre a interferência que pode causar um determinado pedido, se acolhido ou rejeitado, em outra postulação. Um exemplo disso ocorre quando há pedidos de pagamento de diferenças salariais e de horas extras: como a eventual apuração das horas extras deferidas deverá ter como base a remuneração do empregado, parece natural que as discussões sobre esse tema sejam apreciadas antes da fixação da existência ou não de sobrejornada.

Isso demonstra que é extremamente oportuno atentar para os efeitos que o acolhimento ou a rejeição de um dado pedido pode implicar na apreciação de outro: é o que chamamos de *critério de prejudicialidade*, pelo qual se deve procurar apreciar, primeiramente, pedidos que possam influenciar outros subsequentes. No exemplo acima, a apreciação do pedido de diferenças salariais antes do de horas extras justifica-se porque, se aquelas derivam de uso incorreto de salário normativo do trabalhador, *v. g.*, isso significa que a base de cálculo das horas extras será o salário correto, já reconhecido anteriormente. Desta sorte, reconhecendo-se o direito às horas extras, basta apenas uma remissão aos valores salariais adequados, já tratados, para utilizá-los como base de cálculo dessas horas.

Essa organização adequada permite, além de tudo o já exposto, uma redação mais clara, sem necessidade de repetição excessiva por parte do redator a respeito de questões já decididas. Elucida-se essa assertiva com um exemplo relacionado a horas extras. Em muitas reclamações trabalhistas temos pedidos de horas extras, cumulados com indenização pela supressão de intervalo de refeição e ainda adicional noturno. O pressuposto lógico de todos esses pedidos é o mesmo, ou seja, o horário de trabalho, pois a partir de sua fixação é que podem surgir ou não tais direitos. Dessa forma, o mais lógico, nesse caso, é primeiro fixar-se a jornada de trabalho do empregado de acordo com as provas produzidas para, em seguida, dar-se apreciação de cada um dos pedidos a ela relacionados.

Lembremos, outrossim, o que já fora assinalado anteriormente a respeito dos chamados "reflexos". Devido à sua característica, eles devem ser apreciados sempre conjuntamente com o pedido que lhes deu origem. Assim, deferidas horas extras, p. ex., passa-se a avaliar a possibilidade de gerar os ditos reflexos, pela sua habitualidade ou não, para somente em seguida serem analisados os outros pedidos.

Por esses motivos é que entendemos ser mais adequado que o próprio sentenciante estabeleça um critério para organização das matérias, independentemente da forma como foi feita a postulação, a partir do qual poderá estruturar a sentença conforme o que resultar em seu melhor aproveitamento. A título de sugestão, indicamos que, na organização temática de apreciação da sentença, sejam agrupadas *as questões do início do contrato*, *as questões de seu desenvolvimento* e, por fim, *as questões relacionadas ao seu encerramento*, nessa ordem. Dessa forma, no exemplo em questão, primeiramente seriam examinados temas como a existência ou não de relação de emprego ou ocorrência de período de trabalho anterior à anotação. Em seguida, teriam de ser apreciados pedido de diferenças salariais, adicional de insalubridade ou horas extras. Por fim, apreciam-se os pedidos de verbas rescisórias, incluindo discussões incidentes a estas, como relacionadas a aviso prévio ou justa causa, por exemplo.

Outro problema recorrente nessa matéria está relacionado com a *divisão ou não da sentença por tópicos.* Nesse particular, sobretudo aos que ainda não são muito experientes no assunto, e mesmo em processos de grande número de pedidos, parece mais conveniente a colocação de itens e subitens para cada pedido ou conjunto de pedidos, a fim de facilitar a apreciação. Isso, na realidade, não afeta a estrutura da decisão, podendo ou não ser utilizado, de acordo com a técnica redacional de cada um. Observamos apenas que a divisão em tópicos facilita o trabalho do redator da sentença, tanto no aspecto da melhor organização como também na minimização das possibilidades de omissão de apreciação de qualquer pedido. Por outro lado, facilita sobremaneira o leitor da sentença, pois fica muito mais simples a localização de cada uma das matérias que está sendo debatida naquele feito. Porém, o uso dessa técnica é meramente uma decisão individual do julgador.

No entanto, é oportuno dizer-se que não é necessário formular-se um tópico de apreciação para cada pedido individual feito na inicial. Alguns advogados postulam, individualmente, cada título que poderia ser agrupado. Por exemplo, pedem horas extras, diferenças reflexas de DSRs, de feriados, de férias, de décimo terceiro e de rescisórias, cada qual em um item diferente, mas na sentença isso pode ser feito mediante um tópico único (ex. 1. HORAS EXTRAS E REFLEXOS), no qual serão apreciados todos os elementos propugnados. Da mesma forma, há quem postule horas extras em tópicos distintos da petição inicial, mas nada obsta ao magistrado que as analise em um único contexto, já que o pressuposto fático de todos é o mesmo.

Nesse mesmo sentido, pode ser feito o agrupamento de temas correlatos, como é o caso típico das horas extras, seus reflexos, horas de intervalo suprimido e adicional noturno. Isso facilita a organização do julgamento e reduz a necessidade de repetição de expressões, pois, fixado o horário de trabalho do obreiro, a partir dele podem ser definidos os pedidos em questão.

Considerando-se os temas mais frequentes em reclamações trabalhistas que versam sobre relação de emprego, sugerimos a seguinte ordenação para a apreciação meritória[149]:

e.1.1) *Responsabilidade dos demandados* – Com as novas formas de organização do trabalho, tem sido cada vez mais comum a ocorrência do encadeamento de organizações empresariais no entorno do contrato de emprego, o que por vezes dificulta até para o próprio empregado a identificação de seu empregador. Aquele modelo clássico de relação de emprego vem sendo suplantado por outras formas de apropriação do trabalho que, por vezes, envolvem duas, três ou quatro organizações empresariais. Por esse motivo, também tem sido comum a ocorrência de ações trabalhistas contendo litisconsórcio passivo, em alguns casos necessário e em outros facultativo. Invariavelmente, nessas hipóteses, há pedido específico de responsabilização de cada qual dos demandados, alguns deles que não são propriamente os empregadores, mas sim pessoas (naturais ou jurídicas) que, de alguma maneira, têm invocada sua condição de corresponsável por eventuais parcelas deferidas na ação trabalhista.

149 Embora hoje sejam admitidas outras modalidades de ações na Justiça do Trabalho, fixamo-nos na figura da reclamação trabalhista não apenas por ainda ser a mais frequente, mas, sobretudo, porque é nelas que o problema ora enfocado costuma ter mais evidência, especificamente em razão da já citada cumulação objetiva de pedidos.

Apesar de normalmente esses demandados sustentarem sua ilegitimidade passiva, como já afirmamos, a existência ou não de responsabilidade por parte de qualquer correclamado é tema de mérito, e por isso deve ser apreciado neste momento da sentença. Em regra, a apreciação dessa questão pode ser feita tanto no início da análise meritória como ao final, não havendo, nesse caso, nenhum prejuízo que ocorra em um ou outro momento. Há quem prefira situar o tema ao final, após a análise efetiva da existência ou não de algum direito, para, então, fixar se os demais integrantes do polo passivo devem ser condenados ou não. Nesse caso, a facilidade surge do fato de que, se improcedente o pedido principal, restará prejudicada a apreciação da lide secundária, que nem precisa de solução específica. O julgador deve apenas mencionar esse fato, abstendo-se de proclamar a existência ou não de responsabilidade, eis que esta só deriva da existência da responsabilidade principal do processo.

Poderá, no entanto, ser feita a apreciação dessa questão em primeiro lugar, antes da análise do próprio objeto principal do feito. A única cautela necessária, nesse caso, é a de se estabelecer, no caso de reconhecimento da responsabilidade, incidência sobre eventuais direitos deferidos naquela ação, deixando uma pequena margem de possibilidades, para o caso de improcedência do pedido principal.

A necessidade de fixação da responsabilidade dos correclamados pode ocorrer em situações diversas no processo do trabalho, dentre as quais as que estão abaixo indicadas:

- Existência de *sucessão* (arts. 10 e 448, da CLT);
- Ocorrência de *grupo econômico ou empresarial* (art. 2º, § 2º, da CLT e art. 3º, § 2º, da Lei n. 5.889/73);
- *Responsabilidade pessoal de sócios*, inclusive *ocultos ou de fato*[150];
- Responsabilidade solidária ou subsidiária em razão de *interposição de mão de obra lícita* (Súmula n. 331, do TST), inclusive da Administração Pública (Súmula n. 331, IV, do TST);
- *Responsabilidade do dono da obra* (OJ n. 191 da SDI-1, do TST) ou do *empreiteiro principal* (art. 455, da CLT);
- Responsabilidade do *intermediário* (empresa de terceirização, empresa de trabalho temporário ou cooperativa), em situações de *contratação fraudulenta*.

150 Conforme explicitamos no capítulo relacionado às Intervenções de Terceiros, especificamente quanto ao Incidente de Desconsideração da Personalidade Jurídica das empresas.

Em qualquer dessas modalidades, além de se explicitar o tipo de responsabilidade existente – se solidária ou subsidiária, conforme o caso –, é fundamental que o sentenciante defina a sua *delimitação*, caso necessária. Assim se justifica quando – situação comum em casos de interposição de mão de obra – o trabalhador prestou serviços a vários tomadores, e estes, ao serem acionados, postulam que sua responsabilidade seja limitada ao período de prestação de serviços. Se esse for o entendimento do julgador, é fundamental que tal fato fique expresso na decisão a respeito da responsabilidade, inclusive com a delimitação temporal eventualmente acolhida.

Da mesma sorte, é fundamental que o julgador também aponte o alcance objetivo da decisão, ou seja, se a responsabilidade do co-reclamado alcançará a totalidade dos créditos, inclusive as obrigações de fazer e ainda as obrigações fiscais e previdenciárias.[151]

Cabe também observar que, havendo alegação de contratação interposta fraudulenta, seja por interposição ilícita de mão de obra, por irregular contrato de trabalho temporário ou por dissimulação contratual por intermédio de cooperativa, a solução é mais complexa: nesses casos, a procedência do pedido implica o reconhecimento da relação de emprego diretamente com o tomador (*vide* item abaixo) e permite, ainda, a condenação solidária dos participantes do ato danoso (art. 942, do CC).[152]

e.1.2) *Admissão e função* – Superada a fixação da responsabilidade dos co-reclamados ou sendo relegada para apreciação posterior, é pertinente a análise da relação jurídica entre as partes, de maneira mais específica. Segundo nossa indicação, é mais adequado iniciarmos pela análise dos *fatos da formação do contrato*, o que envolve, sinteticamente, a própria discussão sobre a existência ou não da relação de emprego e ainda eventual período sem registro do contrato de trabalho.

Os casos de pedidos de reconhecimento de vínculo de emprego, em regra, trazem consigo situações descritas formalmente como sendo de outras relações jurídicas, como a de *trabalho autônomo*, *eventual* ou *avulso*, e ainda *contratações irregulares* de trabalhadores, como *temporários*, *estagiários*, *pessoas*

151 Nosso entendimento, em particular, é que a existência da responsabilidade solidária ou subsidiária abrange todos os créditos decorrentes do processo, inclusive as indenizações resultantes de obrigações de fazer não cumpridas e também as obrigações fiscais e previdenciárias. Mas nem todos pensam da mesma forma, de maneira que isso deve restar expresso na sentença, para que não ocorra qualquer dúvida na incidência do comando sentencial nem resulte em omissão do julgado.

152 Nessa hipótese, necessariamente, a apreciação da responsabilidade tem de ser feita ao final ou, ao menos, após o reconhecimento da ilicitude da contratação.

jurídicas, *cooperados* ou em situações ilícitas de *interposição de mão de obra*. Quando essas circunstâncias envolvem a contratação por outras empresas ou entidades – como os casos de cooperativas, empresas de trabalho temporário ou de interposição de mão de obra –, a boa técnica processual demanda que elas componham o polo passivo da ação juntamente com a tomadora, contra a qual é dirigido o pedido de reconhecimento da relação de emprego, conforme já foi explorado. Nessas situações, o procedimento correto da sentença é, em caso de acolhimento do pedido, o de reconhecer a irregularidade ou ilicitude da contratação com a empregadora formal e, no mesmo ato, reconhecer o contrato de emprego, fundado no princípio da primazia da realidade, com o efetivo tomador de serviços.

Aqui retomamos um assunto já explorado: como proceder quando não há pedido expresso de reconhecimento de vínculo, mas apenas de anotação na CTPS. Reiteramos nosso entendimento de que, embora fosse pertinente que houvesse pedido dessa natureza, ele não é imprescindível para a compreensão da postulação, sendo possível determinar-se a anotação da carteira de trabalho do empregado mesmo sem haver pedido explícito de reconhecimento da relação de emprego. Isso afetará apenas o comando sentencial e a coisa julgada, mas sem implicação na integridade do pleito.[153]

Fixando-se a existência de relação de emprego com o efetivo empregador, também neste momento da sentença é que deve ser determinada a realização da anotação da CTPS do trabalhador, como consequência natural da afirmação do vínculo empregatício. Trata-se, a nosso ver, de *obrigação de fazer*, a ser prioritariamente cumprida pelo empregador (art. 29, da CLT), mas que não comporta a imposição de multa cominatória porque poderá ser feita pela Secretaria da Vara, como forma alternativa de cumprimento da obrigação (art. 39, da CLT). Como tal, deve o juiz exprimir na sentença o prazo que terá o empregador para realizar a anotação e as devidas cominações.[154]

Como corolário do reconhecimento da relação de emprego e da anotação da CTPS, temos que o sentenciante também deve, neste mesmo momento da sentença, determinar o recolhimento das contribuições previdenciárias do contrato e ainda as contribuições ao FGTS. Quanto a estas últimas, é induvidoso que se trata de *obrigação de fazer*, de cunho *personalíssimo do empregador*, e cujo cumprimento somente deve ser feito mediante a realização do depósito na conta vinculada do trabalhador, nos termos do art. 26, parágrafo único da Lei n. 8.036/90. Salvo em alguns casos excepcionais, consideramos de todo

153 Ver, a propósito, capítulo em que descrevemos os chamados "pedidos implícitos".

154 Cominações que devem ser repetidas no dispositivo da sentença.

impróprio falar-se em conversão da obrigação em pagamento direto ao reclamante. Por primeiro, o comando legal citado é expresso ao afirmar a *forma* como deve ser cumprida a obrigação. Isso decorre – e serve como segundo argumento em prol dessa tese – do fato de que somente com a realização do depósito das contribuições em atraso é que o empregador fica sujeito ao recolhimento das multas devidas ao FGTS.[155] Caso o juiz determine a *execução direta* do FGTS, este ficará prejudicado pelo não recebimento das multas, que terão de ser cobradas em outra ação própria, o que se mostra impróprio e improdutivo. Por fim, a execução direta das contribuições ao FGTS também se incompatibilizam com situações em que o empregado, dependendo das razões de seu desligamento, fica impedido de movimentar a conta vinculada – como nos casos de pedido de demissão ou dispensa por justa causa. Ao estabelecer essa cominação, o magistrado está autorizando o uso do dinheiro do FGTS em hipótese não admitida pela lei.

Por isso, em nosso entender, o recolhimento do FGTS sempre deverá ser feito na conta vinculada pelo empregador, em prazo que o juiz deverá assinalar na sentença e, nesse caso, sob a cominação de imposição de multa diária pelo descumprimento (art. 536, § 1º, do CPC).

Com relação às contribuições previdenciárias do período contratual reconhecido, temos que igualmente se trata de obrigação de fazer, de caráter personalíssimo, pois somente o empregador poderá realizá-las. Por isso, da mesma forma, a sentença deverá estabelecer prazo para que o empregador comprove seu recolhimento, sob pena de ser executado nos próprios autos. Nesse caso, a possibilidade de execução direta é expressamente admitida pelo texto legal (parágrafo único do art. 876, da CLT), e não resulta prejuízos à Previdência Social, eis que os débitos apurados serão acrescidos da correção monetária prevista na lei respectiva (art. 879, § 4º, da CLT) e das multas incidentes sobre o valor não recolhido oportunamente. Além disso, quando da efetivação do recolhimento, ainda que pela via da execução forçada, essas contribuições serão computadas como salário de contribuição ao reclamante, cumprindo a finalidade do instituto.

Todas essas considerações são também aplicáveis a situações em que se reconhece a existência de *período de trabalho sem registro*, antes ou depois do contrato anotado na CTPS, ou ainda em situações de *soma de períodos*

155 Há muitas ações trabalhistas que postulam o pagamento ao reclamante da multa prevista no art. 22 da Lei n. 8.036/90, mas essa multa não é devida ao trabalhador. Trata-se de uma cominação devida em razão do atraso no recolhimento, mas que não reverte para a conta vinculada do obreiro, permanecendo como créditos do próprio Fundo. Por isso, temos como improcedentes os pedidos nesse sentido.

descontínuos de contrato, em que se reconhece a unicidade contratual. A única distinção, nesse caso, é que o empregador deverá realizar apenas a *retificação da CTPS*, e não sua anotação. Todavia, as cominações de contribuições ao FGTS e previdenciárias devem seguir as mesmas diretrizes antes assinaladas.

Por fim, destacamos que, se o sentenciante optar por elaborar a sentença em *tópicos*, poderá agrupar todos os temas aqui tratados em um mesmo item, sem necessidade de se ter um tópico para cada providência determinada.

e.1.3) *Regime jurídico aplicável* – Embora não seja necessário para a maioria dos casos, há situações em que se verifica a imprescindibilidade de ser estabelecido qual é o regime jurídico aplicável ao reclamante, obviamente quando isso é objeto de controvérsia e tem notável relevância para a solução das demais pretensões do reclamante. Assim, essa circunstância exige, por exemplo, que se estabeleça previamente se o reclamante é *empregado doméstico*, *empregado rural*, *empregado público*, *aprendiz*, *trabalhador avulso* ou, ainda, se se enquadra em uma das modalidades de *empregados especiais*, como os que ocupam *funções comissionadas ou de confiança*, e ainda os *casos especiais de empregados*, como os que são eleitos *diretores da empresa*, os *diretores recrutados externamente* e também o *sócio empregado*.

Normalmente, essas questões não são objeto de pedido específico, de modo que o reconhecimento desse regime jurídico somente é necessário para fins de fixação da natureza da relação entre as partes, como pressuposto lógico para a apreciação de outros pleitos, não conformando a coisa julgada. Bem por isso, não há necessidade de se "declarar" o fato nem de consigná-lo no dispositivo do julgado.

e.1.4) *Salário e remuneração* – Neste tópico são agrupadas questões relacionadas à remuneração do empregado. Como dissemos, é importante que isso seja analisado antes da apreciação da jornada de trabalho, tendo em vista que qualquer deferimento de parcelas derivadas desse fato deverá ter como base referencial o valor correto da remuneração, se for o caso, conforme fixação pela própria sentença.

Um dos temas mais comuns relacionados à remuneração do empregado presente em reclamações trabalhistas é o pleito de *diferenças salariais* oriundas de *inobservância de salário normativo ou reajuste salarial*, *de equiparação salarial (art. 461, da CLT)*, *de desvio funcional (inclusive pelo desrespeito a quadro de carreira)*, *de exercício de função em substituição a outro empregado* ou *de redução salarial*. Em todos esses casos, tem-se a postulação do recebimento de valores não pagos ou pagos a menor, a partir de cada qual dos fatos indicados, cuja existência é pressuposto lógico para a pertinência do pedido.

Ao lado deles, há também os pedidos de pagamento dos adicionais legais, quais sejam os de *insalubridade* (art. 192, da CLT) e *periculosidade* (art. 193, § 1º, da CLT) e também o *adicional de transferência* (art. 469, § 3º, da CLT), parcelas que dependem, cada qual, da sua respectiva prova. Sendo positiva a constatação de seu cabimento, deve-se deferir o recebimento do adicional correspondente, além da efetiva inclusão dos valores em questão na base remuneratória do empregado para todos os fins. Vale destacar que uma discussão incidente também muito comum nos processos trabalhistas é aquela relacionada à base de cálculo do adicional de insalubridade. Por vezes, isso aparece como pedido autônomo – em casos nos quais o empregador já pagava o adicional, mas com base no salário mínimo – ou como pedido adicional – ou seja, pede-se a condenação no adicional em foco, calculado sobre a remuneração do empregado, sob o fundamento da inconstitucionalidade da base fixada pela CLT.

Em qualquer dos casos, a apreciação da questão deve ser feita neste mesmo tópico, no momento da estipulação do cabimento do adicional ou de suas diferenças. A solução material do problema é deveras complexa, eis que a Súmula Vinculante n. 04, do Supremo Tribunal Federal, apresenta duas diretrizes por demais contraditórias: a um só tempo, o STF afirma que o salário mínimo não poderia ser usado como base de cálculo do adicional, mas também declara que não pode o tema ser suprido por decisão judicial.[156] Isso torna muito difícil a solução do pedido, sendo que a jurisprudência tem adotado uma oscilante interpretação, tendendo, a maioria, pelo uso do salário mínimo até que seja fixado por lei outro regime.

É importante enfatizar que, em qualquer dessas hipóteses, o deferimento da parcela principal (diferenças salariais ou adicionais remuneratórios) também acarreta a necessidade de deferimento dos *reflexos* delas nas demais parcelas contratuais do empregado. A mudança na base remuneratória implica a existência de diferenças de todos os títulos contratuais que foram pagos no decorrer do período de cabimento do título principal – observando-se, eventualmente, a prescrição –, como, p. ex., férias, décimo terceiro, FGTS, aviso prévio e repouso remunerado (quando se tratar de parcela incidente sobre salário-hora). A respeito dos reflexos, algumas regras fundamentais devem ser observadas: por primeiro, à exceção do FGTS – cuja incidência sempre ocorrerá por ser meramente um percentual –, os demais títulos somente ensejarão diferenças se a parcela principal cabível tiver revestida de *habitualidade*.

156 Súmula Vinculante n. 04/STF – "Salvo os casos previstos na Constituição Federal, o salário mínimo não pode ser usado como indexador de base de cálculo de vantagem de servidor público ou de empregado, nem ser substituído por decisão judicial."

Assim, uma vez deferida a parcela, deve o sentenciante afirmar a ocorrência ou não da habitualidade na sua percepção, para, como decorrência lógica, deferir ou indeferir a projeção dela nos títulos contratuais citados. A outra regra elementar é a de que *só podem ser deferidos reflexos sobre parcelas já pagas ao empregado*, ou seja, o reconhecimento de um título remuneratório que não foi pago pelo empregador resulta na afirmação da existência de diferenças de determinadas parcelas já pagas, sem cômputo da correta base remuneratória. Eventuais títulos contratuais não satisfeitos pelo empregador no curso do contrato – alguns deles que constituem até mesmo objeto do próprio processo – não podem resultar em reflexos, eis que estes constituem diferenças de títulos já satisfeitos de forma incorreta. O que poderá ocorrer, caso exista algum pleito dessas parcelas não pagas oportunamente, é o seu deferimento com a determinação de que sejam calculadas com a correta base remuneratória, conforme fixado na própria sentença.[157]

Também é nesse contexto que se deve apreciar eventuais alegações da existência de "salário por fora", codinome geralmente adotado para situações em que o empregador paga parte da remuneração do empregado sem a devida contabilização ou formalização ou sob rubricas que tentam mascarar a condição remuneratória da parcela (*salário dissimulado*). Isso ocorre tanto em situações de *pagamento parcial de salário fixo* como também com relação a *comissões* (às vezes, pagas integralmente ou parcialmente "por fora"). Já o *salário dissimulado* se faz presente em casos de pagamento de *aluguel de veículos ou equipamentos, ajudas de custo* ou *direitos de imagem.*[158]Esses casos, em regra, contemplam situações nas quais o contrato de trabalho é acompanhado de outro contrato acessório com pagamento de parcelas sem a denominação salarial, mas que poderiam, em tese, configurar uma forma dissimulada de remuneração.[159]

157 Consideremos o seguinte exemplo: o reclamante alega que não recebeu determinado reajuste salarial previsto na norma coletiva e postula as diferenças salariais decorrentes disso e ainda as repercussões em décimo terceiro de todo seu contrato. No entanto, afirma que somente recebeu duas das quatro gratificações de natal a que fazia jus, pretendendo, também, o recebimento das duas restantes. Ao reconhecer o Juízo a existência das diferenças salariais, deverá deferi-las, assim como poderá deferir as diferenças dos décimos terceiros já recebidos, por terem sido pagos com valores inferiores ao devido. Com relação aos dois não pagos, no momento em que apreciar o pedido, caso venha a deferi-los, o julgador deve condenar o empregador a satisfazê-los, usando o salário fixado na sentença.

158 Esta hipótese é muito comum em contratos de Atletas Profissionais de Futebol.

159 Essa situação nem sempre é ilícita, sendo possível haver casos legítimos de pagamento de parcelas contratuais, sem caráter remuneratório. Em todo caso, o tema deve ser aqui apreciado e, se for o caso, rejeita-se ou acolhe-se o pedido.

A apuração dessa questão depende, invariavelmente, de prova – em regra testemunhal –, e nesses casos o acolhimento do pedido não resulta no pagamento da parcela em si, visto que ela já foi paga. Nesses casos, o pedido é de *reconhecimento desses valores como sendo parte da remuneração do empregado*, com assimilação dos efeitos pecuniários deles no contrato do empregado. É o mesmo contexto no qual se inserem pedidos de reconhecimento de recebimento de *gorjetas* pelo empregado. As gorjetas constituem parcela peculiar da remuneração, porque não são pagas pelo empregador, mas sim pelo usuário dos serviços prestados pelo empregado. No entanto, o art. 457 da CLT expressamente inclui na remuneração não somente as importâncias espontaneamente dadas pelo cliente ao empregado, como também aquelas cobradas pela empresa ao cliente, como adicional nas contas e destinada à distribuição aos empregados. Desse quadro, são duas as situações que comumente aparecem nos processos trabalhistas: a) casos em que o empregador insere na nota de despesa um percentual relativo a gorjetas e b) casos nos quais só existe o pagamento espontâneo de gorjetas pelos clientes.

Embora a natureza e as consequências sejam as mesmas para ambos os casos, a forma como se realiza o recebimento de gorjetas interfere nitidamente na análise da situação concreta. Com efeito, se o empregador efetivamente inclui a gorjeta na nota de despesa[160], isso indica que ele, empregador, tem a possibilidade de controlar efetivamente os valores pagos a cada empregado – mesmo que não seja o responsável pelo pagamento. Por isso, em casos assim, as repercussões contratuais da existência das gorjetas devem levar em conta o montante efetivamente recebido pelo empregado a esse título e, nesse caso, quem arca com tais valores é o empregador.[161] Bem por isso é que há muitos casos na Justiça do Trabalho em que o empregador *nega* a existência dessa cobrança de gorjetas na nota de despesas e, em contrapartida, os trabalhadores buscam o reconhecimento desse fato para obter o resultado econômico da prática empresarial. Dessa forma, reconhecido o recebimento das gorjetas, a sentença deverá deferir ao reclamante a repercussão econômica destas nas parcelas que forem cabíveis.

---

160 Prática comum e institucionalizada em alguns ramos de atividade, como, p. ex., em restaurantes e hotéis, não somente no Brasil, mas em diversas localidades em todo o mundo.

161 Nos termos da Súmula n. 354, do TST, "as gorjetas, cobradas pelo empregador na nota de serviço ou oferecidas espontaneamente pelos clientes, integram a remuneração do empregado, não servindo de base de cálculo para as parcelas de aviso prévio, adicional noturno, horas extras e repouso semanal remunerado". No entanto, devem ser consideradas, p. ex., para pagamento de férias, de décimo terceiro salário e de FGTS e, embora os valores da base de cálculo não sejam pagos pelo empregador, este é quem terá de arcar com os montantes destinados ao pagamento desses direitos.

e.1.5) *Duração de trabalho* – A temática relacionada à duração do trabalho é abrangente, envolvendo não somente as limitações à jornada de trabalho, mas também os períodos compulsórios de descanso previstos na legislação trabalhista. Nesses dois amplos blocos temáticos, são inúmeras as situações passíveis de discussão em processos judiciais, e por essa mesma razão todos os assuntos relacionados à jornada de trabalho podem ser apreciados sucessivamente – pelas razões já descritas, o sentenciante pode fixar o horário de labor e em seguida apreciar tudo o que se refere a ele.

Nesse sentido, uma das primeiras questões fundamentais quanto a tal assunto é a *definição da jornada de trabalho* aplicável ao reclamante, estabelecendo-se, conforme o caso, a incidência da regra geral de oito horas diárias ou outro regime especial, como o de *bancários*, *telefonistas*, *digitadores* ou *trabalhadores em turnos ininterruptos de revezamento (art. 7º, XIV, da CF)*, apenas para exemplificarmos alguns dos casos mais comuns. Essa estipulação do regime de trabalho é essencial porque dele é que se extrairá a existência ou não de horas extras, a partir da apuração do *horário de trabalho* do reclamante.[162] A partir dos elementos fáticos apresentados pelas partes, o julgador deve estabelecer qual teria sido o horário laborado durante o contrato de trabalho (ou período reivindicado pelo autor) e concluir, em cotejo com o limite aplicável ao reclamante, sobre a existência ou não de trabalho em sobrejornada. Há, basicamente, quatro situações que envolvem essa fixação do horário: na *primeira* delas, o sentenciante apura que os horários estão integralmente assinalados nos *cartões de ponto* juntados pelo empregador; por essa razão, os valida e com base neles é que identifica a existência ou não de horas extras. No *segundo* caso, apenas *parte* do horário está corretamente anotado nos cartões, e nessa situação, o julgador substitui determinados registros por outros meios probatórios.[163] A *terceira* situação é aquela em que o reclamante impugna totalmente os registros de ponto – por incorretos ou por conterem registro uniforme,

---

162 Embora não seja o objeto deste trabalho, é fundamental, para compreensão do tema que estamos tratando, diferenciarmos as expressões "jornada de trabalho" e "horário de trabalho". A primeira indica a quantidade de horas trabalhadas por um determinado empregado em um dia, podendo servir para designar também o regime ao qual ele está sujeito (oito horas, seis horas, etc.). Já "horário de trabalho" representa o período de disponibilização do empregado para o labor, consignado a partir do momento em que ele se inicia e é contado até o momento em que deixa o trabalho, excluindo-se os intervalos.

163 Um exemplo dessa situação ocorre quando o reclamante reconhece os registros de entrada e saída, mas afirma que jamais realizou o intervalo consignado nos cartões. Nesse caso, o julgador pode suprir, conforme o caso, o registro do intervalo, pela prova oral.

consoante a Súmula n. 338, III[164] – e realiza a *prova do horário efetivamente trabalhado:* esse é o caso em que o julgador deve, a partir dessa prova, fixar o parâmetro apurado a partir da descrição probatória. A *última* configuração se dá quando o empregador, tendo mais de dez empregados, não apresenta em juízo os controles de ponto, resultando na presunção de veracidade dos horários apresentados pelo reclamante na inicial, que deverão ser considerados verdadeiros.[165]

A partir desse desenho fático é que resultará ou não a condenação em *horas extras*: compete-lhe fazer o cotejo entre o montante de trabalho definido pelo julgamento e o limite aplicável ao trabalhador, apurando, dessa forma, a existência ou não da sobrejornada a ser remunerada. Especificamente nesse assunto, é também o momento adequado de se verificar existência e validade de acordo de compensação, nos termos da Súmula n. 85, do TST, a qual, inclusive, estipula os efeitos a serem observados em caso de descumprimento do pacto compensatório.[166]

Ocorrendo o reconhecimento da habitualidade na prática de horas extras, pelos mesmos fundamentos que já utilizamos para tratar das diferenças

164 Súmula n. 338/TST – *"JORNADA DE TRABALHO. REGISTRO. ÔNUS DA PROVA (incorporadas as Orientações Jurisprudenciais ns. 234 e 306 da SBDI-1) – Res. 129/2005, DJ 20, 22 e 25.04.2005 (...) III – Os cartões de ponto que demonstram horários de entrada e saída uniformes são inválidos como meio de prova, invertendo-se o ônus da prova, relativo às horas extras, que passa a ser do empregador, prevalecendo a jornada da inicial se dele não se desincumbir. (ex-OJ n. 306 da SBDI-1- DJ 11.08.2003)".*

165 Essa presunção se sustenta no disposto no art. 400, do CPC e na Súmula n. 338, do TST

166 Súmula n. 85/TST – COMPENSAÇÃO DE JORNADA (inserido o item VI) – Res. 209/2016, DEJT divulgado em 01, 02 e 03.06.2016. I. A compensação de jornada de trabalho deve ser ajustada por acordo individual escrito, acordo coletivo ou convenção coletiva. (ex--Súmula nº 85 – primeira parte – alterada pela Res. 121/2003, DJ 21.11.2003). II. O acordo individual para compensação de horas é válido, salvo se houver norma coletiva em sentido contrário. (ex-OJ nº 182 da SBDI-1 – inserida em 08.11.2000). III. O mero não atendimento das exigências legais para a compensação de jornada, inclusive quando encetada mediante acordo tácito, não implica a repetição do pagamento das horas excedentes à jornada normal diária, se não dilatada a jornada máxima semanal, sendo devido apenas o respectivo adicional. (ex-Súmula nº 85 – segunda parte – alterada pela Res. 121/2003, DJ 21.11.2003). IV. A prestação de horas extras habituais descaracteriza o acordo de compensação de jornada. Nesta hipótese, as horas que ultrapassarem a jornada semanal normal deverão ser pagas como horas extraordinárias e, quanto àquelas destinadas à compensação, deverá ser pago a mais apenas o adicional por trabalho extraordinário. (ex-OJ nº 220 da SBDI-1 – inserida em 20.06.2001). V. As disposições contidas nesta súmula não se aplicam ao regime compensatório na modalidade "banco de horas", que somente pode ser instituído por negociação coletiva. VI – Não é válido acordo de compensação de jornada em atividade insalubre, ainda que estipulado em norma coletiva, sem a necessária inspeção prévia e permissão da autoridade competente, na forma do art. 60 da CLT.

salariais, o seu deferimento deve-se fazer acompanhar do deferimento dos correspondentes *reflexos*, ou seja, das diferenças de títulos contratuais já pagos ao reclamante durante seu contrato (ou delimitação temporal decorrente da prescrição ou do período de existência do principal) pela inclusão da média física das horas extras na base de cálculo.[167] Por isso, ao deferir as horas extras, e sendo elas habitualmente praticadas, o sentenciante também poderá determinar o pagamento dessas diferenças, nos termos que já expusemos anteriormente.[168]

Dentro do que já sugerimos a respeito da logicidade e clareza do comando sentencial, entendemos que neste momento devem ser definidos os parâmetros para a liquidação da sentença, ou seja, além da *forma* como serão apuradas as horas extras, a observância da *evolução salarial*; o *percentual do adicional* aplicável (o mínimo de 50% ou o normativo); o *divisor aplicável* (220 ou outro, de acordo com o regime) e a *base de cálculo* das horas, conforme Súmula n. 264, do TST.[169] Nesse sentido, é fundamental observar-se aquilo que já foi referido por ocasião dos nossos comentários a respeito *da fixação da remuneração*: caso a sentença também defira outro parâmetro remuneratório ao reclamante, deverá, por ocasião da condenação em horas extras, referir-se ao montante fixado como sendo a base referencial para a sua apuração.

Ainda com relação à duração do trabalho, é pertinente a apreciação de eventual pedido de pagamento de *horas de sobreaviso* ou de *prontidão* (art. 244, §§ 2º e 3º, da CLT). Da mesma forma como já narramos, a existência dessas situações depende de prova e, uma vez fixada sua ocorrência pelo sentenciante, cabe apenas estabelecer a remuneração correspondente, à base de 1/3 ou 2/3, conforme o caso.[170]

---

167 O uso da média física das horas extras é pacífico, nos termos da Súmula n. 347, do TST: "HORAS EXTRAS HABITUAIS. APURAÇÃO. MÉDIA FÍSICA (mantida) – Res. 121/2003, DJ 19, 20 e 21.11.2003. O cálculo do valor das horas extras habituais, para efeito de reflexos em verbas trabalhistas, observará o número de horas efetivamente prestadas e a ele aplica-se o valor do salário-hora da época do pagamento daquelas verbas."

168 Vale lembrar o quanto já dito a respeito do FGTS: nesse caso, não há necessidade de habitualidade para que haja a incidência do percentual devido ao Fundo.

169 Súmula n. 264/TST – "HORA SUPLEMENTAR. CÁLCULO (mantida) – Res. 121/2003, DJ 19, 20 e 21.11.2003. A remuneração do serviço suplementar é composta do valor da hora normal, integrado por parcelas de natureza salarial e acrescido do adicional previsto em lei, contrato, acordo, convenção coletiva ou sentença normativa."

170 Embora especificamente reguladas para os ferroviários, tem sido comum a ocorrência de pedidos de horas de sobreaviso ou de prontidão, mediante a aplicação analógica dos dispositivos citados, o que nos parece absolutamente pertinente. Também é regular a existência de postulações nesse sentido com fundamento na portabilidade, pelo empregado, de equipamentos

Com o mesmo sentido, havendo pedido de pagamento de *horas de percurso* ou *in itinere*, sua apreciação deve ser feita no contexto da *duração do trabalho*. Afinal, a justificativa para a remuneração do período de percurso até o local de trabalho está relacionada ao fato de que, somado à jornada efetiva de labor, existe ultrapassagem do limite diário de trabalho. Em sentido contrário, se o trabalhador é transportado de casa para o trabalho e vice-versa dentro do seu horário regular (de oito horas, p. ex.), não tem qualquer direito a horas de percurso. Assim, é oportuno, no momento da fixação do *horário de trabalho* do reclamante, que se fixe, se for esse o caso, também o horário de percurso, observando-se não só o tempo de deslocamento, mas também as condições próprias para a sua configuração.

Estabelecida a ocorrência das horas de percurso, segundo os parâmetros legais e sumulares (Súmula n. 90, do TST), passa-se ao deferimento de sua remuneração, no que efetivamente devem ser observadas as mesmas diretrizes já descritas para as horas extras. É também neste momento do julgamento que se deve apreciar eventual arguição da *existência e/ou da validade de pactuação coletiva* a respeito das horas de percurso, como permite o § 3º do art. 58 da CLT.[171] Havendo essa discussão, o julgador deverá decidir incidentalmente pela aplicabilidade ou invalidade dessa disposição convencional, antes de deferir a pretensão.

Sabemos que há que considere que as horas de percurso teriam sido extintas com a Lei 13.467, mediante a alteração do § 2º . do artigo 58, da CLT. Segundo a nova redação, *"tempo despendido pelo empregado desde a sua residência até a efetiva ocupação do posto de trabalho e para o seu retorno, caminhando ou por qualquer meio de transporte, inclusive o fornecido pelo empregador, não será computado na jornada de trabalho, por não ser tempo à disposição do empregador."* Ocorre que esse dispositivo não se presta, por si só, a eliminar o direito à remuneração das horas de percurso. Com efeito, antes da Lei 10.243/2001,

---

de intercomunicação remota, como telefones celulares ou via satélite, *pagers*, *bips* ou outros similares. Inicialmente, o TST havia firmado entendimento de que não restava configurado o sobreaviso. No entanto, tal posição foi revista, de maneira que a Súmula 428 foi alterada, para contemplar a seguinte redação: "I - O uso de instrumentos telemáticos ou informatizados fornecidos pela empresa ao empregado, por si só, não caracteriza regime de sobreaviso. II – Considera-se em sobreaviso o empregado que, à distância e submetido a controle patronal por instrumentos telemáticos ou

informatizados, permanecer em regime de plantão ou equivalente, aguardando a qualquer momento o chamado para o serviço durante o período de descanso."

171 Apesar de o texto legal permitir essa pactuação apenas para microempresas e empresas de pequeno porte, a existência de negociação coletiva sobre o assunto é por demais frequente e, bem por essa razão, o tema costuma transparecer regularmente nos processos trabalhistas.

que incluiu a redação anterior do § 2º, as horas de percurso decorriam de construção jurisprudencial, catalisada na Súmula 90, e que decorreu de uma interpretação do artigo 4o., *caput*, da CLT, cuja redação ainda é a mesma.

A previsão expressa do novo texto legal afirma que o tempo de deslocamento residência-trabalho-residência não será computado na jornada de trabalho, independentemente do meio utilizado para o percurso. No entanto, esse sempre foi o entendimento jurisprudencial dominante. A ressalva feita pela Súmula 90 diz respeito a casos nos quais o local de trabalho situa-se em local de difícil acesso ou não servido por transporte público regular, pontos que não foram abordados pela nova redação. Há que se imaginar que, caso quisesse o legislador eliminar também essa hipótese, o faria de maneira explícita, como em outros casos, lançando as situações assinaladas como inclusas na definição apresentada pela norma. A ausência de formulação a respeito leva à compreensão de que há um silêncio eloquente, passível de interpretação, o que convalida a Súmula 90 que, de resto, não colide com a lei.

Em qualquer dessas hipóteses (horas de sobreaviso, de prontidão ou de percurso), e no caso de procedência dos pedidos, o sentenciante deverá igualmente especificar os parâmetros para apuração e liquidação do pedido, inclusive com imposição do adicional correspondente – eis que são modalidades equivalentes às horas extras. Da mesma maneira, e pelas mesmas justificativas, o deferimento desses títulos também comporta o deferimento de *reflexos*, exatamente como se estabeleceu para as horas extras.

Fixado o horário de trabalho, transparecerá para o sentenciante a ocorrência ou não do *trabalho noturno*, conforme definido pelo art. 73, § 2º, da CLT e pelo art. 7º, da Lei n. 5.889/73, o que enseja, caso seja objeto da pretensão, a condenação ao pagamento do *adicional noturno* (art. 73, *caput*, da CLT e art. 7º, parágrafo único, da Lei n. 5.889/73). Mais uma vez se mostra apropriada a apreciação conjunta aqui sugerida, pois a análise e o deferimento do adicional noturno decorrem simplesmente do fato de se constatar a ocorrência do labor noturno a partir do horário de trabalho antes fixado, sem necessidade de repetição ou de reiteração.

Pela natureza do adicional noturno, também é possível que este repercuta nas demais parcelas contratuais do reclamante, de modo que, havendo habitualidade, a sentença também poderá impor a condenação nas diferenças dos títulos contratuais, pela inclusão do adicional noturno na base de cálculo. Nesse caso, também por medida de economia, se houver deferimento de horas extras com reflexos, basta deferir as mesmas repercussões para o adicional noturno, sem necessidade de repetição do comando, de forma específica.

A segunda parte do tópico *duração do trabalho* compreende temas relacionados aos *descansos obrigatórios, remunerados ou não*, cuja inobservância pode resultar em alguma repercussão econômica a ser tratada no processo trabalhista. Por primeiro, tem-se os *intervalos intrajornada*, regulados no art. 71, da CLT, cujo desrespeito resulta no direito à remuneração do período correspondente (art. 71, § 4º, da CLT). Observe-se que este é um *descanso obrigatório não remunerado*, visto que sua duração não é computada na jornada de trabalho (art. 71, § 2º, da CLT), mas sua inobservância acarreta efeitos econômicos. Uma vez estabelecido o horário de trabalho praticado pelo reclamante, com o intervalo definido pelo julgador, resta somente afirmar a ocorrência ou não do desrespeito ao comando legal. Havendo descumprimento do intervalo mínimo, deve ser deferida a remuneração do período, como se fosse hora extra – ou seja, com o adicional legal ou convencional. Tecnicamente, é bom que se diga, a remuneração do intervalo não representa hora extra, pois são conceitos distintos: hora extra é aquela laborada além do limite do empregado; labor em intervalo representa prestação de trabalho em período destinado a descanso. No entanto, o próprio legislador cuidou de dar tratamento pecuniário idêntico, de modo que é pacífica a interpretação de que o período de intervalo intrajornada desrespeitado acarreta o recebimento do valor equivalente a ele, acrescido do adicional respectivo.

É oportuno lembrarmos que o entendimento predominante na jurisprudência é o de que a concessão parcial do intervalo intrajornada implica pagamento do total suprimido, conforme regras do art. 71, da CLT, nos termos da Súmula 437, do TST.[172] Assim, se adotada essa interpretação, ainda que comprovada a existência de intervalo de trinta minutos, quando deveria ser concedida uma hora diária, a condenação será pelo montante total do intervalo. Não sendo essa a forma de interpretar do sentenciante, o deferimento se faz pela diferença entre o tempo devido e aquele concedido. Aqui também tem lugar a apreciação da *alegação de existência de norma coletiva* regulando *intervalo inferior ao legal*, prática muito comum e que resulta em inúmeras discussões judiciais. O tema também foi tratado pela Súmula 437, do TST[173],

---

172 Súmula 437/TST – "INTERVALO INTRAJORNADA PARA REPOUSO E ALIMENTAÇÃO. APLICAÇÃO DO ART. 71 DA CLT. I – Após a edição da Lei nº 8.923/94, a não-concessão ou a concessão parcial do intervalo intrajornada mínimo, para repouso e alimentação, a empregados urbanos e rurais, implica o pagamento total do período correspondente, e não apenas daquele suprimido, com acréscimo de, no mínimo, 50% sobre o valor da remuneração da hora normal de trabalho (art. 71 da CLT), sem prejuízo do cômputo da efetiva jornada de labor para efeito de remuneração."

173 Súmula 437/TST – "INTERVALO INTRAJORNADA PARA REPOUSO E ALIMENTAÇÃO. APLICAÇÃO DO ART. 71 DA CLT II – É inválida cláusula de acordo ou

que não admite a validade da pactuação em sentido diverso do que prevê a lei, mas trata-se de um assunto por demais controvertido. É certo que, havendo tal invocação, cabe ao julgador estabelecer a validade ou não da pactuação como pressuposto para o deferimento ou indeferimento do pedido.

Da mesma maneira como ocorre com as horas extras, a remuneração pela supressão do intervalo resulta na imposição dos seus *reflexos*, de maneira que o julgador, verificando a habitualidade no descumprimento ao preceito do art. 71, da CLT, deverá determinar a inclusão da remuneração correspondente na base de cálculo das demais parcelas contratuais já pagas ao empregado, como já explicamos anteriormente.[174]

Por certo que, com o novo texto do § 4o do artigo 71, pode-se entender que essas discussões estão superadas, mas há várias possibilidades remanescentes remanescentes, como a aplicação de tal disposição aos contratos em curso e a sua própria licitude.[175]

Ainda no tópico *intervalo intrajornada,* merecem apreciação eventuais pedidos relacionados à situação dos trabalhadores em atividades de *mecanografia* (datilografia, escrituração ou cálculo) ou *digitação*, que têm assegurados intervalos de descanso de 10 (dez) minutos a cada 90 (noventa) de trabalho consecutivo (art. 72, da CLT e Súmula n. 346, do TST), entre outras figuras previstas na legislação trabalhista. A situação, nesse caso, é um tanto distinta, eis que esses intervalos obrigatórios são computados na jornada de trabalho, diferentemente daqueles previstos no art. 71, da CLT. Dessa forma, o não cumprimento desses intervalos representa, para os trabalhadores correspondentes, a prática de horas extras, o que deve ter o tratamento idêntico ao conferido à realização de sobrejornada.

Ainda tratando dos *intervalos obrigatórios não remunerados*, temos a figura do *intervalo interjornadas*, disciplinado pelo art. 66, da CLT e pela Súmula

---

convenção coletiva de trabalho contemplando a supressão ou redução do intervalo intrajornada porque este constitui medida de higiene, saúde e segurança do trabalho, garantido por norma de ordem pública (art. 71 da CLT e art. 7º, XXII, da CF/1988), infenso à negociação coletiva."

174 A natureza salarial dessa parcela foi pacificada pelo inc. III da Súmula 437, do TST: "III – Possui natureza salarial a parcela prevista no art. 71, § 4º, da CLT, com redação introduzida pela Lei nº 8.923, de 27 de julho de 1994, quando não concedido ou reduzido pelo empregador o intervalo mínimo intrajornada para repouso e alimentação, repercutindo, assim, no cálculo de outras parcelas salariais."

175 "A não concessão ou a concessão parcial do intervalo intrajornada mínimo, para repouso e alimentação, a empregados urbanos e rurais, implica o pagamento, de natureza indenizatória, apenas do período suprimido, com acréscimo de 50% (cinquenta por cento) sobre o valor da remuneração da hora normal de trabalho." (Redação dada pela Lei nº 13.467, de 2017).

n. 110, do TST. Tais dispositivos estabelecem a imprescindibilidade da observância de um período mínimo de descanso de 11 horas consecutivas entre duas jornadas de trabalho, o mesmo devendo ser respeitado quando existe o descanso semanal. Nesta hipótese, para preservar o repouso, o intervalo mínimo entre o final de uma jornada e o início de outra deve ser de 35 horas. Em qualquer das situações, a existência de trabalho dentro do período de descanso não representa, necessariamente, a prática de horas extras, mas também gera repercussões econômicas. Aqui também *não se confunde o trabalho em período destinado a descanso com hora extra:* havendo labor em desrespeito ao disposto no art. 66, da CLT, o empregador deve remunerar o empregado pelas horas em que o descanso não foi observado, mesmo que não ultrapasse o limite diário de labor.[176] Essa interpretação já se vinha consolidando na jurisprudência e foi pacificada pela OJ n. 355, da SDI-1, do TST, que determinou a aplicação analógica do disposto no § 4º do art. 71, da CLT.[177]Dessa maneira, constatada a ocorrência desse fato, é devida a remuneração das horas respectivas, com os adicionais, parâmetros e reflexos cabíveis para as horas de intervalo intrajornada.

No que se refere aos *períodos obrigatórios de descanso remunerados*, as situações que mais aparecem em processos trabalhistas são aquelas em que o reclamante postula o recebimento pelo labor realizado em *descansos semanais* ou em *feriados* ou ainda requer a indenização das *férias não concedidas.* No primeiro caso, o assunto é comumente confundido com horas extras, mas trata-se de instituto de concepção distinta. A CLT prevê a obrigatoriedade ao empregador de conceder ao empregado um descanso semanal de, no mínimo, vinte e quatro horas consecutivas (art. 67), além de estabelecer a vedação do trabalho em dias considerados feriados, nos termos da legislação própria.[178] Assim, se o empregado trabalha em DSR ou feriado, ele não realizou horas

---

176 Da mesma forma como ocorre com o intervalo intrajornada, pode haver desrespeito ao intervalo mínimo entre duas jornadas de trabalho sem que ocorra a prática de horas extras. Se um empregado labora oito horas em um dia, por exemplo, saindo às 22 horas, e retorna ao trabalho às 8 horas do dia seguinte, não praticou horas extras, mas laborou em período destinado a descanso.

177 OJ n. 355/SDI-1/TST – "INTERVALO INTERJORNADAS. INOBSERVÂNCIA. HORAS EXTRAS. PERÍODO PAGO COMO SOBREJORNADA. ART. 66 DA CLT. APLICAÇÃO ANALÓGICA DO § 4º DO ART. 71 DA CLT. DJ 14.03.2008. O desrespeito ao intervalo mínimo interjornadas previsto no art. 66 da CLT acarreta, por analogia, os mesmos efeitos previstos no § 4º do art. 71 da CLT e na Súmula n. 110 do TST, devendo-se pagar a integralidade das horas que foram subtraídas do intervalo, acrescidas do respectivo adicional."

178 Os dias feriados são aqueles tratados pela Lei n. 9.093/95, que revogou o art. 11 da Lei n. 605/49.

extras, mas sim laborou em dia destinado ao descanso. A consequência, nesse caso, é a remuneração *dobrada* do dia trabalhado, e não, como pensam alguns, o pagamento de adicional de 100%.

Na realidade, embora a CLT preveja o descanso semanal e em dias feriados, a legislação reguladora do tema permite que esse dia seja substituído por outro de descanso, no chamado mecanismo de *compensação*. Assim, se o empregado trabalha em dia de descanso ou em feriado, mas tem outro dia de repouso, em compensação, não lhe resulta qualquer direito. A remuneração dobrada é devida apenas quando o empregado trabalha em tais dias e não tem qualquer descanso compensatório (art. 9º, da Lei n. 605/49).

Com isso, se na reclamação trabalhista há a alegação de que o empregado trabalhou em dia de descanso ou em feriado, sem a devida compensação, a fixação do horário de trabalho permite a identificação da ocorrência ou não desse fato. Em sendo positiva a apuração, a sentença deve acolher o pedido, condenando o empregador a remunerar o(s) dia(s) respectivo(s) *de forma dobrada*. Há, aqui, um comentário essencial a ser feito. O comando do art. 9º, da Lei n. 605/49, é expresso no sentido de que a remuneração do dia de descanso trabalhado é em dobro, o que significa que o empregado que assim procede faz jus ao recebimento do equivalente a dois dias para cada um trabalhado, independentemente da remuneração que já receberia pelo próprio descanso. É o que diz a Súmula n. 146, inclusive em modificação de entendimento diverso que antes predominava.[179]

Outra questão importante quando se faz a condenação ao pagamento de feriados é a definição, do modo mais claro e preciso que for possível, de quais dias constituem objeto da condenação, a fim de evitar discussões desnecessárias na fase de liquidação de sentença.

No que diz respeito às *férias*, elas também compõem a temática da duração do trabalho, e representam um período anual de descanso obrigatório, devidamente remunerado. Os principais litígios que surgem na Justiça do Trabalho a seu respeito envolvem a não concessão, mesmo após vencido o prazo respectivo (art. 134, da CLT) e a ocorrência de trabalho em dias em que o empregado deveria estar em férias. Na primeira hipótese, a CLT contém dispositivo expresso que permite ao empregado ajuizar reclamação trabalhista postulando ao juiz que fixe, por sentença, o período de gozo de férias (art. 137, § 1º, da CLT). Nesse caso, constatando a procedência do pedido, o juiz impõe

179 Súmula n. 146/TST – "TRABALHO EM DOMINGOS E FERIADOS, NÃO COMPENSADO (incorporada a Orientação Jurisprudencial n. 93 da SBDI-1) – Res. 121/2003, DJ 19, 20 e 21.11.2003. O trabalho prestado em domingos e feriados, não compensado, deve ser pago em dobro, sem prejuízo da remuneração relativa ao repouso semanal."

ao empregador uma obrigação de fazer, inclusive com a cominação de pena pecuniária diária (art. 137, § 2º, da CLT), até o efetivo cumprimento. Nesse caso, além do comando cominatório, o juiz também deve inserir na decisão a condenação do empregador na remuneração das férias de forma dobrada, nos termos do art. 137, da CLT. No entanto, essa possibilidade só existe se a reclamação for intentada durante a vigência do contrato de trabalho, o que não é muito comum.

O que mais ocorre, em casos dessa natureza, é o ajuizamento da reclamação após a cessação do contrato, ocasião em que as férias se tornam um direito passível de indenização. Assim, constatada a inexistência do gozo oportuno das férias, o julgador deve determinar que o empregado seja indenizado por esse fato, mediante o recebimento da remuneração respectiva, inclusive com o terço adicional. Se, no entanto, o desligamento ocorreu mais de doze meses após o vencimento do período aquisitivo de férias (art. 130, da CLT), essa indenização será dobrada, nos termos do mesmo art. 137, da CLT. O valor da indenização deverá respeitar os parâmetros do art. 142, da CLT, observando-se as diretrizes que já mencionamos a respeito dos *reflexos* de parcelas variáveis, como horas extras e adicional noturno, p. ex.: havendo condenação nesses títulos e também reconhecida a indenização de férias não concedidas, esta deverá ser determinada com o cômputo daqueles, o mesmo ocorrendo se houver condenação em diferenças salariais ou adicionais remuneratórios.

Os mesmos efeitos pecuniários ocorrem quando se trata de situação de *trabalho em dias de férias*. Por vezes o empregador concede as férias apenas formalmente, ou então convoca o empregado para trabalhar em período de férias. Uma vez provado esse fato, o julgador deve condenar o empregador à indenização pelos períodos suprimidos de férias, nos mesmos moldes do que foi declinado. Há, porém, outra possibilidade: dependendo da quantidade de dias laborados nas férias, ou de sua sucessividade, e, ainda, se houver postulação a respeito, o juiz pode considerar nulas as férias e determinar sua indenização integral.[180]

Finalizando este item, sugerimos também que se analise, no mesmo contexto, eventual pedido de *indenização pela supressão de horas extras*, tema tratado pela Súmula n. 291, do TST.[181] Por outro lado, há casos em que existe

180 Isso se justifica em função das diretrizes do § 1º do art. 134, da CLT, que permite a cisão das férias em apenas dois períodos, sendo um deles de, no mínimo, 10 dias consecutivos. Acaso venha a se demonstrar que isso não foi respeitado, todo o período de férias é nulo.

181 Súmula n. 291/TST – "HORAS EXTRAS. HABITUALIDADE. SUPRESSÃO. INDENIZAÇÃO (nova redação em decorrência do julgamento do processo TST-IUJERR 10700-45.2007.5.22.0101) – Res. 174/2011, DEJT divulgado em 27, 30 e 31.05.2011. A

a alegação de pagamento parcial de horas extras, adicional noturno ou outro título aqui descrito, com o respectivo pedido de condenação em *diferenças dessas parcelas*. Nessas hipóteses,temos que o procedimento mais adequado é, uma vez apurado o pagamento inferior ao devido, determinar-se a verificação da totalidade de cada uma das verbas, com dedução dos montantes já satisfeitos a cada título, medida que minimiza as possibilidades de uma "execução negativa", consoante já explicamos.

e.1.6) *Desligamento* – No que se refere ao desligamento do empregado, o primeiro aspecto a ser apreciado em uma sentença, caso seja controvertida, é a *motivação* do rompimento contratual. O enquadramento jurídico do tema pode envolver a definição da ocorrência de uma *dispensa imotivada*, de um *pedido de demissão*, de uma *cessação natural do contrato* – em razão de seu término, por conter prazo determinado –, ou ainda a prática de *falta grave do empregador* (rescisão indireta) ou do *empregado* (justa causa). Muitos desses casos demandam a apreciação probatória, cabendo ao julgador realizar a devida mensuração do que foi devidamente demonstrado, a fim de fixar, precisamente, os motivos do rompimento, eis que isso irá estabelecer os efeitos econômicos desse ato.

Somente após a identificação dos motivos do desligamento é que poderá o sentenciante estabelecer as *verbas rescisórias* cabíveis ao caso, de acordo com a modalidade própria de extinção que for pertinente. É oportuno lembrar que, além da indenização do aviso prévio e da indenização de 40% do FGTS, são devidos na rescisão contratual a indenização de férias não concedidas (art. 146, da CLT) e o décimo terceiro ainda não recebido (art. 3º, da Lei n. 4.090/62). Se a situação reconhecida pelo Juízo assim comportar, também será neste momento da sentença que deverá ser determinada a *liberação dos depósitos do FGTS*, mediante expedição de alvará pelo próprio Juízo ou pelo fornecimento das guias pelo empregador.[182]Da mesma forma, se o caso permitir, o julgador deverá determinar ao empregador o *fornecimento das guias para requerimento*

supressão total ou parcial, pelo empregador, de serviço suplementar prestado com habitualidade, durante pelo menos 1 (um) ano, assegura ao empregado o direito à indenização correspondente ao valor de 1 (um) mês das horas suprimidas, total ou parcialmente, para cada ano ou fração igual ou superior a seis meses de prestação de serviço acima da jornada normal. O cálculo observará a média das horas suplementares nos últimos 12 (doze) meses anteriores à mudança, multiplicada pelo valor da hora extra do dia da supressão."

182 A forma de execução dessa obrigação, em regra, deve ser pelo fornecimento do documento próprio pelo empregador, mas ela pode ser suprida pela emissão do alvará judicial.

do Seguro-Desemprego ou, sendo cabível, poderá determinar ao empregador que indenize o empregado pelo fato de ter sido impedido de recebê-lo.[183]

Em determinadas circunstâncias, poderá o reclamado invocar os institutos da *força maior* (art.501, da CLT) ou do *factum principis* (art. 486, da CLT). No primeiro caso, a consequência é a redução do montante indenizatório devido ao empregado (art. 502, da CLT); no segundo, a transferência da responsabilidade ao órgão da Administração Pública responsável pela cessação das atividades do empregador. Havendo tais alegações, este é o momento de sua apreciação, pois eventual acolhimento de qualquer deles interferirá diretamente na fixação das rescisórias ou da responsabilização.

Se do conflito fizer parte a alegação de *estabilidade* ou *garantia de emprego*, é também por ocasião da análise dos motivos do desligamento que o assunto deve ser apreciado. Aqui, novamente nos socorremos do instituto da prejudicialidade já antes apresentado: a pertinência ou não dessas duas figuras somente tem justificativa em determinadas modalidades de rompimento do contrato. Caso seja reconhecida a falta grave do empregado, por exemplo, isso é fator de afastamento de garantia de emprego; da mesma sorte, ela não cabe se o contrato for por prazo determinado ou se for admitido o pedido de demissão do empregado. Assim, se um desses temas estiver em debate, deve ser analisado logo após a definição dos motivos do rompimento do pacto.[184]

Superada essa fase, compete ao sentenciante analisar a existência ou não da estabilidade ou da garantia de emprego invocada pelo autor, segundo as hipóteses por ele lançadas e no cotejo das normas em vigor.[185] Uma vez reconhecida a estabilidade ou garantia de emprego, o sentenciante deverá *declarar*

183 Também tem sido admitida a expedição de alvará substitutivo das guias CD, que devem ser fornecidas pelo empregador. Normalmente, se o empregado preenche os requisitos para recebimento do Seguro-Desemprego, isso é suficiente para que obtenha o benefício. A conversão em indenização, portanto, pressupõe a demonstração do efetivo prejuízo, por ato que dependeu apenas do empregador.

184 Isso não será necessário, no entanto, naqueles casos em que a CLT exige que a dispensa seja precedida de inquérito para apuração de falta grave (arts. 494 e 543, § 3º, da CLT). Nessas hipóteses, como a formalidade é da essência do ato, sua inobservância já o torna nulo, de modo que o julgador deve passar direto à análise da estabilidade.

185 Além da estabilidade decenal, em via de extinção, as principais figuras de garantia de emprego da legislação em vigor são aquelas destinadas ao dirigente sindical, ao membro eleito pelos empregados para a CIPA, ao membro eleito pelos empregados para as CCPs, à gestante e ao empregado afastado em razão de acidente de trabalho (art. 118 da Lei n. 8.213/91). Existem, no entanto, figuras convencionais de garantia de emprego, e a hipótese peculiar prevista na Lei n. 9.029/95, em cujo art. 4º consta a previsão de reintegração do empregado dispensado por motivos discriminatórios (art. 1º da lei), como faculdade a ser exercida pelo empregador, que

nula a dispensa, a fim de que possa reverter o contrato ao estado anterior. Feita essa declaração, compete-lhe decidir pela reintegração do empregado ou pela conversão em indenização, observando-se que essa determinação pode ser realizada de ofício, nos termos do art. 499º, do CPC, e Súmula n. 396, II, do TST.[186]

Sendo determinada a *reintegração*, o sentenciante deve observar que se trata de *obrigação de fazer*, sendo legítima a fixação de prazo para cumprimento e a correspondente cominação. Deve, também, explicitar o direito às vantagens do período entre a extinção e a reintegração e determinar a compensação de verbas eventualmente pagas na extinção, como a indenização do aviso prévio e de 40% do FGTS. Quanto às férias, não há necessidade de compensação, mas apenas de adequação do período aquisitivo. Caso o sentenciante decida pela *indenização*, deverá estabelecer precisamente os parâmetros de sua realização, inclusive o período de apuração e também a base de cálculo dela.

e.1.7) *Multas e cominações acessórias* – Terminada a análise dos principais pontos de controvérsia de um contrato de trabalho, é possível o agrupamento de questões relacionadas a multas e outras cominações acessórias que, em regra, surgem em processos trabalhistas. Nesse sentido, temos a multa do § 8º, do art. 477, da CLT, cabível quando o empregador descumpre o prazo de pagamento rescisório previsto no § 6º do mesmo artigo. Lembramos que o montante da multa é equivalente a um salário nominal do empregado, na época do desligamento, sendo cabível mesmo quando as verbas rescisórias são

---

pode, no entanto, optar pela indenização substitutiva. Especificamente a respeito da garantia de emprego ao empregado acidentado, v. Súmula n. 378, I, II e III, do TST.

186 Segundo o entendimento predominante na jurisprudência, a reintegração no emprego somente se justifica se se tratar de estabilidade ou de garantia do emprego com prazo de duração ainda em vigor quando do proferimento da sentença. Se o prazo de garantia já tiver se expirado, entende-se cabível apenas a indenização substitutiva, como exprime a Súmula n. 396, do TST: "ESTABILIDADE PROVISÓRIA. PEDIDO DE REINTEGRAÇÃO. CONCESSÃO DO SALÁRIO RELATIVO AO PERÍODO DE ESTABILIDADE JÁ EXAURIDO. INEXISTÊNCIA DE JULGAMENTO 'EXTRA PETITA' (conversão das Orientações Jurisprudenciais ns. 106 e 116 da SBDI-1) – Res. 129/2005, DJ 20, 22 e 25.04.2005. I – Exaurido o período de estabilidade, são devidos ao empregado apenas os salários do período compreendido entre a data da despedida e o final do período de estabilidade, não lhe sendo assegurada a reintegração no emprego. (ex-OJ n. 116 da SBDI-1 – inserida em 01.10.1997). II – Não há nulidade por julgamento 'extra petita' da decisão que deferir salário quando o pedido for de reintegração, dados os termos do art. 496 da CLT. (ex-OJ n. 106 da SBDI-1 – inserida em 20.11.1997)". No mesmo sentido, e especificamente para a gestante, a Súmula n. 244, II, do TST.

reconhecidas em juízo.[187] De outro lado, é pacífico o entendimento segundo o qual essa multa também é devida quando o empregador é pessoa jurídica de direito público[188], mas rechaça seu cabimento quando o empregador é massa falida. [189]

Há, outrossim, a *multa do art. 467*, da CLT, consistente na obrigação do empregador de pagar o equivalente a 50% do montante rescisório incontroverso, quando ele não é satisfeito em primeira audiência. Nesse caso, a simples existência de controvérsia já afasta a incidência da multa[190], que, todavia, será devida sempre que houver qualquer título rescisório reconhecido pelo empregador e não satisfeito em audiência. Existe alguma dúvida a respeito do alcance da expressão "verbas rescisórias" constante do dispositivo legal, mas a sua lógica permite que assim se considere como toda e qualquer parcela devida em razão do rompimento contratual, sobre a qual não existe divergência.[191]

Merece menção o fato de que o parágrafo único do art. 467, da CLT, expressamente *exclui* a incidência da multa contra a União, os Estados, o Distrito Federal, os Municípios e as suas autarquias e fundações públicas, norma que consideramos inconstitucional e injustificada. Por outro lado, a Súmula

187 Nesse sentido, a OJ n. 351/SDI-1/TST, que previa o contrário, foi cancelada em novembro de 2009 (OJ 351 – "MULTA. ART. 477, § 8º, DA CLT. VERBAS RESCISÓRIAS RECONHECIDAS EM JUÍZO. DJ 25.04.2007. Incabível a multa prevista no art. 477, § 8º, da CLT, quando houver fundada controvérsia quanto à existência da obrigação cujo inadimplemento gerou a multa.")

188 OJ n. 238/SDI-1/TST – "MULTA. ART. 477 DA CLT. PESSOA JURÍDICA DE DIREITO PÚBLICO. APLICÁVEL. Inserida em 20.06.01 (inserido dispositivo, DJ 20.04.2005). Submete-se à multa do art. 477 da CLT a pessoa jurídica de direito público que não observa o prazo para pagamento das verbas rescisórias, pois nivela-se a qualquer particular, em direitos e obrigações, despojando-se do *'jus imperii'* ao celebrar um contrato de emprego."

189 Súmula n. 388/TST – 'MASSA FALIDA. ARTS. 467 E 477 DA CLT. INAPLICABILIDADE (conversão das Orientações Jurisprudenciais ns. 201 e 314 da SBDI-1) – Res. 129/2005, DJ 20, 22 e 25.04.2005. A Massa Falida não se sujeita à penalidade do art. 467 e nem à multa do § 8º do art. 477, ambos da CLT. (ex-Ojs da SBDI-1 ns. 201 – DJ 11.08.2003 – e 314 – DJ 08.11.2000)." No entanto, o TST já considerou que, se a dispensa ocorreu antes da falência, a multa do art. 477, § 8º, da CLT é devida (AIRR 0088-2005-020-02-40.0).

190 Salvo, obviamente, se se tratar de uma "falsa controvérsia", quando, p. ex., o empregador alega que já pagou as rescisórias, mas não apresenta nenhum recibo nesse sentido, sendo a alegação meramente uma tentativa de se esquivar da multa.

191 Assim sendo, consideramos rescisórias a indenização do aviso prévio, a indenização pelo rompimento antecipado do contrato, a indenização de 40% do FGTS, indenização compensatória por garantia de emprego, entre outras, além de décimo terceiro e férias indenizadas, com um terço, que não foram oportunamente pagas ou não tiveram seu período aquisitivo completado.

n. 388, do TST, também a exclui quando se trata o empregador de massa falida. Por fim, e consoante já assinalamos anteriormente, entendemos que essa multa pode e deve ser concedida de ofício pelo sentenciante.

No mesmo tópico ora enfocado pode ser incluído eventual pedido de *indenização adicional*, figura prevista no art. 9º da Lei n. 7.238/84, e que contempla o trabalhador dispensado no trintídio que antecede sua data-base com o pagamento de um salário mensal.[192] Observe-se que, nos termos da Súmula n. 182, do TST, a projeção do aviso prévio indenizado deve ser considerada para esse fim, de modo que, na prática, a dispensa ocorrida nos sessenta dias que anteceda a data-base já enseja o direito à indenização em questão.[193]

Finalizando este tópico, deve ser inserida a apreciação de pedidos de pagamento de *multas normativas*, em regra relacionadas a obrigações de fazer previstas nas normas coletivas. Para tanto, há de se observar, precisamente, a tipificação usada para a cominação e a vigência da norma.

e.1.8) *Danos extrapartimoniais* – As peculiaridades das relações jurídicas entre empregado e empregador constituem campo vasto para encontrarmos as mais variadas condutas e reações capazes de oferecer suporte para a aplicação de regramentos não exatamente típicos do Direito do Trabalho, mas que se mostram perfeitamente adequados à hipótese. Vemos no instituto do dano moral um exemplar característico desse fenômeno, pois as pessoas costumam passar a maior parte do dia no ambiente de trabalho. Por isso, no âmbito do trabalho, são inevitáveis algumas espécies de conflitos, por vezes derivadas das próprias relações profissionais, outras advindas de intrigas pessoais.

Possivelmente bem distante de imaginar a possibilidade de que isso gerasse uma repercussão no tema ora estudado, encontramos no texto consolidado expressas referências a ditames de conduta que visavam a resguardar e proteger a integridade moral dos envolvidos na relação jurídica. No art. 482, alíneas "j" e "k", encontramos tipificação de falta grave do empregado que cometer ato lesivo à honra e boa fama contra qualquer pessoa, no local de trabalho, e contra o empregador e seus superiores hierárquicos, em qualquer lugar, desde que em decorrência do trabalho. Já o art. 483 configura como falta grave do empregador a exigência de serviços contrários aos bons costumes ao

192 Nesse sentido, v. Súmula n. 242/TST – "INDENIZAÇÃO ADICIONAL. VALOR (mantida) – Res. 121/2003, DJ 19, 20 e 21.11.2003. A indenização adicional, prevista no art. 9º da Lei n. 6.708, de 30.10.1979 e no art. 9º da Lei n. 7.238, de 28.10.1984, corresponde ao salário mensal, no valor *devido* na data da comunicação do despedimento, integrado pelos adicionais legais ou convencionados, ligados à unidade de tempo mês, não sendo computável a gratificação natalina."

193 No que diz respeito à indenização adicional, *vide* também Súmula 314, do TST.

empregado (alínea *a*) e a prática de ato lesivo da honra e boa fama próprias do empregado, ou de seus familiares. Concretamente, temos que é possível, partindo-se de qualquer conduta de tal natureza, a par do enquadramento legal citado, que pode acarretar a dissolução motivada do contrato pelo ofendido, que empregado ou empregador tenham sofrido um dano moral, o que, por conseguinte, acarretaria ao ofensor o dever de indenizá-lo.

De tal arte, vemos que nas relações laborais inúmeras são as práticas possíveis, por parte de empregado e empregador, capazes de determinar a chamada lesão extrapatrimonial do outro e, se o dano moral é passível de ser consumado numa relação de emprego, todos os preceitos que fundamentam sua reparabilidade são de plena aplicação no Direito Obreiro, em particular pela incidência do disposto no art. 8º do texto consolidado, que expressamente autoriza o uso do direito comum como fonte supletiva, no caso de omissões da própria CLT. Assim, visualizamos como absolutamente compatível com o Direito do Trabalho tudo o quanto assinalado com relação ao dano moral, na esfera civil, ainda que a competência para a sua apreciação seja da Justiça do Trabalho (art. 114, VI, da CF).

Segundo *Maria Helena Diniz*, o **dano** é um dos pressupostos da responsabilidade civil, argumentando não ser possível pleitear-se indenização – resultante da citada responsabilidade – sem a existência de um prejuízo. Por isso, o define como sendo "a lesão (diminuição ou destruição) que, devido a um certo evento, sofre uma pessoa contra sua vontade, em qualquer bem ou interesse jurídico, patrimonial ou moral."[194] Já *Carlos Alberto Bittar* o qualifica como sendo prejuízo ressarcível experimentado pelo lesado, ponderando, ainda, que "as ações ou omissões lesivas rompem o equilíbrio existente no mundo fático, onerando, física, moral ou pecuniariamente, os lesados, que, diante da respectiva injustiça, ficam, ipso facto, investidos de poderes para defesa dos interesses violados, em níveis diversos, e à luz das circunstâncias do caso concreto."[195] Por sua vez, *Orlando Gomes*, escudando-se em autores de nomeada como *Formica* e *Trabucchi*, afirma que o dano "consiste na diferença entre o estado atual do patrimônio que o sofre e o que teria se o fato danoso não se tivesse produzido" (*id quod interest*)[196].

194 *Curso de direito civil* ..., p. 52. Segundo a autora, esse conceito é baseado em Lucio Bove, que assim o formula porque entende que o vocábulo revela dispêndio, perda ou depauperamento.

195 *Reparação* ..., p. 11

196 *Obrigações* ..., p. 329.

Em sentido amplo, portanto, notamos que os civilistas, por regra, atribuem à figura do dano aquele fator de lesividade presente em certas condutas humanas, capazes de causar a outrem algum tipo de prejuízo. Desse prejuízo, e da necessidade de retomada da situação ao seu estado anterior, surge a responsabilidade, e a consequente reparabilidade desse aludido dano. Em verdade, trata-se de uma situação típica e comum da Ciência Jurídica: nascida para regular a vida social, preservando a integridade moral e patrimonial das pessoas, cabe ao direito pontificar condutas possíveis e condutas proibidas, impondo a estas, em especial, a consequência de direito no caso de seu extrapolamento.

Partindo-se, ainda, dos dizeres de *Orlando Gomes*, o dano pode ser *patrimonial* ou *extrapatrimonial*, expressão que, genericamente, usa como sendo o equivalente ao que hoje se costuma dizer *dano moral*, que é o termo utilizado por *Maria Helena Diniz*, ao apresentar sua classificação quanto às espécies de dano. Só que, a rigor, pela definição que antes exibimos, parece contraditório falar-se em dano extrapatrimonial, visto que, conceitualmente, o dano representa uma supressão ao patrimônio do lesado. Ocorre que certas condutas humanas podem ser capazes de atingir o patrimônio alheio de forma direta (destruição de um bem, por exemplo) ou indireta (aviltamento da reputação de um comerciante, que lhe resulta em queda nas vendas). Outras, todavia, passam à margem da lesão ao patrimônio, mas atingem o âmago subjetivo de terceiros, causando-lhes ofensa à dignidade e à intimidade, ocasionando-lhes profunda dor e constrangimento. É aqui que situamos, na esteira da melhor doutrina moderna, a possibilidade lógica da existência do chamado dano moral:

> "Dano moral é, portanto, o constrangimento que alguém experimenta em consequência de uma lesão em direito personalíssimo, ilicitamente produzida por outrem"[197]. Ou então, pode-se dizer que são danos morais "os relativos a atributos valorativos, ou virtudes, da pessoa como ente social, ou seja, integrada à sociedade, vale dizer, dos elementos que a individualizam como ser, de que se destacam a honra, a reputação e as manifestações do intelecto".[198]

Nos dizeres de *Jorge Pinheiro Castelo*, "o dano moral é aquele que surte efeitos na órbita interna do ser humano, causando-lhe uma dor, uma tristeza ou qualquer outro sentimento capaz de lhe afetar o lado psicológico, sem qualquer repercussão de caráter econômico"[199]. Citando *Carlos Alberto Bittar*, acrescenta que "os danos morais são lesões sofridas pelas pessoas, físicas

197 GOMES, Orlando. *Obrigações* ..., p. 330.

198 BITTAR, Carlos A. *Reparação* ..., p. 29.

199 *Op. cit.*, p. 488.

ou jurídicas, em certos aspectos da sua personalidade"[200]. Na mesma linha, *Beatriz Della Giustina* afirma: "Tem-se considerado dano moral a tristeza, a mágoa, o sofrimento e a dor física e emocional, que se desdobram em consequências danosas".[201]

Essencialmente, nota-se uma distinção fundamental entre essas duas modalidades de dano, visto que, de um lado, temos aquela lesão que resulta na redução do patrimônio do ofendido, e, de outro, aquele tipo de ofensa que vai atingir elementos incorpóreos – a honra, dignidade, intimidade, reputação –, mas que têm relevância tanto para o bem-estar pessoal do indivíduo como para seu trato com a sociedade em que vive. É de se considerar, portanto, que esses elementos incorpóreos também fazem parte do "patrimônio" do indivíduo, visto que qualquer e eventual lesão que lhes advenha pode ocasionar grave "diminuição", ao menos na óptica subjetiva do lesado.

No entanto, ainda que a doutrina pontue como muito antigas a identificação e a definição do dano moral como conduta antijurídica, no Brasil, o Código Civil de 1916 fazia apenas referência legal indireta (art. 159 do CC/1916), havendo menção apenas no Código de Telecomunicações (Lei n. 4.711/62). Somente com a Constituição Federal de 1988, nos citados incisos V e X do art. 5º, é que se verificou mais concreta a possibilidade de exigibilidade de reparação dessa modalidade de dano. Com o Código Civil de 2002, o art. 186 passou a consagrar de forma explícita e efetiva a possibilidade de reparação do dano exclusivamente moral.

Até então, via-se com frequência uma "patrimonialização" do dano, como nos casos de atos causadores da morte alheia: o ofensor estaria obrigado a pagar uma pensão alimentícia à família do ofendido, como fator supletivo da sustentação que ele ofereceria se vivo continuasse. Além disso, nos dizeres de muitos, que não poderia haver reparação do dano moral, visto que, por incorpóreos os valores atingidos, impossível seria sua quantificação e a restituição ao *status quo ante*.[202]

Modernamente, resta incontroverso que o ataque sofrido por alguém em sua dignidade, seu decoro, sua honra ou sua intimidade, configura uma forma absoluta de lesao, em especial porque todos esses elementos compõem o que

---

200 *Idem*.

201 A reparação do dano moral decorrente da relação de emprego – *Revista LTr*, v. 59, n. 10, out./ 95 – p. 1334.

202 Isso, apenas, como parâmetro demonstrativo, para evidenciar as principais objeções. Maria Helena Diniz (*Curso de direito civil ...*, p. 74/78) arrola dez argumentos contrários comumente usados.

chamamos **personalidade**, que é um dos principais bens jurídicos resguardados pelo nosso direito. Daí por que afirmamos estar superada a doutrina que repudiava a reparabilidade do dano moral, porque questionava sua própria existência.[203] Assim, uma vez consagrado o dano moral, com os demais atributos da situação sob exame, deve ser ele reparado. Mas a indagação antes formulada ainda persiste: como reparar uma lesão formada no âmago subjetivo do ofendido, sem a possibilidade de aferição do *quantum* pelo qual ele fora lesado?

De plano, se partirmos do conceito de reparação, veremos que se trata de restaurar a coisa lesada ao seu estado anterior, de modo a restituir à vítima a parcela suprimida que teve em seus bens, ao menos em situação mais aproximada da desejável. Uma visão mais tradicional imputaria de imoral essa reparabilidade, pois estaria colocando preço na dor sofrida por alguém, que passaria a ser substituída por um valor pecuniário. Mas, na perspectiva da responsabilidade civil, essa questão se torna irrelevante, se tomarmos em conta que o direito não pode deixar de amparar o ofendido, fulcrado na inviabilidade ética da reparação, principalmente para beneficiar o ofensor. Talvez por essa razão, como medida intermediária de superação desse problema, a jurisprudência pendeu-se, inicialmente, para a consagração da reparabilidade reflexa, ou seja, o dano moral seria aferível quando demonstrasse que existiu, como seu corolário, algum reflexo patrimonial. Exemplo maior dessa situação seria a perda de um filho trabalhador, indenizável pelo efeito de ausência de sustentáculo financeiro aos pais, decorrência natural de sua sobrevida. Mas o Supremo Tribunal Federal, já se desgarrando dessa vertente, editou a Súmula n. 491, atribuindo como indenizável o acidente causador de morte de filho, mesmo não exercendo trabalho remunerado, evidenciando a possibilidade de separação plena entre o dano moral puro e o reflexo patrimonial dele.[204]

A posição atual da jurisprudência abarca com plenitude a teoria da responsabilidade civil, escudada no art. 927, do CC, impondo àquele que lesionou outrem a obrigação de ofertar-lhe indenização, pois, se não pode restituir as coisas ao estado anterior – como também sói ocorrer em muitos casos de

203 Segundo Artur Oscar Oliveira Deda, o maior representante dessa corrente foi Savigny, que dizia, com base em sua classificação dos direitos como sendo comuns e originários, que estes seriam inerentes à personalidade do homem, e, por isso, insuscetíveis de restauração por meios ordinários. *Vide* mais, a respeito, no verbete "Dano moral, (reparação)", na Enciclopédia Saraiva do Direito, v. 22, p. 279.

204 Súmula n. 491/STF – "É indenizável o acidente que cause a morte de filho menor, ainda que não exerça trabalho remunerado."

dano patrimonial –, pode ao menos conferir ao lesado uma satisfação pela perda que sofreu.[205]

Além disso, outro fator muito enfocado nas atuais manifestações jurisdicionais diz respeito ao caráter pedagógico da indenização. Na verdade, se o prejuízo moral é de difícil reparação, e só se pode pretender um conforto financeiro à vítima, muito mais importante é desestimular-se o ofensor, para que não aja novamente no mesmo sentido, tornando a causar-lhe ou a outra pessoa, os mesmos dissabores. Com base nessa perspectiva, hoje os tribunais têm admitido plenamente a possibilidade de reparação do dano moral, em tantos casos quantos comporta a jurisprudência contemporânea.

Com relação à prova do dano, essa ideia de despatrimonialização formada contemporaneamente torna desnecessário que se faça qualquer comprovação do atingimento à honra subjetiva do ofendido. Há de se provar, por certo, o fato tido como danoso, o que, às vezes, é controvertido e em outras não.[206] Havendo a caracterização do evento que teria causado o dano, cabe ao julgador apenas avaliar se aquele fato seria capaz de resultar em ofensa à honra subjetiva do trabalhador, tomando como parâmetro os paradigmas morais de um *homem médio*. É assim que também se pronuncia *Humberto Theodoro Júnior*: "Quanto à prova, a lesão ou dor moral é fenômeno que se passa no psiquismo da pessoa e, como tal, não pode ser concretamente pesquisado. Daí por que não se exige do autor da pretensão indenizatória que prove o dano extrapatrimonial. Cabe-lhe apenas comprovar a ocorrência do fato lesivo, de cujo contexto o juiz extrairá a idoneidade, ou não, para gerar dano grave e relevante, segundo a sensibilidade do homem médio e a experiência de vida".[207]

Confirmada a lesão à esfera moral, o juiz deve fixar equitativamente o dano, por inexistir ofensa de ordem patrimonial (art. 953, parágrafo único, do CC). Nessa fixação, deve levar em conta a *extensão do dano* (art. 944, do CC) e eventual *culpa da vítima* (art. 945, do CC), lembrando que uma das funções dessa modalidade de reparação – além do efeito reparatório, em si – é o caráter pedagógico-punitivo da imposição pecuniária ao ofensor: a lógica

205 Nesse sentido, explica Carlos Alberto Bittar: "Ora, essa satisfação coaduna-se com os princípios morais, na medida em que se propiciam ao lesado lenitivos, confortos, prazeres, e outras sensações, ou sentimentos aliviadores, que, através da moeda, se podem obter, como os experimentados em viagens, terapias, leituras, e tantas outras." *(Reparação ...*, p. 79).

206 É controvertida, p. ex., a ocorrência de uma ofensa praticada pelo empregador, que é por ele negada. Outros fatos, no entanto, são incontestáveis, como, p. ex., a mora salarial do empregador. Nesta última hipótese, o fato supostamente ensejador do dano é incontroverso e independe de prova.

207 *Dano moral*. 4. ed. São Paulo: Juarez de Oliveira, 2001. p. 08.

do desestímulo, consubstanciada na *imputação de condenação que seja economicamente sensível ao ofensor*, para que ele se veja obrigado a não repetir danos dessa natureza. Por isso, ao definir o montante da indenização, o julgador deve levar em consideração o *potencial econômico do ofensor*, atribuindo-lhe responsabilidade que seja relevante segundo sua capacidade patrimonial, sem o que esse efeito não terá qualquer repercussão. Por outro lado, esse mister também exige ponderação do sentenciante, pois a ação de reparação por danos morais ou estéticos não pode ser instrumento de *enriquecimento sem causa* por parte do ofendido, devendo ser exercido na medida que o senso comum admite.

Com base nesses paradigmas, portanto, deve o julgador arbitrar o *quantum* indenizatório, tarefa sempre complexa, eis que, a despeito dos parâmetros expostos, é sempre derivada da subjetividade do julgador. Em qualquer hipótese, considerando-se que a fixação do montante da indenização é feita com base nas referências econômicas da época da sentença, a correção monetária deve ser computada a contar da data do seu arbitramento, nos termos da Súmula n. 362, do STJ, salvo se o julgador usar outro parâmetro.[208] Cabe lembrar, consoante já afirmamos anteriormente, que o CPC exige que seja especificado o valor pretendido a esse título (artigo 292, V), o que limita o deferimento da indenização.

De grande repercussão nesse aspecto foi a inclusão dos artigos 223-A a 223-G, na CLT, por força da Lei 13.467. Todos eles foram inseridos no Título II-A, igualmente acrescido, com a designação de tratamento DO DANO EXTRAPATRIMONIAL. Há aspectos positivos nessa regulação, especialmente o fato de ser admitida uma modalidade de dano indenizável até então não regulamentada pela legislação trabalhista. Mais do que isso, modalidade consagrada como espécie, da qual podem ser extraídos o dano moral singular, o dano moral coletivo, o dano existencial, o dano estético e o dano social. Também regula o dano extrapatrimonial impingido à pessoa jurídica, disciplina igualmente relevante. Todas essas figuras, amplamente reconhecidas pela doutrina e pela jurisprudência, hoje são consagradas no texto legal.

A norma, no entanto peca em alguns aspectos, mormente quando induz a uma falsa ideia de que a configuração do dano pressupõe a ocorrência dos

---

208 Isso se aplica quando o sentenciante arbitra um valor para a indenização na sentença. Quando ele fixa essa indenização com base no último salário do empregado, por exemplo, não se deve aplicar esse critério, pois o referencial econômico usado era da época do desligamento. Assim, a correção, nesse caso, deve ser computada desde o rompimento contratual. Deve-se observar, ainda, que o STJ estabeleceu, em sua Súmula n. 54, que "os juros moratórios fluem a partir do evento danoso, em caso de responsabilidade extracontratual", estipulando, com isso, um termo inicial distinto daquele previsto no art. 833, da CLT.

atributos do art. 223-G. No entanto, sua singela leitura indica que aqueles não são fatores configuradores ou não da identificação do dano existencial, mas devem ser usados para eventual quantificação. Afinal, reconhecer-se nesse dispositivo a capacidade de modular a existência ou não do dano representaria um franco retrocesso na teoria que descolou sua configuração do dano de ordem patrimonial.

O maior defeito, todavia, está no § 1o deste mesmo dispositivo, que pretende estabelecer limites máximos para fixação da indenização por danos extrapatrimoniais. Trata-se de regra claramente inconstitucional, pois além de ofender o princípio da isonomia, ao estipular como base a remuneração do próprio empregado, também ofende o já citado preceito constitucional que determina a reparação integral do dano, o que não pode ser identificado caso ele receba essa limitação. Já existem Ações Diretas de Inconstitucionalidade versando sobre o tema, e espera-se que assim se posicione o STF. Até lá, o sentenciante deve cuidar de refutar os limites e fixar a indenização com base nos critérios antes enunciados.

e.1.9) *Acidentes de trabalho/doenças ocupacionais* – Como já dissemos, desde a alteração constitucional realizada pela Emenda n. 45/04, a Justiça do Trabalho passou a ter em sua competência, de forma incontroversa, a apreciação de ações que versem sobre acidentes de trabalho.[209] Assim, tem sido comum o enfrentamento de litígios trabalhistas que contêm alegação da existência de *acidente de trabalho* ou de doença ocupacional, como pressuposto para pedidos de responsabilização *patrimonial* do empregador e, em certas situações, também reparação por *dano moral*. Por vezes, esse pedido surge isoladamente nos processos trabalhistas, mas tem sido corriqueiro também seu surgimento em conjunto com as outras postulações, mesmo porque não há de se falar em incompatibilidade.

Por se tratar de um fator isolado, a apreciação da ocorrência do acidente/doença e suas consequências pode ser feita em qualquer momento da sentença. Recomendamos, no entanto, quando houver cumulação com outras matérias, que ele seja analisado ao final, após a apreciação dos demais fatos relacionados ao contrato de trabalho.

Diante da alegação de *acidente de trabalho*, o primeiro elemento a ser analisado é a sua ocorrência ou não: em determinadas situações, o evento infortunístico é incontroverso, havendo casos em que o próprio empregador elaborou a Comunicação de Acidente de Trabalho. Nessas situações, a prova do fato é desnecessária; caso contrário, sendo controvertida a ocorrência do

209 O assunto já foi explorado em outro capítulo deste trabalho.

acidente, isso deve ser objeto de prova. Configurado o acidente, há também a necessidade de se avaliar a existência ou não de responsabilidade e, para tanto, é necessário que sejam confrontadas as diretrizes teóricas que sustentam a *responsabilidade objetiva do empregador* (art. 927, do CC) e as que defendem que essa responsabilidade seria *subjetiva*. Por certo que, se a tendência for pela observância desta última modalidade, há necessidade de prova da culpa do empregador, como pressuposto para a existência de responsabilidade, o que é dispensado no primeiro caso.

Em se tratando de *doença ocupacional*, o caminho é um tanto quanto diverso. Na maioria das vezes, a moléstia do empregado não é reconhecida como tendo nexo com o trabalho, sendo necessário, no caso, uma prova pericial para definição desse fato. Aqui, por primeiro, cabe *identificar a existência ou não da doença*: esse fato, às vezes, é incontroverso, porque reconhecido pelo empregador[210], mas em outras situações, necessita de prova médica para sua apuração. Constatada a doença, é necessário que se fixe o *nexo de causalidade* entre a moléstia e a atividade laboral, tema que, normalmente, também exige prova pericial.[211] Estabelecidos a doença e o nexo de causalidade, estão aperfeiçoados os pressupostos para análise da postulação da parte autora.

Para tanto, há de se verificar qual o pedido formulado pelo reclamante. Nesse sentido, o pleito pode conter a *reparação dos danos materiais* derivados do acidente/doença, como despesas médicas, de internação, de medicamentos, de tratamentos fisioterápicos ou de outro gênero, p. ex. Para a análise desse pedido, uma vez constatados o acidente/doença e a responsabilidade do empregador, basta a comprovação efetiva dos gastos já realizados ou a serem feitos pelo empregado até sua plena recuperação, podendo o julgador deferir a pretensão com base nesses elementos. Para esse fim, é desnecessário *haver qualquer tipo de sequela física ou psíquica, tampouco há necessidade de apuração de incapacidade do trabalhador*.

Outro pedido que pode decorrer do *acidente de trabalho/doença ocupacional* é o da *reparação dos danos decorrentes da incapacidade* gerada pelo evento.

---

210 Isso ocorre, p.ex., quando o empregador admite que o empregado possui a doença, mas nega o seu alegado caráter ocupacional.

211 Essa prova, em regra, é feita no local de trabalho, e pode ser feita pelo mesmo médico que examinou o reclamante para constatação da doença. No entanto, é também possível que essa parte da prova (identificação do nexo causal) seja realizada por fisioterapeuta, já de a avaliação, nesse caso, é das características ergonômicas da realização do trabalho. Há também de ser observado que o art. 21-A da Lei n. 8.213/91 estabelece uma presunção de nexo, a partir da chamada *tabela de nexo epidemiológico* da Previdência Social, que pode ser utilizada para definição desse vínculo de causalidade.

Nesse caso, em regra, há necessidade de avaliação médica para definição da existência de fator incapacitante e ainda o dimensionamento do grau de tal incapacidade.[212] A despeito de todas as considerações técnicas que o caso exige, cabe ao julgador, na apreciação do caso concreto, ponderar o tipo de atividade profissional realizada pelo empregado e como poderia sua limitação física resultar na redução de sua capacidade laboral.

Constatada a redução da capacidade laboral, o julgador deve *fixar o montante indenizatório* de maneira a compensar os *lucros cessantes ao trabalhador*, consubstanciados no fato de que ele terá de deixar de trabalhar ou realizar atividade produtiva diversa da que fazia antes do evento.[213] Essa indenização pode ser estabelecida em *parcela única* ou na forma de *pensão mensal vitalícia*, fixada em montante que se destine a compensar a perda econômica derivada da redução de capacidade. Nessa hipótese, a lei processual permite ao juiz que determine ao devedor a *constituição de capital* – representado por imóveis, títulos da dívida pública ou aplicações financeiras em banco oficial, que serão inalienáveis e impenhoráveis enquanto durar a obrigação –, cuja renda assegure o pagamento do valor mensal da pensão (art. 533, do CPC). Essa providência pode ser substituída pela *determinação de inclusão do beneficiário da prestação em folha de pagamento* de entidade de direito público ou de empresa de direito privado de notória capacidade econômica, ou por *fiança bancária* ou garantia real, em valor a ser arbitrado de imediato pelo juiz (art. 533, § 2º, do CPC).

Caso a incapacidade para o trabalho resulte, na realidade, na *invalidez do empregado*, o juiz dever arbitrar montante indenizatório ou pensão vitalícia que leve esse fato em consideração, inclusive acrescentando-se as despesas derivadas do suprimento das necessidades do empregado, no que também se insere eventual salário de acompanhante. Em caso de *morte do empregado*, o arbitramento de indenização ou de pensão beneficia os herdeiros, sendo esta última calculada para uma duração razoável da sobrevida estimada para o *de cujus*.

Além dessas reparações de ordem patrimonial, o acidente de trabalho ou a doença ocupacional também podem resultar em pedido de indenização por *danos morais* e *danos estéticos*. A reparação estabelecida pelo art. 949, do CC, consiste no pagamento das despesas do *tratamento e lucros cessantes*, além de outras reparações por prejuízos comprovadamente havidos pelo ofendido. Essa estipulação de responsabilidade tem foco eminentemente patrimonial,

---

212 Embora, por razões didáticas, tenha sido segmentada a questão, a prova pericial é feita de uma vez só, sendo conduzida pelo juiz nos aspectos que ele pretende que sejam apurados.

213 Vale registrar que a jurisprudência predominante no STJ, quando o assunto estava na jurisdição comum, é a de que a readaptação funcional não dispensa indenização por redução da capacidade laboral.

reparando ao ofendido as perdas materiais que sofreu. Todavia, considerando-se o já mencionado art. 186, do CC, existe base legal e jurídica para que o empregado que sofre um acidente de trabalho possa postular do seu empregador uma indenização, claramente advinda da lesão moral que sofreu, em virtude das circunstâncias psíquicas que lhe resultaram do evento.

Essa reparação pode derivar da ocorrência de um *dano estético* que, na lição de *Maria Helena Diniz*, "é toda alteração morfológica do indivíduo, que, além do aleijão, abrange as deformidades ou deformações, marcas e defeitos, ainda que mínimos, e que impliquem sob qualquer aspecto um afeiamento da vítima, consistindo numa simples lesão desgostante ou num permanente motivo de exposição ao ridículo ou de complexo de inferioridade".[214] Configura-se, portanto, em termos de infortunística, sempre que o acidente ou a doença ocupacional resultam em algum tipo de deformidade no empregado, sujeitando-o à modificação de sua aparência, ainda que não cause qualquer incapacidade para o trabalho[215]. Oportuno lembrar-se que, a par da possibilidade da reparação estética do dano, em especial pelo desenvolvimento tecnológico da medicina restauradora, vem entendendo a jurisprudência que isso não elimina o dever de indenizar, ainda porque nem sempre se pode retornar à plenitude da condição anterior.

Além disso, independentemente da existência ou não de lesão estética ou de sua reparação, o acidente de trabalho ou a doença ocupacional podem resultar – e, em regra, resultam – em grave sofrimento psíquico da vítima. Por isso, esses fatores também podem ocasionar *dano moral no trabalhador*, oriundo do fato de ter sido atingido fisicamente pela dor desde o momento do evento e durante todo o processo de recuperação, com o natural desconforto psíquico que essas situações proporcionam. Para isso, valem todos os fundamentos que já expusemos anteriormente a respeito do dano moral: configura-se pelo simples ataque ao âmago subjetivo do trabalhador, sem que haja, necessariamente, repercussões de ordem patrimonial ou estética.[216]

214 *Curso de direito civil*..., p. 65.

215 À guisa de exemplo, podemos citar uma dada situação em que, em virtude de explosão ocorrida em uma caldeira, tenha ficado o empregado com queimaduras graves que lhe causaram deformação física: embora continuasse apto para o trabalho, o acidente resultou-lhe todas as agruras da sua nova aparência, o que lhe causa constrangimento e desconforto perante a sociedade.

216 É possível, portanto, haver *dano moral* mesmo que não tenha havido *dano estético*. Há, porém, entendimentos segundo os quais o dano estético se inclui na definição que fizemos sobre dano moral, pois nele não haveria diminuição patrimonial propriamente dita, mas apenas a dor, o sofrimento, a rejeição ou a autorrejeição, de acordo com o dano sofrido. Maria Helena Diniz cita, nesse sentido, José Aguiar Dias, afirmando que há cumulatividade nos danos,

No caso do dano estético, o juiz pode-se basear no próprio laudo pericial para identificar sua ocorrência ou mesmo nas máximas de experiência, que permitem a qualquer pessoa comum aferir a ocorrência ou não de alguma repercussão no plano da aparência do empregado. No tocante ao dano moral, a sua apuração segue as mesmas diretrizes que já afirmamos no item anterior. Em qualquer dos casos, com fundamento nos critérios estabelecidos para fixação da indenização por dano moral já explicados, deve o julgador estabelecer a indenização a cargo do ofensor.[217]

e.1.10) *Demais questões de mérito* – Os conflitos processuais trabalhistas também comportam algumas questões acessórias de mérito, e que devem ser apreciadas, preferencialmente, ao final do julgamento, sobretudo porque diversas delas dependem do êxito nas antecedentes. Nesse contexto, enquadram-se, por exemplo, os *honorários advocatícios*, cujas dimensões foram amplificadas com a Lei 13467. Com efeito, o entendimento predominante na jurisprudência trabalhista sempre foi o de que, em razão da persistência do *jus postulandi* das partes no processo laboral, não haveria cabimento da condenação em honorários advocatícios. Na realidade, essa interpretação majoritária assinalava que esse princípio seria incompatível com o processo do trabalho, de modo que os honorários advocatícios só seriam pertinentes em casos pontualmente tratados na legislação.[218]

"representado pelo sofrimento, pela vergonha, pela angústia ou sensação de inferioridade da vítima, atingida em seus mais íntimos sentimentos. (...) Deveras, há algumas lesões que não deformam a vítima fisicamente, mas afetam seu psiquismo, e outras que atingem o aspecto estético do lesado, mas este a supera, sem que haja repercussão psíquica ." (*Idem*).

217 Se o julgador entender pela cumulatividade dos danos moral e estético, deve arbitrar indenização única para ambos; caso contrário, uma indenização para cada dano, lembrando apenas que, como as duas situações envolvem danos extrapatrimoniais, a indenização do dano estético usa os mesmos pressupostos da indenização por dano moral.

218 É a dicção expressa da Súmula n. 219, ratificada pela Súmula n. 329 do TST:

Súmula n. 219 do TST – HONORÁRIOS ADVOCATÍCIOS. CABIMENTO (incorporada a Orientação Jurisprudencial n. 305 da SBDI-1 ao item I) – Res. n. 197/2015, DEJT divulgado em 14, 15 e 18.5.2015 I – Na Justiça do Trabalho, a condenação ao pagamento de honorários advocatícios, nunca superiores a 15% (quinze por cento), não decorre pura e simplesmente da sucumbência, devendo a parte, concomitantemente: a) estar assistida por sindicato da categoria profissional; b) comprovar a percepção de salário inferior ao dobro do salário mínimo ou encontrar-se em situação econômica que não lhe permita demandar sem prejuízo do próprio sustento ou da respectiva família. (art. 14, § 1º, da Lei n. 5.584/1970). (ex-OJ n. 305 da SBDI-I). II – É cabível a condenação ao pagamento de honorários advocatícios em ação rescisória no processo trabalhista. III – São devidos os honorários advocatícios nas causas em que o ente sindical figure como substituto processual e nas lides que não derivem da relação de emprego.

Dessa maneira, só se reconhecia o cabimento da condenação em honorários sucumbenciais nas situações de assistência sindical, na forma do art. 14 da Lei n. 5.584/70; para o manejo de ação rescisória e naquelas que não derivassem da relação de emprego, incluídas aquelas em que o sindicato atua como substituto processual. Essa determinação consta da Instrução Normativa n. 27/2005, do Tribunal Superior do Trabalho. Com efeito, quando promulgada a Emenda Constitucional n. 45, ampliando a competência da Justiça do Trabalho, o TST editou referida instrução pretendendo disciplinar as *"normas procedimentais aplicáveis ao processo do trabalho em decorrência da ampliação da competência"*. Ainda que se possa afirmar que essa proposição estaria invadindo a competência legislativa e ainda interferindo na liberdade de julgamento dos magistrados, o certo é que o texto vem regulando o tema, estabelecendo no caso do tema em análise, que *"exceto nas lides decorrentes da relação de emprego, os honorários advocatícios são devidos pela mera sucumbência"* (art. 5º). Em sentido similar, a Orientação Jurisprudencial n. 421 da SDI-I, do TST diz respeito a ações acidentárias ajuizadas na Justiça Comum e depois remetidas à Justiça do Trabalho.[219]

Logo, diante da ausência de regramento especial na legislação própria, a incidência do *caput* do art. 85 do CPC, encontrava óbice no trato jurisprudencial dominante, limitando os casos de fixação de honorários advocatícios. Particularmente, divergimos desse entendimento, que o exercício do *jus postulandi* pelas partes não se relacionava com a adoção do princípio da sucumbência, pois assim ocorre nos processos sujeitos ao Juizado Especial (Lei n. 9.099/95). A mudança processada pela Lei 13.467, neste particular, nos confere razão, pois inseriu a figura dos honorários sucumbenciais para o processo laboral, sem revogar o art. 791, que trata do direito postulatório dos litigantes. Essa prática comprova o que sempre afirmamos: a persistência desse instituto, que permite que os litigantes possam defender pessoalmente seus direitos na Justiça do Trabalho nunca foi óbice para o reconhecimento da

---

219 OJ N. 421 – HONORÁRIOS ADVOCATÍCIOS. AÇÃO DE INDENIZAÇÃO POR DANOS MORAIS E MATERIAIS DECORRENTES DE ACIDENTE DE TRABALHO OU DE DOENÇA PROFISSIONAL. AJUIZAMENTO PERANTE A JUSTIÇA COMUM ANTES DA PROMULGAÇÃO DA EMENDA CONSTITUCIONAL N. 45/2004. POSTERIOR REMESSA DOS AUTOS À JUSTIÇA DO TRABALHO. ART. 20 DO CPC. INCIDÊNCIA. *A condenação em honorários advocatícios nos autos de ação de indenização por danos morais e materiais decorrentes de acidente de trabalho ou de doença profissional, remetida à Justiça do Trabalho após ajuizamento na Justiça comum, antes da vigência da Emenda Constitucional n. 45/2004, decorre da mera sucumbência, nos termos do art. 20 do CPC, não se sujeitando aos requisitos da Lei n. 5.584/1970.*

aplicação da sucumbência. A nova redação consolidada torna superado, para ações ajuizadas após sua vigência, o texto da Súmula n. 219.[220]

Todavia, isso não significa que a CLT passa a assimilar ao processo laboral o princípio da sucumbência, de forma incondicional. De fato, estabeleceu-se a regra de cabimento dos honorários advocatícios em qualquer ação na Justiça do Trabalho, mas não nos casos de improcedência ou extinção do processo sem resolução do mérito. Isso porque, ao contrário do CPC, a CLT nada expressa a respeito do tema. Explicamos: no âmbito do CPC, o art. 85 estipula que *"a sentença condenará o vencido a pagar honorários ao advogado do vencedor"*. Trata-se de redação bastante distinta do que consta do art. 791-A da CLT, que apenas assinala serem devidos os honorários de sucumbência ao advogado. Na sequência, ao definir a base de cálculo dos percentuais de honorários, o legislador reformista aponta que devem incidir *"sobre o valor que resultar da liquidação da sentença, do proveito econômico obtido ou, não sendo possível mensurá-lo, sobre o valor atualizado da causa."* De tal leitura, extrai-se que a Lei n. 13.467 preocupou-se apenas em disciplinar os honorários decorrentes da sucumbência do demandado nas ações trabalhistas (seja ele empregado, empregador, entidade sindical ou qualquer outro legitimado a tanto). Isso porque a CLT não trouxe dispositivo similar ao que consta do § 6º do art. 85 do CPC: *"Os limites e critérios previstos nos §§ 2º e 3º aplicam-se independentemente de qual seja o conteúdo da decisão, inclusive aos casos de improcedência ou de sentença sem resolução de mérito"*.

Dito de outro modo, o tratamento normativo conferido pela CLT, ao não reproduzir fielmente o conjunto apresentado pelo CPC, aprovado pelo mesmo Congresso Nacional, não legitima a imputação de honorários advocatícios nos casos de improcedência ou extinção do processo sem resolução do mérito. Vale observar que, pela redação do art. 791-A da CLT, não foi completamente assimilado ao processo laboral o princípio da sucumbência, justamente pela inexistência de reprodução de comando similar ao do art. 85 do CPC. Por isso, e em razão das particularidades do processo do trabalho, o tema deve merecer interpretação restrita e estrita aos temos colocados no próprio texto enxertado.

Postos tais elementos, são devidos honorários advocatícios em quaisquer ações em trâmite na Justiça do Trabalho, inclusive naquelas em que o advogado atua em causa própria, em ações contra a Fazenda Pública, e nos processos em que ocorre substituição processual pelo sindicato da categoria. O texto

220 Esse dado é fundamental: nos termos da Instrução Normativa 41, do TST, as regras indicadas só se aplicam a ações ajuizadas após a vigência da Lei 13.467.

também assegura os honorários sucumbenciais na reconvenção (§ 5º), que não se confundem com os decorrentes de sucumbência recíproca, que não exigem a existência daquela.

Acresça-se, por oportuno, que essa regra não elimina o direito aos honorários assistenciais, disciplinados pela Lei n. 5.584/70. A assistência judiciária trabalhista é fixada no art. 14 da referida norma, que a atribui ao Sindicato da categoria profissional a que pertencer o trabalhador. Nessa linha, o art. 16 da mesma lei estipula que *"os honorários do advogado pagos pelo vencido reverterão em favor do Sindicato assistente"*. Dessa sorte, são situações distintas: os honorários assistenciais são devidos ao sindicato que assiste ao trabalhador; os honorários de sucumbência, na literalidade do art. 791-A da CLT, são devidos ao profissional da advocacia que patrocinou a causa. Vale dizer, nas ações trabalhistas em que houve assistência sindical, os honorários previstos no art. 16 da Lei n. 5.584/70 são cumulados com os do art. 791-A da CLT. Vale assinalar que essa distinção é mais relevante ainda no atual contexto, em que os sindicatos perderam a contribuição compulsória, mas continuam obrigados a prestar assistência judiciária a todos os integrantes da categoria (art. 18 da Lei n. 5.584/70 – *"A assistência judiciária, nos termos da presente lei, será prestada ao trabalhador ainda que não seja associado do respectivo Sindicato"*).

Segundo o *caput* do art. 791-A, os honorários serão fixados em percentual que varia entre 5 e 15%, o que difere do critério usado pelo § 2º do art. 85 do CPC, que os estipula entre 10% e 20%. Não há razão lógica para a distinção, mormente porque, a princípio, o intento legislativo foi o de universalizar o princípio, incorrendo em justificativas para que o percentual aplicado às ações trabalhistas fosse distinto. Vale citar que o limite máximo observou o padrão historicamente definido pelo § 1º do art. 11 da Lei n. 1.060/50, e assimilado pela jurisprudência como sendo o patamar máximo das condenações trabalhistas, mas que foi revogado pelo próprio CPC. De qualquer sorte, o regramento genérico hoje estabelecido na CLT afasta a possibilidade do uso das diretrizes do CPC, ante à falta de omissão consolidada. De outra banda, entendemos inaplicável ao processo laboral o disposto no § 3º do art. 85 do CPC, que fixa limites distintos para os honorários em ações contra a Fazenda Pública. Como o texto inserido na CLT expressamente reconheceu o cabimento da sucumbência contra a Fazenda, a ausência de manifestação do legislador a respeito desses limites torna-se eloquente, inviabilizando o uso supletivo da regra (o que atrai a inaplicabilidade dos §§ 4º, 5º e 6º).

Com relação à base de cálculo dos honorários, o legislador reformista estabeleceu que a incidência do percentual será feita sobre o valor da liquidação da sentença, sobre o proveito econômico obtido ou sobre valor atualizado da causa, quando aquele não puder ser obtido, adotando o mesmo critério do CPC. É oportuno identificar o alcance da expressão "*proveito econômico obtido*", que difere do valor da liquidação. A jurisprudência do Superior Tribunal de Justiça – já habituado a enfrentar essa questão, no plano dos processos da Justiça Comum – indica que ela corresponde ao benefício econômico almejado ou alcançado pelo autor da ação por ele movida, o que nem sempre corresponde à liquidação da sentença.

No entanto, isso nem sempre é aferível como, por exemplo, nas ações nas quais não haja condenação. Nesses casos, a regra é de se usar o valor da causa atualizado, mas há casos em que decisões declaratórias podem trazer efeitos decorrentes (como na própria declaração de existência de vínculo de emprego), e outros em que decisões de cunho constitutivo ou mandamental podem constituir títulos executivos judicias (CPC/15, art. 515, I). Nessas hipóteses, a base de cálculo deverá recair sobre proveito econômico obtido e não sobre o valor atualizado da causa.

Salienta-se que o § 8º do art. 85 do CPC estabelece que "*nas causas em que for inestimável ou irrisório o proveito econômico ou, ainda, quando o valor da causa for muito baixo, o juiz fixará o valor dos honorários por apreciação equitativa, observando o disposto nos incisos do § 2º*", disposição totalmente compatível com o processo laboral, e que pode ser usada pelo magistrado nas situações ali elencadas. Por outra parte, o § 9º dispõe que "*na ação de indenização por ato ilícito contra pessoa, o percentual de honorários incidirá sobre a soma das prestações vencidas acrescida de 12 (doze) prestações vincendas*". Entendemos, igualmente, que esse parágrafo é compatível com o processo laboral, podendo ser-lhe aplicado de forma supletiva (art. 15 do CPC), mormente nas ações de indenização por acidentes de trabalho ou doenças ocupacionais, em que se defere reparação material por lucros cessantes mediante pensionamento mensal. No que tange aos danos emergentes e aos danos extrapatrimoniais, os honorários incidirão sobre o montante das condenações correspondentes.

O § 2º do art. 791-A estabelece os critérios a serem usados pelo juiz para fixar os honorários, quais sejam, o grau de zelo do profissional; o lugar de prestação do serviço; a natureza e a importância da causa; e o trabalho realizado pelo advogado e o tempo exigido para o seu serviço. São os mesmos critérios do § 2º do art. 85 do CPC, e que corriqueiramente são usados pelos magistrados na estipulação do percentual adotado. É oportuno acrescentar que essas motivações são vinculantes, de sorte que, se o magistrado justificar a estipulação do percentual a partir dos critérios que expuser na decisão, isso poderá ser objeto de recurso. Demais disso, a circunstância do inciso IV é que autoriza, como dissemos, o incremento dos honorários fixados na sentença na fase recursal ou na fase executória.

No caso do § 3º, ele também traz para o processo laboral uma regra típica do processo comum. É a chamada sucumbência recíproca, prevista pelo art. 86 do CPC. A hipótese é a dos casos em que a pretensão do autor é parcialmente procedente, vale dizer, naqueles em que apenas uma parte de seu pedido foi acolhido, sendo o restante rejeitado. É esse o sentido da expressão legal, quando atribuiu aos litigantes a condição de "vencedor e vencido", denotando que parte das pretensões de cada um foi acolhida pelo Juízo. Ou seja, parte dos pedidos formulados pelo autor foi acolhida e parte foi rejeitada, como corolário do acolhimento dos pedidos do réu, de improcedência da pretensão do autor. É relevante afirmarmos que isso não se aplica aos casos nos quais há reconvenção, em que pode haver sucumbência de uma das partes em ambas as demandas e, mesmo que as duas pretensões sejam procedentes, incide a regra do § 1º do art. 85 do CPC, que pressupõe condenação autônoma.

O texto do CPC reproduz o comando já existente no art. 21 e seu parágrafo único, do CPC/1973, e contém duas disposições bastante singelas: a) nos casos de sucumbência recíproca, a atribuição das despesas processuais será proporcional à pretensão de cada litigante que foi acolhida; b) se, no entanto, uma parte sucumbir em parcela mínima do pedido, a outra responderá integralmente por essas despesas. Embora o Código não faça referência expressa ao significado de "parte mínima", cabe ao juiz, no momento de impor a condenação, definir se o grau de sucumbência seria enquadrável nessa hipótese, a fim de atribuir os ônus da sucumbência somente a um dos litigantes. Nessa linha, Pontes de Miranda: *"O juiz é que tem de apurar se a parte do pedido era mínima. Aí, a minimidade é em relação ao valor do pedido; portanto, se o pedido é de alto importe econômico, não se há considerar parte mínima do pedido o que seria parte mínima em pedido de pequeno valor."*[221]

É oportuno frisar-se que, no sistema do processo comum, há despesas tanto do autor como feitas pelo réu. Por isso, se aplicável a hipótese do *caput* do art. 86, entendemos que devem ser consolidadas as despesas realizadas por ambas as partes, acrescidas custas e outras despesas do processo e feito o rateio proporcional, segundo o grau de sucumbência de cada um. Naturalmente, desse montante cabe a compensação daquilo que cada um adiantou, e os honorários advocatícios são fixados de forma proporcional, como já exposto.

221 MIRANDA, Pontes de. *Comentários ao Código de Processo Civil.* 5. ed. Rio de Janeiro: Forense, 1999. t. I, p. 400.

Como se nota, a decisão judicial tem que ser precisa e determinada, a fim de evitar problemas em eventual liquidação.

Essa vertente de sucumbência recíproca nunca foi compatível com o processo do trabalho, que jamais admitiu a atribuição proporcional de despesas do processo. O debate jurisprudencial a respeito é muito antigo, como explica Wilson de Souza Campos Batalha:

> *Assaz discutida tem sido a hipótese de condenações parciais. Entendem alguns, entre os quais nos alinhamos em nossas 'Instituições de Direito Processual do Trabalho', que, nas condenações parciais, as custas devem ser pagas proporcionalmente pelas partes; entendem outros que, nessas hipóteses, as custas ficam exclusivamente a cargo do empregador, calculando-se sobre o valor da condenação.*[222]

Dentre os defensores da segunda tese (não cabimento da proporcionalidade), ele cita Délio Maranhão e Mozart Russomano, que a sustentam no fato de que o texto da CLT faz referência apenas ao valor da condenação como base de cálculo das custas. Todavia, a jurisprudência há muito tempo se firmou no sentido do descabimento da proporcionalidade das custas, como revela decisão proferida em 1953 pelo TST:

> *Na Justiça do Trabalho só pode haver um vencido: aquele cuja reclamação é julgada improcedente ou que é condenado. Assim, ressalvada a hipótese de acordo, em que o pagamento das custas pode ser feito em partes iguais pelos litigantes, nos termos do art. 789, § 4º, "in fine", da CLT, não se admite a condenação a pagamento de custas proporcionais.*[223]

Essa foi a mesma linha adotada por decisões bem mais recentes, fixando um modelo interpretativo peculiar para a questão. Com isso, tem-se que, a rigor, o reclamado sempre paga as custas, ainda que parcialmente procedente o pedido, salvo nos casos de processos trabalhistas que não versem sobre relação de emprego. Essa interpretação decorre do que consta do § 3º do art. 3º da Instrução Normativa n. 27/2005, do TST, já mencionada, que assinala que, "*salvo nas lides decorrentes da relação de emprego, é aplicável o princípio da sucumbência recíproca, relativamente às custas*". Por isso, a nova regra consolidada comete uma grave violação estrutural, porquanto se divorcia de uma diretriz principiológica das mais relevantes do processo do trabalho. Afinal, soa impraticável aplicar-se a regra da sucumbência recíproca em um tipo de

222 BATALHA, Wilson de Souza Campos. Tratado de direito judiciário do trabalho. 3. ed. São Paulo: LTr, 1995. v. I, pp 714-715.

223 Idem, p. 715.

processo que tem como matriz a possibilidade de cumulação objetiva, como regra. Como se sabe, no processo laboral, é muito raro haver apenas uma pretensão específica, sendo mais comum haver pedidos encadeados, em razão da sucessividade do trato que é típica do contrato de trabalho. Dessa forma, é conceitualmente inviável falar-se em "sucumbência recíproca", pois se parte das pretensões deduzidas pelo reclamante foi acolhida, é evidente que quem sucumbiu foi o empregador.

Ainda que assim não ocorra, o que se tem a enfrentar, no caso, tem outra dimensão. Entendemos que só se pode compreender a aplicação efetiva da regra do § 3º em casos em que haja algum tipo de imputação de responsabilidade ao reclamante ou em que se verifique evidente abuso do direito de litigar. O mero exercício da ação não autoriza, a nosso sentir, a incidência desse preceito. Demais disso, se determinada pretensão específica for acatada apenas parcialmente, isso jamais significará que houve sucumbência do autor: quem sucumbiu foi o réu, ainda que em parcela inferior ao pretendido. É linha adotada pelo STJ na edição da Súmula n. 326, *verbis*: "*Na ação de indenização por dano moral, a condenação em montante inferior ao postulado na inicial não implica sucumbência recíproca*". Entendemos, portanto, que esse é o critério elementar a ser utilizado na aplicação desse dispositivo.

Por fim, o § 4º encerra uma das maiores aberrações de toda a Lei n. 13.467. O texto reforça o cabimento da condenação nos honorários de sucumbência da parte, ainda que ela seja beneficiária da gratuidade, o que ofende, como já analisamos, o texto constitucional consagrador da integralidade desse direito. Na realidade, o parágrafo autoriza a dedução dos honorários advocatícios dos créditos obtidos no próprio processo ou em outro feito. Em não havendo créditos, o credor – no caso, o advogado – terá dois anos para, demonstrando que deixou de existir a situação de insuficiência de recursos que justificou a concessão de gratuidade, postular a execução da parcela, decaindo do direito de fazê-lo após esse prazo. O dispositivo, de insuperável inconstitucionalidade, viola a regra da impenhorabilidade salarial, dado que as parcelas oriundas das ações trabalhistas que versam sobre relação de emprego – e que representam sua esmagadora maioria – têm natureza alimentar. Por isso, há motivos de sobra para sua não incidência, cabendo ao juiz afastar sua aplicação pela referida incompatibilidade.

Ainda que não presentes na CLT, não podemos deixar de observar outras regras, constantes do CPC e que nos parecem aplicáveis ao processo do trabalho. Assim, o art. 87 tem regra dirigida aos casos nos quais existe litisconsórcio ativo e/ou passivo, e aqui não há, igualmente, novidade na estipulação genérica, que já constava do art. 23, em termos, do CPC/1973. Nesse contexto, a norma cria uma obrigação solidária entre os litisconsortes, independentemente da natureza do litisconsórcio, pois se qualifica apenas pelo fato de ocuparem o polo vencido da relação processual. Assim, se autores ou réus em um processo são sucumbentes, eles respondem proporcionalmente pelas despesas processuais e honorários advocatícios decorrentes dessa sucumbência.

O CPC/2015 inovou ao disciplinar, em seus parágrafos, a necessidade de fixação sentencial da distribuição dessa responsabilidade e a consequência para os casos nos quais isso não é feito. De fato, o texto original mostrava-se insuficiente porque simplesmente atribuía a responsabilidade de todos os litisconsortes sucumbentes, sem precisar a regra da proporcionalidade, assimilada pelo novo texto. Assim, para dar eficácia ao comando do *caput*, o § 1º determina ao magistrado que, ao sentenciar, fixe qual a parcela de responsabilidade cabível a cada qual dos sucumbentes, de forma expressa, denotando a necessidade de que isso guarde proporcionalidade com a sucumbência sofrida. Outrossim, caso isso não seja fixado pelo juiz na sentença, todos os vencidos responderão solidariamente pelos honorários advocatícios e despesas processuais, consoante o que determina o § 2º do mesmo artigo. Com isso, se não houver estipulação sentencial, todos os sucumbentes responderão pela totalidade dessas despesas, como decorre da solidariedade estabelecida no dispositivo. Nota-se, nesse caso, que o comando normativo adverte aos vencidos a necessidade de observar essa discriminação sentencial, a fim de que não sejam obrigados a arcar com a totalidade das despesas. Logo, se o juiz não fizer essa estipulação, o interessado deve manejar os embargos declaratórios visando suprir a omissão (art. 1.022, II, do CPC).

Esse dispositivo pode ser aplicado, em termos, às lides laborais. Com efeito, é razoavelmente comum haver litisconsórcio passivo ou ativo no processo do trabalho, sendo certo que, no caso deste último, ele é até incentivado pelo texto consolidado (art. 842 da CLT). Assim, em uma ação com vários reclamantes, p. ex., que resulte improcedente, o juiz poderá condená-los no pagamento das custas (art. 789, II, da CLT); ocorre que, a despeito da identidade de matéria, pode haver valores diferenciados para a pretensão de cada um, o que pode afetar a distribuição do valor atribuído à causa. Dessa sorte, a fim de não onerar excessivamente determinados reclamantes, cujas pretensões tinham valores reduzidos, é conveniente atribuir-se-lhes proporcionalmente o encargo das custas. Como dissemos, pela falta de previsão legal, descaberia a condenação em honorários advocatícios nesses casos. Da mesma maneira, em um caso em que há a condenação principal de uma empresa e a condenação subsidiária de outras três ou quatro, em situação de interposição de mão de obra com tomadores distintos, em períodos sucessivos. Nessas hipóteses, é comum que o juiz defina os períodos de responsabilidade subsidiária de cada correclamada, parecendo coerente que também o faça quanto às custas processuais, a fim de não permitir distorções na condenação. Por fim, registra-se que o § 4º do art. 789 da CLT contém disposição própria – e no mesmo sentido –, aplicável aos dissídios coletivos, determinando que os vencidos respondem solidariamente pelas custas arbitradas na decisão.

De outra banda, tem-se que o art. 88 disciplina as chamadas ações de ***jurisdição voluntária***, que são aquelas nas quais *"o juiz não é chamado a dirimir diretamente o conflito mas a criar situações novas capazes de dar a desejada proteção a um dos sujeitos ou a ambos, como que administrando os interesses de um ou de todos."*[224] Nesses casos, como sobredito, não existe litígio, ainda que possam existir diversos interessados. Logo, a fixação das despesas processuais nesses casos ficará a cargo de todos os que serão afetados pela decisão judicial, sendo elas rateadas no primeiro caso e divididas proporcionalmente na hipótese do segundo. Esse dispositivo pode ser, em tese, aplicado ao processo do trabalho. Com efeito, há limitadíssimos casos de jurisdição voluntária na Justiça Laboral. Na vigência da Lei n. 5.107/66, os §§ 3º e 4º do art. 1º previam a possibilidade de exercício da opção e da retratação – respectivamente – pelo regime do FGTS, perante a Justiça do Trabalho, que exercia um ato tipicamente homologatório. Tratava-se, naturalmente, de ação de jurisdição voluntária, já que tanto um como outro não dependiam de anuência do empregador. Esse dispositivo, no entanto, não foi recepcionado pela Constituição e nem teve figura similar prevista na Lei n. 8.036/90. Isso se deve à universalização do regime do FGTS, estabelecida pela Constituição de 1988. Outrossim, a lei atual, embora preveja a opção retroativa dos trabalhadores que não eram, antes da Carta, integrantes do FGTS, não mais exige a intervenção judicial para tanto (art. 14, § 4º).

Da mesma sorte, o art. 500 da CLT prevê que o pedido de demissão de empregado estável só seria válido com assistência do respectivo sindicato ou, se não houver, da autoridade local do Ministério do Trabalho ou da Justiça do Trabalho. Todavia, esse dispositivo – embora tenha sua redação atribuída pela Lei n. 5.584/70 – remete a atribuições próprias do período histórico em que a Justiça do Trabalho tinha caráter administrativo, sendo totalmente inconsonante com seu papel jurisdicional assumido após 1988. Em nosso entender, da mesma sorte, esse dispositivo não mais contempla hipótese de jurisdição voluntária.

---

224 DINAMARCO, Cândido Rangel. *Fundamentos do processo civil moderno.* 4. ed. São Paulo: Malheiros, 2001. v. I, p. 315.

Em nossa análise, há três casos que se evidenciam como permissíveis dessa hipótese. O primeiro diz respeito a situações nas quais o empregador, em razão do falecimento do empregado, deposita total ou parcialmente verbas decorrentes da rescisão contratual em conta poupança, seguindo o comando do art. 1º, § 1º, da Lei n. 6.858/80. O dispositivo ressalva a possibilidade de autorização judicial visando a liberação de montante *"para aquisição de imóvel destinado à residência do menor e de sua família ou para dispêndio necessário à subsistência e educação do menor"*. Diante das novas regras de competência justrabalhista, preconizadas no art. 114 da Constituição Federal, e segundo as diretrizes interpretativas lavradas pelo Supremo Tribunal Federal, entendemos que a competência para tal decisão é da Justiça do Trabalho, configurando-se a primeira hipótese de jurisdição voluntária.

O segundo caso também diz respeito ao FGTS, mais especificamente situações nas quais há apenas pedido de sua liberação, assim como autorização para pagamento do Seguro-Desemprego. Há casos em que, mesmo havendo depósitos e sendo o empregado dispensado (ou ainda, em casos de conversão de regime de servidor público estatutário), ele não recebe as guias para movimentação do FGTS na conta vinculada nem tampouco para requerimento do seguro-desemprego. Da mesma sorte, isso se dá em casos nos quais o empregado é falecido, e seus herdeiros ou sucessores pretendem obter tais direitos. Pelas razões já expostas, entendemos que a competência é da Justiça do Trabalho, parecendo-nos evidente a inexistência de litígio – desde que não existam outras pretensões conexas ou decorrentes – de modo que seria outra hipótese enquadrável nesse dispositivo.

Nesse mesmo sentido, o Enunciado n. 63 da 1ª Jornada de Direito Material e Processual do Trabalho:

> ***COMPETÊNCIA DA JUSTIÇA DO TRABALHO. PROCEDIMENTO DE JURISDIÇÃO VOLUNTÁRIA. LIBERAÇÃO DO FGTS E PAGAMENTO DO SEGURO-DESEMPREGO.*** *Compete à Justiça do Trabalho, em procedimento de jurisdição voluntária, apreciar pedido de expedição de alvará para liberação do FGTS e de ordem judicial para pagamento do seguro-desemprego, ainda que figurem como interessados os dependentes de ex-empregado falecido.*

O assunto, no entanto, não é pacífico, pois a interpretação mais corrente no STJ é de que a competência para tanto seria da Justiça Comum, seja Federal (como no caso do CC: 59088-SP, Relatora Ministra Eliana Calmon), seja Estadual (em caso de falecimento do empregado, como atesta a Súmula n. 161 do STJ: *"É da competência da Justiça Estadual autorizar o levantamento dos valores relativos ao PIS/PASEP/FGTS, em decorrência do falecimento do titular da conta").*

Entendemos se tratar de processo de jurisdição voluntária o pedido de autorização de trabalho para jovens e adolescentes, referido no art. 149 do Estatuto da Criança e do Adolescente. Este tema não é exatamente pacífico, dado que há interpretações que atribuem a competência para a apreciação desses pedidos aos Juízos da Infância e da Adolescência. No entanto, filiamo-nos à corrente que defende que a competência para tais ações seria da Justiça do Trabalho. Porém, cabe registrar que, por força do decidido na ADI n. 5.326, foi expressamente excluída da competência trabalhista a apreciação dos pedidos de autorização para trabalho artístico, restando apenas as demais situações para apreciação da jurisdição trabalhista. De uma forma ou de outra, temos que se trata de processo de jurisdição voluntária.

Com o mesmo vetor, é neste tópico que se apreciam pedidos de concessão dos benefícios da *justiça gratuita*, regulados pelo art. 790, § 3º, da CLT. Nesse caso, o sentenciante deve verificar a existência dos pressupostos ou não de deferimento desse benefício, concedendo-o ou não. Outrossim, uma vez concedida a justiça gratuita, automaticamente o julgador isentará o beneficiário de qualquer despesa processual, inclusive custas, emolumentos, honorários advocatícios e honorários periciais.[225]

Nesse mesmo tópico devem ser apreciados e atribuídos os *honorários periciais*, quando algum elemento probatório do feito dependeu de perícia. O juiz fixará os honorários, de acordo com seu critério – em regra, deduzindo eventual importância antecipada por alguma das partes ou por ambas –, os quais serão de responsabilidade da parte sucumbente no *objeto da perícia*, e não necessariamente no processo.

Se a parte vencedora arcou com *despesas processuais* e requereu ao julgador sua inclusão no débito da parte sucumbente, o sentenciante deverá apreciar a questão neste momento da sentença. Poderá, assim, impor a ele que restitua à parte adversa eventuais valores pagos a título de honorários prévios ou em antecipação, despesas com honorários de assistente técnico, despesas de

225 No caso das custas, se o empregado não obtiver o benefício da justiça gratuita e tiver ocorrido intervenção no processo por seu sindicato de classe, este responderá solidariamente por essa despesa (art. 790, § 1º, da CLT). É controvertida a questão da imposição de despesas periciais e de honorários advocatícios aos beneficiários da gratuidade, como assinala a redação conferida pela Lei 13.467. O tema encontra-se em discussão no STF, e espera-se ver reconhecida sua inconstitucionalidade.

testemunhas (art. 462, do CPC) ou de terceiro que teve de apresentar documento ou coisa em Juízo (art. 403, do CPC).[226]

Neste tópico o julgador também analisa a ocorrência de *litigância de má-fé* por qualquer das partes, seja mediante postulação própria, seja por iniciativa própria. Nesse contexto, cabe-lhe identificar a conduta e, eventualmente, atribuir-lhe eficácia de ato atentatório à boa-fé processual, situação na qual poderá impor à parte ou terceiro interveniente o pagamento de multa, que deverá ser superior a 1% (um por cento) e inferior a 10% (dez por cento) do valor corrigido da causa, a indenizar a parte contrária pelos prejuízos que esta sofreu e a arcar com os honorários advocatícios e com todas as despesas que efetuou. (art. 793-A, da CLT).

Nessas disposições finais, o sentenciante também deve explicitar os parâmetros para a incidência de *correção monetária* e *juros de mora*, imposições que não dependem de pedido expresso da parte como inclusive, resta expresso no artigo 322, § 1°., do CPC. [227] No caso da atualização monetária, é fundamental que seja estabelecido o seu termo inicial, observando-se, sempre, que ela é devida desde o momento em que o crédito reconhecido deveria ter sido pago e não foi.[228] Quanto aos juros, eles são calculados na forma da Lei n. 8.177/91 (art. 39, 1º), na base de 1% ao mês, não capitalizados, e incidem sobre a importância já corrigida, sendo computados desde o ajuizamento (art. 883, da CLT).

A atribuição da base de incidência e a responsabilidade sobre as *contribuições fiscais* e *previdenciárias* também devem ser estabelecidas nesse tópico da sentença, de acordo com a interpretação conferida pelo sentenciante. Vale lembrar que é comum haver pedidos de imposição exclusiva da tributação ao empregador, ou de indenização compensatória pelos danos causados com a incidência total do Imposto de Renda sobre o crédito. Qualquer dessas matérias deve ser apreciada neste momento do julgado, pois é dever

226 Essa providência também deverá ser adotada pelo juiz quando houver reversão da sucumbência quanto ao objeto da perícia, cabendo ao reclamado ressarcir o erário dos honorários periciais adiantados, mediante o recolhimento da importância adiantada em GRU – Guia de Recolhimento da União, em código destinado ao Fundo de "assistência judiciária a pessoas carentes", sob pena de execução específica da verba (art. 2º, § 3º, da Resolução n. 66/2010, do Conselho Superior da Justiça do Trabalho).

227 Súmula n. 211/TST – "JUROS DE MORA E CORREÇÃO MONETÁRIA. INDEPENDÊNCIA DO PEDIDO INICIAL E DO TÍTULO EXECUTIVO JUDICIAL (mantida) – Res. 121/2003, DJ 19, 20 e 21.11.2003. Os juros de mora e a correção monetária incluem-se na liquidação, ainda que omisso o pedido inicial ou a condenação."

228 *Vide*, a propósito, a Súmula n. 381, do TST.

funcional do juiz determinar o recolhimento, segundo os critérios que entender pertinentes ao caso.

Por fim, também é nesse tópico que o julgador deve determinar a *expedição de ofícios* que eventualmente tenham sido requeridos por alguma das partes ou em decorrência de irregularidades que ele próprio identificou e que entendeu devam ser levadas ao conhecimento de outras autoridades.

Se assim entender conveniente e necessário, também é neste momento que o sentenciante deve conceder a *antecipação de tutela*, a fim de permitir a execução imediata do comando sentencial.[229]

e.2) Fixação da controvérsia e valoração da prova

Na análise do mérito da causa é que surgem outros dois aspectos essenciais de uma sentença, que são a fixação da controvérsia e a valoração e a apreciação das provas existentes nos autos sobre cada alegação formulada pelas partes. Esse é o trabalho intelectivo mais importante do juiz, pois, além de toda a técnica processual que deve ser de seu domínio, tem também de demonstrar franca habilidade na apuração desses fatores fundamentais para a adequada solução do litígio.

Em primeiro lugar, o julgador deve *identificar os pontos principais do processo,* definindo, assim, quais os temas que merecem ou que devem ser abordados a fim de se chegar à solução pretendida pelas partes. Aqui, devemos lembrar que cada pretensão do autor pode envolver diversas questões, que devem ser sucessivamente apreciadas a fim de se alcançar o deferimento ou não do pedido. À guisa de exemplo, podemos citar uma situação na qual o empregado postula horas extras: o *fato principal* seria a prestação de trabalho em regime de sobrejornada, mas a reclamada pode formular, em sua defesa, alegações sucessivas que obstaculizariam o direito do autor, como o exercício de cargo de confiança pelo reclamante, o fato de nunca ter trabalhado em regime de horas extras ou o fato de já receber uma gratificação funcional por conta de eventual trabalho extra.

Com isso, definimos que cada argumento levantado pelas partes a respeito de um determinado pedido implica uma *questão distinta*, a ser devidamente analisada pelo julgador. Dessa forma, é adequado que se coloque, ao se fazer

229 Esse tipo de providência, a nosso ver, só se justifica para o processo comum, em que se admite o efeito suspensivo dos recursos. No processo do trabalho, a regra é a de que os recursos não contemplem eficácia suspensiva (art. 899, da CLT), de modo que as sentenças *sempre* podem ser executadas provisoriamente, mesmo que não conste da decisão qualquer comando nesse sentido. Todavia, se o sentenciante entender que a providência é necessária, cabe-lhe inseri-la neste contexto.

o resumo dos fatos para a devida consideração, cada questão correlacionada com as postulações correspondentes, mesmo porque só a superação de todas elas é que vai poder definir se há procedência ou não do pedido. No exemplo citado o julgador deve analisar cada um dos argumentos usados pela defesa, ficando, obviamente, dispensado da apreciação dos demais caso acolha um deles: se acatar, de plano, a existência de cargo de confiança, torna-se desnecessário avaliar se houve ou não prestação de horas extras ou se elas teriam sido efetivamente pagas.

Nesse processo de identificação das questões debatidas nos autos, o julgador deve igualmente identificar se a tese utilizada envolve *matéria de fato* ou se se trata, exclusivamente, de *matéria de direito*, já que, se houve discussão fática, a apreciação da questão deve ser antecedida da *fixação do fato até então controvertido*.

Assim, identificada a questão a ser apreciada, e verificado que se trata de *matéria fática*, o passo seguinte é o da *identificação da controvérsia*, pelo que, em face de cada uma das questões formuladas pelas partes, o julgador delimita os pontos que merecem a efetiva aferição probatória. Isso porque daí já se excluem aspectos sobre os quais não há discussão, facilitando o provimento jurisdicional. Em pedido de horas extras, p. ex., deve-se avaliar os horários de entrada e saída do trabalhador e seus intervalos, eliminando-se a análise se, eventualmente, um desses dados foi comumente alegado pelas partes e, assim, fixada a controvérsia, é oportuno nominá-la, indicando-a no arrazoado, como se passa no trecho abaixo transcrito:

> "O horário de trabalho alegado pelo reclamante – das 8 às 18 horas, com 30 minutos de intervalo – foi parcialmente confirmado pela reclamada, que, reconhecendo os horários de início e saída, apenas, declarou que seu intervalo era de duas horas. A controvérsia, portanto, limita-se a saber quanto tempo descansava o reclamante".

Ou, ainda:

> "Segundo o reclamante, seu horário de trabalho era das 7h45min às 19/20 horas, gozando de apenas 20 minutos de intervalo. A alegação da reclamada, porém, é de que o reclamante jamais saiu após as 16h45min, reconhecendo seu horário de início da jornada e o intervalo por ele declinado. Pende a discussão, assim, no horário de saída do obreiro".

E, enfim:

> "Reconheceu a reclamada que o reclamante laborava aos domingos, afirmando, somente, que, quando isso ocorria, gozava ele de um descanso compensatório. Cumpre analisar, portanto, se havia tais folgas".

Esse trabalho é muito importante tanto para conferir mais objetividade ao julgado como também para que não haja desnecessária perda de tempo com questões irrelevantes ou incontroversas. A bem da verdade, essa identificação deveria ser feita ainda na fase de instrução processual o que, nem sempre é possível.

Dimensionados a controvérsia e o ponto que deve ser apreciado, o próximo passo é identificar-se de quem é o *ônus de provar aquele fato,* segundo os parâmetros legais em vigor. Cumpre salientar que o CPC-2015 admite a carga dinâmica da prova, nos termos do artigo 373, § 1°, do CPC.[230] Nos exemplos citados, pois, a sequência da análise seria aproximadamente a seguinte:

> "É certo, porém, que as anotações de ponto juntadas pela reclamada indicam que o gozo de intervalo era de cerca de duas horas. Diante disso, pois, cabia ao reclamante comprovar que o período era inferior a esse..."
>
> "Sendo fato constitutivo de seu direito, é do reclamante o ônus de provar que laborava além do horário normal..."
>
> "Constituindo um fato impeditivo do direito do reclamante, à reclamada competia comprovar, portanto, que o reclamante possuía, sempre que tinha labor dominical, uma folga em compensação..."

A nova redação do art. 818, da CLT, reproduz o critério já adotado pelo CPC, o qual estabelece que compete ao autor comprovar os fatos constitutivos de seu direito e ao réu os fatos modificativos, impeditivos ou extintivos do direito do autor. Na prática, alguns problemas podem, evidentemente, surgir; no entanto, como já salientamos anteriormente, somente a casuística pode resolver essa questão.

Para finalizar, cumpre ao julgador definir se o detentor do ônus processual de provar aquele dado fato *dele se desincumbiu*, determinando-se, assim, qual foi a verdade processual que prevaleceu para a apreciação da pretensão.

---

230 Essa regra foi assimilada pelo processo do trabalho conforme artigo 3°, V, da IN 39 do TST, e foi efetivamente incorporada pela nova redação conferida ao art. art. 818, da CLT.

É importante que cada fato seja analisado individualmente, justamente para que se verifique se aquele que tinha de provar o fato o fez. Nesse ponto, pode-se destacar que, em caso de confissão ficta, como ela implica somente a presunção da veracidade dos fatos alegados pela outra parte, a apreciação da prova efetiva deve ser pretérita à consideração da confissão. Esta só serve para suprir algum fato não provado por quem de direito, ou não infirmado pela outra parte.

Aqui surge a dificuldade relacionada à valoração da prova. A rigor, não existem regras para que se faça uma adequada apreciação da prova, mesmo porque cada caso demanda uma avaliação particular, que pode variar de acordo com a circunstância. Também o sistema em vigor, o da *persuasão racional* – que não atribuiu valor prévio aos diversos tipos de prova, permitindo ao juiz que valore qualquer meio, apenas fundamentando sua opção – contribui para tornar esse trabalho mais complexo. Podemos dizer que a aferição da pertinência da prova está muito mais relacionada à intuição do julgador do que propriamente a alguma técnica predefinida, pois, sobretudo no processo do trabalho, no qual predomina a prova testemunhal, é muito difícil justificar-se os motivos pelos quais as declarações de uma testemunha são mais verossímeis do que de outras três, levadas a Juízo pela parte adversa.

Essa avaliação probatória é que, a nosso ver, justifica o quanto já dito anteriormente a respeito da gênese do vocábulo "sentença": aqui prevalece a expressão do sentimento do magistrado a respeito dos fatos expostos pela prova oral, e sua opção valorativa por determinadas declarações só se justifica por esse elemento subjetivo.

De qualquer sorte, podemos sugerir que, nesse mister, sejam observados certos fatores objetivos, como a contradição radical entre as declarações das testemunhas[231], ou a própria inconsistência intrínseca de suas assertivas[232], que podem ser sopesados para fixação da prevalência de uma ou de outra declaração. Nesse contexto, frisamos que, produzida a prova, *ela passa a ter utilidade*

231 Não se pode esquecer, no entanto, de que a "boa" testemunha jamais é precisa, pois o excessivo detalhamento na descrição dos fatos pode resultar na inverossimilhança da narrativa testemunhal. Afinal, sendo essa prova meramente casual, ou seja, decorre da observação ocasional de fatos por pessoas estranhas à lide, parece natural que o depoimento testemunhal não seja exatamente linear. Por isso, algumas contradições não só são possíveis como desejáveis em uma boa prova testemunhal. O que invalidaria um depoimento seria a contradição latente, indicativa de um total divórcio entre os fatos expostos pela parte e pela testemunha por ela trazida.

232 Exemplo típico desse tipo de inconsistência existe no caso em que a testemunha declara, com precisão, a data de admissão do reclamante, mas não se recorda da sua; ou, ainda, quando a testemunha declara o horário de trabalho do reclamante, mas nunca trabalhou com ele.

para ambas as partes, não ficando vinculado o juiz ao uso exclusivo da prova feita pelo reclamante em seu favor. O fato de a testemunha ter sido trazida aos autos por uma das partes somente interfere na valoração, no sentido de se dar mais credibilidade ao que disse o depoente, em desfavor da parte que o carreou aos autos. Todavia, não há vinculação do uso dessa prova para a parte correspondente.

Feita essa avaliação probatória, o juiz deve, então, *fixar o fato controvertido*, e a partir dele passar à análise jurídica da questão posta em exame. Se superar essa questão, passa à outra, e assim sucessivamente, até ter condições efetivas de decidir se o pedido respectivo tem ou não tem procedência.

Cumpre observar, ao lado disso, que a valoração da prova deve ser devidamente explicada e justificada, em atenção ao já citado princípio da persuasão racional. Assim, é impróprio e inadequado estipular-se o fato com assertivas genéricas do tipo "pelo conjunto probatório..." ou, então, "o contexto das provas...". O juiz deve explicitar, de modo claro e preciso, por que motivos fixou o fato da forma como fez, embasando-se especificamente em cada prova que utilizou. A título de exemplo, assim ficariam hipotéticas situações em que foi feita essa fixação:

> "Portanto, diante do narrado, fixa-se que o reclamante trabalhava das 7h30min às 18h45min, de segunda a sexta-feira, com 45min de intervalo de refeição."
>
> "Assim, ficou demonstrado que os cartões de ponto revelam com exatidão os horários de trabalho praticados pelo obreiro".
>
> "Dessa maneira, tem-se que a falta imputada ao reclamante não ocorreu, pelo que a despedida que sofrera não fora motivada, mas sim injusta."

Se somente estiver diante de matéria jurídica, o julgador elimina toda essa fase de análise fática, e segue direto para a aferição da discussão de direito pertinente, devendo, nesse caso, apreciar e acolher ou refutar as teses jurídicas oferecidas pelas partes. É indispensável ser ressaltado que *a decisão deve ser fundamentada*, de sorte que a adoção de certa tese pelo juiz deve ser seguida das razões pelas quais assim procedeu, para atender ao requisito constitucional de validade de qualquer decisão judicial, que é a *fundamentação*.

Todo esse processo ora descrito representa um exercício intelectual e que, de acordo com a experiência do julgador, acaba ocorrendo de forma quase automática. No entanto, propomos sua dissecação para que se possa compreender como esse trabalho intelectivo funciona e, sobretudo, para permitir aos que ainda não têm essa experiência que possam seguir cada um dos passos que ora propomos. A visualização gráfica desse esquema de apreciação seria a seguinte:

ESQUEMA DE APRECIAÇÃO DE CADA QUESTÃO

Ultrapassada cada questão de um determinado pedido, resolve-se a postulação feita, acolhendo-se ou rejeitando-se. Profere-se, assim, o comando sentencial buscado pelas partes. Dessa maneira, ao finalizar cada postulação, o juiz deve efetivamente indicar qual a solução que conferiu ao tema, de modo claro e preciso, a fim de que possa, de fato, entregar a prestação jurisdicional. Com isso, tendo passado por todo esse processo cognitivo indicado, cabe ao prolator da sentença pontificar o resultado dessa apreciação. Exemplificamos essa tarefa:

> "Dessa maneira, procede o pedido de horas extras, assim consideradas as que ultrapassarem os limites de oito diárias e quarenta e quatro semanais, com base nos cartões de ponto juntados."
>
> "Com isso, com base no horário de trabalho retrofixado, tem-se que o reclamante faz jus ao recebimento, como extras, de duas horas diárias, com o correspondente adicional."
>
> "Afastada a justa causa, procedem os pedidos de verbas rescisórias formulados pelo autor, quais sejam, indenização de aviso prévio, férias proporcionais, com um terço a mais, décimo terceiro salário, FGTS e indenização de 40% pela despedida injusta."
>
> Reiterando o que já dissemos anteriormente a respeito da clareza do julgado, novamente destacamos que, na apreciação meritória dos pedidos, devem ser exauridos todos os fatores e parâmetros necessários à efetivação da sentença. Assim, quanto maiores os detalhes que puder exprimir o julgador quando da sentença, menores serão os problemas que relegará para a liquidação. Deve estar atento a todo tipo de diretriz que possa ser necessária à correta apuração do que foi decidido, como, p. ex., base de cálculo de horas extras, critérios de sua apuração, divisor a ser utilizado, etc. Quanto mais precisa a sentença cognitiva, mais simples será a liquidação sentencial e, via de consequência, a efetividade do julgado será alcançada em menor tempo.

Vale lembrar, mais uma vez, as assertivas já expostas a respeito da necessidade da fundamentação, nas formas do artigo 489, § 1°, do CPC, com as adequações processadas pelo artigo 15 da Instrução Normativa 39 do TST.

f) Outras ações conexas

Uma dificuldade que sempre assombra quem se inicia na tarefa de elaborar uma sentença trabalhista é a existência de outras ações ou demandas conexas à reclamação trabalhista e que exigem, a rigor, a prolação de mais de uma sentença, do ponto de vista substancial. Só que, o fato de ambas as ações fluírem nos mesmos autos exige um único ato sentencial, do ponto de vista material. Situações dessa ordem podem ocorrer, p. ex., quando existem **autos anexados**, em casos de reclamações distintas de diversos reclamantes contra a mesma reclamada. Por força do art. 842, da CLT, essas ações, que poderiam ter sido ajuizadas conjuntamente, podem acabar sendo reunidas no curso de cada uma, com fundamento também no art. 55 do CPC. Nesse caso, o procedimento é exatamente o mesmo que deve ser seguido quando existe mais de um reclamante, desde a origem. O pressuposto dessa reunião é que exista uma identidade material nos feitos, de modo que a similitude permite que seja feita a apreciação comum dos pedidos de cada demandante, observadas, por óbvio, as peculiaridades de cada autor. Não há dúvidas de que esse tipo de sentença é de elaboração mais complicada, sobretudo nas parametrizações que citamos há pouco, porque devem ser respeitados fatores individuais de cada reclamante – como período contratual, função, salário, etc. No entanto, tirante essa dificuldade, não há diferença conceitual nesse tipo de sentença.

Ao lado desses casos, temos tantas outras possibilidades, em que vemos a presença de uma *demanda principal* e outra *demanda acessória*, ambas ligadas pelo fato de ser "único o contexto litigioso que se exterioriza em uma demanda relativa a coisa ou obrigações principais e em outra demanda relacionada com coisas e obrigações acessórias."[233] Esse liame está diretamente associado à relação no plano jurídico-material, de modo que o sucesso de uma pretensão acessória depende, naturalmente, do êxito na pretensão principal. Por isso, dizemos que existe um elo de *prejudicialidade* entre as duas demandas, que fazem com que sua apreciação seja, necessariamente, conjunta.[234] É essa a razão de se ter como fundamental – em sendo possível, obviamente – a reunião dessas demandas, se foram apresentadas em ações distintas.[235] No processo do trabalho, isso pode ocorrer quando, p. ex., o trabalhador ajuíza ação postulando horas extras, no curso de seu contrato de trabalho, mas, posteriormente, é dispensado sob alegação de justa causa. Ao ajuizar nova ação, pedindo a reversão da dispensa e as repercussões econômicas, inclusive relativas aos reflexos das horas extras nas verbas rescisórias, há um elemento de acessoriedade e de

233 DINAMARCO. *Instituições ...*, p. 158.

234 Como explica Dinamarco, "há relação de prejudicialidade entre duas causas quando o julgamento de uma delas é apto a influir no de outra". (*Idem*, p. 155).

235 Por vezes ocorre de serem apresentadas separadamente ações nitidamente conexas, com liame de prejudicialidade. Quando ainda estiverem na mesma fase processual, é ideal que sejam reunidas para julgamento conjunto. No entanto, quando uma delas já foi julgada, essa reunião é inviável, sendo, no entanto, possível a suspensão da segunda para que se possa aguardar o julgamento definitivo da primeira.

prejudicialidade que permitem – *rectius*, exigem – a reunião das ações e sua cognição conjunta, se possível. Sendo assim, o procedimento é o mesmo que o julgador adotaria se tivessem sido formulados todos esses pedidos em uma única ação, desde o início, eis que o apensamento transforma em único os feitos ajuizados separadamente.

Outra situação que pode ocorrer é a de existir uma *reconvenção* por parte do reclamado, consoante dispõe o art. 343, do CPC.[236] Rigorosamente, uma reconvenção nada mais é do que uma ação do réu em face do autor e que, diante da conexão com a que foi proposta contra ele, é pertinente o aproveitamento dos atos processuais respectivos, a fim de se assegurar economia processual e unidade na decisão jurisdicional. Assim, a apreciação de uma reconvenção deve, em tese, seguir de forma estrita o mesmo esquema de apreciação da controvérsia principal. Não há necessidade de relatório específico, podendo ser feita referência à sua existência no corpo do relatório do processo principal, já que se trata de uma das formas de resposta do reclamado. Com relação à fundamentação, cabe considerar que uma reconvenção comporta, igualmente, defesa indireta de processo e defesa indireta de mérito, além de toda discussão meritória. Por isso, para a reconvenção vale tudo o quanto foi asseverado a respeito da fundamentação, devendo apenas ser observado o critério de prejudicialidade já destacado.

O problema pode surgir se a reconvenção versar sobre tema específico que também está sendo debatido na ação principal. É o caso, por exemplo, das situações em que há discussão sobre uma justa causa, por dano cometido pelo empregado, e o empregador promove a reconvenção reivindicando a reparação desse dano. Como a discussão principal dimensiona tanto a solução da ação como da reconvenção, pode ser o caso de ser feita apreciação conjunta, ainda que, tecnicamente, isso não seja recomendável. Mas, em casos de tal natureza, a análise comum não traz prejuízo às partes.[237] De outro lado, pode também ocorrer um fato aparentemente inusitado: pela matéria debatida na reconvenção, mostra-se necessária sua apreciação antes da análise do tema da ação. Isso se dá, p.ex., em um caso em que o empregador move ação contra o empregado, postulando restituição de valores indevidamente pagos ao trabalhador. Este, por sua vez, ao ser notificado para comparecimento à audiência, oferece

---

236 O cabimento desse instrumento no processo do trabalho é controvertido, e não pretendemos, aqui, desenvolver a polêmica que o envolve, em face dos objetivos do trabalho. Como é admitido por muitos, partiremos do pressuposto de sua existência no processo trabalhista, e diante disso analisaremos a forma de sua apreciação na sentença trabalhista.

237 De qualquer sorte, o dispositivo deve indicar separadamente os dois comandos sentenciais, como veremos a seguir.

reconvenção postulando reconhecimento de período sem anotação da CTPS, reconhecimento de salário por fora e horas extras. Nesse caso, é praticamente impossível formular-se a sentença sem que se aprecie o pedido reconvencional antes, ainda que isso pareça contrário à lógica. Mas não há qualquer problema nessa solução, visto que a admissibilidade reconvencional transforma ambos os conflitos em um único conflito, de maneira que a sua análise pode ser feita na ordem proposta.

Da mesma maneira ocorreria se o empregador hipotético tivesse postulado também a reparação de danos causados pelo empregado, e este, em sua reconvenção, tivesse pedido a descaracterização da justa causa aplicada pelo empregador exatamente pelos danos noticiados na inicial. Além de seguir-se o procedimento já sugerido, neste caso há um fato comum – danos supostamente causados pelo empregado – que definirá o sucesso ou não de duas pretensões: a reparação de danos ao empregador e o afastamento da justa causa para o empregado.

Por fim, há que se lembrar que o art. 343 do CPC admite que o réu ofereça reconvenção ao autor, desde que haja a conexão de ações ou com o fundamento da defesa. Embora a caracterização da conexão dispense a identidade de partes (art. 55, do CPC), as finalidades do instituto não admitem que haja ampliação de qualquer dos polos da ação pelo simples uso reconvencional – ao menos que desse ato processual originasse alguma modalidade de intervenção de terceiros, como a denunciação da lide, p.ex.. Como o fim precípuo da admissibilidade da reconvenção é reunir, no mesmo processo, duas lides recíprocas, a fim de permitir solução única e conjunta, torna-se incompatível com esse procedimento a inserção de outro demandado, que não fazia parte da relação processual principal.

Dessa forma, tem-se clara a ausência de interesse de agir, na sua modalidade adequação, quando o reconvinte amplia os pólos da ação, inserindo como reconvindo alguém que não figurava como autor – por exemplo, ao inserir uma tomadora de serviços como possível responsável subsidiária pela pretensão. Isso se dá porque o meio processual utilizado pelo reconvinte não é apropriado para a finalidade pretendida. Por certo que poderá acionar o segundo reconvindo, mas mediante reclamação própria, e não por via de reconvenção. Com isso, nesses casos, caberia o reconhecimento da ausência dessa condição da ação pelo juiz, o que resultaria na extinção do processo, sem resolução do mérito, quanto ao referido reconvindo. Essa medida pode ser adotada mesmo de ofício pelo julgador, nos termos do par. 5º., do art. 337, do CPC.

A mesma solução procedimental se deve adotar quando se tratar de *pedido contraposto*. Com efeito, há doutrinadores e juízes que afirmam que, nos processos trabalhistas sujeitos ao rito sumaríssimo, não haveria possibilidade do uso da reconvenção, mas apenas da figura referida no art. 31 da Lei n. 9.099/95. Ainda que conceitualmente distintos, os efeitos processuais dessa modalidades são idênticos aos da reconvenção[238], de maneira que a ele se aplicam todas as diretrizes propostas para aquela.

Por fim, podem ser enfrentados problemas na apreciação de ações que comumente são chamadas de ***ações dúplices***, não somente as que resultam de pedido contraposto, mas todas *aquelas cujo procedimento admite que a contestação amplie o objeto do processo*, tornando desnecessário o uso da reconvenção. No caso do processo do trabalho, são admissíveis, como ações dúplices, a de *consignação em pagamento, a de prestação de contas e as ações possessórias*, além do *inquérito para apuração de falta grave*. A primeira, prevista no art. 539 do CPC, e que poder ser aplicada subsidiariamente ao processo do trabalho, apresenta o caráter porque tem sido admitido que, apesar de seu objeto ser apenas o da exoneração da dívida pelo devedor, o credor pode opor discussões incidentes em face dela, e isso seria decidido pelo juiz quando da prolação da decisão, o qual pode, inclusive, condenar o autor a pagar diferença ao próprio réu (art. 545, § 2º, do CPC). O mesmo se dá na *prestação de contas*, em que o art. 552, do CPC, permite a imposição ao autor de obrigação de pagar ao réu diferença apurada a partir da contestação deste. No caso das *ações possessórias*, o art. 556 do CPC, permite ao réu pedir proteção possessória em sua contestação, mediante alegação de ter sido ofendido em sua posse. Já a ação de *inquérito*, disciplinada pelo art. 853 da CLT, teria como finalidade a decretação do rompimento contratual com empregado estável, mas a própria CLT admite a possibilidade de reintegração, com pagamento dos salários do período de afastamento, em caso de improcedência.

Em tais casos, tem-se, na realidade, uma *ampliação da controvérsia a partir da contestação*. No caso da ação consignatória, p. ex., o devedor pode apontar a recusa do credor em receber por considerar o valor ofertado insuficiente. A partir da resposta do credor, nesse mesmo sentido, o contraditório passa a versar sobre o próprio montante da dívida, revelando o que chamamos de caráter dúplice da ação. No caso do inquérito, se houver ajuizamento a partir

238 Nesse sentido, diz DINAMARCO: "Dispensa-se com isso o formalismo de uma reconvenção como modalidade autônoma de resposta (a qual fica excluída, no procedimento sumário), mas permite-se que se obtenham resultados análogos ao que ela é capaz de produzir. Tanto quanto ela, o pedido contraposto amplia o objeto do processo ao introduzir neste uma nova pretensão – a do réu – que não se reduz ao mero pleito de rejeição da inicial. Tanto quanto a reconvenção, essa iniciativa se resolve no pedido de uma outra tutela jurisdicional, distinta daquela postulada pelo autor." (*Instituições...*, v. III, p. 719).

de uma suspensão do empregado acusado de praticar falta grave, o requerido, ao contestar o feito, pugnando pela improcedência do pedido, pode requerer o reconhecimento de seu direito de reintegração e os salários correspondentes. Nessa situação, a solução do conflito é pela improcedência do pedido do requerente, mas, ainda assim, condena-se-lhe em uma obrigação de fazer (reintegrar o requerido) e outra de pagar (os salários e demais consectários do período de afastamento).

Em casos tais, o problema é complexo, pois exige uma avaliação lógica de todos os elementos da controvérsia como pressuposto da apreciação do conflito. Assim, no exemplo da ação consignatória, poderíamos ter uma situação em que o trabalhador, ao se defender, alegasse que se recusou a receber as rescisórias ofertadas porque seria detentor de uma estabilidade no emprego. Sendo assim, o acolhimento ou não da pretensão de consignação tem como pressuposto lógico a avaliação da argumentação trazida na defesa, que pode resultar em outros direitos para o réu.

Em qualquer dessas hipóteses, o julgador deve atentar para o fato de que, trazendo a defesa uma *postulação reversa*, isso deve fazer parte do comando sentencial, com apreciação própria e específica, inclusive repercutindo no dispositivo da sentença, como veremos adiante.

Por fim, vale lembrar que, havendo pedido de tutelas provisórias, que foram concedidas, a sentença deve apreciar a questão novamente – seja de cunho cautelar ou antecipado – a fim de confirmá-la ou de revogá-la, conforme o caso.

3.1.3. *Dispositivo*

Conforme já salientamos anteriormente, o dispositivo consagra o comando sentencial buscado pela parte interessada e representa verdadeiramente o título executivo a ser efetivado na fase apropriada – isso, obviamente, tratando-se das ações condenatórias. É absolutamente oportuno que esse comando seja preciso e definido, para não causar maiores dificuldades na liquidação ou na execução do feito.

Assim, lembramos, em primeiro plano, que é totalmente inadequado o chamado "dispositivo indireto", e que se caracteriza por expressão do tipo "condena-se a reclamada a pagar ao reclamante os títulos deferidos na fundamentação". Trata-se de providência imprópria – porque, como dito, o dispositivo concentra o comando sentencial jurisdicional e sua remissão a outra parte da sentença viola essa diretriz substancial da organização da sentença. E, de outro lado, dificulta a compreensão da sentença, pois obriga seu leitor, a todo instante, a verificar o corpo da fundamentação para apurar qual seria o comando sentencial.

Partindo-se daquilo que consideramos o conteúdo obrigatório de um dispositivo sentencial, o redator da sentença pode elaborar a conclusão do julgado consoante seu estilo de redação. Algumas regras são, no entanto, relevantes, não tanto pela necessidade formal, mas, sobretudo, a fim de que o texto fique claro, coeso e adequado, sob o ponto de vista ortográfico. Nesse sentido, sugerimos que sejam separadas obrigações de pagar das obrigações de fazer, visto que o modo de serem elas expressas é distinto. Costumamos ver algumas sentenças com a seguinte redação:

> "ISTO POSTO, julgo PROCEDENTE, EM PARTE, o pedido formulado por YY, condenando XX a pagar-lhe:
>
> a) horas extras;
>
> b) adicional de insalubridade;
>
> c) diferenças salariais;
>
> d) retificar a CTPS do reclamante..."

Esse texto demonstra um grave erro de concordância, pois o início do parágrafo diz respeito a obrigação de pagar, mas um dos tópicos aponta uma obrigação de fazer. A leitura isolada do início desse parágrafo, com a letra "d", gera uma frase incompreensível.

Por conta disso, sugerimos, como dito, que seja feita uma divisão entre as obrigações cominadas na sentença, segundo sua natureza. Seguindo o mesmo modelo supraindicado, o redator pode esgotar as obrigações de pagar e, abrindo novo parágrafo, passar a descrever, individualmente, cada obrigação de fazer.

De outro lado, alguma cautela deve ser adotada quando se tem mais de uma ação sendo julgada na mesma sentença, como nos casos que citamos, inclusive para situações em que existe reconvenção. Como dito, embora formalmente o ato sentencial seja único, há, na realidade, uma decisão para cada ação.

Quando há conexão de ações, com diversos reclamantes reivindicando os mesmos pedidos, se o deferimento for uniforme a todos, uma única redação resolve o problema. No entanto, podem ocorrer soluções diferentes para cada reclamante – com o deferimento de pedidos para uns e indeferimento para outros. Nesse caso, a rigor, são necessários dois dispositivos, embora devam ser feitos de forma concatenada, como no seguinte exemplo:

> "ISTO POSTO, julgo PROCEDENTE, EM PARTE, o pedido formulado por YY, ZZ e JJ, condenando XX a pagar-lhes .... e IMPROCEDENTE o pedido formulado por WW, isentando a reclamada de condenação a seu respeito."

A mesma situação temos quando existe mais de uma reclamada. Se a condenação de ambas for solidária ou subsidiária, o dispositivo segue uma única linha de redação, apenas com a especificação da modalidade de condenação que foi conferida. No entanto, se apenas uma delas for a condenada, isso significa que a outra ou as outras serão absolvidas. Assim, há necessidade de serem feitos, igualmente, dois dispositivos distintos, ainda que no mesmo corpo, como indicado no parágrafo anterior.

Assim também se procede quando existe uma reconvenção. Lembramos que, nesse caso, há duas ações, sendo uma do autor e outra do réu. Por isso, propomos um dispositivo assim redigido, p. ex:

> "ISTO POSTO, julgo PROCEDENTE, EM PARTE, o pedido formulado por JJ condenando XX a pagar-lhe .... e IMPROCEDENTE o pedido formulado, em reconvenção, por XX, isentando o reconvindo de qualquer condenação neste processo."

No caso de *ações dúplices*, existência de *pedidos contrapostos* ou *reconvenções* ou *denunciação da lide*, o dispositivo da sentença deve também apontar o comando específico de cada postulação. Nesta última situação, há de se atentar para o fato de que a decisão que acolher o pedido do autor também deve decidir eventual responsabilidade do denunciado. Assim, se procedente a pretensão, há de se condenar o réu a pagar ao autor determinada importância e, se for o caso, condenar-se o denunciado a ressarcir esses valores ao denunciante, no mesmo ato sentencial.

Nos outros casos, por vias distintas, tem-se pedidos formulados pelo réu no bojo de sua defesa ou por peça própria. Assim, o julgador deve, no dispositivo, lançar eventual acolhimento desses pedidos, estabelecendo o comando sentencial respectivo.

Um dispositivo adequado, portanto, deve conter:

3.1.3.1. Identificação precisa e específica de cada uma das partes envolvidas no processo

Tanto o reclamante como o reclamado na ação devem estar precisamente identificados no dispositivo. Afinal, como apontado, este será a suma do título executivo, de sorte que é importante que estejam explicitados os titulares dos direitos e obrigações advindas daquele julgado. O uso de abreviaturas de nomes das partes não deve ser feito em nenhum ato do processo – exceto as que são convencionais, como Ltda., S.A., Cia., etc. –, muito menos no dispositivo, pois isso pode gerar dúvidas de legitimidade em processo de execução. Da mesma maneira, havendo mais de um autor ou mais de um réu, devem todos estar especificados no dispositivo, pois a obrigação ou o crédito podem ser individuais ou solidários, de maneira que essa identificação é fundamental.

3.1.3.2. Especificação do comando sentencial

Quando a parte busca uma decisão judicial, formula uma pretensão com conteúdo determinado – providência cautelar ou cognitiva, sendo esta condenatória, declaratória ou constitutiva, como já explicitado na classificação das sentenças. Por isso, a sentença deve, expressamente, acolher ou não esse comando, e exprimi-lo de modo bem claro e definido. Assim, se houve acolhimento de um pedido condenatório do autor, o julgador deve, no dispositivo, afirmar "*condeno* a reclamada a pagar ao reclamante...". Essa mesma ideia serve para as demais modalidades sentenciais. Havendo pedido de *declaração do vínculo empregatício* (principal ou incidente), isso também deverá ser expresso na decisão, bem como as *obrigações de fazer*, com cominação de multa diária pelo descumprimento, conforme art. 497, parágrafo 1º. do CPC, das quais destacamos as principais figuras abaixo relacionadas:

3.1.3.2.1. Anotação e retificação da CTPS

Nas ações trabalhistas em que o empregado postula o reconhecimento de relação de emprego ou invoca a existência de labor em período anterior ao registro, o acolhimento desses pedidos acarreta a obrigação de anotação ou retificação da CTPS. Em sendo esse o caso da sentença, o redator deve especificar também essa cominação no dispositivo, de preferência de forma separada das obrigações de pagar. Tratando-se de obrigação de fazer, é conveniente ser fixada a consequência cominatória em caso de descumprimento, como abaixo exemplificado:

> "A reclamada deverá anotar/retificar a CTPS do reclamante, conforme elementos expostos na fundamentação, sem o que o fará a Secretaria da Vara (art. 39, § 2º, da CLT)."[239]

239 Há divergências sobre a possibilidade de ser imposta multa cominatória nesse caso, por se tratar de obrigação passível de cumprimento pela Secretaria da Vara. No entanto, não se pode olvidar que, para o empregado, nem sempre é conveniente ter anotações de sua CTPS feitas pela Justiça do Trabalho, pois pode torná-lo alvo de preconceito em eventuais futuras

Esse procedimento vai ao encontro do estabelecido no art. 832, § 1º, da CLT, o qual estipula que a sentença deve conter, ainda, o prazo e as condições para seu cumprimento, constituindo regra estrutural para um dispositivo adequado.

3.1.3.2.2. *Depósitos do FGTS*

Outra obrigação que normalmente é observada em litígios trabalhistas diz respeito aos depósitos do FGTS, seja em situações de ausência de registro em CTPS, seja por descumprimento efetivo da obrigação pelo empregador. Como já destacado, consideramos inquestionável que se trata mesmo de obrigação *de fazer*, nos termos expressos no parágrafo único do art. 26 da Lei n. 8.036/90. Dessa forma, e com fundamento nesse mesmo dispositivo, entendemos que, em se tratando dos depósitos do FGTS que deveriam ter sido feitos na vigência do contrato, o modo adequado e pertinente de seu adimplemento é mediante a efetivação na conta vinculada do obreiro, tratando-se de típica obrigação de fazer. Com isso, reputamos que o redator da sentença deve determinar o cumprimento dessa obrigação e fixar multa diária pelo inadimplemento, da mesma forma que nos referimos quanto à anotação da CTPS. É oportuno lembrar-se, ainda, que pode existir pedido de liberação dos valores do FGTS, e essa é outra obrigação independente daquela que descrevemos até agora. Assim, sendo o caso de se acolher o pedido de autorização para levantamento dos depósitos, isso deve também constar expressamente da decisão.[240]

3.1.3.2.3. *Seguro-desemprego*

Quando a sentença contempla pedido do empregado de percepção de seguro-desemprego, duas podem ser as situações: determinação de entrega das guias para requerimento do benefício ou indenização substitutiva. Entendemos que a melhor solução é sempre a determinação de entrega das guias ou emissão de alvará substitutivo, porque o pressuposto para o deferimento da indenização é a aferição do efetivo prejuízo. Assim, se o julgador for acatar pedido de indenização, deve avaliar concretamente se o reclamante preencheria todas as condições e requisitos para obter as parcelas do seguro, vez que o empregador tem como única obrigação a entrega das guias. Dessa maneira,

---

contratações. Por esse motivo, há quem sustente que essa obrigação deve ser cumprida pelo empregador, e, sendo esse o caso, a cominação é a de multa, nos termos do art. 814, do CPC.

240 No caso da mera liberação de depósitos já realizados, entendemos não ser cabível a estipulação de multa diária pelo descumprimento, pois esse ato pode ser suprido por expedição de alvará pelo Juízo. Assim, cabe ao sentenciante fixar essa consequência ao estabelecer a obrigação, mas não cabe impor multa por isso.

vemos que o adequado é a determinação de que o empregador assim proceda, com a estipulação de expedição de alvará substitutivo em caso de descumprimento.[241]

3.1.3.2.4. *Reintegração de empregado*

Para os casos em que for reconhecido o direito à reintegração do empregado, o dispositivo deve reproduzir o prazo e a cominação pecuniária para esse cumprimento, já expostos na fundamentação, determinando a expedição do mandado respectivo.

3.1.3.2.5. *Apontamento do resultado do processo – preliminares, prejudiciais e mérito*

O dispositivo deve conter, ainda, o resultado do processo, seja nas objeções, seja no mérito. Por isso, devem ser expressas as objeções que foram acolhidas ou rejeitadas – por exemplo, "acolho a preliminar de ilegitimidade", "rejeito todas as preliminares", "rejeito as preliminares e acolho parcialmente a alegação de prescrição". No que diz respeito ao mérito, devem ser expressos os resultados Procedente, Procedente, em parte, ou Improcedente, sendo desnecessário apontar-se, em caso de procedência parcial, a rejeição dos demais pedidos. [242]

3.1.3.3. Delimitação dos efeitos da sentença

Em um dispositivo bem elaborado devem estar definidos os limites substanciais do julgado. Por isso, se uma preliminar acolhida ou rejeitada se refere a apenas um dos pedidos, isso deve ser devidamente explicitado no dispositivo

---

241 O que não impede o deferimento da indenização compensatória, de competência da Justiça do Trabalho, nos termos da Súmula 389, do TST: SEGURO-DESEMPREGO. COMPETÊNCIA DA JUSTIÇA DO TRABALHO. DIREITO À INDENIZAÇÃO POR NÃO LIBERAÇÃO DE GUIAS (conversão das Orientações Jurisprudenciais nºs 210 e 211 da SBDI-1) – Res. 129/2005, DJ 20, 22 e 25.04.2005I – Inscreve-se na competência material da Justiça do Trabalho a lide entre empregado e empregador tendo por objeto indenização pelo não-fornecimento das guias do seguro-desemprego. (ex-OJ nº 210 da SBDI-1 – inserida em 08.11.2000). II – O não-fornecimento pelo empregador da guia necessária para o recebimento do seguro-desemprego dá origem ao direito à indenização. (ex-OJ nº 211 da SBDI-1 – inserida em 08.11.2000).

242 Há quem sustente que a expressão correta a ser usada seria procedência/improcedência **da ação**, e não **do pedido**, como defendemos. A nosso ver, esse entendimento não é compatível com a teoria abstrata do direito de ação, que predomina na Ciência Processual moderna, visto que o direito de ação não está relacionado com o êxito ou não da demanda. Por isso adotamos, como correta, a expressão procedência/improcedência do pedido.

("rejeito a preliminar de inépcia quanto ao pedido de horas extras"). O mesmo ocorre com relação à prescrição, sendo que, nesse caso, se acolhida parcialmente, deve ser definida a data a que se refere ("acolho parcialmente a alegação de prescrição, e julgo extinto, com exame do mérito, o processo quanto a créditos anteriores a ___/___/___"). Da mesma maneira, havendo alguma limitação a ser feita em determinados pedidos acolhidos, é conveniente que isso seja também exposto no dispositivo ("condeno a reclamada a pagar ao reclamante uma hora extra por dia, até janeiro de 2010).

3.1.3.4. Identificação das obrigações cominadas ao reclamado, em caso de procedência do pedido

Consoante já fora narrado, não é pertinente a elaboração de dispositivo indireto, de maneira que todas as obrigações objeto da sentença devem ser tipificadas e identificadas no dispositivo. Dessa forma, o conteúdo de cada condenação deve ser exposto na conclusão da sentença, de modo claro e preciso, ainda que seja desnecessário detalhamento de cada um deles. Por exemplo, se houve acolhimento de horas extras relativo a dois períodos distintos, basta que seja feita a delimitação a que nos referimos no item anterior, mas sem necessidade de repetição de fundamentos do decidido ("condeno a reclamada a pagar ao reclamante horas extras, com adicional, diferenças de adicional de periculosidade e diferenças salariais, além de diferenças de DSRs, de feriados, de férias, de décimo terceiro e de FGTS de todo o contrato, pela repercussão de tais parcelas nos referidos títulos contratuais").

3.1.3.5. Explicitação das cominações acessórias

Pelo fato de envolver obrigações relacionadas umas com as outras, uma sentença trabalhista pode implicar uma série de obrigações acessórias, algumas diretamente ligadas aos pedidos e outras decorrentes de cominações legais – juros de mora e correção monetária e recolhimentos fiscais e previdenciários, p.ex. Assim, quando se redige um dispositivo, essas obrigações devem igualmente ser descritas na sentença, mesmo porque fazem parte do conjunto que será objeto da execução. No entanto, em função da diversidade de temas que envolve essas possíveis obrigações adicionais, trataremos especificamente delas mais adiante. Nesse contexto, incluem-se a condenação em *honorários advocatícios, honorários periciais e outras despesas do processo.*

3.1.3.6. Forma da liquidação de sentença

Em regra, se a liquidação de sentença for feita por simples cálculos aritméticos, é desnecessária a estipulação nesse sentido. Imprescindível, porém, se tiver de ser realizada por artigos ou por arbitramento, nos termos do art. 879, da CLT, e com o procedimento outorgado pelo CPC. Por isso, em tais casos, esse comando também deve compor o dispositivo do julgado, juntamente com outros critérios de apuração que venham a ser fixados pelo juiz na decisão, inclusive eventual deferimento de pedido de *compensação* ou *dedução.*

3.1.3.7. Fixação do valor da condenação e das custas processuais

Nos termos do art. 832, § 2º, da CLT, da decisão sempre deve constar o valor das custas a serem pagas pelo vencido. Tratando-se de decisão de extinção total do processo, com ou sem exame do mérito, esse valor é calculado sobre o valor da causa (art. 789, II, da CLT), a cargo do reclamante. Em situações de procedência total ou parcial, as custas são calculadas sobre o valor da condenação (art. 789, I, da CLT), e são devidas pelo reclamado. Por isso, o julgador, tratando-se de ação condenatória julgada total ou parcialmente procedente, deve estipular um valor para a condenação, estimando-o em face do montante do que fora deferido, apenas para fins de custas e de depósito recursal (art. 899, da CLT).

3.1.3.8. Juros e correção monetária

Consoante o já exposto em outro capítulo, havendo sentença condenatória envolvendo obrigação de pagar, deve o redator estabelecer também a incidência de juros e de correção monetária, inclusive os critérios específicos para esta última, diante das situações controvertidas que são encontradas. Esse comando, todavia, deve ser lançado no dispositivo, ainda que tenha sido explicitado na fundamentação, evidenciando-se, assim, uma parcela acessória relevante na formação do crédito a ser executado.

3.1.3.9. Contribuições fiscais e previdenciárias

Desde o início dos anos 90, uma ampla gama de atos normativos vêm regulando a necessidade de recolhimentos fiscais e previdenciários incidentes sobre créditos advindos de sentenças trabalhistas, o que se faz com muita propriedade, pois as ações trabalhistas sempre foram instrumentos históricos de evasão fiscal. A Lei n. 8.620/93, inclusive, passou a estabelecer que a ausência de determinação judicial de recolhimentos implicaria em crime de responsabilidade do magistrado. Em síntese, o julgador deve estabelecer a obrigação de serem efetuados os recolhimentos fiscais e previdenciários pelo empregador, que é o responsável tributário, podendo ele realizar a dedução das cotas cabíveis ao empregado. A Lei n. 10.035/00 trouxe algumas alterações na CLT, inclusive com a inserção do § 3º no seu art. 832, que já analisamos anteriormente. Fundamentalmente, pois, o dispositivo da sentença deve especificar a obrigação de promover os recolhimentos e a possibilidade de dedução das parcelas devidas do crédito do trabalhador. Deverá, também, se for o caso, especificar a natureza das parcelas objeto da condenação.

3.1.3.10. Publicação/Remessa oficial

Normalmente, como já explicamos, a sentença deve ser prolatada em audiência, e por isso, será publicada naquele ato, quando isso ocorre. No entanto, também pode ocorrer de ser feita a sentença fora da audiência, e nessa situação as partes devem ser intimadas do teor, inclusive em se tratando de reclamada revel (art. 852, da CLT). Em ambas as situações, é oportuno que se faça constar, no dispositivo, a situação aplicável a cada caso, a saber:

> "Sentença publicada em audiência, razão pela qual consideram-se cientes as partes".
>
> Ou então:
>
> "Intimem-se as partes do teor da presente sentença".

Por outro lado, tratando-se de ação movida contra a Administração Pública Direta, autárquica ou fundacional, sem atividade econômica, aplica-se o disposto no Decreto-lei n. 779/69, o que exige a chamada Remessa Oficial para reexame necessário, caso a decisão seja contrária a tais entidades. Dessa forma, deve ser lançado um texto como o que segue no julgado:

> "Deverão os autos ser remetidos à apreciação do E. TRT da ___ª Região, ante a obrigatoriedade do duplo grau de jurisdição – art. 496, do CPC e art. 1º, V do Decreto-lei n.779/69."

3.1.3.11. Expedição de ofícios

É fenômeno recorrente encontrarmos petições iniciais que contêm pedidos de expedição de ofícios pelo juiz, em especial para entidades fiscalizadoras, a fim de apurar as irregularidades denunciadas pelo reclamante. Independentemente desses pedidos, a autoridade judiciária pode determinar a expedição de ofícios sempre que entender pertinente, por conta de algum fato ocorrido ou apurado no processo.[243] Dessa maneira, se for esse o caso, o

243 São exemplos comuns disso: ofícios à Delegacia Regional do Trabalho, por conta de irregularidades administrativas, ao INSS, para apontar ausência de recolhimento previdenciário, para o Ministério Público do Trabalho, apontando lesões coletivas passíveis de ação civil

dispositivo sentencial também deve conter a determinação da expedição dos ofícios estabelecidos pelo magistrado.

3.1.3.12. Comandos processuais específicos

Sendo necessário, e de acordo com a hipótese sob análise, o dispositivo deve consignar comandos processuais destinados especificamente a certas funções. Um exemplo disso é a determinação de *constituição de capital* pelo reclamado, em hipóteses de condenação em prestação mensal, nos termos do art. 533, do CPC, ou uma das obrigações expostas no seu § 2º. Outra figura que deve constar do dispositivo é a determinação do art. 523, do CPC, caso a sentença seja líquida e o sentenciante entenda pela sua aplicação ao processo do trabalho.[244]

pública, ao Ministério Público Estadual, em razão de crimes cometidos no contrato de trabalho, ou mesmo ao Ministério Público Federal, pela apuração de crimes de competência federal, inclusive praticados no curso do processo.

244 Muito embora o TST já tenha fixado tese em sentido contrário, ainda podem remanescer situações de entendimentos diversos.

Questões práticas de sentença

1) Em razões finais, a reclamada alega nulidade, por cerceamento de defesa, em razão do indeferimento de perguntas à sua testemunha.

2) Manifestando-se sobre a contestação, o reclamante pugna pelo desentranhamento de documentos juntados com a defesa, por não estarem autenticados.

3) Em razões finais, a reclamada pediu o desentranhamento dos documentos que o reclamante juntou em audiência, afirmando que essa juntada foi intempestiva.

4) Em razões finais, o reclamante impugnou a representação da reclamada em audiência, afirmando que a carta de preposição não se encontra com firma reconhecida, e por isso pede o decreto da confissão da reclamada.

5) Em uma ação de inquérito para apuração de falta grave, o requerido alega que a requerente, pessoa jurídica, não está regularmente representada, visto que a procuração foi firmada por pessoa não identificada. Pede, com isso, o reconhecimento da invalidade do processo.

6) Manifestando-se sobre a contestação da reclamada, o reclamante requer o decreto de sua revelia em razão de ter a procuração ao advogado sido outorgada por procurador dos sócios, mas cujo mandato se expirou dois meses antes.

7) Ao obter o processo para sentenciar, o juiz observou que, na contestação, a reclamada havia requerido a denunciação da lide do antigo proprietário de seu empreendimento, em razão das obrigações atinentes ao seu período contratual, e que tal requerimento não foi apreciado por ocasião da realização da audiência.

8) Na contestação, a reclamada requereu o chamamento ao processo da União Federal, afirmando que é meramente concessionária de serviços anteriormente executados por empresa pública federal ainda existente, mas sob intervenção daquele ente federativo, e que era a empregadora do reclamante. Tal requerimento não foi apreciado em audiência.

9) Em reclamação trabalhista, o reclamante postula horas extras e direitos decorrentes de sua despedida que reputa injusta, apesar de ter sido acusado de cometimento de falta grave. Em função disso, pede também indenização por dano moral, na mesma ação. A reclamada alega a incompetência material para apreciação do dano moral, e pede ao juiz que aprecie de plano a matéria.

10) Os pais de um trabalhador falecido em razão de acidente de trabalho ajuízam reclamação trabalhista pleiteando diferenças salariais do contrato do *de cujus,* mais as verbas rescisórias respectivas e ainda indenização por danos materiais e morais decorrentes do falecimento do filho. A reclamada sustenta a incompetência absoluta da Justiça do Trabalho.

11) Reclamante ajuíza ação, declarando que trabalhou sem registro para a reclamada e pede os direitos decorrentes do contrato que alega, além de horas extras e verbas rescisórias. A reclamada alega inépcia da inicial sob o argumento de que não houve pedido expresso de reconhecimento de vínculo.

12) Reclamante ajuíza ação contra seu ex-empregador, reivindicando adicional de periculosidade e diferenças salariais decorrentes da aplicação de reajustes convencionais. A reclamada alega litispendência em relação ao adicional, afirmando que existe ação do sindicato profissional do autor, pendente de perícia, na qual ele é postulado para todos os substituídos. Quanto às diferenças salariais, alega coisa julgada, afirmando que o mesmo sindicato ingressou com ação na qualidade de substituto processual e teve sua pretensão indeferida.

13) Reclamada suscita preliminar, argumentando que, por força de autorização de norma coletiva, firmou com o reclamante um aditivo contratual, assumindo as partes, reciprocamente, o compromisso de submeter qualquer controvérsia da relação de emprego a um tribunal arbitral. Pede, com isso, a extinção do feito, porque o autor não seguiu esse compromisso.

14) Reclamante move ação contra duas reclamadas, afirmando que trabalhou para a primeira em obras de manutenção da segunda, pugnando por sua responsabilidade subsidiária. A segunda suscitou preliminar de ilegitimidade passiva, afirmando que, por ser somente dona da obra, não teria qualquer responsabilidade pelos eventuais direitos do reclamante, razão pela qual requereu sua exclusão da lide.

15) Em reclamação movida contra duas reclamadas, com pedido de responsabilidade subsidiária da segunda, ambas alegam ilegitimidade passiva da tomadora, por jamais ter sido empregadora do reclamante.

16) O reclamante sustenta que determinada interposição de mão de obra foi ilícita e pede o reconhecimento de relação de emprego com a tomadora, que alega sua ilegitimidade passiva por não ser a empregadora. Feita a prova, apura-se a licitude da interposição de mão de obra. Qual seria a solução do processo para a segunda reclamada?

17) Reclamada alega falta de interesse processual porque o reclamante não provocou a comissão de conciliação prévia existente antes de ajuizar a ação, fato este que, realmente, ocorreu.

18) Em contestação, a reclamada alega que o reclamante não efetuou o pagamento das custas a que foi condenado em ação anteriormente ajuizada e que fora arquivada.

19) Reclamada suscita prescrição em sede de razões finais, pedindo a incidência do critério quinquenal ao caso a ser julgado, visto que o reclamante, trabalhador rural, teve seu contrato vigendo entre 15.08.1990 até 15.04.2013, e ajuizou a reclamação em 30.06.2004.

20) Em contestação, a reclamada alega prescrição quinquenal ao reclamante trabalhador rural, cujo contrato vigorou entre 20.03.1985 até 20.06.2001, e ele ajuizou a ação em 20.11.2002.

21) Arguiu a reclamada prejudicial de decadência, sustentando que o reclamante ajuizou a ação, em que pleiteia entrega de guias de seguro-desemprego em 15.03.2012, mas seu contrato foi rompido em 29.07.2006. O reclamante refutou a alegação dizendo que ajuizou outra ação anteriormente, em junho de 2008, na qual pleiteou o reconhecimento da relação de emprego e o pagamento das rescisórias, o que mereceu decisão definitiva em 2011, fato este que teria interrompido o prazo bienal.

22) Dois trabalhadores, cujos contratos foram rompidos em junho de 2006 e junho de 2010, respectivamente, ajuizaram, em dezembro de 2011, ação trabalhista contra seu ex-empregador, reivindicando a percepção das diferenças de 40% dos depósitos do FGTS, tendo em vista as diferenças de correção monetária dos saldos do FGTS reconhecidas pelo STF. Argumentam que o prazo teve início a partir do reconhecimento do direito pelo STF, mas a reclamada, em defesa, alegou a prescrição bienal em face da data da rescisão contratual e a quinquenal em face da data em que os chamados expurgos ocorreram (1989 e 1990).

23) A reclamada, invocando a Súmula n. 330 do TST, alega carência da ação, por falta de interesse processual, porque o reclamante teve sua rescisão contratual homologada pelo sindicato e não foram colocadas ressalvas no TRCT a respeito do pedido, que versa sobre horas extras.

24) Reclamada alega que o reclamante nada poderia reivindicar em face dela porque conferiu quitação mediante termo de conciliação em comissão de conciliação prévia da própria empresa. O reclamante alega e demonstra que, na realidade, somente recebeu as verbas rescisórias que lhe eram devidas junto à dita CCP, e os pedidos feitos na ação versam sobre outros direitos, como diferenças salariais e horas extras.

25) Antes da prolação da sentença, mas já estando encerrada a instrução processual, um terceiro estranho à lide pede a sua inclusão no polo ativo, sustentando ter adquirido os direitos postulados pelo autor, conforme contrato exibido em juízo, superveniente ao encerramento da instrução processual.

26) Antes da prolação da sentença, o patrono do Reclamante falece e sua esposa ingressa em juízo postulando sua inclusão no polo ativo da ação, já que seu marido havia "comprado" a causa do Reclamante por R$ 15.000,00, a despeito de sua provável repercussão patrimonial ser R$ 150.000,00.

27) Sustenta a defesa fato extintivo da obrigação acerca das horas extras, já que teria entregue ao Reclamante 15.000 litros de óleo de soja, produzidos pela própria empresa, para satisfação desse título.

28) O Reclamado afirma ter pago os salários em atraso por meio da entrega de um veículo, alienado fiduciariamente e avaliado em R$ 40.000,00, remanescendo uma dívida com a financeira de R$ 8.000,00.

29) Considerando o pedido de reintegração ao emprego, a Reclamada postula a compensação dos salários vencidos e vincendos, com a multa de 40% do FGTS, o valor pago a título de aviso prévio, férias e 13os. salários pagos por ocasião da rescisão. Determinada a reintegração e pagamento de salários vencidos e vincendos, decida o pleito da Reclamada.

30) Deferido o pagamento de horas extras e seus consectários, aprecie a postulação da Reclamada acerca da compensação de valores pagos sob idêntico título à luz do conceito de compensação.

31) Sustenta a Reclamada a ocorrência de transação extrajudicial por ocasião da adesão a programa de demissão voluntária, sem qualquer vício de vontade na celebração do negócio jurídico, bem como a ausência de expressa ressalva acerca de horas extras, periculosidade, adicional noturno e equiparação salarial. O autor sustenta a irrenunciabilidade de direitos no curso do contrato e ausência de assistência sindical por ocasião da adesão ao PDV.

32) Sustenta a Reclamada a ocorrência de transação extrajudicial com o Reclamante, assistido pelo seu sindicato profissional, envolvendo horas extras de maio de 2008 a julho de 2011 e equiparação salarial do período não prescrito. O Reclamante sustenta ser o valor ínfimo, já que não atingiu 30% da dívida efetiva.

33) O Reclamante afirma laborar das 8:00 às 22:00 horas em três dias por semana e cumprir jornada de oito horas nos demais dias, executando serviços externos, sendo sua jornada registrada em papeleta anotada pela portaria da empresa. A empresa negou a prestação das horas extras, admitiu possuir mais de 600 empregados, afirmou ter possuído o documento, que teria sido extraviado ou roubado, sem que haja prova do roubo nos autos. O juízo indeferiu o pedido do Reclamante de exibição do documento e indeferiu a produção da prova testemunhal requerida pelo autor. Julgue o pleito do autor.

34) O Reclamante alegou determinada jornada, que resultaria em 100 horas extras mensais. A Reclamada não impugnou o horário, mas sustenta quitação do labor extraordinário fundada em cláusula convencional que assegura o pagamento para todos os trabalhadores de 50 horas extras mensais, mesmo que tenha prestado jornada superior. A convenção coletiva preenche os requisitos formais da sua validade e encontra-se em vigência.

35) Norma coletiva assegura pagamento de adicional de insalubridade a todos os empregados das empresas em sua base territorial. A Reclamada sustenta ser indevido, pois a Reclamante não trabalhava em ambiente insalubre, fato confirmado pela perícia técnica. O Reclamante protestou reiteradamente contra a realização da perícia, já que se trata de mera ação de cumprimento. Decida.

36) O Reclamante laborava das 19:00 às 7:00 horas e postula o pagamento do adicional noturno, inclusive sobre o trabalho prestado entre 5:00 e 7:00 horas. Decida quantificando o tempo de incidência do adicional noturno.

37) O Reclamante postula adicional de periculosidade e laborava abastecendo aeronaves em determinado aeroporto de grande porte. O senhor perito descreve o ambiente de trabalho e conclui pela periculosidade, mesmo tendo verificado que o autor abastecia cinco aeronaves por dia e que o abastecimento durava cinco minutos. O parecer do assistente técnico da empresa refuta a ocorrência de periculosidade, já que naquele aeroporto jamais ocorreu qualquer acidente no abastecimento, e junta estatística do Departamento de Aviação Civil e dados da IATA, comprovando que tais acidentes são estatisticamente irrelevantes. Decida.

38) Autora e paradigma trabalhavam no mesmo ambiente e executavam as mesmas funções, com idêntica produtividade, e iniciaram a execução de tais funções em maio de 2012. A Reclamada reconhece tais fatos, mas argumenta que a diferença de salários decorre do fato de o paradigma ter exercido cargos mais importantes, inclusive de chefia, e que outras parcelas decorrem de fatos pessoais, como adicional de tempo de serviço e gratificação de chefia. Mas, ainda que se retirem as verbas pessoais, o paradigma continuaria com salário-base superior ao do Reclamante. Registre-se que a empresa era estadual e foi privatizada em 2014 e em novembro de 2014 os novos controladores extinguiram o plano de cargos e salários.

39) O Reclamante postula indenização por dano moral no valor de R$ 1.000.000,00, porque sua superiora hierárquica, reiteradamente, o chamava para jantar, e indicava que seu antecessor foi promovido porque sabia atender sua superiora hierárquica, mesmo após saber que o Reclamante era casado e ter todos os seus convites recusados. Por fim, restou provado que, após frustradas todas as investidas, um colega do Reclamante mal avaliado e com histórico de faltas ao serviço foi promovido pela superiora hierárquica em detrimento do Reclamante.

40) O Reclamante comprova ser vendedor externo e que custeava as despesas da viagem semanal de trabalho, compostas de combustível, hotel e alimentação. A Reclamada sustenta que não contratou a devolução de tais importâncias, até porque o Reclamante era autônomo, e para os vendedores empregados mantém convênio com posto de combustível, restaurante e hotel específico em cada cidade da base de atuação e o Reclamante utilizava-se de empresas diversas das conveniadas com o Reclamado. Decida a questão, considerando-se que o vínculo de emprego restou reconhecido.

Referências

AGLE, Antônio Maron. Breve estudo sobre a execução trabalhista. In: *Revista do TRT 5ª Região*, 01 : 45-63. dez/2000.

ALMEIDA, Isis de. *Manual de direito processual do trabalho.* 3. ed. São Paulo: LTr, 1991.

ALVES, Vilson Rodrigues. *Da prescrição e da decadência no novo Código Civil.* Campinas, Bookseller, 2003.

ARAGÃO, Egas Moniz de. *Sentença e coisa julgada.* Rio de Janeiro: Aide, 1992.

ARRUDA ALVIM, José Manoel. Cumprimento da sentença condenatória por quantia certa – Lei n. 11.232, de 22.12.2005 – Anotações de uma primeira impressão. In: *Processo e Constituição* – Estudos em homenagem a José Carlos B. Moreira. São Paulo: RT, 2006.

________. *Manual de direito processual civil.* 6. ed., v. 1 e 2. São Paulo: RT, 1997.

ASSIS, Araken de. *Comentários ao Código de Processo Civil.* V. VI. Arts. 566 a 645. Rio de Janeiro: Forense, 2000.

________. *Manual do processo de execução.* 9. ed. São Paulo: RT, 2004.

ATIYAH, Patrick S. La sentenza in Inghilterra – In: *Sentenza in Europa* – metodo, tecnica e stile. Trad. italiana por M. Ragazzi e G. Mangano. Padova: CEDAM, 1988.

BARBI, Celso Agrícola. *Comentários ao Código de Processo Civil.* V. 1 – arts. 1-153. Rio de Janeiro: Forense, 1983.

BARBOSA MOREIRA, José Carlos. A função social do processo civil moderno e o papel do juiz e das partes na direção e na instrução do processo. In: *Revista de Processo*, v. 37.

________. *Comentários ao Código de Processo Civil.* 7. ed., v. V. Rio de Janeiro: Forense, 1998.

________. *O novo processo civil brasileiro.* 18. ed. Rio de Janeiro: Forense, 1996.

BARRETO, Zanutto de Paulo; PAULA, Wanderlei de. Os acidentes do trabalho, e *in itinere* e a execução da co-responsabilidade de empregados por acidente e o dano moral nas jurisprudências brasileira e alemã. *Revista LTr*, fev./1997.

BARROS, Alice Monteiro de. Aspectos jurisprudenciais da prescrição trabalhista. In: *Curso de direito do trabalho* – Estudos em memória de Célio Goyatá. V. 1. 2. ed. São Paulo: LTr, 1994.

BARROS, Alice Monteiro de; CARMO, Julio Bernardo. *Processo de execução trabalhista aplicado.* São Paulo: LTr, 2000.

BATALHA, Wilson de Souza Campos. *Tratado de direito judiciário do trabalho.* 3. ed. São Paulo: LTr, 1995.

BEBBER, Julio Cesar. *Princípios do processo do trabalho.* São Paulo: LTr, 1997.

BELMONTE, Alexandre Agra. *Instituições civis no direito do trabalho.* 3. ed. Rio de Janeiro: Renovar, 2004.

BERMUDES, Sérgio. *A reforma do Código de Processo Civil.* 2. ed. São Paulo: Saraiva, 1996.

BEZERRA LEITE, Carlos Henrique. Cumprimento espontâneo da sentença (Lei n. 11.232/2005) e suas repercussões no processo do trabalho. *Revista LTr*, 70-09/1040, set./06.

________. *Curso de direito processual do trabalho.* São Paulo: LTr, 2003.

BITTAR, Carlos Alberto. *Reparação civil por danos morais.* 2. ed. São Paulo: RT, 1994.

BOBBIO, Norberto. *Teoria do ordenamento jurídico.* Brasília: Pólis e Universidade de Brasília, 1989.

BROWNLIE, Ian. Le sentenze della corte europea dei diritti dell´uomo. In: *Sentenza in Europa* – metodo, tecnica e stile. Trad. italiana por M. Ragazzi e G. Mangano – Padova: CEDAM, 1988.

BUENO, Cassio Scarpinella. *A nova etapa da reforma do Código de Processo Civil.* V. 1, 2 e 3 São Paulo: Saraiva, 2006.

CALMON DE PASSOS, José Joaquim. *Comentários ao Código de Processo Civil.* V. III. 8. ed. São Paulo: Forense, 1998.

CÂMARA LEAL, Antonio Luiz da. *Da prescrição e da decadência.* 4. ed. Rio de Janeiro: Forense, 1982.

CAPPELLETTI, Mauro; GARTH, Bryan. *Acesso à justiça.* Tradução de Ellen Gracie Northfleet. Porto Alegre: Sergio Antonio Fabris Editor, 1988.

CARDONE, Marly A. A responsabilidade civil no direito do trabalho. *IOB – Repertório de Jurisprudência*, set./1993. n. 18/93.

CARMO, Júlio Bernardo do. O dano moral e sua reparação no âmbito do direito civil e do trabalho. In: *curso de direito do trabalho* – Estudos em memória de Célio Goyatá. V. 2. 3. ed. São Paulo: LTr, 1994.

CARNELUTTI, Francesco. *Sistema del diritto processuale civile.* Padova: CEDAM, 1936.

CASTELO, Jorge Pinheiro. O dano moral trabalhista. *Revista LTr*, abril de 1995.

CHAVES JR., José Eduardo de Resende. A Emenda Constitucional n. 45/2004 e a Competência Penal da Justiça do Trabalho, In: Nova competência da Justiça do Trabalho. Coord. Grijalbo Fernandes Coutinho e Marcos Neves Fava. São Paulo: LTr, 2005.

________. O mínimo é o máximo! – a concisão como novo princípio do processo judicial. *Jornal Estado de Minas,* 08 de janeiro de 2009, v. Caderno Direito & Justiça, p. 01.

CHAVES, Luciano Athayde (Coord.). *Direito processual do trabalho* – reforma e efetividade.São Paulo: LTr, 2006.

________. *A recente reforma no processo comum* – Reflexos no direito judiciário do trabalho. São Paulo: LTr, 2006.

CHIOVENDA, Giuseppe. *Instituições de direito processual civil.* Trad. J. Guimarães Menegale, anot. por Enrico Tullio Liebman. São Paulo: Saraiva, 1965.

________. *Instituições de direito processual civil.* Trad. de Paolo Capitanio. Campinas: Bookeseller, 1998.

CINTRA, Antonio Carlos Araújo *et alii. Teoria geral do processo.* 14. ed. São Paulo: Malheiros, 1998.

COQUEIJO COSTA, Carlos. *Princípios de direito processual do trabalho.* São Paulo: LTr, 1976.

________. *Direito processual do trabalho.* Rio de Janeiro: Forense, 1996.

COUTO, Osmair. Indenização por danos morais no direito do trabalho – justiça competente. *Revista LTr*, abr./1996.

COUTURE, Eduardo J. *Introdução ao estudo do processo civil.* Trad. Mozart Victor Russomano. Rio de Janeiro: Jose Konfino, 1951.

________. *Estudios de derecho procesal civil.* 2. ed. Buenos Aires: Depalma, 1978.

DALLEGRAVE NETO, José Afonso. *Responsabilidade civil no direito do trabalho.* 2. ed. São Paulo: LTr, 2007.

DEDA, Artur Oscar Oliveira. Dano moral. In: *Enciclopédia Saraiva do Direito*, v. 22. São Paulo: Saraiva, 1978.

DELGADO, Mauricio Godinho. A prescrição na Justiça do Trabalho: novos desafios. *Revista Trabalhista – Direito e Processo*, n. 25, São Paulo: LTr/Anamatra, 2008.

________. As duas faces da nova competência da Justiça do Trabalho. In: *Nova competência da Justiça do Trabalho.* Coord. Grijalbo Fernandes Coutinho e Marcos Neves Fava. São Paulo: LTr, 2005.

________. *Curso de Direito do Trabalho*, 9. ed., São Paulo: LTr, 2010, p. 454

________. *Democracia e justiça* – Sistema judicial e construção democrática no Brasil. São Paulo: LTr, 1993.

________. Direito do trabalho e processo do trabalho – critérios de importação de regras legais civis e processuais civis. *Revista LTr*,maio/2007.

DIAS, Carlos Eduardo Oliveira. *A desconsideração da personalidade jurídica do empregador na execução trabalhista. In* LEITE, Carlos Henrique Bezerra *et alii* (coord.). *Execução trabalhista – Uma homenagem ao professor Wagner Giglio.* Sao Paulo: LTr, 2015.

DINAMARCO, Cândido Rangel. *A instrumentalidade do processo.* 8. ed. São Paulo: Malheiros, 2000.

________. *A reforma da reforma.* 2. ed. São Paulo: Malheiros, 2002.

________. *A reforma do Código de Processo Civil.* 3. ed. São Paulo: Malheiros, 1996.

________. *Execução civil.* 6. ed. rev. e atualiz. São Paulo: Malheiros, 1998.

________. *Fundamentos do processo civil moderno.* V I. 4. ed. São Paulo: Malheiros, 2001.

________. *Instituições de direito processual civil.* V. II e III. São Paulo: Malheiros, 2001.

________. *Nova era do processo civil.* São Paulo: Malheiros, 2003.

DINIZ, Maria Helena. *Compêndio de introdução à ciência da direito.* 5. ed. São Paulo: Saraiva, 1993.

_______. *Curso de direito civil brasileiro*. V. VII. 4. ed. São Paulo: Saraiva, 1988.

FELICIANO, Guilherme Guimarães. Da competência penal na Justiça do Trabalho. *Revista de Direito do Trabalho*, São Paulo, v. 32, n. 122, RT. abr./jun. 2006.

_______. O "novíssimo" processo civil e o processo do trabalho – uma outra visão. *RevistaLTr*, mar/07.

FERRAZ JR., Tercio Sampaio. Enciclopédia Saraiva do Direito, coord. R. Limongi França, verbete Antinomia, v. 7, São Paulo: Saraiva, 1978.

FLORINDO, Valdir. *Dano moral e o direito do trabalho*. São Paulo: LTr, 1995.

FRANÇA, R. Limongi. Reparação do dano moral. *Revista da Procuradoria-Geral do Estado de São Paulo*, v. 33, 1993.

FUX, Luiz *et alii* (coord.). *Processo e constituição* – Estudos em homenagem ao professor José Carlos Barbosa Moreira. São Paulo: Revista dos Tribunais, 2006.

GIGLIO, Wagner D. *Direito processual do trabalho*. 6. ed. São Paulo: LTr, 1986.

GIUSTINA, Beatriz Della. A reparação do dano moral decorrente da relação de emprego. *Revista LTr*, out./1995.

GOMES, Orlando. *Obrigações*. 8. ed. Rio de Janeiro: Forense, 1986.

GONÇALVES, Marcos Vinícius Rios. *Processo de execução e cautelar*. 2. ed. São Paulo: Saraiva, 1999.

GRECO FILHO, Vicente. *Direito processual civil brasileiro*. 12. ed. São Paulo: Saraiva, 1993.

GRINOVER, Ada Pellegrini. *O processo constitucional em marcha*. São Paulo: Max Limonad, 1985.

GUIMARÃES, Oliveira. *Sentenças e crítica jurídica*. Coimbra: F. França Amado, Editor, 1914.

GUNTHER, Luiz Eduardo, *A fundamentação das decisões judiciais trabalhistas e o CPC de 2015, in* Novo CPC e o Processo do Trabalho, DALLEGRAVE NETO, José Affonso e GOULART, Rodrigo Fortunato. São Paulo: LTr, 2016, pp. 152-164.

JORGE, Flávio Cheim *et alii*. *A terceira etapa da reforma processual civil*. São Paulo: Saraiva, 2006.

LACERDA, Dorval. *A renúncia no direito do trabalho*. Rio de Janeiro: Forense, 1943.

LAMARCA, Antônio. *O livro da competência*. São Paulo: Revista dos Tribunais, 1979.

LEITÃO, Helder Martins. *Dos actos processuais* – o tempo, o modo, a forma. Porto: ELCLA, 1994.

LEIVA, Antonio Balsalobre. Embargos de declaração com efeito modificativo. *Revista de Direito do Trabalho*, n. 59, São Paulo: RT, 1986.

LEVADA, Cláudio Antônio Soares. *Liquidação de danos morais*. Campinas: Copola, 1995.

LIEBMAN, Enrico Tulio. *Eficácia e autoridade da sentença*. Trad. Alfredo Buzaid e Benvindo Aires. 2. ed. Rio de Janeiro: Forense, 1981.

_______. *Manuale de diritto processuale civile*. 3. ed. Milano: Giuffré, 1973.

LIMA, Alcides de Mendonça. Sentença declaratória trabalhista. In: *Processo do trabalho* – estudos em memória de Coqueijo Costa. Coord. Hugo Gueiros Bernardes. São Paulo: LTr, 1989.

LIMA, Firmino Alves. Comentários à Lei n. 11.419/2006, que trata da informatização do processo judicial – Uma visão para a Justiça do Trabalho. *Revista LTr*, mar./2007.

MACHADO Jr., Cesar Pereira da Silva. Execução trabalhista. In: *Compêndio de direito processual do trabalho* – Obra em memória de Celso Agrícola Barbi. Coord. Alice Monteiro de Barros. São Paulo: LTr, 1998.

________. *Os embargos do devedor na execução trabalhista*. São Paulo: LTr, 1996.

MACIEL, José Alberto Couto. O trabalhador e o dano moral. *Revista Síntese Trabalhista*, maio/1995.

MAIOR, Jorge Luiz Souto. Justiça do Trabalho: A justiça do trabalhador? In: *Nova competência da Justiça do Trabalho*. Coord. Grijalbo Fernandes Coutinho e Marcos Neves Fava, São Paulo: LTr, 2005.

________. Reflexos das alterações do Código de Processo Civil no processo do trabalho. *Revista LTr*, Ago./2006.

________. *Relação de emprego & direito do trabalho*. São Paulo: LTr, 2007.

________. Teoria geral da execução forçada.In: *Execução trabalhista:* visão atual. Coord. Roberto Norris. Rio de Janeiro: Forense, 2001.

________. *Temas de processo do trabalho*. São Paulo: LTr, 2000.

MALLET, Estêvão. O processo do trabalho e as recentes modificações do Código de Processo Civil. *Revista LTr*, jun./06.

MARINONI, Luiz Guilherme.*Tutela específica*. São Paulo: RT, 2000.

________. *Tutela antecipatória, julgamento antecipado e execução imediata da sentença*. 3. ed. São Paulo: RT, 1999.

MEIRELES, Edilton; BORGES, Leonardo Dias. *A nova reforma processual e seu impacto no processo do trabalho*. São Paulo: LTr, 2006.

MELO, Raimundo Simão de. *Direito ambiental do trabalho e a saúde do trabalhador* – Responsabilidades.Danos material, moral, estético e pela perda de uma chance. 2. ed. São Paulo: LTr, 2006.

MELO FILHO, Hugo Cavalcanti. Nova competência da Justiça do Trabalho: contra a interpretação reacionária da Emenda n. 45/2004. In: *Justiça do Trabalho:* competência ampliada. São Paulo: LTr, 2005.

MIMIN, Pierre. *Le style des jugements*. Paris: Librairie des Juris-Classeurs – Èditions Godde, 1927.

MIRANDA, Darcy de Arruda *et alii*. *CPC nos tribunais*. 3. ed. São Paulo: Brasiliense,1990.

MIRANDA, Pontes de. Comentários ao Código de Processo Civil. 5. ed. Rio de Janeiro: Forense, 1999. t. I.

MONTEIRO, Washington de Barros. *Curso de direito civil*. Direito das obrigações. v. 2. São Paulo: Saraiva, 1993.

MOREIRA, Alberto Camiña. *Defesa sem embargos do executado. Exceção de pré-executividade*. São Paulo: Saraiva, 1998.

MOREIRA, Felipe Augusto de Toledo e PINTO, Rafael de Arruda Alvim. *Brevíssimas notas ao Novo Código de Processo Civil. E-book,* 2a. edição. Curitiba: Instituto de Direito Contemporâneo, 2015, p. 46

NALINI, José Renato. *O juiz e o acesso à justiça*. 2. ed. rev., atual. e ampl. São Paulo: RT, 2000.

NASCIMENTO, Amauri Mascaro. *Curso de direito processual do trabalho*. 14. ed. São Paulo: Saraiva, 1993.

NERY JÚNIOR, Nelson. Alguns aspectos da competência da Justiça do Trabalho: CF 114, I e VI (EC n. 45/2004). In: *Reforma do judiciário* – Primeiras reflexões sobre a Emenda Constitucional n. 45/2004.Coordenação Teresa Arruda Alvim Wambier *et alii*. São Paulo: RT, 2005.

_______. *Código de Processo Civil comentado*. 3. ed. São Paulo: RT, 1997.

NEVES, Celso. *Comentários ao Código de Processo Civil*. V. VII. Arts. 646 a 795. 7. ed. Rio de Janeiro: Forense, 2000.

NORONHA, Carlos Silveira. *Sentença civil* – perfil histórico-dogmático. São Paulo: RT, 1995.

NORRIS, Roberto (coord.). *Execução trabalhista* – visão atual. Rio de Janeiro: Forense, 2001.

OLIVEIRA, Carlos Alberto Álvaro de (coord.). *A nova execução*. Comentários à Lei n. 11.232, de 22 de dezembro de 2005.Rio de Janeiro: Forense, 2006.

_______. *Do formalismo no processo civil*. São Paulo: Saraiva, 1997.

OLIVEIRA, Francisco Antonio de. A nova reforma processual – reflexos sobre o processo do trabalho – Leis ns. 11.232/2005 e 11.280/2006. *Revista LTr*. dez./2006.

_______. *O processo na Justiça do Trabalho*. 4. ed. São Paulo: RT, 1999.

OLIVEIRA, Paulo Eduardo Vieira de; NAHAS, Thereza Cristina. Aspectos gerais do processo de matéria trabalhista em Portugal. In: *Direito processual do trabalho comparado*. TOLEDO FILHO, Manoel Carlos e EÇA, Vitor Salino de Moura (coords.). Belo Horizonte: Del Rey, 2009.

PACHECO, José da Silva. *Evolução do processo civil brasileiro*. Rio de Janeiro: Borsoi, 1972.

PAIM, Nilton Rangel Barretto; HILLESHEIN, Jaime. O assédio processual no processo do trabalho. *Revista LTr*, Volume 70, set./2006, pp. 70-09/1112 – 1118.

PAMPLONA FILHO, Rodolfo Mário. A prescrição intercorrente. *Revista Trabalho & Doutrina n*. 10, set./1996.

PAULA, Alexandre de. *Código de Processo Civil anotado*. 3. ed. São Paulo: RT, 1986.

PEDREIRA, Pinho. A reparação do dano moral no direito do trabalho. *Revista LTr*, maio/91.

PELLINGRA, Benedetto. La sentenza mei suoi aspetti della metodologia e della técnica. In: *Sentenza in Europa* – metodo, tecnica e stile. Padova: CEDAM, 1988.

PEREIRA, Caio Mário da Silva. *Responsabilidade civil*. 2. ed. Rio de Janeiro: Forense, 1990.

PESSANHA, José Américo Motta. *Aristóteles* – vida e obra. Introdução ao Volume I do Livro sobre Aristóteles da Coleção Os Pensadores. São Paulo: Nova Cultural, 1987.

PINTO, Teresa Arruda Alvim. *Nulidades da sentença*. 3. ed. rev. ampl. São Paulo: RT, 1993.

PISTORI, Gerson Lacerda. *Dos princípios do processo. Os princípios orientadores*. São Paulo: LTr, 2001.

PLÁ RODRIGUEZ, Américo. *Princípios de direito do trabalho*. São Paulo: LTr, 1997.

PONTES DE MIRANDA, Francisco Cavalcanti. *Comentários ao Código de Processo Civil. Tomo IV* – arts. 282 a 443. 3. ed. rev. e aumentada. Atualização legislativa de Sérgio Bermudes. Rio de Janeiro: Forense, 1999.

________. *Comentários ao Código de Processo Civil. Tomo V* – arts. 444 a 475. 3. ed. rev. e aumentada. Atualização legislativa de Sérgio Bermudes. Rio de Janeiro: Forense, 1997.

________. *Comentários ao Código de Processo Civil. Tomo IX – arts. 566-611.* 2. ed. rev. e aumentada. Atualização legislativa de Sérgio Bermudes. Rio de Janeiro: Forense, 2001.

________. *Tratado das ações.* Tomos I, II e VI. 7. ed., atualizada por Vilson Rodrigues Alves. Campinas: Bookseller, 1999.

RÊGO, Maurício Ferreira do. O dano moral e a incompetência absoluta da Justiça do Trabalho. *Revista LTr*, fev. 1997.

REIS, Clayton. *Dano moral.* 3. ed. Rio de Janeiro: Forense, 1996.

REQUIÃO, Rubens. *Aspectos modernos do direito comercial.* São Paulo: Saraiva, 1977.

RODRIGUES PINTO, José Augusto. Anatomia da sentença trabalhista. In: *Noções atuais de direito do trabalho* – Estudos em homenagem a Elson Gottschalk. São Paulo: LTr, 1994.

________. *Execução trabalhista.* 9. ed. São Paulo: LTr, 2002.

RODRIGUES PINTO. José Augusto e PAMPLONA FILHO, Rodolfo Mário. *Manual da conciliação preventiva e do procedimento sumaríssimo trabalhista.* São Paulo: LTr, 2001.

________. *Processo trabalhista de conhecimento.* 5. ed. São Paulo: LTr, 2000.

ROMITA, Arion Sayão. Aspectos da execução trabalhista. *Revista de Direito do Trabalho*, n. 100, out-dez./2000.

________. *Do poder disciplinar do empregador.* Rio de Janeiro: Freitas Bastos, 1983.

RUSSOMANO, Mozart Victor. *Comentários à Consolidação das Leis do Trabalho.* Rio de Janeiro: Forense, 1983.

SADEK, Maria Tereza (coord.). *Acesso à justiça.* São Paulo: Fundação Konrad Adenauer, 2001.

SANTOS, Moacyr Amaral. *Primeiras linhas de direito processual civil.* 12. ed. São Paulo: Saraiva, 1985.

SANTOS, Nelton Agnaldo Moraes dos. *A técnica de elaboração da sentença civil.* São Paulo: Saraiva, 1996.

SCHÖNKE, Adolf. *Derecho procesal civil.* Barcelona: Bosch, 1950.

SILVA, Antônio Álvares da. Competência trabalhista perante o direito alemão. In: *Revista da Faculdade de Direito da Universidade Federal de Minas Gerais*, v. 24, maio/1976.

SILVA, José Afonso da. *Direito constitucional positivo.* 19. ed. São Paulo: Malheiros, 2001.

SILVA, José Antonio Ribeiro de Oliveira. As recentes alterações do CPC e sua aplicação no processo do trabalho. *Revista LTr*, dez./2006.

________. *Questões relevantes do procedimento sumaríssimo* – 100 perguntas e respostas. São Paulo: LTr, 2000.

SILVA, Ovídio Araújo Baptista da. Decisões interlocutórias e sentenças liminares. In: *Da sentença liminar à nulidade da sentença.* Rio de Janeiro: Forense, 2001.

STRECK, Lênio. *Dilema de dois juízes diante do fim do Livre Convencimento do NCPC,* Consultor Jurídico *on-line,* 19/03/2015, em http://www.conjur.com.br/2015-mar-19/

senso-incomum-dilema-dois-juizes-diante-fim-livre-convencimento-ncpc. Acesso em 20/06/2016.

SÜSSEKIND, Arnaldo Lopes. Dano moral na relação de emprego. *Revista de Direito Trabalhista Consulex* n. 6. jun/1995.

_______. *Instituições de direito do trabalho.* V. 1. 12. ed. São Paulo: LTr, 1991.

TEIXEIRA FILHO, Manoel Antonio. *A sentença no processo do trabalho.* São Paulo: LTr, 1994.

_______. *Execução de título extrajudicial* – Breves apontamentos à Lei n. 11.382/06, sob a perspectiva do processo do trabalho. São Paulo: LTr, 2006.

_______. Processo do trabalho – embargos à execução ou impugnação à sentença (a propósito do art. 475-J, do CPC). *Revista LTr*, out./2006.

TEYARAMA, Mirian Rachel Ansarah Russo. A responsabilidade civil por dano moral causado pelo empregador. *Repertório IOB de Jurisprudência,* n. 3/93, 1993.

THEODORO JR., Humberto. *Curso de direito processual civil.* V. I e II. 32. ed. Rio de Janeiro: Forense, 2000.

_______. *Dano moral.* 4. ed. São Paulo: Juarez de Oliveira, 2001.

_______. Os princípios de direito processual civil e o processo do trabalho.In: *Compêndio de direito processual do trabalho* – obra em memória de Celso Agrícola Barbi. Coord. Alice Monteiro de Barros. São Paulo: LTr, 1998.

_______. *Processo de execução.* 20. ed. rev. e atualiz. São Paulo: LEUD, 2000.

TUCCI, José Rogério Cruz e. *Supremacia da garantia do contraditório no Novo Código de Processo Civil, apud* Silva, José Antônio Ribeiro de Oliveira (coord.) *Comentários ao Novo CPC e sua aplicação ao processo do trabalho.* Volume I. São Paulo: LTr, 2016., p. 192

VILHENA, Paulo Emílio Ribeiro de. O juiz e o processo do trabalho. In: *Compêndio de direito processual do trabalho* – obra em memória de Celso Agrícola Barbi. Coord. Alice Monteiro de Barros. São Paulo: LTr, 1998.

VITELLI, Eliana Pedroso. A indenização do dano moral e as multileituras do art. 114 da CF. *RDT* 12/96, p. 28, 1996.

WAMBIER, Luiz Rodrigues *et alii. Curso avançado de processo civil.* V. 1 – Teoria geral do processo e processo de conhecimento. 2. ed. São Paulo: RT, 1999.

_______. *Curso avançado de processo civil.* V. 2. Processo de execução. 2. ed. São Paulo: RT, 1999.

WAMBIER, Teresa Arruda Alvim. *Reforma do judiciário.* Primeiras reflexões sobre a Emenda Constitucional n. 45/2004. São Paulo: RT, 2005.

ZENUN, Augusto. *Dano moral e sua reparação.* 3. ed. Rio de Janeiro: Forense, 1995.